全球化视阈下的饭店经营管理

冯颖如　著

企业管理出版社

图书在版编目（CIP）数据

全球化视阈下的饭店经营管理/冯颖如著．—北京：企业管理出版社，2015.9

ISBN 978－7－5164－1113－1

Ⅰ．①全…　Ⅱ．①冯…　Ⅲ．①饭店－经营管理　Ⅳ．①F719.2

中国版本图书馆 CIP 数据核字（2015）第 185496 号

书　　名：全球化视阈下的饭店经营管理

作　　者：冯颖如

责任编辑：徐新欣　笑　言

策划编辑：闫书会

书　　号：ISBN 978－7－5164－1113－1

出版发行：企业管理出版社

地　　址：北京市海淀区紫竹院南路 17 号　邮编：100048

网　　址：http：//www. emph. cn

电　　话：出版部（010）68414643　发行部（010）68414644

编辑部（010）68416775

电子信箱：80147@ sina. com　zbs@ emph. cn

印　　刷：北京市通州运河印刷厂

经　　销：新华书店

规　　格：170mm ×240mm　16 开本　28.25 印张　461 千字

版　　次：2015 年 9 月第 1 版　2015 年 9 月第 1 次印刷

定　　价：65.00 元

版权所有　翻印必究·印装有误　负责调换

foreword 前言

随着国民旅游消费基本需求的进一步释放推动，2015 年国内游继续保持两位数的增长。2014 年上半年国内旅游人数 18.5 亿人次，同比增长 10.2%，国内旅游收入 1.5 万亿，同比增长 16%。旅游产业总体景气水平保持平稳，区域旅游一体化进程加快。2013 年出台的《旅游法》《国民旅游休闲纲要（2013～2020）》对旅游业起到了指导和巨大的推动作用。2014 年出台的《国务院关于促进旅游业改革发展的若干意见》，对现阶段提升旅游行业在国民经济中的作用，以及对未来黄金十年稳定发展有着非常积极的指导作用，尤其是对旅游行业的长期发展来说有着积极意义。

作为旅游业的三大产业之一，酒店业的发展前景也非常广阔。特别是在信息化和科技浪潮的影响下，酒店业已逐步高效地利用信息技术提高经营效率、提升顾客满意度，酒店智能应用也越来越广泛。近几年来，我国酒店业获得长足发展，锦江酒店集团和如家酒店集团已经进入全球排名前十的行列。同时，30 多家国际饭店管理公司都已进入我国，他们不断在中国酒店业市场“开疆拓土”，这预示着全球饭店业进入了崭新的发展时期，也昭示着饭店业的扩张与发展更加注重全球化的趋势，未来的酒店业竞争将更加注重资本经营与国际并购。而我国的饭店业市场则充分体现了全球化的特征，学生未来就业的市场也将以上述国际集团为主。

但是另一方面，随着 2012 年中央“八项规定”的出台，受“杀奢风”

影响，国内酒店业特别是五星级酒店面临严峻考验。在业绩大幅下滑、星级酒店主动要求摘星、高星级酒店出现资产转让潮之后，2015 年年初国内五星级酒店首现倒闭破产案例。

在国际、国内双重背景之下，酒店企业如何努力生存并获得更大发展是一个艰难的课题，可谓步履维艰。毋庸置疑，饭店业的新动向对我们传统的注重于单体饭店管理的教学体系提出了新的挑战和要求。作为未来将在饭店业中从事领导、决策工作的学生，必须置身于全球产业环境的大背景下学习饭店管理，而不能再仅仅局限于独立饭店的内部管理，成为不知天外有天、目光短浅的井底之蛙。因此，高等学校饭店管理专业有责任着眼于现今及未来的工作环境改进教学。

本书审时度势，从全球化的视角，对原有教学内容进行了优化与组合，其特色之处在于：

（1）着眼于全球化。本书一改过去许多饭店管理类书籍只研究单体饭店的狭窄视角，可以使学生放眼国际饭店业市场，在全球范围内探索饭店管理与扩张的规律，学习饭店管理新方法和饭店集团化的运行方式。同时，作为综合性大学的饭店管理教学也不能仅仅停留在单体饭店的管理问题上，而是要将饭店管理作为一个产业来考虑，以开阔学生的思维空间，培养学生更高的思维能力，为其未来进入饭店行业从事管理、决策工作提供更为坚实的基础。

（2）反映饭店经营管理的前沿动态。现今的饭店管理已与传统的管理有天壤之别，主要体现为饭店投资管理、饭店经营决策、饭店战略管理等方面。因此本书注重对原有内容的更新，增加了对国际饭店市场环境的分析，使读者能够立足于国际市场国内化、国内市场国际化的特点研究目前饭店业的管理方法与手段。除此之外，本书还站在资本运作的角度为经营管理者提供了预测与决策工具，并增加饭店品牌管理、业内国际竞争等相关内容，以反映本课程国际前沿动态、趋势。

（3）编写体例注重实用性和指导性。编著本书的目的在于为高等院校的饭店管理专业提供一部较为完整的、能够包含饭店经营管理知识体系、能够反映全球饭店业最新经营状况和热点趋势的教材，本书按照“本章学习目标、引导案例、正文、本章小结、讨论题、实践题、网络链接”为顺序编排而成。

这种体例一方面强化了学生对基本理论的认识并体验饭店经营运作管

理的真正内涵；另一方面培养了学生的研究能力和自主学习能力。例如每一章都设计出与课程项目相关的实践题，可以根据教学进度进行挑选，安排学生进入研究角色，要求学生亲自到饭店企业去收集数据，然后进行系统分析与对比，写出研究报告，以提高学生的动手与研究能力。

同时在正文中插入辅助阅读材料，帮助学生理解和认识相关知识点，提高学生的学习兴趣和积极性。

另外，课后布置的网络链接可以使学生浏览国际饭店集团的年度报告、最新管理动态等内容，在学习知识的同时也提高了学生的英语阅读水平和能力。

衷心希望我国饭店业能够顺应全球饭店业的发展趋势与特点，加快占领市场的步伐，灵活运用资本工具，将中国饭店业继续做大、做强，全面推进我国饭店产业的发展。

感谢北京工商大学商学院的历届领导和所有同仁对我的支持与帮助；感谢刘菲教授多年来的悉心指导以及她对本书提纲的审定和建议；感谢企业管理出版社闫书会编辑认真负责的精神与态度；感谢李强同学、祁怀远同学进行最新资料的收集和整理工作。最后感谢家人与朋友对我不遗余力的关爱、体贴与支持，他们的全心付出与殷殷期望赋予了我不断前行的动力。

由于本人水平有限，加之时间仓促，本书在体例设置上和写作规范性方面或有不足，另有疏漏不妥之处恳请读者批评指正，在此一并谢过。

冯颖如

2015 年 5 月于北京

目录 contents

第四章　饭店职能管理

第五章　饭店运营管理

第六章　饭店服务质量管理

第七章　饭店营销管理

第八章　饭店人力资源管理

第九章　饭店品牌战略

第十章　饭店业的国际竞争

第一章　饭店概述

本章学习目标

1. 掌握饭店的概念与主要特征；
2. 掌握饭店的主要功能与作用；
3. 熟悉饭店业的常见分类；
4. 了解当今世界上使用的一些饭店级别划分体系与标准；
5. 理解饭店产品的特点；
6. 掌握饭店业务的特点。

引导案例

新晋世界上最好酒店——酋长国宫殿酒店（Emirates Palace）

EMIRATES PALACE（www. emiratespalace. com）位于阿联酋首都 ABU DHABI（阿布扎比），纽约时报把该酒店评为目前世界上最好的酒店。酒店目前是该酋长国国有，由卡宾斯基管理。酒店也当仁不让，宣称六星七星级是用来评价酒店的，而 EMIRATES PALACE 更是一坐宫殿，让你进入后能享受到帝王的礼遇。因此也有人把 EMIRATES PALACE 称为八星级酒店，而且是全球唯一的。

酋长国宫殿酒店（Emirates Palace）位于阿布扎比海滩，北面和西面临海，是一座古典式的阿拉伯皇宫式建筑（以前只有在电影中才可以看到）。远远看去，它有点像清真寺，也有点像传说中的辛巴德或阿里巴巴时代的皇宫。每座宫殿都有一个传说的故事，具有很浓郁的民族色彩。这座与阿联酋总统府仅一街之隔的宫殿式饭店，远看像一座巨大的城堡，拥有 1300 多米长的黄金海岸线。

这家酒店的独特之处不仅限于表面的豪华，还在于不为人知的管道系统。管道内蜿蜒近 1000 多公里的蓝色、红色与绿色的光缆和电缆，以及其他多种时髦玩意儿，都在向人们证实高科技才是这家酒店最耀眼的招牌。此外，酒店拥有长达一英里的私人海滩，两座游泳池面积有数个足球场那么大。房客在海滩游泳池享受阳光时，服务生的服务甚至可以做到为你擦太阳眼镜，洒水雾消暑。

这里工作的员工远比客人多得多。酒店职员和宾客的大致比例却是 6∶1，由于饭店走廊又多又长，经常有工作人员在上班时迷路其中。由于内部面积太过大，有些楼梯间距超过一公里远，为方便员工正常活动，酒店还为职工配备 45 辆高尔夫球场专用的高尔夫球车代步。

如此豪华的酒店，服务当然非比一般，他们以撒满玫瑰花瓣的银盘端上咖啡、亚麻布餐巾、杏仁可颂和进口矿泉水，并会向女士顾客赠上鲜花。客房服务人员会在每天客房床单和枕头下放薰衣草，让客人在氛香气氛下入眠；单是沐浴，就为客人提供了 7 种选择，甚至酒店可以特别为客人准备香槟浴。

奢华也许只能满足人们的虚荣心，酒店内无所不在的高科技才真正提供给人们实实在在的享受。人们在酒店 100 公顷区域内的任何一处都可以享受到无线上网的乐趣，即使是在游泳池边和私人沙滩上。客房内的高科技更是令人咋舌。入住的顾客会领到一个价值 2500 美元的掌上电脑。这个小巧的电脑带有一个 8 英寸大小的彩色显示屏，装有 Linux 系统，与电视、立体声音响以及其他装置相连。人们通过它可以设定叫醒电话、下载电影、录像或召唤服务员。酒店工作人员也通过类似的装置来遥控电视、灯光、声响和空调。

这座超豪华饭店所有房间都配备了号称“二十二世纪的设施”。50 寸或 61 寸的交互式等离子电视、无线高速因特网接入是该饭店所有客房的最低标配，套间配备更加高级，还有先进的笔记本电脑和集打印、扫描和传真等功能于一体的办公设备。客人在普通客房内能通过一个专门的触摸屏来控制房间内的所有设施，如灯光、空调温度、室内游戏和娱乐节目等。客人通过交互式电视，足不出户就能购买饭店商场里的东西、发出房间服务指示，或结账退房。有一个全职的安全官员负责酒店的网络，包括 16 个防火墙与侵入探测系统。若有需要，酒店电脑和播放网络可以完全与外界断开，就像美国政府的内部安全网一样。

酋长国宫殿虽落成不久，但已成为阿联酋一道崭新而亮丽的风景线，成为了与迪拜的“七星级饭店”——阿拉伯塔齐名的标志性建筑。而在阿联酋的外国人更愿意把酋长国宫殿称为位于阿布扎比的“八星级饭店”。

第一节　饭店的含义

饭店是伴随着人类旅行生活的开展而出现的，并伴随着人类社会的不断变化而发展变化。从古至今，延续不断，世界各地皆然，只是由于地域、语言、文化、风俗的差异，对于饭店的称呼各异，但是其本质是相同的。随着历史的变迁、时代的演进，饭店在功能和服务上发生了巨大的变化。了解并认识饭店，才能实现饭店从业者所追求的职业目标，努力使饭店成为文明、进步、积极、愉悦的消费体验满足之地。

一、饭店的概念

（一）饭店的内涵

饭店（hotel）一词原为法语，指的是法国贵族在乡下招待贵宾的别墅。后来欧美的酒店业沿用了这一名词。在我国，由于地域和习惯上的差异，有“饭店”“酒店”“宾馆”“度假村”“休闲山庄”等多种不同的叫法。

饭店是以建筑物为依托，主要通过客房、餐饮、娱乐等设施及与之有关的多种服务项目，向客人提供服务的一种专门场所。换言之，酒店就是利用空间设备、场所和一定消费物质资料，通过接待服务来满足宾客住宿、饮食、娱乐、购物、消遣等需要而取得经济效益和社会效益的一个经济实体。

（二）饭店内涵的核心特征

1. 饭店是经过政府有关部门许可的。政府相关部门的许可意味着饭店必须获得营业执照，要符合政府对饭店行业的相关标准，接受检查与监督，遵守消防、卫生、价格、经营范围等的规定。

2. 饭店必须能够提供住宿、餐饮等基本项目与服务，也可以提供商品、娱乐项目等其他服务。

3. 饭店的接待服务对象应当大众化、无歧视，既包括外出旅游的客人，也包括本地的居民。既包括某些有特殊身份或阶层的人，也包括广大的普通消费者。

4. 饭店设施与场地具有商业性特征，公开经营，有偿服务。

5. 饭店作为企业组织，自主经营，独立核算，自负盈亏，自担风险，合理竞争，自谋发展。

二、饭店的功能

饭店的功能是指饭店为满足宾客的需求而提供的服务所发挥的效用。由于客源及其需求的变化，现代饭店的功能已较传统的饭店时期有了很大的发展，其功能日益多样化。按照其出现时间的先后，我们可将饭店的功能分为饭店的传统功能和饭店的现代功能。

（一）传统功能

饭店的传统功能是指饭店出现之初就已具有的功能，主要包括住宿和餐饮。

1. 住宿

这是饭店的首要功能。客房作为饭店的整体和存在基础，通常位于饭店建筑物的上部，为客人的休息、睡眠、工作和会客等活动提供安全、安静、舒适、温馨的场所。根据目标客源的需求特点，客房一般分为标准房、单人房、双人房、多人房、商务房、套房等多种类型，各占合理的比例。在不同档次的客房中，同档次的客房一般设在同一楼层，高档次的客房设在高层楼，总统套房、豪华套房则设在顶层。

客房一般包括睡眠空间、书写空间、起居空间、储藏空间、盥洗空间、行走空间等，根据客房的等级、类型，这些空间或集中于一室，或分设于二室、三室或更多厅室。

2. 餐饮

饭店的餐饮设施包括为客人提供菜肴食品和酒品饮料的场所与设施。它一般设在便于各种客人进出的地方，如建筑物的1 1/2层，沿街的饭店可靠街设置餐厅，朝街开设一门；高层饭店还可在顶层设置餐厅（旋转餐厅），使客人在用餐时能俯瞰周围景观。

饭店的餐厅包括宴会厅、西餐厅、自助餐厅、以及中式餐厅、特色餐厅等多种类型，具体设置应根据餐厅的客源市场和饭店本身的技术力量来确定。咖啡厅和酒吧是现代高级饭店不可缺少的餐饮设施，是客人休闲、社交、商谈、会友的场所。咖啡厅的位置及布局比较自由，以能赏景最为理想，我国三星级以下饭店往往把咖啡厅与西餐厅合二为一。酒吧可设一个，也可设多个，一般与大堂、娱乐场所等组合在一起。

（二）现代功能

饭店的现代功能是随着社会的变化和客人的需要而逐步建立并完善起来的，以期招来更多的客人。主要包括商务、康体娱乐、购物、家居、度假和会议等。

1. 商务

随着商务客人所占比例的增大，饭店的商务功能日趋重要。除设置商务中心提供复印、传真、打字、票务、特快专递等服务项目外，饭店通常还设有大小会议室、洽谈室，配备同声传译、翻译、秘书、音响、投影等服务设施和项目，保证客人的商务活动顺利进行。此外，为适应商务客人的需要，配置大型办公桌、电脑、Internet 接口、传真机等商务设施的商务客房也应运而生。未来的饭店将通过高科技的武装而更加智能化、信息化，从而使商务客人的需求得到最大程度的满足。

2. 康体娱乐

随着人们生活方式的改变，市场对饭店产品多元化的需求进一步增强，饭店中对康体娱乐设施的需求从单一到多样化，从低档到高档，康体娱乐设施在饭店中所处的地位稳步提高。

康体设施主要有健身房、桑拿浴室、保龄球室、台球室、网球场、游泳池、高尔夫球场等，占地大小、场地选择、设施繁简一般根据饭店实际情况决定。娱乐设施主要包括歌舞厅、卡拉 OK 厅、棋牌室、电子游戏厅、影视厅等，通常设在饭店底层后部、侧面及裙房或公共设施区域，以不对其他区域造成噪音污染为宜。

3. 购物

一般大型饭店设有商场，最常见的是设在大堂旁边，商场内以精品、工艺品、当地特色旅游商品和土特产品最为多见，也有一般生活用品，满足住店客人的需要。也有大型饭店利用沿街门面开设商场，面向社会，以多种经营来增加饭店营业收入。

4. 家居

饭店是客人的“家外之家”，应努力营造梦“家”的气氛，使入住饭店的客人像在家一样亲切、温馨、舒适、方便。尤其是公寓饭店，一般带有生活住宿性质，主要为常住客服务，自助服务设施要齐全（如自助厨房、自助洗衣机），客人自由方便，家居功能尤为典型。

5. 度假

随着中国度假旅游市场的兴起和不断地发展，人们对度假型饭店的需求日益增长。度假型饭店通常提供家庭式环境，客房能适应家庭度假、几代人度假和独身度假的需要。一般位于风景名胜区内或附近，娱乐设施齐备。著名的旅游胜地，如夏威夷、加勒比海地区以及我国三亚的绝大多数饭店均属度假饭店。

6. 会议

饭店可为各种从事商业、贸易展览、科学讲座和会议等的客人提供会议、住宿、膳食和其他相关的设施与服务。饭店内有大小规格不等的会议室、谈判室、演讲厅、展览厅。专门的会议饭店还配备有各种召开大型会议和国际会议必需的音响设施和同声传译设备，可供召开远程电视、电话会议以及多国语言同声传译的国际会议、各类企业的新产品推介会、业务洽谈会和新闻发布会等使用。

上述功能是饭店的一些基本功能，一般而言，饭店的市场定位不同，各功能的重要性也不同。饭店档次越高，硬件设施越完善，服务功能也就越多。可见，现代饭店已不仅仅是住宿产业，而是为大众提供多种服务、具备多种功能的“生活产业”。

现代饭店的经营者总是想最大限度地扩大饭店的服务功能，以求给客人更多的方便与舒适，提高客人的满意度，从而树立饭店良好的社会形象。同时也以多种经营来增加饭店的营业收入。

阅读材料

澳门威尼斯人 Venetian Macao 度假村酒店

澳门威尼斯人酒店是一家集美食、佳酿、购物、住宿、娱乐及商务于一身的真正的超五星级的大型娱乐度假酒店。

这家由美国拉斯维加斯金沙集团投资的威尼斯人度假村，投资约 200 亿美元。威尼斯人酒店以意大利水都威尼斯为主题，酒店内有充满威尼斯特色的拱桥、小运河及石板路，充满威尼斯人浪漫狂放享受生活之异国风情。威尼斯人酒店楼高 39 层，共有 3000 间豪华套房，澳门威尼斯人会议展览及宴会中心，净使用空间约 120 000 平方米，面积是香港会展中心的 2 倍，提供超过 75 000 平方米的展览场地，108 间会议厅可灵活满足各类需求。有 15 000 座位宴会厅，2 000 座位表演厅，大运河购物中心，零售及餐饮设施 93 548 平方米。威尼斯人娱乐场面积超过 50 000 平方米，共有 850 张赌桌，4 100 台角子机（老虎机），赌桌数量居全世界第一。

资料来源：http：//baike. baidu. com

三、饭店的地位与作用

饭店作为旅游业的支柱，在旅游乃至国民经济中占有重要的地位。

（一）饭店是旅游业的重要支柱

饭店是旅游者在旅游目的地开展活动的基地，是旅游经营活动必不可少的物质条件。缺乏适量饭店的依托，任何一个地方要发展旅游业都是不切实际的。因此，作为旅游业的“三大支柱”之一，饭店是旅游供给的必不可少的构成要素。

资料表明，饭店业的收入往往占旅游业收入的 1 / 2 以上，它尤其是创造外汇收入的重要部门。因为饭店提供的服务具有就地劳务出口的性质，其创汇率比一般外贸出口要高，对平衡国际收支有着良好的作用。我国把旅游业作为三大外汇来源之一，饭店外汇收入占了其中相当大的部分。因此，饭店业的发展水平往往标志着接待地区、接待国家旅游业的发展水平。

（二）饭店为社会创造就业机会

饭店业属于劳动密集型行业，需要大量的管理和服务人员，因此，具有很强的就业吸纳能力，可以直接和间接地解决相当人数的就业问题，社会效益显著。根据有关机构测算，饭店业每增加1间客房，就可为社会提供1~3个直接就业岗位和3~5个相关行业的间接就业机会。根据国际统计资料和我国近年来的实践经验，高档饭店每增加1间客房，可以直接和间接为5~7人提供就业机会；中低档饭店每增加1间客房，则可以为4~5人提供就业机会。因此，饭店建设是扩大社会就业的途径，世界很多地区靠兴建饭店设施增加就业机会、减少失业人口。

（三）饭店带动其他行业的发展

饭店业的发展可带动其他行业的发展，如建筑业、装修业、设备制造业、轻工业、食品加工业等，对活跃国民经济起到了很大的促进作用。有关统计表明，一家饭店住客开支的60%花费在饭店以外的其他行业，而且，在饭店消费的物品大都是社会其他有关行业提供的。因此，饭店实际上间接地刺激了其他行业的发展，具有相当大的“乘数效应”。

（四）饭店促进了社会消费方式和消费结构的发展

饭店向饭店所在地的居民提供活动场所，如饭店的餐饮、娱乐等设施，会吸引本地居民，使之成为当地社交活动的中心。饭店为客人提供的服务将越来越多，就必然促进人们的消费方式和消费结构发生变化，也有利于社会经济的发展。

（五）饭店是对外交往、社会交际活动的中心

饭店已成为一个城市、地区乃至一个国家市政建设和社会公共设施必不可少的组成部分，是当地对外交往、社交活动的中心。饭店业的发展对当地政治、经济、文化等方面的发展有着重要影响，刺激和促进了对外交往，提高了社会文明程度。

第二节　饭店的类型和等级

一、饭店的类型

世界上饭店的类别繁多，通常可根据其客源市场、经营规模、地理位置、经营性质、投资费用、计价方式等因素来划分饭店的类型。

（一）按照饭店的客源市场分类

1. 商务饭店（Commercial Hotel）

商务型饭店又称暂住型饭店，此类饭店多位于商业繁华的城市中心或商业区，接待商务客人、旅游客人以及因各种原因而作短暂逗留的其他客人。这类饭店的客人在饭店平均逗留期较短、流动量较大，但对饭店服务设施的要求和客人的消费水平一般较高。为方便商务客人开展各种商务活动，饭店往往设有商务中心，为客人提供打字、复印、移动通信、秘书、翻译等服务，并提供各类会议室供商务洽谈之用。有的饭店还在客房内提供办公用品、传真机、宽带上网设施等。有些饭店还专门设置“行政楼层”，为高级商务人员服务，并在行政楼层配有商务套房和商务中心。另外，商务客人交际应酬活动较多，饭店可通过附设的宴会厅和高雅的正餐厅或创办特色餐饮来吸引客人。同时，为消除客人工作的劳顿、娱乐健身设施也一应俱全。

目前这类饭店在饭店业中所占的比例最大。例如北京饭店、长城饭店、南京的金陵饭店、广州的中国大酒店、花园酒店、白天鹅宾馆等都属于商务型饭店。如图 1－1 所示。

图 1－1　北京饭店

2. 度假饭店（Resort Hotel）

度假饭店主要以接待休闲度假的宾客为主，为宾客旅游、休假、开会、疗养等提供食宿及娱乐活动。此类饭店多位于海滨、山区、温泉、海岛、森林等旅游胜地，即要求设在自然环境优美、气候适宜的地区。开设各种娱乐、体育项目，如滑雪、骑马、狩猎、垂钓、划船、潜水、冲浪、高尔夫球、网球等，以吸引游客，因此，这些度假地区及其活动的吸引力是一个度假型饭店成功的关键。疗养型饭店亦属此类。度假饭店因容易受淡旺季节的影响而采取较为灵活的经营方式，如实行淡季价、旺季价，拉大价格差距。不少度假饭店增设了会议设施来吸引各种会议客人。近年来，不少旅游胜地也出现了分时度假型饭店。目前我国这类饭店已有很多，主要分布在青岛、大连、深圳和三亚等地。如图 1－2 所示。

图 1－2　金茂三亚丽思卡尔顿酒店

国际度假饭店的典型运营模式有以下几种：

(1) 希尔顿模式

这类度假饭店以管理品质为依托的品牌影响力来拓展市场，定位于高端度假市场和豪华业态。每晚数千美元的住宿体验、专属海上飞机的往来接送、海底或沙漠地下餐厅的就餐经历对于度假者来说都构成了独特而难忘的度假体验。在客房和卫浴的设计和建造上，希尔顿饭店更强调人文性和与自然的交融。总的来说，饭店本身独特匠心的设计以及现代建筑的精美绝妙对于下榻于此的度假者可能更是一种别样经历。

（2）迪斯尼模式

迪斯尼度假饭店明显定位于普通家庭的休闲和度假旅游者。一般毗邻迪斯尼乐园，与乐园一起构成度假目的地。住店客人可享受往来饭店与乐园间的多种交通工具；可提前进园或延长在园内游玩时间；特别针对不同年龄层次的儿童设计俱乐部活动或主题游艺、餐饮活动。由此可见，与迪斯尼配套的游乐经历是迪斯尼度假饭店的主要卖点。

（3）地中海俱乐部模式

地中海俱乐部（Club Med）是在法国注册的国际度假饭店集团，力求以不同类别和等级的度假住宿设施来满足全球范围内更多的细分市场。该公司旗下的度假饭店分布在全球数十个国家和地区，在现实的经营过程中，则努力以不同的主题活动串联起独特的村落生活方式，特别针对儿童设计的俱乐部活动以及友好的“文雅的组织者”（Gentle Organizer）共同构成了度假者度假期间的美好经历。

值得关注的是，地中海俱乐部在不同程度上直接参与或影响了饭店所在区域的度假地规划与建设。风格各异的餐厅、酒吧、商店、剧场、工艺品制作间、计算机房、各种体育活动、健身场与保健医疗场所和设施，可以满足每一位度假者的消遣、娱乐与休憩的需求。地中海俱乐部不仅是一个旅游住宿设施的经营者，还是关注生活品质的“人居环境”的构建者。正是在更大范围内的度假地的规划参与过程中，它创造性营建了一个自然环境友好，原住民和谐共存，从而更加适宜度假旅游者休闲的场所。

（4）邮轮经济模式

邮轮原指海上定线、定期航行的大型客运轮船。现代邮轮则更多地成为一种旅游体验的载体，有时邮轮本身就是一个旅游吸引物，集住宿休闲娱乐设施、公共市政设施于一身，独特的海上“漂浮状态”体验可以承载现代人亲水性的需求。自 20 世纪 80 年代至今，世界邮轮旅游的发展以每年 7.6% 的平均速度增长。2012 年全球邮轮旅游首次突破 2000 万人，预计 2015 年将达到 2500 万人。中国乘坐邮轮出境旅游的人数从 2005 年的几千人增加到 2013 年的 57 万人。目前全国已经建成国际邮轮码头 5 个，正在建设的 4 个，计划、规划建设的 6 个。2014 年在中国运营和服务的国际邮轮共6艘，2015年在中国经营的邮轮至少12艘，邮轮旅客必定突破100万人。官方资料显示，国际邮轮旅游业传统市场已日趋成熟，正需要寻找新的发展空间。中国众多港口城市都具有发展邮轮经济的巨大潜力，如上海、深圳、青岛、大连和海口等。2007年、2008年两届的世界邮轮大会在中国的召开，世界各地的豪华邮轮共聚一堂，准备大规模进军中国市场，标志着中国即将成为世界邮轮史上一个美好的新天地。据国际旅游组织预测，到2020年，中国将成为亚太地区最具活力和最大的邮轮市场。

3. 长住饭店（Resident Hotel）

长住饭店的目标市场主要是针对在某地需逗留较长时间的旅游者，典型的客户群包括：因工作调动需在所在地解决临时过度住所的公司高级职员；被指派到所在地参加学习、培训、以及从事评估和统计的工作人员；中短期逗留及追求住家环境的休闲度假和商务客人、家庭旅游者、律师、工程技术人员等。公寓饭店与宾客之间有着一种不同于其他类型饭店的与宾客间的法律关系，这类饭店与宾客通常需要签定一个租约。

长住饭店的建筑布局与传统饭店相似但又有区别，客房多采用家庭式布局，以套房为主，为客人提供一个完整、独立、具有自助式服务功能的住宿设施，由一个或多个卧室组成，并带有独立的起居室、以及装备齐全的厨房和就餐区域，配备适合宾客长住的家具和电器设备。这类饭店一般只提供住宿、饮食等基本服务，但服务讲究家庭式气氛，特点是亲切、周到、针对性强。饭店的组织、设施、管理较其他类型简单。

目前，我国单纯的长住型饭店不多，但有些饭店将其客房的一部分租给商社、公司，作为它们的办公地点、商务中心，形式为长住型饭店。

从发展趋势看，长住型饭店一是向豪华型发展，服务设施和服务项目日趋完备，如我国不少大城市中出现的高档饭店式公寓；二是分单元向客人出售产权，成为提供饭店服务的共管式公寓，不少饭店还实行定时分享制，与其他地方相同类型设施的所有者交换使用。

4. 会议饭店（Convention Hotels）

会议饭店的主要接待对象是各种会议团体。会议宾客平均每天消费额一般高于度假客人。会议型饭店通常设在大都市和政治、经济中心，或交通方便的游览胜地，要求饭店设置足够数量的多种规格的会议厅或大的多功能厅，其中多功能厅可根据需要用做会议厅、舞厅或宴会厅，有的饭店还设展览厅。会议饭店除应具备相应的住宿和餐饮设施以外，还必须具备会议设备，如投影仪、录放像设备、扩音设备和先进的通讯、视听设备，接待国际会议的饭店还需求具备同声传译装置。会议饭店一般都配备工作人员帮助会议组织者协调和组织会议各项事务，要求饭店提供高效率的接待服务。如图 1－3 所示。

图 1－3　北京九华山庄

（二）按照饭店的规模分类

1. 大型饭店（Mega Hotel）。主要指拥有 600 间以上标准客房的饭店。一般来说，这类饭店内的设施和服务项目较齐全，较豪华舒适，因而有很多大型饭店都是豪华型饭店。

2. 中型饭店（Average Hotel）。主要指拥有 300—600 间标准客房的饭店。这类饭店内的设施完备，较优雅舒适，服务项目齐全，价格适中，是多数旅游者愿意接受并喜欢选择的饭店。

3. 小型饭店（Lodge Hotel）。主要指拥有 300 间以下标准客房的饭店。这类饭店内的设施和服务能基本满足旅游饭店的标准和要求，价格比较实惠，属于经济型饭店。

（三）按照饭店的地理位置分类

1. 城市中心饭店（Center City Hotel）。一般位于城市中心或商业区等繁华地带，地理位置优越，适宜于发展以商务游客为主的旅游饭店。

2. 风景区饭店（Resort Hotel）。一般位于旅游风景区、海滨、湖滨、森林等地，环境优美，空气质量较高，适宜于发展以度假游客为主的旅游饭店。

3. 机场饭店（Airport Hotel）。一般位于机场附近，为乘坐飞机的旅客提供住宿、餐饮及其他所需服务的旅游饭店，以便利、安全为主。

4. 郊区饭店（Suburban Hotel）。一般位于城市郊区或交通便利之地，包括建在市郊的车站、码头等地，适宜于发展以汽车旅游方式为主及以经济型游客为主的旅游饭店。

5. 汽车饭店（Motel）。一般位于城市边缘和公路干线或高速路旁边，都配有停车场、住宿和餐饮等服务，能满足过往旅行者尤其是自驾旅游者的基本需要。随着自驾旅游者的增多，汽车饭店的经营内容不断丰富，服务水平也不断改善。

（四）按照饭店的经营方式分类

1. 集团经营饭店（Hotel Group or Hotel Chain）。一般是由饭店集团以各种不同方式经营的饭店。此种经营方式（合同管理、特许经营、直接经营、租赁经营等）可使集团公司在统一品牌下打开市场、树立形象、统一管理，但也由于这种统一管理的束缚，使得旗下各家饭店在其控制下难以突出自己的特色。

2. 独立经营饭店（Independent Hotel）。一般是由投资者独立经营的单个饭店。独立经营饭店管理简单、协调容易，但市场竞争力弱。

3. 联合经营饭店（Cooperative Hotel）。一般是由多家单个饭店联合而成的饭店企业，借联合的力量来对抗集团经营饭店的竞争。此种经营方式在保持各饭店独立产权、自主经营的基础上，实行联合统一的对外经营方式，如建立统一的订房协议系统、统一对外的质量标准、统一的公众标志等，并可开展联合对外的促销、宣传和内部互送客源等，形成规模经济。

（五）按照饭店计价方式分类

1. 欧式计价饭店（European Plan，EP），是指饭店客房价格仅包括房租，不含餐饮及其他费用。世界各地的绝大多数饭店属于此类。

2. 美式计价饭店（American Plan，AP），是指饭店的客房价格包括房租及一日三餐的费用。目前这类饭店已经很少见，仅出现在一些偏远的度假型饭店中。

3. 修正美式计价饭店（Modified American Plan，MAP），是指饭店客房价格包括房租和早餐以及一顿正餐（午餐或晚餐）的费用，以便使客人有较大的自由安排白天活动。

4. 欧陆式计价饭店（Continental Plan，CP），是指饭店客房价格包括房租和一份简单的欧陆式早餐（咖啡、面包和果汁）。这类饭店一般不设餐厅。

5. 百慕大计价饭店（Bermuda Plan，BP），是指饭店客房价格包括房租和美式早餐的费用。

由于一家饭店常常具有多种特点，往往可以同时被归入上述任何一类，因此，要确定一家饭店的类型，应该根据饭店的主要特点，即根据最能将其区别于其他饭店的特点对其进行划分。

二、饭店的等级划分

饭店等级是指一家饭店的豪华程度、设施设备水平、服务范围、服务质量等方面所反映出的级别与水准。不少国家和地区通常根据饭店的位置、环境、设施、服务等情况，按照一定的标准和要求对饭店进行分级，并用某种标志表示出来，在饭店显著的地方公之于众。这就是饭店的定级或等级制度。

（一）饭店分级的目的

1. 保护客人的利益。饭店的等级标志本身是对饭店设施与服务质量的一种鉴定和保证。对饭店进行分级，可使客人在预定和使用之前对饭店有一定的了解，并根据自己的要求和消费能力进行选择。对饭店进行定级，可以有效地指导客人选择饭店，为其提供物有所值的服务，保障他们的利益。

2. 便于行业的管理和监督。饭店企业的服务水平和管理水平，对消费者及所在国家和地区的形象与利益均有重要的影响。许多国家的政府机构或其他行业组织都将颁布和实施饭店等级制度作为行业管理和行业规范的一种手段。利用饭店的定级对饭店的经营和管理进行监督，使饭店将公共利益和社会利益结合在一起。

3. 有利于促进饭店业的发展。饭店的等级，从经营的角度看，也是一种促销手段，有利于明确饭店的市场定位，定级后，饭店在进行市场营销时便有了极具说服力的宣传工具，可以针对目标市场更好地展示饭店的产品和形象。同时也有利于同行之间平等、公平地竞争，可促进不同等级的饭店不断完善设施和服务质量，提高管理水平，维护饭店的信誉。对接待国际旅游者的饭店来说，也便于进行国际间的比较，促进饭店业不断发展。

4. 有利于增强员工的责任感、荣誉感和自豪感。通过分级定级，动员饭店员工共同参与，促使员工增强争级、保级或升级的责任感，激发员工的工作热情。定级或升级的成功还可增强员工的荣誉感和自豪感，从而增强饭店的凝聚力和竞争力，有利于饭店获得持续发展的内在动力。但是自2012年12月中央八项规定出台以来，在狠刹奢侈之风的背景下，国内不少高档星级酒店经营遭遇寒冬，有的五星级酒店甚至陷入了破产清算的境地。全国50多家星级酒店在2014年主动请求降星，宁波雷迪森广场酒店于2014年底成为国内首家宣布破产的五星级酒店。

阅读资料

从“五星”到“破产”豪华酒店转身艰难
——高档星级酒店发展现状调查

2012年12月4日，中共中央政治局召开会议，审议中央政治局关于改进工作作风、密切联系群众的八项规定。这八项规定出台两年多来，国内不少高档星级酒店经营遭遇寒冬。

记者近日奔赴浙江、河北等地的高档星级酒店进行调查，并采访了国家旅游局和中国旅游饭店业协会相关负责人，一探当前国内高档酒店业真实现状。

1. 五星级酒店首现破产：部分高档酒店业绩“断崖”下降

一些客人正在办理入住手续、自助餐厅还在营业、几个会议指示牌摆放在酒店大厅中……尽管看似营业如常，但却掩盖不了宁波慈溪雷迪森广场酒店——这家五星级酒店陷入破产清算之困的境地。

地处慈溪市逍林镇的雷迪森广场酒店2013年底被授予五星级酒店，是宁波市22家五星级酒店中挂牌较晚的一家。宁波市旅游协会有关人士透露，由于当时投资方对高星级酒店盈利能力盲目乐观，原定“三星”却改建成“五星”，最终酿成了苦果。

经记者核实，雷迪森酒店因资不抵债于2014年12月已开展了破产重组方案，但尚未成功。负责该酒店破产清算的宁波威远会计师事务所主任王年成告诉记者，当时这家酒店总投资2.6亿元，现对外债务达4.5亿元，一年仅支付利息就达2300多万元，“压垮这家酒店的主要是投资决策失误”。如今这家五星级酒店的前老板已经跑路。雷迪森之困，只是高档酒店这个巨大行业处境艰难的一个缩影。

国家旅游局副局长吴文学表示，部分地区高星级饭店扩张过快，“高大上”供给与大众化的需求存在脱节，加之当下“从俭、从简”的政风和社会风气，使困扰高星级酒店业的结构性矛盾凸显出来，行业经营效益呈现较为明显的下滑态势。

我国现有约 1.35 万家星级酒店，其中五星级酒店 850 余家、四星级酒店 2400 余家。数据显示，2012 年星级酒店曾实现 50 多亿元的行业利润，2013 年全行业却吞下了超过 21 亿元的巨额亏损。

中国旅游饭店业协会会长张润钢表示，2014 年中国酒店业基本延续了之前的态势，收入、利润持续走低，“两年来亏失最多的是大量依赖高端政务消费的饭店，行业整体效益出现断崖式下降。”

2. 匆忙“变脸”：“无星级”奢华引人关注

2013 年年底，国家出台新规终结了已实行 7 年的出差定点饭店制度。多个省份跟进下令五星级酒店不得作为政府会议场所后，一些五星级酒店随后主动“变脸”应对，“无星级”豪华酒店成为新现象。

作为河北承德地区最豪华的酒店之一，行宫大酒店曾多次承接当地政务活动。承德市旅游局行业管理科工作人员表示承德至今没有五星级酒店。酒店前台工作人员在电话中却跟记者表示，酒店确为多家网站所显示的“五星/豪华”。

中国旅游饭店协会工作人员介绍，在开展 2014 年度星级饭店评定工作时，全国范围内共 50 多家星级酒店主动“降星”，像北京锦江富园酒店就直接放弃了五星级酒店资格。

越来越多的高档酒店不得不放低身段，开始走大众平民路线。“这两年酒店餐饮消费额一直在掉，只能靠大幅降价或团购来维持。”河北省邯郸市一家三星级酒店的总经理艾某说，酒店从 2013 年年中已开始裁员并降低餐费标准。“2012 年年初 589 元的标准间价格，现在降为 238 元。”

北京市一位四星级酒店的合伙人表示，政府公务会议和活动现在管理严格，时长有限定，消费太少赚不到钱，酒店已经开始主做婚宴。

由于经营艰难，有些高档酒店则走上了“被出售”之路——2014 年初锦江集团 12.6 亿元就一举出售了上海老字号银河宾馆。而作为浙江省首家五星级酒店，宁波南苑宾馆也未能逃离被出售的命运。

3. 转型求变：酒店畸形业态正待重塑

“过去星级酒店常作为地方政府的窗口和门面，成为地方招商引资的有力保障；而行业内酒店常与房地产开发捆绑，房地产企业投资酒店和政府双双获益，酒店为‘需求’而不为盈利而存在，这是畸形的。”尹子辉说。

星级酒店整体存量过剩，对政务消费过度依赖，这是当前中国星级酒店走入困局的症结所在。世界酒店联盟理事长吴军林表示，不再有大量公款消费，不再有各种官方会议和峰会论坛入驻，如今越多星级酒店深刻意识到走传统的路子将难以为继。他预测，随着大众消费的增加，中档酒店可能会迎来全盛时期。

宁波市旅游局分管饭店行业的党委委员、副巡视员杨雄鹰说，10年前宁波仅有2家五星级酒店，而到去年底宁波市就有挂牌的五星级酒店22家，未挂牌、相当于五星级设施的高档酒店10来家，在建或拟建的五星级酒店还有30多家。

雷迪森酒店破产事件的发生，给高速发展奢华酒店业的宁波当地泼上了一盆冷水。“我们意识到宁波的高档酒店结构性过剩问题，正着力加快推进高档饭店的转型，转而发展面向社会大众、普通消费者的特色度假酒店、文化主题酒店等。”杨雄鹰说。

中国旅游饭店业协会的报告显示，近两年来星级饭店中公款消费的比例明显下降，私人消费的比例则在明显上升；畸形消费的比例在明显下降，理性消费的比例在明显上升；中老年人消费的比例在明显下降，年轻一代的消费比例在明显则上升。

“这几升几降，构成了中国饭店市场的新常态。”中国旅游饭店业协会会长张润钢表示，在扭曲的、非理性的、畸形的所谓高端消费需求泡沫消失后，有理由期望中国星级酒店结构得以优化，实现弯道超车、成功转型。

新华社记者杨帆、钱春弦、郑黎

资料来源：新华网2015年01月26日15：21

（二）饭店的分级方法

全世界有近100种饭店等级评定系统，不同的国家和地区采用的等级标准不同，用于表示级别的标志与名称也不一样。目前，世界上通用的饭店等级制定与表示方法大致有星级制、字母表示法和数字表示法。

1. 星级制。把饭店根据一定的标准分成的等级分别用星号“★”表示出来，以区别其等级的制度。一星★，二星★★，三星★★★，四星★★★★，五星★★★★★，白金五星。星级越高，设施和服务越好。这种星级制在世界上尤其是欧洲采用最为广泛。

2. 字母表示法。许多国家将饭店的等级用英文字母表示，即 A 、B 、C 、D 、E 五级。A 为最高级，E 为最低级。有的国家虽是采取五级制，但用 A 、B 、C 、D 四个字母表示，最高级用 A1 来表示。例如希腊的饭店为 A 、B 、C 、D 、E 五级，奥地利则为 A1 、A 、B 、C 、D 五级。

3. 数字表示法。用数字表示饭店等级的方法，一般来说，最高级用豪华表示，继豪华之后由高到低依次为 1 、2 、3 、4，数字越大，档次越低。例如意大利和阿尔及利亚的饭店星级标识为豪华、1 级、2 级、3 级、4 级和 5 级。

饭店定级的标准不尽相同，做法也各不一样，大致有三种类型：一是由官方确定统一定级标准，如中国、法国、西班牙和意大利；二是由非官方组织核定饭店等级，如英国由英国饭店协会、英国旅游局、英国汽车饭店协会和皇家汽车俱乐部联合对饭店定级；三是国家对饭店没有统一等级标准，如美国、德国。

（三）我国饭店的星级评定

1. 中国饭店业星级制度发展历程

（1）中国从 1988 年开始推行饭店星级制度。20 世纪 80 年代以来，随着对外开放、对内搞活的方针政策的贯彻实施，中国旅游业有了较快的发展。为了适应大力发展国际旅游业的需要，国家旅游局在世界旅游组织专家的指导和协助下，制定并于 1988 年 8 月 22 日颁发了《中华人民共和国评定旅游涉外饭店星级的规定和标准》，于 1988 年 9 月 1 日开始执行。该标准主要包括旅游涉外饭店星级评定的规定和旅游涉外饭店星级标准两大部分内容。

（2）1993 年对星级标准进行第一次修改。1992 年以后中国饭店业进入了一轮饭店建设的高峰期，为了更好地引导饭店业的发展，有必要对星级标准进行修改，以进一步规范饭店的建设和管理。于 1993 年 9 月 1 日，国家技术监督局正式发布了编号为 GB / T14308—1993 的《旅游涉外饭店星级的划分与评定》的国家标准，于 1993 年 10 月 1 日起执行。

（3）1997 年首次对 GB / T14308—1993 星级标准进行修订。GB / T14308—1993 自 1993 年发布以来，对指导、规范旅游饭店的建设与经营管理，促进中国旅游饭店业与国际接轨，发挥了巨大的作用。但随着中国旅游业及饭店业的发展，开始显得与现实不相适应。所以，国家旅游局于 1997 年 10 月 16 日首次对 GB / T14308—1993 标准进行修订，此次星级标准修订的总体思路是：一星、二星级饭店的标准基本保持不变；三、四、五星级饭店在总体档次、宾客便利程度和舒适程度不降低的前提下，扩大饭店对自身设备和服务项目的选择空间，饭店可根据自己的客源市场和其他客观条件，在一个相对大的选择范围内自行决定投资哪些设施设备、设立哪些服务项目。

（4）2002 年以后再次组织修订星级标准，并于 2003 年 6 月 2 日正式颁布《旅游饭店星级的划分与评定》（GB 14308—2003）新标准。这次修订的指导思想是：通过修订使中国的饭店星级制度更加贴近饭店业实际，促进星级饭店管理和服务更加规范化、专业化，使之既符合中国实际又与国际发展趋势保持一致。修订重点是强调饭店管理的专业性、饭店氛围的整体性和饭店产品的舒适性。2003 年 6 月 2 日正式颁布《旅游饭店星级的划分与评定》（GB / T14308—2003），新标准从 2003 年 12 月 1 日起实施，2004 年 7 月 1 日起全面推广，并对星级饭店进行全面复核、更换星级标牌。

（5）2006 年 7 月 8 日，国家旅游局正式启动创建白金五星级饭店试点工作。北京中国大饭店、上海波特曼丽嘉饭店、广州花园酒店、济南山东大厦 4 家饭店入围首批白金五星级饭店创建试点名单。被提名的酒店须接受为期一年严格的质量监督考察，客人反馈意见和服务质量监测。从 2006 年 7 月 8 日到 2007 年 1 月，国家旅游局对这四家已被列为创建白金五星试点的饭店，通过明察暗访、专家评定及公示等方式，对其创建成果进行检验。2007 年 8 月，北京中国大饭店、上海波特曼丽嘉酒店、广州花园酒店成为我国首批白金五星级饭店。

白金五星饭店的条件见本章附录一。

（6）2010 年 9 月 28 日，经新一届全国旅游标准化技术委员会审查通过，国家旅游局将星标报批稿及相关材料报送国家标准委。10 月 18 日，国家质量监督检验检疫总局、国家标准化管理委员会发布公告，批准《旅游饭店星级的划分与评定》（GB / TI 4308—2010）国家标准，自 2011 年 1 月 1 日起实施。新版标准重点强调了星级饭店的必备项目、核心产品、绿色环保、应急管理、软件可衡量和特色经营六个方面的要求，对于引导和规范我国饭店业的发展将产生重要作用。

2. 饭店星级标准体系

中国饭店业的星级标准体系吸取了国际上星级制度的成功经验，结合了中国饭店业的实际，是一个全方位考核评价饭店的标准。这个标准从标准和附录两个部分对饭店进行综合考评，两个部分构成一个完整的标准体系，其基本框架如图 1 – 4 所示。

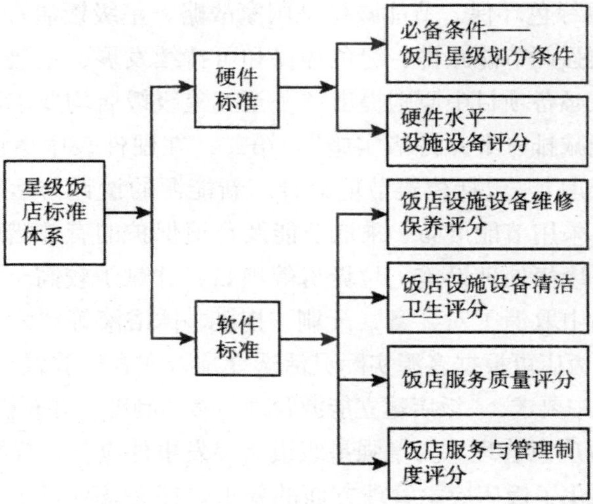

图 1 – 4　中国星级饭店标准体系图

标准部分主要是旅游饭店星级的划分与评定。《旅游饭店星级的划分与评定》是饭店星级标准的核心部分，从范围、规范性引用文件、术语和定义、符号、总则、星级划分条件、星级评定规则、服务质量要求和管理制度九个方面规范了饭店星级的基本内涵。

附录部分包括规范性附录和资料性附录。规范性附录包括设施设备及服务项目评分表、设施设备维修保养和清洁卫生评定检查表及服务质量评定检查表。2010 年版星级标准根据旅游业发展实际及饭店业发展趋势，在继承 2003 年版标准提出的“三性”即“管理专业性，氛围整体性，产品舒适性”原则的基础上，突出了六个“强调”的导向。

（1）强调必备项目。相应星级的各个必备项目在评星时必须逐项达到，缺一不可。

（2）强调核心产品。将客房作为饭店的核心产品，而舒适度又是客房的核心。在硬件表的分值设置上，客房部分 191 分，占总分 600 分的 31.8%。客房舒适度的分值为 35 分，占舒适度总分值的 71.4%，远远高于 2003 年版标准的 38.5 %。客房舒适度涵盖了布草规格、床垫枕头、温度湿度、隔音遮光、照明效果、方便使用、和谐匹配、音画良好八个方面，全面保证了宾客在客房内的触觉、听觉、视觉等多种感官的舒适度要求。

（3）强调绿色环保。节能减排是国家战略，星级饭店责无旁贷。2010年版星级标准强调节能减排、绿色环保和可持续发展，主要体现在三个方面：第一，在必备项目中原则提出“一至五星级饭店均要求制订与本星级相适应的节能减排方案并付诸实施”。第二，在硬件表中增设一节“节能措施与环境管理”，包括建筑节能设计、新能源的设计与运用、采用环保设备和用品、采用节能产品、采取节能及环境保护的有效措施，中水处理系统、污水、废气处理设施、垃圾房等项目，并赋予较高分值，为 14 分。在客房必备品中取消了对牙膏、牙刷、拖鞋、沐浴液等“六小件”的硬性要求，各星级饭店可根据客源实际灵活选择是否在客房放置“六小件”。第三，在软件表中要求，“饭店建立能源管理与考核制度，并有档案可查”。

（4）强调应急管理。为增强星级饭店突发事件应急处置能力，2010 年版标准突出强化了饭店应急管理方面的要求。在必备项目中对一至五星级饭店均要求制定火灾等六类突发事件处置的应急预案，三星级（含）以上饭店还要求有年度实施计划，并定期演练。在运营质量评价中也有相关要求。评定检查时，检查员将详细翻阅各类预案文本和定期演练报告及影像等原始记录。“食品安全”是新版标准新增的一项内容。四星级的必备项目中要求应有食品留样送检机制；五星级的必备项目中要求应有食品化验室或留样送检机制。硬件表里也设置了相应的分值。

（5）强调软件可量。2010 年版标准吸取行业标准《星级饭店访查规范》中对饭店服务产品进行程序化、流程化要求的理念，对“软件”评价作了较大调整，并将服务质量、清洁卫生、维护保养等内容统一到运营质量评价表中，增强了“软件”评价的客观性和可操作性。2010 年版标准的软件表将前厅、客房、餐饮等主要的饭店服务项目分为若干道流程，进而对每个流程中又细分为若干个动作。按项目→流程→动作来设计评价过程，将检查人员的注意力集中到服务人员的具体动作上，而不是最终服务效果的评价上，从而比较直观，便于操作，减少了主观性。同时，饭店企业可以直接对照检查表建立完善饭店日常服务质量检查体系，这样也更有利于标准的理解和实施。

（6）强调特色经营。为适应旅游饭店行业多业态发展的趋势，2010 年版标准在保证饭店基本条件达标的基础上，着力引导星级饭店特色化、差异化经营。比如，在设施设备评分表中将分属商务会议和休闲度假这两类饭店的主要硬件设施集中"打包"，引导企业集中选项、突出经营定位。商务会议类设施包括行政楼层、大宴会厅或多功能厅、会议厅、展览厅、商务中心等；度假饭店设施包括温泉浴场、海滨浴场、滑雪场、高尔夫球场、风味餐厅、游泳池、各类休闲运动设施等。并对在商务会议、度假特色类别中集中选项和得分率超过70%的饭店，给予一定的分值优惠。对于少数极具特色但配套设施未达到星级标准要求的精品饭店，为鼓励其市场引领作用，新标准设置"例外条款"规定：对于以住宿为主营业务，建筑与装修风格独特，拥有独特客户群体，管理和服务特色鲜明，且业内知名度较高饭店的星级评定，可参照五星级的要求。

特别需要说明的是，新标准实施后，这一"例外条款"的掌握将是极其严格的。只有极少数饭店由其直接向全国星评委申评五星级。具体的评价标准和检查办法由全国星评委另行制定。

3. 中国饭店的星级评定

（1）星级评定的责任分工

全国旅游饭店星级评定机构：制定星级评定的实施办法和检查细则，授权并督导省级以下旅游饭店星级评定机构开展星级评定工作，组织五星级饭店的评定与复核工作，保有对旅游饭店星级评定机构所评定饭店星级的否决权。

省级旅游饭店星级评定机构：组织本地区旅游饭店星级评定与复核工作，保有对本地区星级旅游饭店星级评定机构所评定饭店星级的否决权，并承担推荐五星级饭店的责任。同时负责将本地区所评星级饭店的批复和评定检查资料上报全国旅游饭店星级饭店评定机构备案。

地市级旅游饭店星级评定机构：实施本地旅游饭店星级评定与复核工作，保有对本地区以下旅游饭店星级评定机构所评饭店星级的否决权，并承担推荐高一级星级饭店的责任。同时，负责将本地区所评星级饭店的批复和评定复核资料逐级上报全国旅游饭店星级评定机构备案。

（2）星级的评定步骤

第一步，申报。

第二步，受理。

第三步，检查。

第四步，评审。

第五步，批复。

第六步，复核与处理。

阅读材料

2014 年第三季度全国星级饭店统计公报

（国家旅游局监督管理司 2014 年 12 月）

2014 年第三季度，星级饭店统计管理系统中 13508 家星级饭店，有 12611 家经营情况数据通过省级旅游主管部门审核，完成率为 93.36%。

一、总体情况

在 12611 家星级饭店中，除停业的 884 家饭店外，有 11727 家完成了第三季度经营数据的填报，包括一星级 134 家、二星级 2748 家、三星级 5659 家、四星级 2427 家、五星级 759 家。全国 11727 家星级饭店第三季度的营业收入总计为 548.16 亿元，其中餐饮收入为 221.62 亿元，占营业收入的 40.43%；客房收入为 257.64 亿元，占营业收入的 47.00%。

2014 年第三季度全国星级饭店经营情况统计表

（按星级分）

项目 星级	饭店数量	营业收入（亿元）	餐饮收入比重（%）	客房收入比重（%）
合计	11727	548.16	40.43	47.00
一星级	134	0.66	31.35	64.23
二星级	2748	30.77	39.53	48.54
三星级	5659	144.83	42.47	46.66
四星级	2427	182.46	40.45	47.29
五星级	759	189.44	46.67	39.03

全国第三季度星级饭店平均房价为 324.40 元/间夜，平均出租率为 58.31%，每间可供出租客房收入为 189.16 元/间夜，每间客房平摊营业收入为 34407.29 元/间。

2014 年第三季度全国星级饭店经营情况平均指标统计表

（按星级分）

星级＼项目	数量（家）	平均房价（元/间夜）	平均出租率（%）	每间可供出租客房收入（元/间夜）	每间客房平摊营业收入（元/间）
合 计	11727	324.40	58.31	189.16	34407.29
一星级	134	137.53	56.03	77.06	10661.59
二星级	2748	164.03	56.69	92.99	16333.19
三星级	5659	216.46	57.83	125.17	22960.58
四星级	2427	344.40	59.53	205.04	36536.62
五星级	759	643.78	58.39	375.92	70574.57

从第三季度各地区经营情况看，平均房价位居全国前 6 位的为上海、北京、海南、天津、广东和西藏；平均出租率位居前6 位的为西藏、湖南、上海、贵州、北京和山东；每间可供出租客房收入位居前 6 位的为上海、北京、西藏、福建、海南和四川；每间客房平摊营业收入位居前 6 位的为上海、北京、江苏、浙江、福建和山东。

二、各省区市分星级情况

一星级饭店：北京（15 家）和西藏（5 家）两地的平均房价在 200 元/间夜以上；平均房价最低的为海南（2 家），不足 70 元/间夜。平均出租率超过 70%的有青海（1 家）、西藏（5 家）和湖南（8 家）；重庆（1 家）平均出租率最低。

二星级饭店：西藏（45 家）、北京（175 家）、上海（33 家）、辽宁（91 家）和广东（108 家）五地的平均房价均高于 200 元/间夜；宁夏（8 家）平均房价最低，为 78.65 元/间夜。上海（33 家）和西藏（45 家）两地平均出租率超过 70%；海南（9 家）平均出租率最低，为 35.74%。

三星级饭店：北京（206 家）、上海（84 家）和西藏（47 家）三地的平均房价均超过了 300 元/间夜；海南（62 家）平均房价最低，为 132.41 元/间夜。平均出租率超过 70%的只有西藏（47 家）；吉林（86 家）平均出租率最低，为 47.66%。

四星级饭店：上海（66 家）和北京（128 家）的平均房价超过了 400 元/间夜；新疆兵团（5 家）平均房价最低，为 241.13 元/间夜。只有湖南（59 家）平均出租率超过 70%；河南（53 家）平均出租率最低，为 47.95%。

五星级饭店：只有西藏（1 家）和青海（2 家）两地的平均房价超过 1000 元/间夜，高于其他省区市；平均房价低于 500 元/间夜的有 9 个省份，其中安徽（22 家）最低，为 405.41 元/间夜。平均出租率方面，贵州（4 家）最高，为 71.50%；天津（15 家）最低，为 47.99%。

三、全国 50 个重点旅游城市情况

全国 50 个重点旅游城市共有 4915 家饭店完成第三季度数据审核，占全国总数的 36.39%。从第三季度各城市经营情况看，平均房价位居前 10 位的分别为三亚、上海、北京、青岛、厦门、深圳、西宁、拉萨、广州和珠海。平均出租率位居前 10 位的分别为拉萨、长沙、厦门、贵阳、兰州、深圳、青岛、大连、济南和南宁。每间可供出租客房收入位居前 10 位的分别为上海、三亚、拉萨、厦门、北京、青岛、深圳、珠海、西宁和长沙。每间客房平摊营业收入位居前 10 位的分别为上海、北京、厦门、长沙、温州、青岛、广州、南京、三亚和福州。

2014 年第三季度重点旅游城市星级饭店平均房价前 10 名情况表

（按星级分）

单位：元/间夜

一星级	二星级	三星级	四星级	五星级
拉萨 371.20	拉萨 412.93	拉萨 396.40	上海 490.62	拉萨 1513.33
北京 238.26	北京 255.34	北京 336.67	北京 474.26	西宁 1145.44
宁波 166.33	广州 246.08	深圳 321.98	黄山 465.49	三亚 1019.79
沈阳 160.85	上海 243.26	上海 312.83	西宁 458.58	哈尔滨 1004.64
兰州 157.00	张家界 236.04	大连 293.51	秦皇岛 457.60	青岛 920.92
上海 149.25	大连 234.37	青岛 289.31	青岛 443.81	上海 920.86
昆明 146.84	长沙 233.75	杭州 276.74	郑州 432.60	秦皇岛 911.22
成都 120.99	贵阳 223.33	广州 270.39	拉萨 418.62	北京 803.07
贵阳 119.22	太原 216.78	福州 269.81	杭州 418.61	济南 773.93
丽江 116.31	深圳 212.80	太原 266.29	广州 416.61	成都 757.42

2014 年第三季度重点旅游城市星级饭店平均出租率前 10 名情况表

（按星级分）

单位：%

一星级	二星级	三星级	四星级	五星级
拉萨 91.07	拉萨 92.75	拉萨 90.80	长沙 78.66	兰州 83.00
昆明 87.32	福州 76.01	长沙 81.30	兰州 75.23	哈尔滨 78.21
成都 80.76	深圳 75.59	厦门 73.22	厦门 74.74	长沙 77.16
兰州 80.00	广州 74.14	贵阳 72.46	贵阳 74.16	丽江 75.83
大连 69.07	桂林 73.16	济南 68.58	拉萨 71.03	厦门 70.89
宁波 64.10	上海 73.06	深圳 68.41	青岛 69.25	西宁 70.13
杭州 60.52	南宁 72.72	青岛 67.97	上海 68.55	青岛 69.37
沈阳 57.49	大连 70.25	兰州 67.89	西安 67.60	长春 68.82
北京 43.12	长沙 69.99	南宁 67.38	深圳 67.56	北京 68.50
贵阳 40.00	兰州 69.82	丽江 67.03	大连 67.20	三亚 68.40

（后略）

资料来源：http：//www. cnta. gov. cn/html/2014 – 12/2014 – 12 – 23 – %7B@ hur%7D – 11 – 52310. html 国家旅游局网站

第三节　饭店的产品特点与业务特点

一、饭店产品的特点

饭店产品具有不同于一般产品的特点，主要包括以下八个方面。

（一）饭店产品的综合性

饭店产品的综合性表现在：饭店产品既有有形设施，又有无形服务；既可满足宾客对物质的需要，也能满足宾客对精神的需要，更能满足他们对社交的需要。综合性的特点是由宾客需求的多样性决定的，随着社会和科技的进步，宾客的需求日益多样化、个性化，因此，饭店的功能也越来越多，分工越来越细，饭店产品的综合性也越来越明显。宾客住店期间会与各业务部门发生联系，并享用这些部门的产品，各业务部门围绕着宾客活动运转，各分散独立的单项产品也就由宾客这条主线联系成一个整体产品，形成各单项产品之间的紧密组合，因而体现出饭店产品的综合性。

综合性要求饭店在经营管理时要注意空间布局的综合协调性、饭店的服务规程和质量的一致性以及饭店单项产品间的紧密联系性。

（二）饭店产品的无形性

饭店是一种特殊的企业，有别于生产实物产品的生产性企业，也有别于进行商品流转的工商企业，因为饭店宾客购买饭店产品，当他离开饭店时并没有带走实物产品，饭店产品被宾客在饭店就地消费了。因此，饭店的产品主要以出售服务为主，而服务是看不见、摸不到的，是无形的。例如，宾客入住了饭店，他所购买的并非是房间，而是依托房间所提供的一系列客房服务。饭店是通过有形的实物产品为基础提供优质、完善的服务来实现产品的核心价值的。

饭店产品的无形性，使饭店很难向客人描述和展示其服务项目，因而给饭店营销活动带来很大的困难。客人在做出购买饭店产品的决定时，也感到风险很大。所以，饭店经营者要尽量使无形的产品有形化，争创不同于竞争对手、使客人易辨认、为客人所熟悉的饭店永久性标志，同时，还要研究消费者心理，运用恰当的方式进行推销。

（三）饭店产品的文化性

饭店既是一个企业物质文化、精神文化和制度文化的体现，也是一个国家或者地区、城市文化的浓缩和载体。饭店主要接待的是外地旅游者，而旅游者有一个共同的动机就是探求异地文化，选择饭店就成为他们探求和感受异地文化的一种途径，这就导致了饭店产品要有一定的文化性。

饭店产品的文化性是建立在饭店外在形象与内在机制有机统一的基础上的，体现在饭店经营管理和服务的方方面面，例如，具有东方特征的住宿设施和文化就会对国外游客产生极大的吸引力；地方性的餐饮则会引起国内外游客的关注等。

（四）饭店产品的享受性

宾客的享受需求是现代需求的主要表现，饭店产品的享受服务特点是其与一般商品和服务之间的主要区别所在。宾客对饭店的需求不仅仅是简单的物质需要，更主要的是对饭店产品的精神享受需求，这种享受服务在满足宾客多方面需要和追求的同时，也充分表现了饭店产品和服务人员的高水平技能。

（五）饭店产品生产和消费的同步性

一般产品的生产、销售和消费过程是分离的，生产者和消费者不直接接触，而饭店产品的生产、销售和消费过程则是同时或几乎同时进行的，并且不可分离。饭店产品的生产销售和消费过程是通过服务员在与宾客面对面的交往中完成的，即客人消费饭店产品时也就是饭店产品的生产过程。

饭店产品的这一特点决定了饭店规模必然受区域所限，饭店必须根据目标市场的大小设计接待能力，同时要重视完善服务产品的生产销售环境，营造良好的消费氛围。要做到这一点，就要求饭店服务人员不仅要掌握熟练的服务技能，还应该具备一定的推销技能。

（六）饭店产品的不可储存性

正是饭店产品的无形性及生产和消费的同步性决定了饭店产品具有不可存储性，即饭店不可能像其他企业那样把当日未能销售完的商品放入仓库储存等到以后销售出去，因为饭店产品在规定的时间内如果销售不出去，其产品价值就会丧失，而且永远无法弥补，如饭店的客房当天未能销售出去，也就意味着饭店丧失了一天的客房收入。

饭店产品的这一特点要求饭店必须十分关注产品的使用率，要采取灵活的营销策略（价格策略、促销策略等）扩大饭店产品销售量，特别是淡、旺季明显的饭店必须制定完善的市场销售计划来开辟饭店的客源，以获得更大的收益。

（七）饭店产品的无专利性

饭店产品的无形性导致饭店产品具有无专利性，饭店能够申请专利的只是饭店的名称及标志，饭店无法为创新的客房、餐饮以及服务方式申请专利，其结果是新产品和服务方式很容易被竞相模仿，使创新者失去优势，各饭店的产品趋于雷同。

这一特点要求饭店管理者要充分理解宾客需求，在饭店管理过程中能够不断创新，保持饭店产品的竞争优势，提高宾客的品牌忠诚度。

（八）饭店产品质量评定的困难性

相对于一般产品来说，饭店产品具有质量的不稳定性。饭店产品是无形的，服务产品质量的好坏受人的因素影响较大。首先，由于宾客个人背景和特点不同，对服务质量的感受和评价往往带有较浓的个人主观色彩；其次，原因在服务人员本身，由于生产和消费的同步性，就造成了服务人员在提供服务时很容易受到服务人员内心情绪的影响，而且服务人员对一些无法量化或标准化的服务理解是不一样的，如常说的“体贴入微”的服务。另外，饭店业务带有很大的随机性和分散性，导致员工作业带有很大的自由支配性以及对员工行为的监督和控制难以实施。因此，饭店产品质量的好坏不能像实体产品可用机械或物理的性能指标来衡量，它受人为的因素影响较大，难以恒定地维持一致。

因此，饭店为了保证饭店产品的质量，应制定并执行严格的质量标准，加强培养饭店员工的服务意识、服务技能、职业道德和职业习惯，推行以人为中心的管理方式，培养良好的企业精神和员工士气，这是提高和稳定饭店服务质量的重要途径。

饭店产品的这些特点，给饭店的经营管理带来了特殊性，从而决定了饭店管理必须有一套科学的、系统的、独特的管理方法。

二、饭店业务的特点

饭店和其他各类企业一样，是一个独立的营利性经济组织，除了具备经营上的自立性、组织上的完整性、经济上的独立性及对外关系上的法人地位等基本条件之外，饭店还有着与其他企业不同的业务特点。

（一）饭店生产和销售无形产品

1. 饭店生产和销售饭店产品。饭店与宾客的关系是饭店为宾客生产和向宾客销售饭店产品，宾客进入饭店购买并且使用饭店产品。饭店与宾客是以饭店产品为纽带联系在一起的，两者形成了一种共存的交换关系。

2. 饭店生产和销售的主要是无形产品。饭店是一种特殊的企业，它有别于生产实体产品的生产性企业，也区别于进行商品流转的商业企业，因为饭店宾客购买饭店产品，当他离开饭店时并没有带走实物产品，饭店产品被宾客在饭店就地消费了，因此，饭店的产品主要以出售服务为主，而服务是看不见又摸不到的，是无形的，这就使饭店产品带有了无形性，饭店生产和销售的主要是无形产品。

3. 饭店产品的使用价值。饭店产品的使用价值构成不同于实体产品。饭店产品的使用价值是由饭店设施设备和各种物品的使用价值、实物产品的使用价值（餐饮产品）、服务劳务的使用价值三部分组成的。对实体产品而言，消费者只关心它的使用价值、价值和质量，至于生产实物产品的设施设备、生产者和生产方式则不为消费者所注意。而构成饭店产品使用价值的三要素则是直接供宾客使用消费，直接面对宾客而成为宾客消费对象和评价对象。因此，针对这种特殊性，在饭店管理中，既要重视实物产品质量，又要重视设施设备和服务的质量，这样才能真正满足宾客的需求。

（二）饭店业务的时空性

饭店空间的使用价值就是给宾客一个空间环境和空间使用功能（如客房能休息、餐厅能用餐），所以饭店产品只有在特定的、固定的空间才有使用价值，才成为产品。饭店的空间是不能移动的，这就决定了饭店产品的不可移动性，也决定了饭店产品销售是把宾客请进来，在一定的空间就地消费。正是饭店产品的空间特性，使饭店在经营中必须考虑饭店选址、规模面积、空间的功能结构、空间的布局、空间服务模式等空间因素。

饭店产品的使用价值是与时间紧密地联系在一起的。饭店产品有周期性和重复性，这决定了饭店产品有不可储存性，也就是说，饭店产品的使用价值是有时间段的，在特定时间里未被使用，那么这个时间段的产品使用价值和价值就被损失掉了。因此，饭店产品的价值有很强的时间性。

时间和空间往往是相互联系、交织在一起对饭店产品产生影响的，所以饭店要不断提高经营管理水平，使每个时间段的每个空间都能产生尽可能理想的效益。

（三）饭店业务的综合协调性

饭店是综合性的企业，这是说饭店是由功能各不相同的多个部门综合而成的。饭店要在同一时间的不同空间满足宾客不同的使用需求，也就意味着饭店在同一时间能提供宾客在饭店期间不同需要的各种独立的产品使用价值，因此，就产生了饭店业务的综合性。

1. 饭店业务综合性的表现特点

（1）饭店各业务部门的独立性和产品的单一性。

（2）宾客需求的多样性和空间上的同时性。

（3）饭店业务的相互依赖性和联系性。

（4）饭店业务的互动共进性。当一个部门的业务很繁重时，那么其他部门的业务也会有促进；反之亦然。

饭店业务的综合性必然带来饭店业务的协调性，业务的协调性是指各部门、各部分业务的协调。

2. 饭店业务协调性特点的主要表现

（1）有分工就有协作。

（2）优质服务是各部门共同努力的结果。

(3) 饭店业务的交叉性，要求饭店作业充分协调。

(4) 饭店服务水平的一致性。

(5) 饭店业务协调的随机性。

(四) 饭店业务的强文化性

饭店所追求的是文化和品位而不是豪华。饭店建设首先是文化建设，有了文化才会有饭店精神。这是因为：

1. 饭店的服务对象是人，人类创造了文化，人们也要享受文化，在享受文化中再积聚创造文化的能量。

2. 旅游者对文化的盼求。饭店接待的对象绝大多数是外地旅游者，旅游者有一个共同的动机就是探求异地文化，选择饭店自然就成为他们探求和感受异地文化的一种途径。

3. 不同地理、历史、政治的文化差异，带来饭店对文化的选择处于特定的地域，因而必然带有特定地域文化的色彩。地域文化是一项宝贵的资源，它会为饭店锦上添花，甚至成为饭店的主题，对饭店经营与管理产生不可估量的影响。

4. 市场对文化的需求。当今社会人们的生活理念已发生变化，人们更加追求优质享受的、丰富多彩的、有个性追求的生活。人们对精神生活的诉求越来越高时，饭店的业务就势必带有强文化性。饭店文化的特征是饭店品牌的必要内容，也是饭店形成核心竞争力的重要组成部分。加深饭店的文化底蕴，彰显饭店的文化特色，是饭店市场竞争、争取客源的优势所在。

饭店的文化性是饭店文化内涵和外在表现的统一，是意识和业务过程的统一，饭店的文化建设要从饭店的硬件和软件两个方面来进行。硬件方面主要有建筑物造型和外环境、外装修、饭店的环境艺术和内装修设计、设施设备及用品物品的造型、色彩图案、款式、CI 设计的视觉效果、餐饮文化等；软件主要有饭店的产品理念和服务理念、饭店的文化理念、服装设计、语言文字的设计、对宾客服务的设计等。

要体现饭店业务的强文化性，饭店要做好四方面的工作：

1. 饭店的文化理念。饭店的文化理念是人的理念。

2. 饭店的文化要有个性特色。文化有地域和历史的特性，越有文化特色的饭店就越有个性，也就对宾客越有吸引力。

3. 饭店文化的品位和水准。饭店是一个窗口，它能反映国家和地方的风貌，饭店文化水准也应该能反映国家和地方的水平，反映饭店的档次和品位。饭店文化是给宾客享受的，能被人享受的文化应该有较高的品位和水准。

4. 饭店文化的系统性。饭店文化的系统性主要指，饭店产品是由各业务过程所产生的使用价值综合而成，它是各业务产生的使用价值的系列。因此，饭店的文化性是由饭店业务的各个方面来表现的，它要有一个主题贯穿始终。

（五）饭店业务的独立性和员工行为的自我约束性

饭店业是一个主要以提供服务为主的特殊行业，所以其劳动的特点是手工劳动、脑力劳动相结合，以体力劳动为主；集体协作与单体独立操作相结合，以单体独立操作为主。这种作业方式导致了劳动者有较大的自由空间和较少的外界制约因素。因此，饭店员工在工作中有自我约束性是员工素质的一个组成部分。要使员工在工作中能自我制约，使自我制约成为员工的自觉行动，在饭店管理中应做到：

1. 形成饭店的先进的、有内涵的、系列的企业文化。
2. 通过培训和日常管理，塑造员工的自我制约精神。
3. 严格规范管理，坚持以规范治店为宗旨。
4. 培养员工的应变能力。
5. 以柔性管理来激励员工自我制约。

（六）饭店业务中的情感性

饭店接待服务的对象是人，人是有思维、有情感、有复杂心理的群体。饭店向宾客提供服务的是员工，因此，人与人的交往和接触，使饭店业务活动带有人所特有的情感性。宾客往往来自异国他乡，入住饭店有陌生感和孤独感，所以，饭店要通过大量的工作让宾客在饭店感到“宾至如归”，而“宾至如归”的关键是宾客对饭店情感的产生并融合。饭店生产和销售的是无形产品，这种无形产品从本质上讲也是情感服务产品。无形产品不仅仅提供使用价值，也应包含大量的情感附加值。饭店业务的情感性对饭店经营有着重要的影响。它可使饭店成为现代意义上的真正饭店；可把宾客的偏好转变为偏爱；可在饭店市场推广中起重要作用；也可通过情感为饭店带来优质服务。

饭店业务中的情感性是靠饭店在业务的运行过程中表现出来的。它主要是通过物的形式、人的服务、环境氛围表现的。

物，就是饭店配备的设施设备和物品。物的表现形式是，对于宾客使用的“物”作有效的、精心的设置、设计和包装。使它们不但能充分显示原有的使用价值，而且能产生物的服务情感效应。饭店的物在设置上要充分注意规范、品位和实用。

人的服务最能表现饭店业务中的情感色彩。人与人面对面最容易进行情感的交流和沟通，宾客也最容易从服务员的服务中直接感受到饭店的情感。这就要求饭店从业人员要有情感的基本认识，要严格按照服务规程规范服务，同时要满足宾客的个性化需要。

饭店环境氛围也是表现饭店业务情感性的重要方面。饭店里祥和、和谐、温馨的环境氛围会让宾客感到温暖，感到流连忘返。因此，饭店可通过环境的布置、物品和材料的选择、员工着装和作业程序、方式的设计等，来体现亲切温暖、怡人的情感色彩。

本章小结：

1. 饭店是以建筑物为凭借，主要通过客房、餐饮、娱乐等设施及与之有关的多种服务项目，向客人提供服务的一种专门场所。饭店的传统功能包括住宿和餐饮，随着住客需求的不断变化，饭店的现代化功能不断增加完善，包括商务、康体娱乐、购物、家居、度假和会议等。

2. 饭店在旅游乃至国民经济中占有重要的地位。饭店是旅游业的重要支柱；饭店为社会创造就业机会；饭店带动其他行业的发展；饭店促进了社会消费方式和消费结构的发展；饭店是对外交往、社会交际活动的中心。

3. 饭店可根据其客源市场、经营规模、地理位置、经营性质、投资费用、计价方式等因素来划分为不同的类型。通常将其划分为商务饭店、度假饭店、长住饭店、会议饭店。

4. 饭店等级是指一家饭店的豪华程度、设施设备水平、服务范围、服务质量等方面所反映出的级别与水准。我国采取星级评定制度，目前执行《旅游饭店星级的划分与评定》（GB / TI 4308—2010）国家标准，该标准在继承2003年版标准提出的“三性”即“管理专业性，氛围整体性，产品舒适性”原则的基础上，突出了六个“强调”的导向。

5. 饭店产品具有不同于一般产品，包括以下八个方面的特点：综合性、无形性、文化性、享受性、生产与消费的同步性、不可贮存性、无专利性、质量评定的困难性。

6. 饭店的业务与其他企业存在一定差异，其主要特点为：饭店生产和销售无形产品、饭店业务的时空性、饭店业务的综合协调性、饭店业务的强文化性、饭店业务的独立性和员工行为的自我约束性、饭店业务中的情感性。

思考题：

1. 什么是饭店？其主要特征是什么？
2. 饭店的功能主要有哪些？
3. 饭店的地位与作用如何？
4. 根据不同的客源市场可以把饭店划分为哪几种类型？
5. 什么是饭店等级？饭店定级有何意义？
6. 国际上常用的饭店等级划分方法有哪几种？
7. 如何理解饭店产品的各个特点？
8. 《旅游饭店星级的划分与评定》（GB / TI 4308—2010）的“六个强调”突出了哪些变化？

讨论题：

讨论饭店业目前出现了哪些新型业态？饭店业市场的繁荣对于饭店管理者有哪些启示？

实践题：

调查所在地市场各种饭店业态的规模与现状，写出详细的调查报告。

网络链接：

1. 查阅 www. clubmed. com，了解地中海俱乐部的主要度假产品及近期度假优惠活动。

2. 登录 http：//www. clubmed. net/corporate/welcome. php，查阅 Club Med 最近一年的 Annual Report（Business report & Financial report），并写出不少于 1000 字的阅读报告。

3. 查阅 http：//travel. 21cn. com/hotel/list. html 上的网页，通过《中国青年旅馆一览表》了解该业态在中国的情况。

4. 浏览下列青年旅馆的官方网站：

国际青年旅馆（YHA）的官方网站 http：//www. iyhf. org

英国 YHA：www. yha – england – wales. org. uk

苏格兰 YHA：www. syha. org. uk

法国 YHA：www. fuaj. fr

爱尔兰 YHA：www. ireland. yha. org

意大利 YHA：www. travel. it/hostels

荷兰 YHA：www. njhc. org

葡萄牙 YHA：www. sejuventude. pt/pousadas

斯洛伐克 YHA：www. 2. arnes. si

瑞典 YHA：www. stfturist. se

瑞士 YHA：www. youthhostel. ch

中国 YHA：http：//www. yhachina. com/

5. 打开 http：//www. yhachina. com/，可以填写《IYHF 会籍申请表》申请办理国际青年旅舍会员卡（HI 卡），这是旅游者入住青年旅舍的凭证，把你的资料传到国际青年旅舍的相关部门注册，这样在全球任何一个青年旅舍都可以查到你的资料。

6. 登录 http：//www. rci. com/，详细了解如何通过 RCI 度假、“RCI 中国销售认证计划”等相关信息。

7. 登录 http：//www. ihgphotolibrary. com/，查阅 IHG 各种类型饭店的图片。

附录一：

白金五星饭店条件

白金五星饭店有 7 个必备条件、具备 6 项参评硬条件中的至少 5 项、在 74 项选择项目中具备 37 项。

（一）7 个必备条件

1. 已具备两年以上五星级饭店资格；

2. 地理位置处于城市中心商务区或繁华地带，交通极其便利；

3. 建筑主题鲜明，外观造型独具一格，有助于所在地建立旅游目的地形象；

4. 除有富丽堂皇的门廊及入口外，饭店整体氛围极其豪华气派。

5. 有位置合理、功能齐全、品味高雅、装饰华丽的行政楼层专用服务区，至少对行政楼层提供 24 小时管家式服务；

6. 饭店内主要区域有温湿度自动控制系统，各类设施设备配备齐全，品质一流；

7. 内部功能布局及装修装饰能与所在地历史、文化、自然环境相结合，恰到好处地表现和烘托其主题氛围。

（二）具备 6 项参评硬条件中的至少 5 项

1. 所有客房面积均在 36 平方米以上；

2. 具有一个 100 平方米以上的室内游泳池；

3. 具有层高 5 米可容纳 500 人以上、布局合理、装饰豪华、格调高雅、符合国际标准的高级西餐厅，可提供正规的西式正餐和宴会；

4. 有位置合理、装饰高雅、气氛浓郁的独立封闭式酒吧；

5. 国际认知度极高，平均每间可供出租客房的收入至少连续三年居于所在地五星级饭店前列；

6. 在建筑方面有独一无二的设施；拥有规模壮观、装潢典雅、出类拔萃的专项配套设施。

（三）在 74 项选择项目中具备 37 项（略）

第二章　全球化中的饭店业

本章学习目标

1. 了解全球化的含义与主要特征；
2. 了解旅游业的全球增长、影响因素与发展趋势；
3. 掌握国际饭店业和饭店集团的规模与增长；
4. 熟悉饭店业的发展阶段、主要特征与未来发展趋势。

引导案例

洲际饭店集团在中国的扩张

英国洲际饭店集团 PLC（伦敦股票交易所：IHG，纽约股票交易所：IHG（ADRs））是目前全球最大及网络分布最广的专业饭店集团，拥有洲际、皇冠假日、假日饭店、假日快捷饭店、Staybridge Suites、Candlewood Suites 和 Hotel Indigo 等多个国际知名饭店品牌和有长达 60 年的国际饭店管理经验，它在全球特许经营约占 88.9%、委托管理约占 6%、带资管理及其他为 5.1%。

1946 年，洲际饭店集团（Inter-Continental）成立。1952 年，假日饭店集团（Holiday Inn）成立。1981 年，大都会（Grand Metropolitan）兼并洲际饭店集团。1989 年，英国巴斯有限公司（Bass）对假日集团（1989 年）和洲际集团（1998 年）收购兼并。2001 年 6 月 28 日，Bass PLC 在伦敦宣布将把集团的名称变更为 Six Continents PLC，名称的转变象征着公司业务的一个转折点——从啤酒制造商变为定位于国际饭店和休闲度假业的全球性饭店集团。Bass 选择 Six Continents 这个名字，是为了表现集团在全球的分布及其扩张的抱负，Bass 的业务遍及六大洲的将近 100 个国家。目前洲际饭店集团的名称为 Inter-Continental Hotels Group PLC of the United Kingdom。2003 年，洲际饭店集团（前六洲）收购兼并了美国的蜡木饭店式公寓集团（Candlewood Suite）。

洲际集团进入中国始于 1984 年，那时世界上其他顶级饭店集团对于中国市场尚处于观望阶段，而洲际集团抓住了开发浦东的商机，与锦江集团最先合作开发了上海锦江汤臣洲际大饭店（Inter-Continental Pudong Shanghai）。接下来的三十年，洲际集团紧紧跟随中国的政府开发战略，机场、铁路开发到哪里，洲际集团的饭店就跟随到哪里。

在早期的在华竞争中，洲际集团占尽了先机，其获胜的关键在于“先行”。目前面对众多的竞争对手，在新一轮的商战中，依然以“先行”为重点策略，这一次是抢先巨额投资。截至 2006 年第一季度，该集团以中国市场为重点的亚太区投资总量已高达 1600 万欧元，在集团最新的全球发展计划中，洲际集团在中国拓展的饭店数量将占全球发展总数的三分之一。

洲际饭店集团在华扩张的加速缘于中国旅游产业的蓬勃发展以及对手们的积极抢点。根据世界旅游旅行委员会（WTTC）最新预测，中国将在

10 年内成为世界第二大旅游产业国。诸多国际饭店业巨头以后不仅要在华输出管理，也要以上市融资或直接投资等形式在华扩张饭店业务。但从目前国际知名饭店集团在中国市场上的投资情况来看，投资方式还较保守，多是以管理公司的名义入驻。

对此，洲际集团总部 2005 年出售了麾下英国第二大的软饮料“Britvic”业务，回笼资金 3.71 亿英镑，所获资金将在全球范围内投资饭店，其中，中国是亚太区最大的投资市场，洲际集团用 4000 万美元在华建立中文预订中心，投入 2000 万美元用于员工培训。

2014 年是洲际饭店集团进入中国市场 30 周年，在华饭店数量已经从 2003 年的 20 家发展到现在的近 200 家，此外，还有 180 余家饭店正在建设中。“事实上，自从进入中国 30 年来，我们在中国的收益就从来没有拿走过，一直又重新投入到这个市场”，Patrick Imbardelli 称，2014 年洲际集团在华将拥有近 200 家饭店，届时中国将成为洲际集团全球第三大市场，仅次于美国和英国。

在一系列并购与业务重组的国际运作下，截至 2014 年，洲际饭店集团连续 11 年排名世界饭店集团第一位，在全球 100 多个国家和地区经营和特许经营着超过 4400 家酒店，超过 66 万间客房。

第一节　全球化与旅游业和饭店业

全球化是现今世界发展的趋势，作为这一发展趋势的重要体现——区域经济一体化和企业经营的集团化、国际化——已成为不争的事实。

作为世界古老产业的饭店业，也在顺应全球化这一趋势不断调整，不断发展，不断创新。最早出现在欧洲和美国的饭店集团、饭店联号以及后来遍布世界各地的大型跨国饭店集团、跨国饭店管理集团以及形形色色的饭店联盟，正是这一发展趋势的具体体现。尤其是在 20 世纪末的 10 多年里，国际饭店集团的频繁兼并、易手与重组，使一些大型饭店集团规模越来越大，覆盖面越来越广。毋庸置疑，这些大型饭店集团与饭店联号在这个行业以及在整个世界经济中的作用越来越令人瞩目。

同样，今天中国饭店业的产品市场、细分市场以及政府的调控与管制体系等因素也都发生了巨大的变化。这些变化从根本上说就是整个产业的运行环境越来越明显地呈现出全球化的特征，影响和推动着我国饭店产业不断发展。

一、全球化的含义与特征

本书中我们把全球化定义为通过贸易、资金流动、技术涌现、信息网络和文化交流而形成的相互依赖的现象。

从经济现象层面上看，经济全球化呈现如下特征：

1. 世界市场的自由化。包括商品、服务、技术、信息、劳动力、货币资本的交易全球化，市场竞争的全球化。

2. 国际规则的全球化。国际规则从两方面产生，一是公开制定的国际公约，这样的规则虽然仍是发达国家的影响占上风，但毕竟发展中国家做了抵消其支配性的努力；二是从发达国家做起的国际惯例，发展中国家只有接受的份，没有改进的份。

3. 文化全球化。实际上就是消费的全球化（包括精神消费），它是以商业的全球发展为背景的。这种全球化基本与发达国家率先开发的新型商品与消费倾向吻合。

4. 金融全球化。金融全球化的速度超过了生产和交换全球化的速度，它对全球产生的影响主要体现为：各国之间的经济波动更容易传导；现代金融体系的缺陷无法有效防止金融投机对实力不强的国家金融安全的威胁；各国金融屏障的撤销，便利了资金泡沫的发生与作用，破坏着经济和社会生活的稳定；国际范围内的贫富差距和收入分配的不均将不断加剧。

很显然，经济全球化对发展中国家更具有挑战性。上述特征昭示了各国经济的相互依赖程度不断加强，而发展中国家在一个不对称的相互依赖关系中属于更为脆弱的依赖方，伴随着国际政治、经济、文化、社会等领域交流的扩大频繁，可能产生种种不安全因素。

二、旅游业的全球增长与发展趋势

从20世纪90年代开始，世界国际国内旅游收入超过了石油、汽车工业，成为世界上第一大产业。据世界旅游协会预测，到2020年，国际旅游产业收入将增至16万亿美元，相当于全球GDP的10%；能够提供3亿个工作岗位，占全球就业总量的9.2%。无论是收入、就业，还是投资、税收，旅游产业对世界各国经济的发展都发挥着举足轻重的作用。

（一）世界旅游业的增长与发展规模

世界旅游业的快速增长和大规模发展可以通过以下几个方面的因素进行衡量：

1. 国际旅游人数

按照世界旅游组织的传统划分方法，世界旅游业划分为五大区域：欧洲、美洲、亚洲及太平洋（简称“亚太”）地区、非洲以及中东。从1950—2011 年，全球国际旅游人次从 0.25 亿增加到 9.8 亿，增长了约38 倍。

2010 年国际旅游业强势反弹，国际旅游人数增长 6.51%，多达 9.49 亿人次，创历史新高，其中亚太地区的增长最为强劲，增幅达 7%。2012 年国际旅游人数首次突破 10 亿大关，达到 10.35 亿人次。2013 年国际旅游人数较 2012 年增长 5.02%。旅游业的发展规模不断扩发，对于经济的贡献也在不断加大。

2. 国际旅游收入

世界旅游组织（UNWTO）公布的统计数据显示，2011 年，全球来自境外游客的旅游收入（国际旅游收入）最多的国家和地区为美国，高达1163 亿美元。西班牙居第 2 位，国际旅游收入 599 亿美元，法国为第 3 位（538 亿美元），中国第 4 位（485 亿美元）。排名第 5 至第 10 位的分别为意大利（430 亿美元），德国（388 亿美元），英国（359 亿美元），澳大利亚（314 亿美元），中国香港、澳门（272 亿美元）。

据世界旅游业理事会（WTTC）预计，到 2020 年，全球国际旅游消费收入将达到两万亿美元；另据世界旅游协会预测，从 2010—2020 年，国际旅游业人数和国际旅游收入将分别以年均 4.3%、6.7% 的速度增长，高于同期世界财富年均 3% 的增长率；到 2020 年，旅游产业收入将增至 16 万亿美元，相当于全球 GDP 的 10%。

3. 旅游需求

基于世界经济快速发展，人们生活质量不断提高，闲暇时间大大增加等诸多因素共同的作用和影响，与世界旅游人数和旅游收入的发展趋势同步，世界旅游需求一直呈现持续增长的态势。

2014 年，联合国世界旅游组织在伦敦发布报告称，中国游客跨国旅行消费的增长率在 2014 年上半年居世界首位。

中国跨国旅行消费增长 16%，成为世界第一国际旅游输出国。法国增长率为10%，位居第二。意大利增长率为8%，位居世界第三。在2012年之前，德国是世界第一旅游输出国。2013年世界旅游输出资源经历了一个重大的转变，中国成为世界上输出游客最多的国家。2013年，约有9800万中国游客在跨国旅游的过程中消费了1280亿美元，人数与2012年相比增长了26%。

4. 旅游就业

据世界旅游和旅行理事会（WTTC）消息，世界旅游业正迎来高速发展期，预计到2020年，旅游产业所提供工作岗位达3亿个，占全球就业总量的9.2%，从而进一步巩固其作为世界第一大产业的地位。

根据WTTC公布的排行榜，我国是世界上创造旅游产业相关工作最多的国家和地区（如图2－1所示），澳门则是世界上从事旅游业人口比例第二高的国家和地区，该比例高达40.2%。

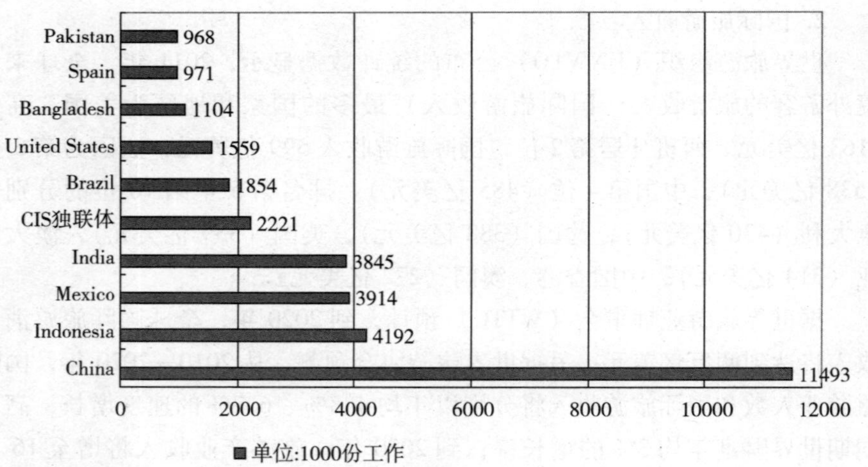

图2－1　2004—2013年旅游从业人员增长最快的10个国家

资料来源：根据世界旅游组织公布的数据绘制

综上所述，当前旅游业已经成为全球经济中发展势头最强劲和规模最大的产业之一。旅游业在城市经济发展中的产业地位、经济作用，旅游业对城市经济的拉动性、社会就业的带动力以及对文化与环境的促进作用日益显现。

（二）影响国际旅游业的主要因素

世界旅游业大幅度增长的实现，在很大程度上取决于政府实施开明的政策开放市场、完善基础设施、减少对旅游的限制和障碍以及降低税率等因素。

除此之外，影响国际旅游业的主要因素还包括：经济因素、政治因素、文化联系、距离、气候、旅游资源吸引力、交通运输、人口变动等。这些因素以不同的方式结合起来，非常明显地影响着国际旅游的流向，形成和改变着世界的旅游业。

1. 经济因素

一个地区旅游业的发展程度与其经济发展水平紧密相连。经济发展水平的高低在一定程度上决定了其旅游业的发展状况。欧美不仅是国际旅游活动的主要目的地和接待地，也是最大的客源地。

影响国际旅游的几大经济决定因素是：

（1）客源国的经济发展水平和经济状况

在宏观水平上，一个国家的经济增长一般会带来可支配收入的增长和有关诸如休假权利的社会政策的变化。由于经济增长而引起的贸易往来的增多，同样也会助长对国际旅游的需求，反之，经济萧条和高失业率会抑制国际旅游的发展。

（2）目的地国家境内的旅游成本

旅游成本也能使世界发展中地区的旅游目的地变得具有强大吸引力，吸引那些经济发达国家的旅游者。在经济发展中国家，生活费用相对要低得多，同时劳动力价格也低。如果发展中国家能按照可以令旅游者接受的标准提供旅游基础设施的话，那么以其相对便宜得多的假日旅游费用，就可以从发达国家吸引来大量的旅游者。如属于发展中国家的墨西哥和加勒比海国家，已成为北美洲国际旅游客源市场的主要旅游目的地；属于发展中国家的土耳其和北非国家，直接与南欧国家的地中海度假旅游业相竞争，成为欧洲旅游客源市场的旅游目的地。在亚洲和太平洋地区，发展中国家中国、印度尼西亚、泰国和太平洋岛国吸引着大量的亚太发达国家和地区（如澳大利亚和日本）旅游客源市场的旅游者。

（3）外汇汇率

影响海外旅游模式的主要因素之一就是汇率。汇率的高低与一个国家的到访人数多少呈负相关关系。国际旅游是一种出口工业，汇率下降，人们的消费就会增加；汇率上涨，人们的消费就会降低。例如，在20世纪80年代后期发生的墨西哥比索的贬值，立即刺激了其北部邻国的游客纷纷到访，因为当时在墨西哥使用美元购买一流的服务和产品相对便宜一些。如：住一个四星级饭店的房间花30美元，两人的牛排大餐加葡萄酒需15美元；而在美国同期住类似的房间、吃类似的饮食，分别需要75美元和60美元。正如贬值的比索吸引了美国游客来墨西哥一样，日元对美元汇率的居高不下，也曾经成为鼓励日本游客到美国观光的主要因素。由于货币汇率的变化和各国通货膨胀率的不同，货币相对费用指数将随时间变化而变化。例如，从英镑的相对费用指数来看，在1981—1986年期间，意大利对英国旅游者没有什么吸引力，而希腊与英国的相对差异在这一期间基本保持不变。丹麦和西德等国，对英国的旅游者而言，商品价格愈来愈贵。这种国家之间的价格相对变化，强烈地影响国际旅游的流向和强度，特别是在各国旅游目的地的旅游业强烈竞争情况下更是如此。这导致在某一时期，旅游者从一个国家的旅游目的地，转移到另一个国家与其相类似而费用又比较低廉的旅游目的地。然而，旅游行为的这种改变似乎存在一种滞后效应，在相对费用指数变化后，大约要经过1～3年时间才会显示出来。

2. 政治因素

世界政治对国际旅游在很大程度上起着支配作用。一个国家长期政治稳定，对于旅游者和旅游业投资者而言，都更具有吸引力。

国家间的政治冲突或合作，会妨碍或促进国际旅游的流向和强度。战争、恐怖主义活动及任何形式的不稳定，都会暂时或较长时间地直接妨碍国家间的旅游。对以往冲突的记忆和疑虑，较长时期的种族对立，也会妨碍国家间的旅游。一个国家的安全度及政治形象对国际旅游者有深远的影响。这一政治形象并不取决于国家政府自身的各种表白，而在于众多旅游者共同形成的印象。政治形象不佳及缺乏安全度的国家，很难吸引国际旅游者。

有些国家采取财政和法律上的措施，设置障碍阻止旅游，这对世界旅游格局产生深刻影响，例如对外汇的管制及对签发护照的限制。

另外，某些政治协议能为国家或国家集团之间的旅行提供方便，甚至起到促进作用。例如欧洲“统一市场”就有利于欧盟各国的旅行者能在联盟各国间自由旅行。

3. 文化联系因素

当各国有关旅游的其他因素相同时或相近时，国际旅游可能首先在有共同文化联系的国家之间产生。共同文化联系主要指共同的政治历史、共同的语言文字和共同的宗教信仰等。影响国际旅游的文化联系，主要有如下三类：

（1）共同文化背景因素

有共同文化背景的国家之间往往能产生国际旅游。

（2）移民因素

从一个国家到另一个国家有大量移民，就会在移民母国与移民国之间形成文化联系。移民总是希望能回母国去寻根或探亲访友；而移民母国的亲友也会去移民国探望他们。移民的后裔往往向往他们祖先生活过的国家，希望去做探访旅游。例如美国是个典型的移民国，最初从欧洲的英国、德国和爱尔兰移民；到 1860—1890 年间，有斯堪的纳维亚移民；到 1900—1914 年间，又有东欧和南欧移民；近期（20 世纪 60 年代以后），移民主要来自西南亚和拉丁美洲。美国的海外旅游都反映了这些文化联系。又如在亚洲，历史上有大量中国人移居东南亚各国（如印度尼西亚、泰国、新加坡、菲律宾等），成为这些国家的移民。这些移民对东南亚一些国家的开发和经济发展曾做出过卓越的贡献。自 1979 年以来，已经形成东南亚各国的新、老中国移民到中国的国际旅游。

（3）殖民因素

许多发展中国家在它们独立以前都曾是欧洲国家的殖民地。殖民列强常常将其语言文字，以及教育、文化、货币和政治结构等强加于殖民地。尽管在这些国家独立后，殖民列强早已离开，但有些方面的联系仍在独立后的国家保留下来。这些原来是殖民地的国家对原殖民列强的旅游者来说，可能成为有吸引力的旅游目的地。例如法国与其法属西非洲和北非前殖民地之间的国际旅游。同样，荷兰旅游者到苏里南，比利时旅游者到扎伊尔，英国旅游者到东非和亚洲前殖民地等，也都证明了这一点。这些国际旅游反映了过去时代政治地理的痕迹。

4. 距离因素

两国之间的距离愈近，它们之间的旅游客流强度就愈大。国际旅游大多数是在附近国家之间发生的。世界上旅游业发达国家的客源主要都来自邻近国家。在北美洲，到达加拿大的国际旅游者 85% 以上来自美国；到达美国的旅游者，60% 以上来自加拿大和墨西哥。在欧洲，到达奥地利的国际旅游者，约 65% 来自与其邻近的德国、意大利、瑞士、斯洛文尼亚、南斯拉夫、匈牙利、捷克、斯洛伐克；到达比利时的旅游者，55% 以上来自邻近的荷兰、法国和德国；到达意大利的旅游者，55% 以上来自邻近的法国、瑞士、奥地利和斯洛文尼亚、克罗地亚、波黑、塞尔维亚等前南斯拉夫国家等。到达法国的旅游者，50% 以上来自邻近的德国、比利时、西班牙、意大利和瑞士；到达西班牙的旅游者，将近 45% 来自毗连的法国和葡萄牙。这些都说明：通常在毗邻国家之间，由于距离较近，国际旅游的可能性较大。

随着旅游者旅行距离的增加，旅游费用和旅游时间也随之相应增加。在长距离旅行的不利之处与较远目的地的旅游资源吸引力二者之间，旅游者需要进行权衡取舍。这种“距离阻限作用”，促使旅游者首先选择更接近其本国、与远距离目的地类似的旅游目的地类型，而不选择距离远的目的地，尽管后者的特征或许更有吸引力。

因此，国际旅游必定随着距旅游客源地距离的增加而减弱，这种关系可称为“距离衰减效应”。

5. 气候因素

在国际旅游格局中，气候因素起着明显作用，因为它决定主导着国际旅游的流向和强度。

气候差异似乎是造成世界规模旅游客流的重要因素。世界的主要旅游客源地，位于中纬度和较高纬度地区，其气候偏冷而天气多变。欧洲和北美洲的主要旅游客流流向是自北而南，因为南部地区有比较温暖和比较稳定可靠的气候。在欧洲，是流向地中海；在北美洲则流向佛罗里达和加勒比海地区。最典型的例子是斯堪的纳维亚（北欧，北纬 55°至北纬 70°）的旅游者，他们在冬季到加那利群岛（非洲西北海岸外，北纬 28°）进行包价度假旅游。冬季斯堪的纳维亚天气严寒，白昼相当短促而黑夜漫长。这种旅游一般每年要占离开斯堪的纳维亚地区外出旅游人数的 1/4 ~ 1/3。

由于同样的原因，在南半球，国际旅游流向为自南而北。如新西兰人常常向北到太平洋上的岛屿去旅游。

6. 旅游资源吸引力

在气候旅游资源、景观旅游资源、沿海、文化和历史旅游资源中，如果一个国家具有另一个国家所缺乏的旅游资源类型，那么旅游强度就会加大。旅游客源国缺乏某一具有吸引力的特定旅游资源类型，便会形成强大的旅游客流，流向旅游资源丰富的国家。

荷兰大部分地区地面高度都位于海拔 200 米以下，很多地方的地面高度在海面以下，因而被称为“低地国家”。荷兰的旅游者成群结队地涌向阿尔卑斯山国家，瑞士和奥地利成为他们第二个重要的旅游目的地，到两国的人数仅次于到距离较近的法国的人数。一般每年荷兰的出国度假旅游者的约六分之一选择前往阿尔卑斯山脉。

在德国，与其面积相比海岸线长度相当有限，而且海岸线在气温偏低的北部。这就促使德国人产生一种强烈的欲望，希望到南方地中海国家的海岸去度假旅游。在英国，王室及其皇家卫队的壮观仪式能强烈吸引缺乏这种历史传统或根本未曾有过君主制国家的国际旅游者。

中国以其独特又十分丰富的文化、历史旅游资源，正强烈地吸引着各国旅游者。近十几年来，自欧美到中国的国际旅游强度正在迅速增大。

7. 交通运输

国家之间良好的交通联系是形成国际旅游的重要前提。当国与国以陆地为边界时，公路交通运输是主要的旅游方式。这些公路交通路线可能在旅游发展之前就已发展起来，其初始目的在于满足当地需要或工业的需求，旅游者最初只是探索性地沿公路旅行，例如西班牙东部的布拉瓦海岸旅游地就是这样被法国人“发现”的。20 世纪 50 年代时，法国旅游者驱车越过了法、西边界到达那里，以后人们认识到布拉瓦海岸的旅游潜力，之后公路才加以大力修缮，并建起了机场，大大加强了国际旅游强度。与此类似，欧洲中部和西部国家的旅游者，驾车沿亚得里亚海公路向希腊挺进，发现了沿途达尔马提亚海岸的美景，他们认为值得停下来旅游，从而旅游客流形成并加强。

公路交通运输至今仍是世界主要旅游交通方式。世界国际旅游到达人数有 3/4 通过公路运输实现，只有约 12% 通过航空运输实现，约有 10% 通过铁路和船舶运输实现。在欧洲，60% ~ 80% 的旅游者驾汽车进行国家间的旅行，与其他交通方式相比占绝对优势。在北美洲也同样，从美国到加拿大的旅游者中，有 65% 以上的人驾汽车旅行；从加拿大到美国的旅游者也基本如此。在亚洲大陆，铁路运输在国家之间的旅行中起着较重要的作用。

远程旅行基本上依赖航空运输，采取包机飞行或定期班机飞行的形式。定期班机的航空交通网络及结构，目的在于满足固定地点的商业需求，但同时也将城市、工业中心与远距离、不发达的旅游目的地连结起来。

8. 人口因素

世界人口不断在增长，2014 年已经达 77 亿。就业人口比以往增多，且工作报酬增多，人口的受教育程度增加，通讯和航空旅游的手段飞速发展。在一个日益繁荣、通货膨胀得到抑制的世界里，大多数地区可自由支配的收入持续提高，这使旅游支出的增加成为可能，无论选择长距离还是短距离旅行。

除了人口的自然增长，大多数工业化国家还正经历着另外一些重大的人口变化，包括人口的老龄化、双收入家庭的增多、晚婚（特别是在日本，其平均婚龄居世界最高——男 28.5 岁，女 25.8 岁）、年轻家庭的增多以及非传统家庭的出现。所有这些都表明消费行为正在发生变化，因为不同的人群有不同的需求、爱好和消费方式，这些因素共同作用将促使国际旅游进一步发展。

对于饭店经营者来说，只有充分了解正在变化之中的市场特点和需求模式，才能在新的环境中进行成功的调整和革新。

（三）国际旅游业的发展趋势

虽然国际旅游业的发展已经由快速发展走向缓慢增长，但世界旅游市场仍拥有相当大的发展潜力和广阔空间。

世界旅游组织曾对未来的国际旅游作了预测：在未来几年里国际旅游业将保持良好的发展势头，2012 年全球国际旅游人次达到 12 亿人次，2020 年将达到 16 亿人次。2010—2020 年国际旅游活动的年平均增长率为 4.8%。2020 年全球国际旅游消费收入将达到两万亿美元，国际旅游年均增长率为 6.7%，远远高于世界财富年均 3% 的增长率。届时，国际旅游人口将占世界总人口的 3.5%，欧洲将继续保持世界最大的旅游目的地的地位，但是其国际旅游年增长率（3.1%）将低于世界旅游年增长率。东亚太地区将成为世界第二大国际旅游目的地，中国将成为最大的国际旅游目的地国家，与此同时，也将成为第四大旅游客源国（见表 2－1、表 2－2）。

表 2-1　　2020 年世界十大旅游目的地

国家（或地区）	接待人次（万）	市场份额（%）
中　国	13710	8.6
美　国	10240	6.4
法　国	9330	5.8
西班牙	7100	4.4
中国香港	5930	3.7
意大利	5290	3.3
英　国	5280	3.3
墨西哥	4890	3.1
俄罗斯	4710	2.9
捷　克	4400	2.7

资料来源：UNWTO 官方网站。

表 2-2　　2020 年世界十大客源国

国　家	出境旅游人次（万）	市场份额（%）
德　国	16350	10.2
日　本	14150	8.8
美　国	12330	7.7
中　国	10000	6.2
英　国	9610	6.0
法　国	3760	2.3
荷　兰	3540	2.2
加拿大	3130	2.0
俄罗斯	3050	1.9
意大利	2970	1.9

资料来源：UNWTO 官方网站。

同时，世界旅游业的发展将呈现以下趋势：

1. 国际旅游区域的重心将向东转移

欧洲和北美是现代国际旅游业的两大传统市场。在 20 世纪 80 年代以前，它们几乎垄断了国际旅游市场，接待人数和收入都占世界总数的 90%

左右。80 年代后，亚洲、非洲、拉丁美洲和大洋洲等地区一批新兴市场的崛起，使国际旅游业在世界各个地区的市场份额出现了新的分配组合，尤其是东亚、太平洋地区，近些年来，国际旅游增长率高于世界平均水平，达到 7.5%。

在未来几年的发展中，欧洲和北美地区国际旅游市场上的份额将呈进一步缩小之势，旅游重心由传统市场向新兴市场转移的速度将会加快。随着发展中国家和地区经济的持续增长和繁荣，这些国家和地区的居民去邻国度假者必定会增加，区域性国际旅游将大大发展。特别是随着全球经济重心也相应东移，使亚太地区成为未来国际旅游业的“热点”区域。

2. 国际旅游模式将发生变化

从近年来国际旅游业发展的特点看，随着世界各国经济的发展与生活水平的提高，旅游者越来越希望能够在旅游中结合自己的兴趣爱好，进行积极的探索、参与和休息，人们将更加重视精神疲劳的消除，这样就要求旅游企业推出丰富多彩的旅游产品。国际旅游将朝着个性化、多样化的方向发展，各种内容丰富、新颖独特的旅游方式和旅游项目将应运而生。另外，国际旅游模式也将发生明显变化，如散客旅游逐渐多于团体旅游；短线旅游多于长线旅游；地区性旅游和中程旅游将成为旅游的主体；自助、半自助旅游将代替包价旅游；商务、会议旅游将成为团体旅游的主体；人们外出旅游的次数将增多等。

3. 中远程旅游渐趋兴旺

据专家预测，新一代的超音速飞机，从伦敦飞到东京，航程 9585 千米，只需 3 小时；短途旅行可坐时速 550 千米的超导火车，速度比现在的高速火车快近一倍。加之闲暇时间增多，今后将有更多的人加入到中、远程旅游的行列中来。另据国际航空协会估计，世界航空运输中，长途航运将成为主要手段，距离在 2400 千米以上的长途客运量可能从目前占航空客运量 6% 剧增至 40%。因此，随着更加快捷、安全、舒适、经济的新型航空客机投入运营，全球性大规模的中、远程旅游将成为可能。

4. 国际旅游对安全因素更为重视

世界局势的缓和，使世界避免爆发全球性毁灭战争成为可能，但世界上局部战争和冲突时有发生。民族冲突、宗教冲突、国际恐怖主义将随时对国际旅游业的发展形成局部威胁。在具备闲暇时间和支付能力的条件下，唯一能使旅游者放弃旅游计划的因素就是对安全的顾虑。旅游者考虑的安全因素主要有：局部战争和冲突，恐怖主义活动，旅游目的地政局不稳定，传染性疾病流行，恶性交通事故的发生，社会治安状况恶化，自然灾害（如飓风、海啸、地震）等。同时，安全因素也对世界旅游业产生极大的遏制作用，例如世界旅游与旅行理事会（WTTC）发布的伊拉克战争对世界旅游业影响的研究报告显示：2001 年世界旅游业损失了 300 亿美元和 300 万个工作岗位，其影响不亚于“9·11”恐怖事件。

三、饭店集团的全球扩张

第二次世界大战以后，在全球化的大背景下，随着居民可自由支配收入和闲暇时间的增加、科学技术的进步促进航空的普及等使全球范围内的国内旅游和国家间的旅游得到了前所未有的发展，饭店业与这一轨迹同步发展。进入 20 世纪 80 年代后，亚太地区经济的开放和进步都促使跨国跨地区的旅游活动迅速发展起来，从最初的北美和欧洲扩展到亚太地区、中南美洲、中东和非洲；与此同时，旅游者需求日益多样化和个性化，饭店市场细分更加细致；企业经营方式、组织结构不断创新，新的企业经营和营销理论与实践层出不穷。这些对国际饭店业的发展产生了巨大的影响，饭店业中出现了许多根本性的变化。其中最主要特征就是国际集团的迅速成长。目前，全球饭店业已经成为一个规模大、档次全、功能强的产业。

（一）国际饭店集团的历史沿革

国际饭店集团在经历了自身从独立运营到国内扩张之后，受企业增长、追随市场而扩大市场规模、追逐高收益率、充分利用低成本资源、无形资产内部化、多样化经营及寻求政治和经济稳定性、国内市场资源匮乏等动力牵引，第二次世界大战后通过在不同国家的横向一体化和多产品的纵向一体化，迅速将足迹延伸至海外，成为国际饭店业市场的主导力量。

翻开饭店集团的成长史，斯塔特勒（Ellsworth Statler）发展了其中一个最早的现代饭店联号，康拉德·希尔顿（Conrad Hilton）作为饭店管理合同的创始人而广受赞誉，后来这样的合同孕育了饭店管理公司的形成。1946 年，泛美航空公司（Pan America）成立了第一家由航空公司所有的饭店集团——洲际饭店集团（Inter-Continental Hotel Corp.），并开始向美洲和世界其他地区扩张。航空公司追随市场，将贸易内部化的需要拉开了饭店国际化进程的序幕。

凯蒙·威尔逊（Kemmons Wilson）于 1950 年通过特许假日饭店（Holiday Inn）的名称使用权并建立全国性的预订网络系统的方式，充分利用了联号这一概念，从而开创了通过技术和经验曲线效益的外溢的细分市场和地域扩张的先河。从此这一方式便成为许多饭店和汽车旅馆公司，尤其是廉价饭店的标准运作模式。

与扩展模式相适应，由于饭店外部市场需求的细分化，国际饭店集团在产品线发展的重心也开始由注重同质规模向异质多元转化，通过品牌和业务链延伸来扩大市场成为集团化经营的主流。1963 年，为了吸引中低收入的旅游者，第一家经济型的饭店联号——汽车饭店 6（Motel 6）在美国的加利福尼亚成立。从此，各大饭店集团都开始重视经济型饭店这一重要的细分市场，目前，几乎所有的饭店集团的品牌系列中都包括了一个甚至多个经济型饭店联号。

此外，在运营模式上，国际饭店集团也不断变革，从传统的暂住型饭店（Thransient Hotel）向多样化发展。20 世纪 70 年代，分时共享（Time-share）开始在世界各地推广，许多大的饭店集团积极参与到这一新型的销售和经营方式之中，例如，希尔顿饭店联号现在已经成为拥有最多加入分时共享交换系统的饭店的联号公司；1996 年，美国胜腾公司（Cendant Corp.）的前身膳宿特许经营系统（Hospitality Franchise System）兼并了世界上最大的分时度假交换公司 RCI。80 年代，出现了健康和健身俱乐部（SPA），饭店开始向休闲领域延伸。

20 世纪 80 年代和 90 年代，全球饭店联号中开始了以收购兼并为主要形式的整合扩张活动，出现了大批规模庞大、拥有完整的品牌系列、从事多样化经营的巨型饭店集团。目前，世界饭店业在很大程度上为这些巨型饭店集团所控制。此外，竞争的巨大压力使得饭店业中众多的中小型企业越来越注重小的细分市场，采取补缺战略和集聚战略，避免在大众市场和主要细分市场中与大型饭店集团竞争。

受供求关系影响而形成的产业利润率差异，使国际饭店集团在地域扩张上将重点从传统欧洲转向新兴市场。进入 20 世纪 90 年代中后期，国际性的饭店集团开始加快在亚洲、东欧、拉美等地区的发展，大型饭店联号国际化经营涉及国家的数量不断增加。例如，进入 21 世纪后，较不豪华的饭店品牌，如劳沃特、宜必斯（ibis）、万豪的庭院（Countryard）等，开始进入中东市场。此外，喜达屋计划推广其“W”品牌，希尔顿在迪拜开业了“生活方式”品牌，亚洲集团如达仕和香格里拉也计划在该地区进行拓展。对于利润率的追求成为众多集团的自然选择，这种趋势将不断延续。今后的发展重点将从目前的成熟市场转向诸如越南、东北亚、非洲等地区。中国大西北及内陆二级城市也是国际集团的战略重点，目前外资在我国的“北上西移”便充分显示这一特征。

阅读材料

雅高集团（Accor）的国际化进程

从1967—2002年，在短短的36年的经营中，雅高从一个美国式的汽车旅馆逐步发展成拥有3829家饭店，跨越81个国家和地区的全球最大的饭店管理集团之一。从其国际化指数（跨国经营的饭店与总饭店数之间的比例）来看，1983年为49%，1990年为66%，2002年上升到74%，说明其国际化程度是相当高的，而且一直呈稳步上升的趋势。

截至2007年，Accor集团在欧洲拥有2137家饭店，在北美洲拥有1234家饭店，在拉丁美洲拥有149家饭店，在非洲及中东地区拥有153家饭店，在亚太地区拥有306家饭店。

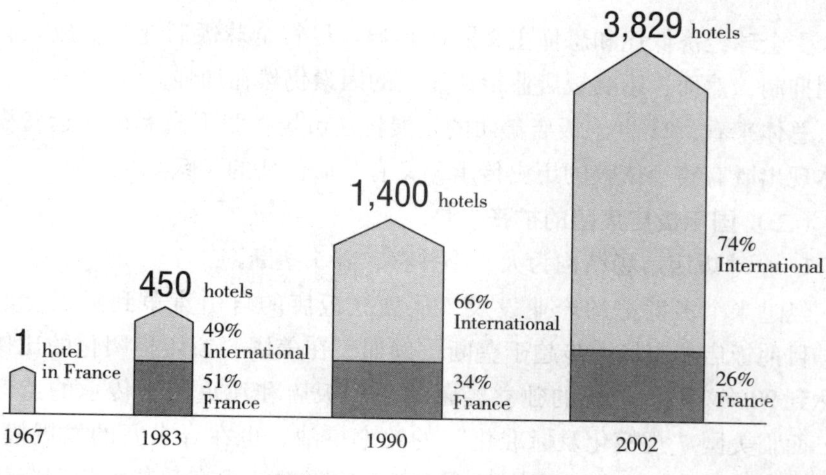

雅高饭店集团的国际化历程

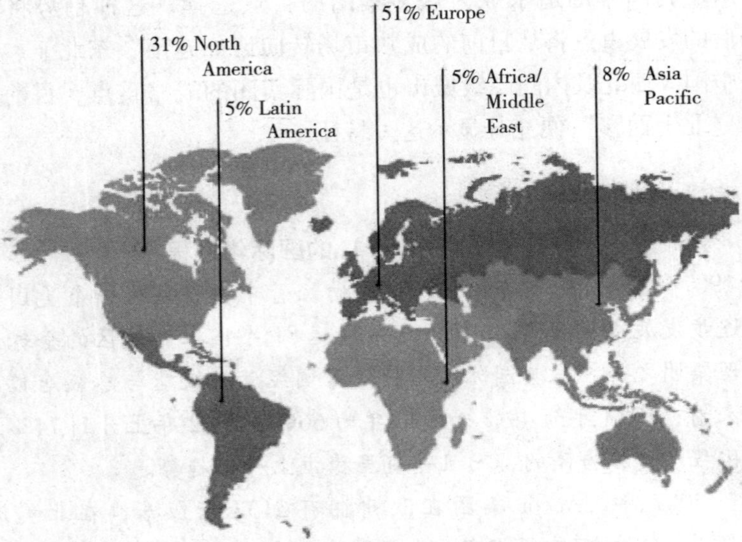

2002 年雅高集团在全球的饭店分布情况

受全球经济低迷和恐怖主义阴影影响，尽管全球饭店业绩及成长脚步受到抑制，然而，影响饭店业持久发展的因素仍然在加强。

总体来看，21 世纪饭店集团的发展将在市场扩张形态和内在运营模式上体现出既有路径依赖的历史传承，又有革命创新的飞跃。

（二）国际饭店集团的扩张态势

1. 全球饭店市场结构为大中小并存，寡头垄断

经过半个多世纪的产业发展，从独立饭店的自由竞争到集团化的运营，目前饭店业市场逐步趋于垄断。例如，在美国，饭店集团化的比例已经达到 90%。欧洲传统的独立经营的小型饭店和注重历史传承的遗产饭店，面临美国“规模化及标准化”的效率挑战，也在寻求新的发展模式，产业集中度提高将成为重要特征，这可以从法国的雅高和英国的洲际的成长中体现出来；亚洲、非洲及太平洋地区饭店业也在兴旺的休闲及商务、会议等需求刺激下，加之相对安全的目的地形象，饭店建设持续增长，并以高服务、大规模及豪华化为基本特征，迅速崛起。以日本、中国、新加坡、泰国和印度等国家为代表，一批服务精致化、管理模式美国化的亚洲集团开始在世界饭店舞台上展示风采，如香格里拉集团（Shangra-La）、文

华东方（Mandarin Oriental）、日航（Nikko）、半岛（Penisula）等。受集团经营优势的示范效应及市场成长生命周期影响，新兴市场的集中化倾向逐步增强。在经历了集团化发展初期的直接投资经营饭店的投资模式之后，新一轮资本经营主要表现为并购与重组，尤其是超大规模集团对现有著名品牌的收购，进一步加剧了产业集中化程度。如万豪集团 20 世纪 90 年代后在亚洲的扩张中收购了里兹集团和香港新世纪，从而实现了向高端及新地域市场的扩张。

从全球饭店市场发展来看，未来的市场结构将呈现出大中小并存，寡头垄断的特征。尽管存在为数众多的独立饭店，但饭店集团在产品及基础技术采纳、产业标准制定、价格牵引力和调节等方面起到主要作用。此外，集团间的差异将进一步扩大，超大规模集团将更加庞大，而小型集团的成长如果不能通过市场差异化战略来规避竞争，将处于十分不利的市场地位。表 2－3 的数据揭示出世界产业集中化的程度。

表 2－3　　2013 年全球饭店集团排名

排名 RANK	所在国 COUNTRY	名称 COMPANY	饭店数 HOTELS	客房数 ROOMS
1	英国	洲际饭店集团（Inter-Continental Hotels Group）	4653	679050
2	美国	希尔顿公司（Hilton Corp）	4115	678630
3	美国	万豪国际公司（Marriott International）	3916	675623
4	美国	温德姆集团（Wyndham Worldwide）	7485	645423
5	美国	精品国际饭店集团（Choice Hotels International）	6340	506058
6	法国	雅高集团（Accor）	3576	461719
7	美国	喜达屋国际饭店集团（Starwood Hotels & Resorts Worldwide）	1175	346819
8	美国	最佳西方国际公司（Best Western International）	4097	317838
9	中国	如家酒店集团（Home Inns & Hotels Management）	2241	262321
10	中国	锦江国际集团（Shanghai Jin Jiang International Hotel GroupCo.）	1655	235461

资料来源：http：//www. meadin. com/。

2. 饭店集团的扩张模式为低成本和低风险扩张

饭店集团低成本和低风险扩张主要体现为采取管理合同和特许经营模

式。由于避免了投资所带来的财务约束，使得饭店集团能够在短时间内迅速扩张。这种发展的前提是集团拥有由技术、人才和管理主导的智力优势，实现低成本的经验曲线外溢；又一约束条件在于业主缺乏管理经验，并存在经营市场信息不对称而导致的对集团的依赖；此外，开发技术的高成本也使业主难以实现规模经济。表2－4列出了管理饭店数量最多的公司，表2－5列出了目前全球特许经营最多的饭店集团公司。

表2－4 **2013年管理合同饭店最多的饭店集团**

排名 RANK	饭店集团	管理的饭店
1	如家酒店集团 Home Inns & Hotels Management（中国）	1308
2	铂涛酒店集团 Plateno Hotels Group（中国）	1217
3	万豪国际 Marriott International（美国）	1018
4	雅高 Accor（法国）	787
5	洲际饭店集团 Inter Continental Hotels Group（英国）	689
6	华住酒店集团 China Lodging Group（中国）	565
7	喜达屋国际 Starwood Hotels & Resorts（美国）	563
8	维斯盟特饭店集团 Westmont Hospitality Group（美国）	515
9	希尔顿饭店集团 Hilton Hotels Corp（美国）	498
10	锦江国际集团 Shanghai Jin Jiang International Hotel Group Co. （中国）	400

资料来源：www. smithtravelresearch. com。

表2－5 **2013年特许经营最多的国际饭店集团**

排名 RANK	饭店集团	特许经营的饭店
1	温德姆集团 Wyndham Worldwide（美国）	7425
2	精品国际 Choice Hotels International（美国）	6340
3	洲际饭店集团 Inter Continental Hotels Group（英国）	3955
4	希尔顿饭店集团 Hilton Hotels Corp. （美国）	3420
5	万豪国际 Marriott International（美国）	2672
6	马格努森酒酒店集团 Magnuson Hotels（美国）	1865
7	雅高 Accor（法国）	1402

续表

排名 RANK	饭店集团	特许经营的饭店
8	如家酒店集团 Home Inns & Hotels Management（中国）	1365
9	格林豪泰酒店集团 Greentree inns hotel management group（中国）	1171
10	VHG 集团 Vantage hospitality group（美国）	1102

资料来源：www. smithtravelresearch. com。

3. 饭店业主与饭店集团的关系发生新的变化

未来饭店业业主在对企业的控制上将发挥越来越多的作用，而饭店管理公司的作用则相对减弱。原因有两点：一是由于服务产品的难以专利性而形成的低进入壁垒，管理技术的扩散导致的新进入者增多而出现的集团竞争进一步加剧；二是由于技术进步所带来的管理成本下降，将削弱管理集团在合同关系上的主动权。

最近几年，饭店管理公司受到了饭店所有者不断提高的对经营业绩要求的压力，业主要求尽快提高饭店的业绩以在激烈的市场竞争中立足，要求尽快收回投资并不再愿意和饭店管理公司签订长期管理合同。为了竞争，管理集团将被迫加大对并购和股权参与的程度。业主与集团之间不断博弈，从而形成以智力资本为主导、智力资本与有形资本并行的新型饭店企业制度。

根据英国一家投资机构（Kleinwort Benson Securities Limited）1996 年对世界上最大的34 家全球经营的饭店集团（共经营215 万间客房，相当于同一时期世界饭店客房总数的六分之一）的统计情况，美国和加拿大在经营管理方面采用特许经营的比例最高；欧洲，尤其是西班牙和英国，特许经营比例极低，主要采用拥有所有权并管理饭店的方式；亚洲国家更多地是依赖于管理合同；租赁和拥有部分股权的管理合同的方式在世界范围内只占了很小的比例。表2 –6 显示世界各地区饭店集团股权参与的程度。

表 2－6　　不同国家和地区饭店联号的经营扩张方式对比

地区	所有并管理（%）	租赁（%）	拥有部分股权的管理合同（%）	没有股权的管理合同（%）	特许经营（%）	总数（%）
法国	39.1	0.6	0.5	19.0	40.8	100
德国	46.3	7.5	0.9	16.8	28.5	100
意大利	56.5	3.0	0.4	19.4	20.7	100
西班牙	90.4	0.0	1.6	4.6	3.5	100
英国	84.8	9.7	0.5	3.9	1.1	100
欧洲汇总	56.4	4.8	0.7	15.1	23.0	100
美国	10.4	0.3	1.1	24.8	63.4	100
加拿大	9.3	0.5	3.1	18.4	68.7	100
美洲其他地区	26.0	7.5	2.0	28.5	36.0	100
美洲汇总	10.9	0.6	1.2	24.6	62.7	100
亚洲	12.5	0.8	6.8	66.7	13.2	100
世界其他地区	16.6	7.9	2.6	69.7	3.2	100
全球汇总	20.0	1.7	1.4	26.5	50.4	100

资料来源：Kleinwort Benson Hotels Database，Kleinwort Benson Securities Limited，1996。

综上所述，世界饭店业的发展是伴随着国际饭店集团的成长与壮大而前进的，在全球经济、政治、社会等全新的背景之下，21 世纪的世界饭店业将在市场结构、增长模式、市场竞争等方面发生相应的变化，以更快的速度进行扩张。

四、全球化对饭店业的影响

饭店业的全球化对饭店公司和单体饭店经营者都具有深远的意义。当然，能够灵活调整自己的战略定位和经营理念以适应不同情况和环境，是获得成功和被市场接纳的根本。全球化对饭店业的影响主要体现在以下几个方面：

（一）促进了饭店业管理和服务的标准化，提高了饭店业的管理与服务水平

饭店集团化一个非常明显的作用就在于管理与服务的规范化、标准化，从而有利于饭店集团整体形象的确立，总体吸引力的增加。一些饭店集团或联号不仅要求其饭店提供的服务是一个标准，甚至要求饭店的档次

及其服务对象也相同。而众多饭店集团的出现，无疑激化了饭店行业内多角度的竞争，而这种竞争，又有利于整个饭店行业的管理和服务水平的提高。尽管人们经常把饭店的“星级”作为表示饭店档次和质量的“国际通用语言”，但是，作为世界著名饭店集团或饭店管理集团自己的名称或品牌，例如假日饭店（HOLIDAY INN）和皇冠假日（HOLIDAY INN CROWNE PLAZA），在市场上的信誉度远比不同国家（例如欧洲国家和亚洲国家）或不同组织（不同的汽车俱乐部等）根据它们制定的标准所评定的级别高。因为这些品牌是饭店集团根据市场需求而确立的，是长期竞争所赢得的，是被市场所认可的，它并不会因为饭店所在国家或地区的不同而变化。正是因为这个原因，国际饭店集团所创造的管理方法与服务标准又成为整个行业效仿的对象，逐渐成为整个行业的惯例和标准。

（二）促进了现代新技术的采用，提高了整个行业的经营水平

大型饭店集团仗持其经济实力、规模和各种资源优势，为新的科学技术的采用提供了必要和可能，而这是一般单个独立的饭店公司所难以做到的。在某种意义上讲，现代饭店集团是许多新技术应用的先驱。尤其是现代信息技术的利用，例如，电子预订、网络预订、电子信息、电子结算等新技术利用方面，饭店集团都走在了前头。假日饭店联号早在20世纪60年代就拥有了自己规模最大、技术最先进、全部电脑化的预订系统HOLIDEX，在后来的10多年的时间里，又连续推出HOLIDAY 2000新的现代化预订系统，据悉，这个公司当时的电脑预订系统是世界上最大的民用电脑系统，从规模上讲，仅仅次于美国政府的通信网络。也正是这些新技术手段的利用和不断更新，大大扩大了饭店集团的市场范围，提高了整个饭店业的生产效率和经济效益。

（三）培养了大批饭店的专业人才，有利于整个行业的竞争能力

随着大型饭店集团和管理集团在国际范围内的发展，新的管理理念和技术也随之很快地传播到世界各地。而随着国际饭店集团在全球范围的不断扩大，管理人员本土化的策略势在必行，不同国家的管理和技术人员在集团系统内部的流动也变得非常频繁，其结果是为当地培养了大批饭店管理和其他方面的人才，直接提高了这个行业的人员素质和总体管理水平。饭店业又是人员流动最频繁的行业之一，因此国际饭店集团又成为各种饭店人才的“培养基地”。中国饭店业的发展为此提供了很好的佐证，若没有大批外国饭店集团和饭店管理集团的进入，中国饭店业不会发展到今天的水平，而相当一批当年曾经在外国饭店管理公司或饭店集团工作的职工，成了中国许多新饭店的高层管理人员。

（四）推动了行业的发展，对全球社会经济的发展发挥了重要的作用

对许多发展中国家来说，传统上的饭店业由于只提供有限的服务设施或项目，因此，它对整个国民经济的贡献也是非常有限的。大型国际饭店集团突破了传统单个饭店的局限，增添了新的服务设施，拓宽了服务范围，进入了许多新的经济领域。除了传统意义上的住宿设施之外，大型饭店集团针对细分的市场，推出了会议、度假、公寓、健身保健等多种类型的专业型饭店，除了传统上吃住设施之外，增添了大量的现代商务、商业、旅游、餐饮、会议、体育健身、娱乐、教育、庆典等设施、设备和服务项目，使之成为国际商务和休闲旅游者和当地社区的重要活动场所。新的服务产品和服务方式创造了新的需求，刺激了旅游者和当地居民的消费，从而使饭店业对当地和全球经济的发展做出了更大的贡献。

第二节 世界饭店业的发展历程与未来趋势

人类的旅行活动古已有之，为旅行者提供食宿的住宿设施也有了漫长的历史。据说，住宿设施在古希腊和古罗马时代就已出现，其发展进程大体经历了客栈时期、大饭店时期、商业饭店时期和现代饭店集团时期等主要阶段。

一、世界饭店业的发展历程

（一）客栈时期

客栈时期是指从住宿业产生直到19世纪中叶的漫长的历史时期。客栈虽然作为一种住宿设施早就存在，但真正流行是在12世纪以后，盛行于15~18世纪。客栈是现代意义上旅馆的雏形，主要指乡间或路边的小客店、小旅店，供过往旅行者寄宿之用。早期的客栈的特点是规模小，设施简陋，仅提供基本食宿；服务项目少，质量差；声誉差，常被视为低级行业，且这些客栈安全性差，常发生偷盗和抢劫现象。客栈主要设于道路边或驿店附近，面对的市场主要是沿途经过的传教士、信徒、外交官吏、信使、商人等。

（二）大饭店时期

大饭店时期又可称为豪华饭店时期，从 19 世纪中叶兴起至 19 世纪末结束。在当时的欧美的多数大城市里，都大兴土木争相建造豪华饭店。如巴黎的巴黎大饭店和罗浮宫大饭店、柏林的恺撒大饭店、伦敦的萨依伏大饭店、纽约的广场饭店等。这一时期值得纪念的饭店是1829 年在波士顿落成的特里蒙特饭店（Tremont），它被称为第一座现代化饭店，为整个新兴的饭店行业确立了明确的标准。这座饭店有 170 套客房，据说是第一座建有前厅的饭店，宾客不再在酒吧柜台上登记。餐厅设有 200 个座位，供应法式菜肴，服务人员训练有素。饭店不仅有单间客房，而且房门可以加锁。客房里备有脸盆、水罐和肥皂，旅客再也不必到饭店后院从水泵接水洗澡，特里蒙特饭店由此闻名，成为饭店历史上的里程碑。

这一时期饭店经营者中最具代表性的人物是瑞士人恺撒·里兹（Gésar Ritz，1850—1918 年），他在饭店服务上有许多创新，首先提出“客人永远是对的”这样的饭店经营格言。他所经营的饭店是豪华饭店的代表。Ritzy 一词也因其名而来，意即极其时髦，非常豪华，讲究排场。

大饭店时期，饭店主要布局在铁路沿线、海港附近，主要面向王公贵族、上层阶级、公务旅行者等市场，特点是规模大、设施豪华、服务正规，具有一定接待仪式和礼貌礼节。

（三）商业饭店时期

商业饭店时期，大约从 20 世纪初至 20 世纪 50 年代。美国的埃尔斯沃思·斯塔特勒（Ellsworth Statler）被公认为商业饭店的创始人。他高举“平民化、大众化”的旗号，立志建造一种“为一般公众能负担的价格之内提供必要的舒适与方便、优质的服务与清洁卫生”的饭店。1908 年，他建造了第一家由他亲自设计并用自己名字命名的斯塔特勒饭店，一个带卫生间的客房房价仅为 1 美元 50 分。斯塔特勒提出了饭店经营成功的根本要素是“地点、地点、地点”的原则，还提出“客人永远是正确的”“饭店从根本上来说，只销售一样东西，这就是服务”等至理名言。斯塔特勒创建的饭店被誉为现代商业饭店的里程碑。

这一时期，随着汽车在交通中的大量使用，开始出现了汽车饭店。最初的汽车饭店十分简陋，仅仅是野外搭的帐篷，后来有了简单的小屋，但仅有一张大铁床，旅客投宿须自备铺盖。1925 年，在加利福尼亚州的圣路易斯·奥比斯波地区，出现了一家叫“迈尔顿”的饭店，据说这家饭店最早正式使用了“汽车饭店”（Motel）这个名称。

商业饭店时期，饭店主要布局在城市中心、公路边，主要面向公务旅行者市场，其特点是设施方便、舒适、清洁、安全与实用，不刻意追求豪华与奢侈；服务简单、健全；经营方向开始以顾客为中心，讲究经营艺术，改善管理，注重质量标准化，降低成本以获取最佳利润；价格合理，使客人感到物有所值。

商业饭店时期是世界饭店史中最为重要的阶段，也是世界各国饭店业最为活跃的时期，它从各方面奠定了现代饭店业的基础。

（四）现代饭店集团时期

现代饭店集团时期始于20世纪40年代的欧美国家，至今已有60多年的发展历史。这一时期世界饭店业迎来了发展的黄金时期。在过去的半个多世纪之中，欧美国家的饭店集团在市场需求和经济利益的牵引作用下，逐步完成了从无到有、从小到大、从单一到多元、从国内到国外的成长发展过程，并先后经历了三大发展阶段，如表2-7所示：

表2-7　　国际饭店集团发展进程

发展阶段	时间	发展模式
区域发展阶段	20世纪40~50年代	通过投资饭店，购买不动产进行品牌培育及扩张
跨国发展阶段	20世纪60~70年代	以委托管理和特许经营为主要方式扩张
整合发展阶段	20世纪80年代至今	委托管理、特许经营、联销经营交错运用

该时期的主要特点是：主要布局在城市中心、旅游胜地、公路边、机场附近等地方，主要面向大众旅游市场；规模扩大，连锁经营和饭店集团占据越来越大的市场；类型多样化，开发了各种类型的住宿设施；服务综合性强，提供住、食、旅游、通信、商务、康乐、购物等服务。

1. 区域发展阶段（20世纪40~50年代）

第二次世界大战之后，伴随着欧美等国出现的相对持续的和平、稳定、繁荣、发展历史机遇和5天工作制、高速公路及私家汽车的日趋普及，局限在某一国家及其周边地区的休闲度假旅游或商务公干旅游对制度化、规范化和标准化管理的连锁饭店产生了强烈的市场需求。1946年成立的“洲际饭店集团”（Inter-Continental）、1949年成立的“希尔顿国际集团”（Hilton International）、1950年成立的“地中海俱乐部集团”（Club Med）

和1952年成立的“假日饭店集团”（Holiday Inn）等现代饭店集团都是这一时代的必然产物。此间这些饭店集团扩张发展的方向是由其本国或本地游客的批量流向来决定的。哪里本国或本地的游客最多，哪里就有这些跨市、跨州、跨国、跨区经营的现代饭店集团的身影。市场的需求和利益的牵引最终使一大批现代饭店集团应运而生并脱颖而出。

2. 跨国发展阶段（20世纪60~70年代）

伴随着波音707的问世（1958年）和波音747的大批量投用（1969年），世界各国的民航业在20世纪60~70年代都取得了长足发展。以“波音”为代表的高速度、大容量、远距离、低价位的喷气式飞机逐步取代了涡轮机，从而使乘飞机出行逐渐成为大众休闲度假或商务旅游的首选，在欧美国家逐渐普及的带薪年假制度又进一步催生了跨国旅游和跨洋度假的大众旅游消费市场。为了满足国际旅游的市场需求，并使本国出境游客在异国他乡也同样能感受到“家外之家”的温馨、安全与舒适，众多的欧美饭店集团纷纷联姻航空公司，并先后走出国门到本国出境游客流量较大的外国旅游目的地或中心门户城市接管或开设饭店。譬如：美国的希尔顿国际与环球航空公司（TWA）的联姻（1967年），美国的西方国际（WI）与联合航空公司（UA）的联姻（1970年），法国的子午线（Meridien）与法航（AF）的联姻（1972年）等成功案例催生了一大批跨国、跨洲、跨地区经营的国际饭店集团。这些国际饭店集团发展到20世纪70年代末已基本完成了对国际饭店市场（除了社会主义国家之外）的瓜分。

3. 整合发展阶段（20世纪80年代至今）

伴随着20世纪后期社会主义国家的政治改革和经济开放，以及信息技术和网络平台在各国饭店经营管理业务中的日益普及，那些兼具规模经济和范围经济效益的欧美饭店管理集团在基本完成了国际饭店市场的瓜分之后又呈现出整合发展的趋势，即：饭店集团的扩张模式逐渐从单一饭店接管向管理公司或饭店集团之间的兼并、收购与联盟的转型。从1981年大都会（Grand Metropolitan）兼并洲际饭店集团开始，这种趋势一直延续到今天。其中最引人注目的莫过于香港新世界集团（New World）对华美达集团（Ramada）的收购兼并（1989年），英国巴斯有限公司（Bass）对假日集团（1989年）和洲际集团（1998年）的收购兼并，以及法国雅高（Accor）集团对6号汽车旅馆公司（Mobile 6）的收购兼并（1990年）。

通过重新整合，在全世界范围内出现了一大批横跨国界、纵跨行业、品牌多元、管理统一的超级饭店集团（如英国的洲际、美国的万豪和法国的雅高等）。其中，2004 年跃居国际饭店集团三百强首位的“洲际饭店集团”就是通过在 2003 年成功地收购兼并了美国的“蜡木饭店式公寓集团”（Candlewood Suite）而一举夺魁的，并把连续六年稳坐世界三百强头把交椅的美国胜腾集团（Cendant）拉下了马。2014 年，洲际饭店集团是世界上客房拥有量最大（高达 679050 间）、跨国经营范围最广（多达一百个国家与地区）的饭店集团。

二、世界饭店业的未来趋势

在全球化的背景下，伴随着高科技时代、个性化时代的到来，未来世界饭店业的发展将呈现如下发展趋势：

（一）饭店品牌将成为最重要的竞争砝码

国际著名的《饭店》（Hotels）杂志在对全球 2004 家饭店进行了深入调查后指出：饭店管理集团最大的赢家是那些采取各种措施扩大品牌影响力和创新力的集团，如金郁金香、顶级饭店、喜达屋、希尔顿、万豪等。无创新思想的品牌，没有清楚标志的品牌和没有细分产品的小品牌将在未来的竞争中落败，同时，以多元化为目标的新品牌的推广和老品牌的并购显得尤为重要。无论是大的饭店管理集团还是刚刚起步的小公司，品牌细分和品牌特色将成为最重要的竞争砝码。饭店管理集团最大的挑战就是如何创造有鲜明特色的品牌（将在第九章详细论述）。

对于客人来说，品牌将取代地理位置，成为客人选择饭店时更需优先考虑的因素。目前，所有旅行者在选择饭店的时候都极其注重饭店所处的地理位置，而对饭店品牌的考虑就少得多了。客人对饭店品牌的期望贯穿于住店的全过程——到店前、入住期间和离店后。对某一品牌忠诚的客人就有可能在饭店逗留更长时间，进而提高消费额。据估计，一个高档连锁饭店集团每年可接待两亿人次。这对饭店的品牌承诺、客户关系管理和人力资源管理来说是一个极大的挑战。

（二）连锁化、集团化、国际化、网络化加速，进一步改变世界饭店业的市场格局

目前全球饭店行业受饭店连锁集团主导和控制，大型的饭店集团仍在

通过兼并收购、战略联盟、时权经营[①]实现多样化的资本经营方式不断壮大。2003 年，世界各类住宿设施共有 1600 万间客房（WTO 资料），其中的 1/3 强受控于世界排名前 300 名的饭店集团，而这其中约 300 万间客房归属于顶尖的 10 强饭店集团，这一趋势在未来几年将进一步体现，国际饭店管理集团在世界上的覆盖面将越来越广，集团变得越来越大，世界变得越来越小。超大型的饭店集团与联号，凭借规模经济、品牌优势和范围经济优势将对小规模的饭店集团和管理公司以及单体饭店造成致命打击。近年来，世界各大饭店集团在中国的扩张充分体现了这一趋势。

（三）欧洲仍是重点发展区域，亚太地区成为快速兴起的热点

尽管欧洲的饭店业已是相当成熟的市场，但该地区仍然表现出强劲增长的需求。据德勤公司的一项预测表明，2000—2020 年，会有越来越多的旅游设施及交通设施投入使用，人们把越来越多的闲暇时间用于旅游消费，欧洲旅游业年增长率将为 5.1%。旅游业的良好发展将为饭店业带来持续的发展。经历了经济危机后的亚洲旅游业如今开始出现了复苏，尽管很多地区的经济尚未恢复到危机前的水平，经济的宏观面仍然表现出强劲增长。中国大陆、香港的旅游增长一直保持稳定向上的发展。

（四）经济型饭店（Economy Hotel）将成为亚太地区各大主要城市里最具发展潜力的饭店业态

根据全球住宿业在 21 世纪的发展趋势，经济型饭店发展迅速。在过去十年中，经济型饭店在欧洲、美洲得到了迅猛发展，目前世界许多大型饭店公司都已经进入到这一细分市场。在中国、东南亚等地区，经济型酒店的扩张非常迅速。世界著名的经济型酒店品牌陆续进入，如雅高集团的宜必思（Ibis）、方程式 1（Formula 1），圣达特集团的速 8（Super 8）、天天客栈（Days Inn）、洲际集团的假日快捷（Holiday Inn Express）等，都纷纷瞄准了亚洲市场。同时，一些亚洲本土的经济型酒店品牌也开始发展，例如中国的锦江之星、如家、7 天、汉庭、格林豪泰、尚客优。可以预见未来的几年内这些地区大部分饭店将定位于经济型饭店和中档饭店，从而带来经济型饭店市场的积极增长。这些新市场会引发一系列的政治和所有权方面的问题，此外还有招聘、培训和稳定本地员工的问题。

① 酒店经营的一种形式，就是让渡一段时间酒店的使用权，由业主经营

（五）服务式公寓（Service Apartment）、全套房饭店（All Suites Hotel）和中高档市场将引领西方饭店业的发展

在21世纪，饭店业的投资将更加趋向理性。饭店客源的结构和需求正悄然发生改变，饭店面对的客源将拥有更高的可支配收入，更加丰富的旅行经验，更加老练和成熟的消费观念以及获取更高品质产品和服务的期望。所以，在今后的饭店业发展中，这个规模大、潜力大的中高档消费阶层必将引领饭店业的发展。

（六）全球饭店业强劲反弹，进入新一轮繁荣期

全球饭店业在经历了1997年亚洲金融危机、2001年的“9·11”恐怖主义袭击事件、2003年的美伊战争，2003年的SARS，2008年金融风暴，印度洋海啸以及飓风、地震等各种不利因素的影响后，开始强劲反弹。根据纽约咨询集团普华永道（Price water house Coopers）的预测：酒店业即将迎来20年入住率最佳的黄金时代。到2015年，预计酒店入住率将达到20年来之最的64.8%。

由此可见，全球饭店业正在经历2010年以来最好的年景，这种强劲势头还将至少持续两年，在亚洲等地这种趋势将延续至2020年。

（七）跟随科技潮流，加大科技投入

在所有服务行业中，饭店业从来就是很少运用科技的行业。不过，在将来各大饭店集团将不断加大对科技，特别是信息技术的投资力度，尤其是在预订、分销、客户忠诚计划和客户关系管理方面，并致力于加强与客人的直接联系，保证饭店收入的最大化。此外，还要避免发生中间商费用。这部分费用最大可占到房费收入的25%。

目前，依靠互联网获取旅行信息的人比向朋友或者熟人咨询相关信息的人要多。这为饭店业带来了巨大的挑战和机遇。此外，越来越苛刻的消费者希望能够得到更多的个性化服务。将来，饭店或许需要考虑提供在线房间选择，办理入住手续，根据喜好让客人自行选择软床或者硬床，以及提供个性化的客房餐饮服务。

本章小结：

1. 全球化是当今世界发展的重要趋势。全球化是指通过贸易、资金流动、技术涌现、信息网络和文化交流，使世界范围的经济高速融合，即世界范围内各国成长中的经济通过正在增长中的大量与多样的商品劳务的广泛输送，国际资金的流动、技术被更快捷广泛地传播，而形成的相互依赖的现象，主要表现为生产全球化、贸易全球化、金融全球化、投资全球化和区域性经济合作日益加强。本章主要探讨了在不断全球化的经济中影响国际旅游业和世界饭店业的相关因素以及它们的扩张规模和发展趋势。

2. 世界旅游业的增长与发展规模可以通过以下几个指标来显示：国际旅游人数、国际旅游收入、旅游需求和旅游就业；国际旅游业的快速增长主要与经济因素、政治因素、文化联系因素、距离因素、气候因素、旅游资源吸引力、交通运输和人口因素相关，它们的共同作用促使国际旅游业的格局不断变化和发展；未来的国际旅游业将呈现下列发展趋势：国际旅游区域的重心将向东转移、国际旅游模式将发生变化、中远程旅游渐趋兴旺、国际旅游对安全因素更为重视等。

3. 国际饭店业是在全球化的大背景下伴随着旅游业的发展轨迹而获得空前发展的。旅游者需求的日益多样化和个性化，企业经营方式、组织结构的不断创新，新的企业经营和营销理论与实践层出不穷对国际饭店业的发展产生了巨大的影响，其最主要的特征就是饭店集团的迅速成长。国际饭店集团的扩张态势表现为：大中小并存，寡头垄断；以智力为主导，进行低成本和低风险扩张；智力资本与有形资本并行，建立新型业主与集团关系；进行必要的战略联盟，以享有集中化优势。

4. 全球化对饭店业的影响体现为：促进了饭店业管理和服务的标准化，提高了饭店业的管理与服务水平；促进了现代新技术的采用，提高了整个行业的经营水平；培养了大批饭店的专业人才，有利于整个行业的竞争能力；推动了行业的发展，对全球社会经济的发展发挥了重要的作用。

5. 世界饭店业的发展经历了客栈时期、大饭店时期、商业饭店时期、现代饭店集团时期（包括区域发展、跨国发展、整合发展）四个阶段，在不同的时期发展重点各具特色。未来的世界饭店业将伴随着高科技时代和个性化时代的到来呈现新的趋势：饭店品牌将成为最重要的竞争砝码；连锁化、集团化、国际化、网络化加速，进一步改变世界饭店业的市场格局；欧洲仍是重点发展区域，亚太地区成为快速兴起的热点；经济型饭店（Economy Hotel）将成为亚太地区各大主要城市里最具发展潜力的饭店业态；服务式公寓（Service Apartment）、全套房饭店（All Suites Hotel）和中高档市场将引领西方饭店业的发展；全球饭店业强劲反弹，进入新一轮繁荣期。

思考题：

1. 什么是全球化？其主要特征是什么？
2. 怎样理解饭店的全球化？
3. 世界旅游业的未来发展趋势是怎样的？
4. 饭店集团的全球扩张具有哪些特征？
5. 世界饭店业的发展与演变经历了哪几个阶段？各有什么特点？
6. 今后几年国际饭店业的发展趋势是怎样的？

讨论题：

1. 讨论哪些因素影响了亚太地区（或非洲）饭店业的增长？
2. 讨论影响全球旅游业的主要因素有哪些？

实践题：

调查某家饭店的科技应用水平，探讨科技对于饭店的重要意义。

第三章　饭店经营环境分析

本章学习目标

1. 了解饭店经营环境的含义和特点；
2. 了解环境威胁和环境机会及饭店的反应方式；
3. 饭店如何建立对机会和威胁反应的机制；
4. 饭店面对的不确定的宏观环境的类别及它们对饭店业产生的影响；
5. 快速变化的微观环境的构成及它们对饭店业产生的影响。

引导案例

菲律宾治安恶化重创航空、饭店业

2014 年 9 月以来，菲律宾 6 天内连续发生 3 起针对中国人的绑架和枪击案。菲律宾官方还证实，菲犯罪团伙 9 月企图发动针对中国使馆和企业及菲商场等公共设施的爆炸袭击。考虑到当前菲律宾安全形势，中国外交部 9 月 12 日发布旅行警示，提醒中国公民近期暂勿前往菲律宾，同时提醒在菲中国公民和机构提高风险意识，加强安全防范。

因菲律宾频繁发生数起涉华绑架枪击案，中国游客赴菲旅游人数明显下滑，菲律宾航空、饭店等旅游部门涉华业务均受到严重影响，业内人士叫苦不迭。

菲律宾亚洲航空负责中国业务的一位官员透露，该公司从菲律宾著名观光景点长滩岛飞往北京和上海的包机目前已全部取消，每天乘客减少 700 多人。他说，公司损失惨重，现只能寄望中国赴菲旅游业务尽早恢复正常。菲律宾最大航空公司也取消了 9 月至 12 月期间的 149 个往返中国大陆的航班，减少乘客 2.4 万人。

位于菲首都马尼拉的海峡旅行社负责人欲哭无泪。中国各旅行社目前已全面停止向菲律宾发团。鉴于以往每逢中国国庆长假期间来自中国的游客增加，该旅行社今年早已提前全额预订了长滩岛各饭店客房，现在无团可接，预订费又无法退回，旅行社遭受损失达 500 万 ~700 万菲币（约合 11 万 ~15.4 万美元）。

另据当地旅游部门消息，截至 9 月 16 日，长滩岛 36 家饭店的统计显示，约 1.9 万中国游客退房。长滩岛旅游业因此遭受约 5 亿菲币（约 1100 万美元）的损失。一些饭店 9 月至 12 月来自中国的订单都取消了，个别高档饭店开始对旅游团打出优惠牌。

资料来源：新华网

任何企业都是在不断变化着的环境中运营的。企业的生存与发展在很大程度上取决于它对环境的适应与应变能力。对饭店经营环境进行监测和分析是饭店经营管理者的重要任务之一。在过去的几十年间，科学技术、全球市场和社会体制迅速发生着变化。今天的经营环境可以用“不固定、不可预见、动荡和复杂”这些词语来形容，20 世纪 80 年代的战略和 90 年代的战术不再适用于 21 世纪的变化的、充满挑战的环境。

第一节　饭店经营环境

一、饭店经营环境的含义

饭店经营环境是指与饭店经营活动有潜在关系的所有外部力量和相关因素的集合，它是影响饭店生存和发展的各种外部条件。

饭店经营环境的内容既广泛又复杂。不同的因素对经营活动各个方面的影响和制约也不尽相同，同样的环境因素对不同的饭店所产生的影响和形成的制约也会大小不一。一般来说，饭店经营环境主要包括两方面的构成要素：一是微观环境要素（可控因素），即指与饭店紧密相联，直接影响其运营能力的各种参与者，这些参与者包括饭店的供应商、中间商、顾客、竞争者以及社会公众和影响饭店运营管理决策的企业内部各个部门；二是宏观环境要素（不可控因素），即影响饭店宏观环境的巨大社会力量，包括人口、经济、政治、法律、科技、社会、文化及自然地理8大类因素，有时也简记为PEST（即Political、Economic、Social、Technological的缩写），宏观环境对饭店经营活动的影响带有强制性和不可控制性。

微观环境直接影响和制约饭店的经营管理活动，而宏观环境主要以微观营销环境为媒介间接影响和制约企业的经营管理活动，如图3－1所示。

二、饭店经营环境的特点

（一）差异性

饭店经营环境的差异性不仅表现在不同的饭店受不同环境的影响，而且同样一种环境因素的变化对不同饭店的影响也不相同。例如，不同的国家、民族、地区之间在人口、经济、社会文化、政治、法律、自然地理等各方面存在着广泛的差异性。这些差异性对饭店经营活动的影响显然是很不相同的。由于外界环境因素的差异性，因而饭店必须采取不同的策略才能应付和适应这种情况。

（二）相关性

饭店经营环境是一个系统，在这个系统中，各个影响因素是相互依存、相互作用和相互制约的。这是由于社会经济现象的出现，往往不是由某一单一的因素所能决定的，而是受到一系列相关因素影响的结果。例如

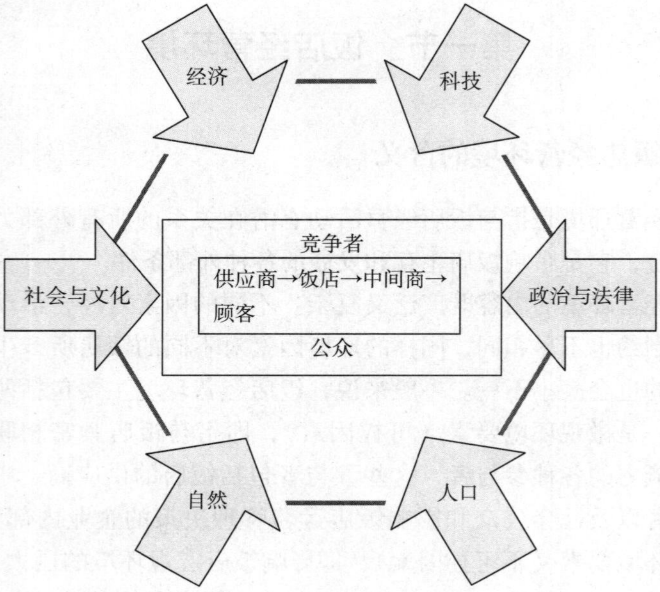

图 3－1　饭店外部环境示意图

开发饭店新产品时，不仅要受到经济因素的影响和制约，更要受到社会文化因素的影响和制约。

（三）动态性

环境是饭店经营活动的基础和条件，这并不意味着环境是一成不变的、静止的。当然，饭店经营环境的变化是有快慢大小之分的，有的变化快一些，有的则变化慢一些；有的变化大一些，有的则变化小一些。例如科技、经济等因素的变化相对快而大，因而对饭店运营活动的影响相对短且跳跃性大：而人口、社会文化、自然因素等相对变化较慢较小，对饭店经营活动的影响相对长而稳定。因此，饭店经营必须适应环境的变化，不断地调整和修正自己的策略，否则将会使其丧失市场机会。

（四）不可控性

影响饭店经营环境的因素是多方面的，也是复杂的，并表现出不可控性。例如一个国家的政治法律制度、人口增长以及一些社会文化习俗等，都是不可能改变的；再如何时有灾难不得而知，虽然先进技术可以做预测，但毕竟所需的资讯是有限的，即便预测也很难做到百发百中。所以，饭店在经营活动中要保持与经营环境的动态平衡。

（五）可影响性

饭店可以通过对内部环境要素的调整与控制，来对外部环境施加一定的影响，最终促使某些环境要素向预期的方向转化。“适者生存”既是自然界演化的法则，也是饭店经营活动的法则。强调饭店对所处环境的反应和适应，并不意味着对于环境是无能为力或束手无策的，只能消极地、被动地改变自己以适应环境，而是应从积极主动的角度出发，能动地去适应环境，或者说运用自己的经营资源去影响和改变环境，为饭店创造一个更有利的活动空间，然后再使经营活动与经营环境取得有效的适应。

此外我们还应该看到微观环境与宏观环境之间不是并列关系，而是主从关系，微观环境受制于宏观环境，微观环境中所有的因素都要受宏观环境中各种力量的影响。

三、环境威胁与机会分析

一家饭店所处的环境基本上有两种发展趋势：一是环境威胁；二是环境机会。

环境威胁是指环境中不利于饭店经营的因素的发展趋势，对饭店形成挑战，对饭店的市场地位构成威胁。而如果饭店能够把握环境变化趋势，适应环境发展，则能够把环境威胁转变为环境机会，例如凯悦集团就制订了保护地区、国家和全球环境的计划，计划内容包括广泛的资源回收计划以及帮助其他公司和集团搞资源回收，得到了顾客的一致认可。挑战还可能来自于国际政治环境的变化，2003 年爆发的伊拉克战争对全球饭店业产生了严重的消极影响，使国际饭店业一直徘徊于低迷之中；同样，由于“9·11”事件的冲击，使美国饭店业 2001 年营业收入同比下降 6.3%，营业额减少 46 亿美元，美国国内前 25 个主要旅游市场 2001 年 9 月份的客房出租率比上月平均减少了 20%，最大的几家航空公司在乘客减少、成本增加的情况下加速走向破产，例如美联航和美国航空已经破产。2014 年 3 月 8 日，马来西亚航空公司一架航班号为 MH370 的波音客机从吉隆坡飞往北京，计划北京时间 6：30 抵达北京首都国际机场，却在凌晨 1：20 分失去联系。受这一事件的影响，马航先后裁掉 30% 的员工，最终，马航宣布 2014 年 12 月 15 日 8 时正式停牌，退出交易，濒临破产边缘。2014 年发生在乌克兰的局部动荡都对该国和周边国家的饭店业、旅游业产生了严重的影响，仅俄罗斯就在短短二十天内四家旅游巨头公司破产倒闭。

环境机会是指对饭店经营活动富有吸引力的领域，在这些领域饭店拥有竞争优势。环境机会对不同饭店有不同的影响力，饭店在每一特定的市场机会中成功的概率，取决于其业务实力是否与饭店业所需要的成功条件相符合，如饭店是否具备实现经营目标所必需的资源，饭店是否能比竞争者利用同一市场机会获得较大的“差别利益”等。

饭店经营环境分析又称为机会和威胁分析，是饭店战略规划的基础。饭店经营环境分析的目的在于确认有限的有利于饭店的机会和不利于饭店的环境威胁。在这里，“有限”的含义是指：经营环境分析并非要列举出无穷多所有可能影响饭店运营的因素，而是要确认那些关键的值得做出反应的变化因素。

为了进行经营环境分析，饭店必须收集大量的环境信息，涉及宏观环境和微观环境各个方面。饭店需要指派专人监视各种信息来源，诸如各种期刊、杂志、报纸、行业协会出版物等，定期对信息进行汇总并向经理提交报告。

饭店常使用的收集环境信息的方法是“环境扫描”。环境扫描的具体做法是：由饭店的高层领导召集熟悉经营环境的管理人员和聘请外部专家组成分析小组，通过有组织的调查研究、预测分析，将所有可能影响饭店经营的环境因素变化引发的事件一一罗列，然后加以讨论，逐一评审所有列为有关的环境事件，从中筛选小组一致认定的对饭店经营将有不同程度影响的事件。

阅读材料

丽兹—卡尔顿（Ritz – Carlton）的经营环境分析

丽兹—卡尔顿每年在战略计划中，都会有一个新的“金字塔”应运而生。为了确定发展进程，每年都会展示一次“宏观环境分析”。分析包括对世界经济的展望，全球饭店房间的供给情况，主要竞争对手的情况，顾客、雇员的满意度，与供应商的关系等。分析结果在第一次战略计划会议之前会被呈交给高层管理人员。计划的一项重要产出是确定“未来三年内最重要的几项目标”。这些目标都被整合入公司的战略目标，例如如何使100%顾客成为回头客，公司的组织机构调整，新的产品发展等。所有目标都配有适当的行动测评方法，高级管理人员将负责追踪目标实现过程，确保质量和数据的可靠性。

对环境状况的描述可从三个方面来进行：一是环境的动态性，即环境变化的快慢和剧烈程度，环境变化越快，变化越大，则环境动态性越强；二是环境的复杂性，即环境各个组成部分之间相互关系的复杂程度，如果相互关系越复杂，则环境复杂性越强；三是环境发展空间，即组织可以在现有环境下发展的规模，市场潜力是环境发展空间的一个重要指标。

通过环境扫描，可以区分出对饭店发展产生和可能产生重大影响的关键因素，从而有利于饭店集中精力对这些重大因素进行分析，做到有的放矢。

四、饭店对机会和威胁的反应

饭店在进行环境分析的基础上针对不同的威胁和机会将采取不同的措施，具体来说饭店对机会和威胁的反应主要体现在以下几方面。

（一）对机会的反应

最高管理层对饭店所面临的市场机会，必须慎重地评价其质量。美国著名学者西奥多·莱维特说："这里可能是一种需要，但是没市场；或者这里可能是一个市场，但是没有顾客；或者这里可能有顾客，但目前实在不是一个市场"。因此饭店管理者一定要小心地评价市场机会。

（二）对威胁的反应

饭店对所面临的主要威胁有三种可能选择的对策：

1. 反抗，试图限制或扭转不利因素的发展。

2. 减轻，通过调整经营策略等来改善环境，以减轻环境威胁的严重性。

3. 转移，决定转移到其他盈利更多的行业或市场。

第二节　不确定的国际及宏观环境

宏观环境是对饭店经营活动造成市场机会和环境威胁的主要社会力量，宏观环境包括八大因素，即人口、经济、自然、科技、政治、法律、社会和文化环境因素，如图3－2所示。饭店及其微观环境的参与者，无不处于宏观环境之中。

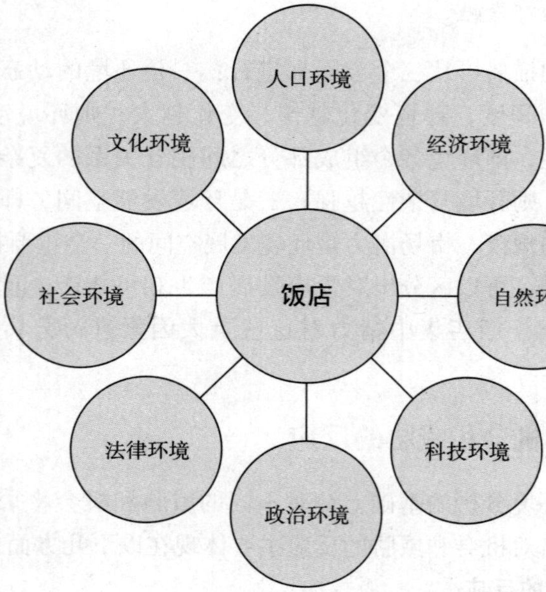

图 3－2　饭店的宏观经营环境

一、人口环境

人口是构成市场的第一位因素。人口的多少直接决定市场的潜在容量，人口越多，市场规模就越大。而人口的年龄结构、地理分布、婚姻状况、出生率、死亡率、人口密度、人口流动性及其文化教育程度等人口特性，它们会对饭店市场格局产生深刻影响，并直接影响饭店的经营活动。因此饭店必须重视对人口环境的研究，密切注视人口特性及其发展动向，不失时机抓住市场机会，当出现威胁时，应及时、果断调整经营策略以适应人口环境的变化。

（一）人口数量与增长速度对饭店的影响

估计世界人口将以每年 8000～9000 万的速度增长，其中 80% 的人口增长属于发展中国家。众多的人口及人口的进一步增长，给饭店带来了市场机会，也带来了威胁。首先，人口数量是决定市场规模和潜量的一个基本要素，人口越多，饭店市场的规模也就相应地扩大；其次，人口的迅速增长，也会给饭店经营带来不利的影响，比如人口增长可能导致人均收入下降，限制经济发展，从而使市场吸引力降低，又如由于房屋紧张引起房价上涨，从而增大饭店产品成本；再次，人口增长还会对交通运输产生压力，饭店对此应予以关注。

除了人口的自然增长，大多数国家还正经历着一些重大的人口变化，包括人口的老龄化、双收入家庭的增多、晚婚、年轻家庭的增多以及非传统家庭的出现等。因此，这些新兴消费行为的变化会使饭店业的经营策略发生相应的变化。

（二）人口结构对饭店的影响

人口结构主要包括人口的年龄、性别、家庭、社会以及民族结构。

1. 年龄结构

不同年龄的消费者对产品的需求不一样。例如在美国，目前饭店业60%的客源来自于“婴儿潮”（Baby Boomer），“婴儿潮”现象是美国第二次世界大战后（1946—1964 年）特殊的人口学现象，大量军人退役、结婚，导致大量孩子出生，现在他们都到了退休年纪，悠闲、无聊，购买力强，而且他们比以往的老年人身体更健康、受教育程度更高，更具流动性，因此愿意惠顾从经济到豪华的各类客房。未来十几年中，1982—2000 年出生的人将迅速赶上，逐渐成为饭店业的消费主体。

阅读材料

洲际酒店集团 2015 年趋势报告——关注人口结构变化

洲际酒店集团近日发布了集团 2015 年行业趋势报告“构建信任资本——‘人脉经济’下的全新商业趋势”。洲际酒店集团首席执行官苏荣琛表示：“变化随时随地都在发生。在这个快速运转的数字化世界，个性化需求不断增长，消费者对价值产生了新的定义。”

“调研结果显示，企业稳定且高质量的收入增长离不开构建‘信任资本’。消费者的需求会随着不同的人口结构及地理位置而产生变化，企业必须对此积累深刻的理解，采用信任战略计划，并且在注重个性化的同时把握好分寸。”

★重要发现：变化的人口结构

不断变化的世界直接影响着消费者构建信任资本的方式，报告对此进行了深刻的洞察。婴儿潮世代（出生于 1946—1964 年间—— 中国人所称的 40 后、50 后及 60 后一代）与千禧一代（出生于 1982—2000 年间，中国人所称的80后、90后及00（2000年）后一代）已成为两大消费人群。消费者结构同时呈献出老龄化与年轻化的发展趋势，但在地域分布上有一定差异。

这两大消费人群拥有截然不同的心态及世界观，对旅行有着不同的期望诉求，接触品牌与构建信任的方式也相距甚远。品牌的机遇在于同时战略性地管理这两批人群。调研结果显示：

• 千禧一代喜爱亲密、体验式的品牌关系；而婴儿潮世代更喜爱平顺完美的品牌关系：23%的千禧一代表示希望入住能够体现他们个性的酒店，而仅有11%的婴儿潮世代有这样的需求。

• 相较婴儿潮世代，千禧一代更可能成为“隐形的旅客”——在旅行过程中从来不与旅游或者酒店业员工打交道的旅客：67%的婴儿潮世代表示他们会通过电话或当场与酒店服务人员进行沟通咨询，该比例在千禧一代中则仅占56%。

• 千禧一代与婴儿潮世代在组织家庭旅游时也有不同的诉求。千禧一代会倾向于寻找有家庭设施的酒店，以便孩子能更好地得到照看，并让自己度过一个轻松愉快的假期；而婴儿潮世代则更希望可以全家齐聚，共享天伦。

报告指出，不断变化的家庭性质也影响着消费者构建信任的途径。人脉经济如今指向两种不同的人脉：家人和志趣相投的伙伴。通过关联性与差异化并存的方式同时吸引消费者的两个人脉网络，是争取并留住消费者卓有成效的方法。

资料来源：中国旅游新闻网 2015－02－04

2. 性别结构

目前全世界的性别结构比例接近于1∶1，但具体到各个国家，则差别很大。各个国家性别比例的差别，往往从某些角度反映了这个国家的风俗、文化、历史等因素。目前世界上最缺少女人的国家是卡塔尔，男女比例是190∶100（男人比女人多九成），我国出生人口男女性别比例达到117∶100，有的省高达130∶100，在个别严重的地方，男女性别比例甚至到了150∶100，而正常值仅为102∶100～107∶100。同时，由于越来越多的女性加入到了全球劳动大军中，女性单独旅游者——无论休闲旅游还是商务旅游——自然会成为一个正在兴起的旅游细分市场。世界各地的饭店都在竭力迎合女性旅游的需要，如提供女性客房、分量更小的菜单、女性健身中心、带有安全设计的设备以及改善卫生间的照明系统等。

3. 家庭结构

家庭是购买、消费的基本单位。家庭的数量直接影响到饭店产品的数量。欧美国家的家庭规模基本上户均 3 人左右，亚非拉等发展中国家户均 5 人左右。家庭数量的剧增必然会引起家庭度假市场的迅速增长，全家人一起度假被当作家庭成员团聚的一个手段——经常是几代人的相聚。因此，夏季旅游高峰时期各大饭店都会开发、促销行营的家庭包价产品。

4. 民族结构

民族不同，其生活习性、文化传统也不相同。因此，饭店经营者要注意民族市场的营销，重视开发适合各民族特性、受其欢迎的饭店产品。

（三）人口的地理分布及区间流动对饭店的影响

地理分布指人口在不同地区的密集程度。人口的这种地理分布表现在市场上，就是人口的集中程度不同，则市场大小不同；消费习惯不同，则市场需求特性不同。在发达国家除了国家之间、地区之间、城市之间的人口流动外，还有一个突出的现象就是城市人口向农村流动。在我国，人口的流动主要表现在农村人口向城市地区流动；内地人口向沿海经济开放地区流动。另外，经商、观光旅游、学习等使人口流动加速。对于人口流入较多的地方而言，一方面由于劳动力增多，就业问题突出，从而加剧了行业竞争；另一方面，人口增多也使当地基本需求量增加，消费结构也发生了一定的变化，继而给当地饭店带来较多的市场份额和机会。

二、经济环境

经济环境指国民经济发展规模与发展速度、经济结构、社会购买力、经济运行状况及发展趋势等会直接或间接对饭店经营产生影响的情况。

（一）直接影响饭店经营的经济环境因素

一定的购买力水平是市场形成并影响其规模大小的决定因素，它也是影响饭店经营活动的直接经济环境。主要包括：

1. 消费者收入水平的变化

消费者的购买力来自消费者的收入，但消费者并不是把全部收入都用来购买商品或劳务，购买力只是收入的一部分。因此，在研究消费收入时，要注意以下几点：

（1）国民生产总值。它是衡量一个国家经济实力与购买力的重要指标。从国民生产总值的增长幅度，可以了解一个国家经济发展的状况和速度，也可以了解一个行业的发展情况。

（2）人均国民收入。这是用国民收入总量除以总人口的比值。这个指标大体反映了一个国家人民生活水平的高低，也在一定程度上决定商品需求的构成。一般来说，人均收入增长，对消费品的需求和购买力就大，反之就小。

（3）个人可支配收入。这是在个人收入中扣除税款和非税性负担后所得余额，它是个人收入中可以用于消费支出或储蓄的部分，它构成实际的购买力。

（4）个人可任意支配收入。这是在个人可支配收入中减去用于维持个人与家庭生存不可缺少的费用（如房租、水电、食物、燃料、衣着等项开支）后剩余的部分。这部分收入是消费需求变化中最活跃的因素，也是饭店经营者最为关注的对象，因为这部分收入主要用于满足人们基本生活需要之外的开支，一般用于购买高档耐用消费品、旅游、储蓄等，它是影响非生活必需品和劳务销售的主要因素。

（5）家庭收入。家庭收入的高低会影响很多产品的市场需求。一般来讲，家庭收入高，对消费品需求大，购买力也大；反之，需求小，购买力也小。

2. 消费者支出模式和消费结构的变化

随着消费者收入的变化，消费者支出模式会发生相应变化，继而使一个国家或地区的消费结构也发生变化。西方一些经济学家常用恩格尔系数来反映这种变化。恩格尔系数的计算公式是：

恩格尔系数＝食物支出变动百分比/收入变动百分比

恩格尔系数是衡量一个国家、地区、城市、家庭生活水平高低的重要参数。食物开支占总消费量的比重越大，恩格尔系数越高，生活水平越低；反之，食物开支所占比重越小，恩格尔系数越低，生活水平越高。这种消费支出模式不仅与消费者收入有关，而且还受到家庭生命周期和家庭所在地点两个因素的影响。

消费结构指消费过程中人们所消耗的各种消费资料（包括劳务）的构成，即各种消费支出占总支出的比例关系。优化的消费结构是优化的产业结构和产品结构的客观依据，也是饭店吸引宾客的基本立足点。第二次世界大战以来，西方发达国家的消费结构发生了很大变化：恩格尔系数显著下降，目前大都下降到20%以下；衣着消费比重降低，幅度在20%～30%之间；住宅消费支出比重增大；旅游、娱乐等消费支出比重上升；消费开支占国民生产总值和国民收入的比重上升等，改革开放后的我国也沿这一轨迹不断发展，这都给饭店业带来了新的发展机会。

3. 消费者储蓄情况的变化

消费者的购买力还要受储蓄和信贷的直接影响。当收入一定时，储蓄越多，现实消费量就越小，但潜在消费量愈大；反之，储蓄越少，现实消费量就越大，但潜在消费量愈小。饭店管理者应当全面了解当地及国际消费者的储蓄情况，尤其是要了解消费者储蓄目的的差异。储蓄目的不同，往往影响到潜在需求量、消费模式、消费内容、消费发展方向的不同。

（二）间接影响饭店经营的经济环境因素

除了上述因素直接影响饭店经营的因素外，还有一些经济环境因素也对饭店经营产生或多或少的影响。

1. 经济发展水平

饭店经营还要受到一个国家或地区的整体经济发展水平的制约。经济发展阶段不同，居民的收入不同，顾客对产品的需求也不一样，从而会在一定程度上影响饭店经营。

美国学者罗斯顿（W. W. Rostow）的"经济成长阶段"理论，将世界各国的经济发展归纳为五种类型：①传统经济社会；②经济起飞前的准备阶段；③经济起飞阶段；④迈向经济成熟阶段；⑤大量消费阶段。凡属前三个阶段的国家称为发展中国家，而处于后两个阶段的国家则称为发达国家。不同发展阶段的国家在经济发展水平上体现出巨大的差异，同样也体现在饭店行业的发展与饭店企业的经营上。

2. 经济体制

世界上存在着多种经济体制，有计划经济体制，有市场经济体制，有计划—市场经济体制，也有市场—计划经济体制等。不同的经济体制对饭店经营的制约和影响不同。例如我国在计划经济体制时，饭店（招待所）是行政机关的附属物，没有经营自主权，其日常运营由国家计划统一安排。而在市场经济体制下，饭店的一切活动都以市场为中心，市场是其价值实现的场所。

3. 地区与行业发展状况

由于我国地区经济发展很不平衡，饭店业逐步形成了东部、中部、西部三大地带和东高西低的发展格局。同时在各个地区的不同省市，还呈现出多极化发展趋势。这种地区经济发展的不平衡，对饭店的投资方向、目标市场以及营销战略的制定等都会带来巨大影响。

4. 城市化程度

城市化程度是指城市人口占全国总人口的百分比，它是一个国家或地区经济活动的重要特征之一。城市化程度越高，饭店业的发展就越迅速，客源市场就越广阔。

三、自然环境

自然环境涉及地理（如地理位置、地形地貌），自然条件（如自然资源、气候条件、生态环境等），能源供应，交通设施，交通状况，公共设施等诸多方面的因素。

近年来自然环境对饭店经营的影响主要表现为：生态环境与可持续发展观念成为主流；日益逼近的某些原料的短缺；能源成本的增加；污染的增加；政府对自然资源管理方面有力的干预；等等。在21世纪，生态环境与经济发展将结合得更为紧密，生态与环境保护的观念也被越来越多的人所接受。这一方面表现在近年来"绿党"势力迅速扩展到80多个国家和地区，在德、法、意等国家已经成为"主流政治游戏者"，另一方面，越来越多的人认识到：绿色观念主导下的环境保护并不影响全球经济的发展。

同样，在饭店业，绿色饭店成为经营管理者奉行的理念与实际的行动。绿色饭店是基于可持续发展理念，用于实现饭店企业效益最大化目标的各类日常管理行为的总和。具体来说，绿色饭店包含了以下几个要素：最低排污量；废弃物的回收与再利用；能源有效利用、贮存与管理；新鲜水资源的管理；废水管理；关注环境保护和文化发展等。其核心是实施一种注重生态环境，着眼于追求经济效益和环境效益最优化的新型管理，把生态环境保护纳入饭店管理和发展目标中，运用新技术、新工艺、新流程来处理有害废弃物的排放，对废旧物资进行回收处理和再利用，变普通商品为绿色产品，以及积极参与环境保护等。率先向全国旅游饭店发出创建"国际绿色饭店"倡议的无锡湖滨饭店，以前每天用水量高达1500吨，在通过ISO14000认证的过程中，该饭店投资8万元铺设新管道，一年水资源费用就可以节约52.56万元。类似的节能增效方面的做法还有：内部传送信息的纸张双面利用、减少用纸量、改装沐浴洗发液、洗衣液为多次使用、使用节能灯和声光自动控制技术节约用电等。

四、科技环境

科技环境涉及国家、地区、行业的科学技术发展速度与水平，科技政策、科技发展趋势，技术创新能力，社会与民众的科技意识，科技的应用，技术开发的投入，科技人才等要素。作为饭店经营环境的一部分，科技环境不仅直接影响饭店内部的生产和经营，还同时与其他环境因素互相依赖、相互作用，特别与经济环境、文化环境的关系更为紧密。

科技给饭店带来的不仅是效率化、数字化的管理，更为客人带来了丰富多样的便捷服务。从饭店环保设计、计算机管理应用到网络预订、视频技术、宽带网络、光线唤醒、无匙门锁系统、自动感应系统、收益管理系统等，无不显示出了科技的存在。可以说，没有一流的科技，就没有一流的饭店，科技助长了饭店业的发展，让饭店经营者更为深切地感受到了科技的力量。

随着饭店向智能化、信息化的方向发展，饭店将改变以往的经营理念和竞争模式。科学技术将在饭店经营管理的三个方面得以应用：一是为饭店的管理者和决策者提供及时、准确的掌握饭店经营各个环节情况的信息技术；二是针对饭店的经营，为节省运营成本、提高运营质量和管理效率的信息化管理和控制技术；三是直接面对顾客所提供的信息化服务，包括电子商务、智能管理和个性化服务等。

阅读材料

喜达屋等酒店集团即将引入可穿戴技术

酒店技术专家说，未来的酒店将归属于加快和预知客户体验的新技术。

设想一下，酒店不再有房间钥匙、信用卡或接待处，而是客人使用手腕上的闪光物，在几秒钟之内打开房间的门、支付用餐以及登记入住和离店。

1. 喜达屋和希尔顿酒店集团

当 Apple Watch 和 Google Glass 这样的可穿戴技术进入大众市场，酒店品牌也开始把这些智能设备引进酒店及其周边。

“我们认为Apple Watch有无数种方式可以帮助我们提升客人在酒店的体验。”喜达屋酒店及度假村集团SPG俱乐部（Starwood Preferred Guest programs）与数字营销高级副总裁Chris Holdren如是说。SPG会员可以完全绕过前台，实现自助入住。

“举例来说，当你到达目的地机场时，你会收到一条通知，给你提供一个如何到达你所订酒店的交通选项清单；当你到达酒吧时，你会收到一条通知，问你是否需要把平日喜欢喝的饮料送到你的桌前。”

Apple Watch在2015年年初可用。同时，喜达屋还开发了蓝牙功能的智能手机App，客人只用简单刷一下卡就可以打开房门。喜达屋在近150家酒店升级了30000个房间门锁。这个App2014年11月就已经在喜达屋的雅乐轩、源宿和W品牌酒店启用。

希尔顿全球酒店集团控股公司今年也在10家美国酒店推出了类似的手机开锁项目，预计2016年，希尔顿计划在全球11个品牌酒店部署这一手机开锁项目。这11个品牌包括希尔顿逸林酒店、希尔顿欢朋酒店、希尔顿尊盛酒店以及华尔道夫酒店及度假村。

一旦智能手表等可穿戴设备可用，智能手机App可以很容易地转移到这些可穿戴智能设备上。

“高科技和高触感的联姻注定会以很多令人兴奋的方式改变酒店体验。”喜达屋的Chris Holdren说道。

据威斯汀全球品牌领导人Brian Povinelli所说，喜达屋旗下的威斯汀酒店也在2014年11月推出了可穿戴技术项目。威斯汀以自己的健身活动为傲，在旗下8家酒店为客人提供睡眠感应腕带，用一个App跟踪睡眠模式并提供虚拟教练。该项目是一种利用新技术促进客人健康的方式。

2. 其他国际酒店集团

关注到可穿戴技术的酒店品牌不仅仅在美国。西班牙连锁酒店Palladium酒店集团，最近在西班牙伊维萨岛的伊维萨Ushuaïa海滩酒店和伊维萨Hard Rock酒店推出了自己的高科技腕带。这些腕带允许客人使用他们的房间及其他设施，支付用餐，用指定的PIN码购物，以及参与特价饮品和夜店促销活动。

最具创新性的品牌都将开始在酒店内使用可穿戴设备，最终所有的产业链在客人方面都需要适应并升级。

资料来源：迈点网2015-02-07

随着科技在饭店业中应用的日益广泛，饭店业的发展已经进入信息与科技时代，先进科学技术为饭店提供了全面科学化、数字化、效率化和精细化的管理。因此，在饭店行业竞争激烈的今天，如何借助现代科技，实现高效率的管理与提供高质量的服务，已成为现代饭店成功的关键和必然趋势。

五、政治与法律环境

政治与法律是影响饭店经营的重要宏观环境因素。政治因素像一只有形之手，调节着饭店经营活动的方向，法律则是饭店规定经营活动行为准则。政治与法律相互联系，共同对饭店的经营管理活动发挥着影响和作用。

（一）政治环境因素

政治环境指饭店经营过程中的外部政治形势和状况以及国家方针政策的变化对饭店经营所带来的或可能带来的影响。

1. 政治局势

政治局势是指饭店所处的国家或地区的政治稳定状况。一个国家的政局稳定与否会给饭店经营带来重大的影响。如果政局稳定，生产发展，人民安居乐业，就会使饭店经营形成良好的环境；相反，政局不稳，社会矛盾尖锐，秩序混乱，这不仅会影响经济发展和人民的购买力，而且对饭店经营也会产生重大影响，例如战争、政权更替等政治事件都能迅速恶化饭店的经营环境。因此，社会是否安定对饭店经营影响极大，特别是在国际饭店经营中，一定要考虑东道国政局变动和社会稳定情况可能造成的影响。

世界各地的饭店投资者和经营者，很多时候是在政治局势很不稳定的环境下工作，或者不得不竭力克服政治活动的影响。这些活动都会严重影响饭店海外投资的经营气候和财政状况。这些活动可能使投资商、开发商及经营者谨慎评价政治风险，并把它作为决策的主要因素。

2. 政治风险

政治风险是指政治活动无法预料的后果，也可以简单地称为政治变动带来的商业风险。潜在的风险因素由两个变量决定：①发生的可能性；②由营业中止或人员伤亡造成的用潜在损失计算的影响。在某些地区，政治风险同经济或社会风险存在区别，但总的来讲，政治活动大部分都是为了争夺经济利益和政治地位以及社会影响力。

政治风险活动可以被理解成东道国的政治结果，一旦发生就会对投资造成负面影响。政治风险活动数量众多并且无处不在（如表3-1所示），他们有的很明显（如内乱、外国战争及意识形态变化），有的不太明显（如缓慢的征收，逐渐丧失经营所有权和控制权等）。尽管有些风险表面上是经济、金融、环境等方面的风险，但它们也是由政治原因所造成的。

表3-1　　政治风险活动事例

政治风险活动事例
内乱（如游行示威、暴乱、蓄意破坏、恐怖主义、武装叛乱、革命、游击战、内战）
缓慢征收
贬值和升值
国内价格控制
禁运和联合抵制
资金流量限制（如关于股息、特许经营费、利息支付、利润和资金收回的限制）
外汇控制（如兑换控制）
国家之间的战争
政府与政府之间的销售政策
雇佣与解聘限制（如雇用当地员工要求）
国际贸易壁垒和限制
劳工关系
劳动力短缺
当地所有权份额
非关税壁垒（如法规和补贴）
无条件国有化（如没收、征收）
再投资要求
关税壁垒
税收（如所得税）
……

资料来源：Chuck Y. Gee. *International Hotel Management*，中国旅游出版社，2002年，P103。

由于饭店是劳动密集型企业，一般拥有大量的员工，并且要求大量的现金转移，很容易受缓慢征收、资金流量限制和劳工规定等方面的影响；因此，从实际经营的角度出发，饭店投资商或经营者往往从转移风险、经营风险、资产风险、市场风险、行政和法规风险以及所有权风险等方面考虑政治风险。

3. 国际关系

这是国家之间的政治、经济、文化、军事等关系。发展国际间的经济合作和贸易关系时要了解市场国的法律制度，还要了解和遵守市场国的法律制度和有关的国际法规、国际惯例和准则。这方面因素对国际饭店的运营具有深刻影响。例如，一些国家对外国饭店进入本国经营设定各种限制条件，有时会体现出不公平及歧视性的特性。

阅读材料

2015 年全球营商环境报告

由世界银行与其分支机构国际金融公司（以下简称 IFC）2014 年 10 月 29 日发布《2015 年全球营商环境报告》：中国内地的营商便利度排名从去年的第 93 名小幅上升 3 位，在 189 个列入统计的经济体中列第 90 位。世界银行称，中国加强了电子申报和缴税系统，还取消了对各类公司设立时注册资本的最低限额，“东亚地区很多经济体在过去一年改善了纳税便利度。”

在世界银行的这份最新报告中，营商环境便利度排名前三的经济体，和去年修正后的数据一样：依然是新加坡第一，新西兰第二，中国香港排第三。美国排在了第 7 位，与上年一致；中国台湾排在第 19 位，排名较去年下降了 1 位。世界银行的全球营商环境报告统计了 189 个经济体，统计涉及 11 个领域，分别是：开办企业、办理施工许可、获得电力、登记产权、获得信贷、保护少数投资者、纳税、跨境贸易、执行合同和解决破产。2015 年报告选取的数据截止日期是 2014 年 6 月 1 日。

具体到中国，在上述 11 个分领域中，中国排名最为靠前的指标是“执行合同”，在全球排名第 36 位。“执行合同”衡量的是司法系统解决商务纠纷的效率。中国排名最为靠后的指标是“办理施工许可证”，在全球排名倒数第 11 位。排在中国后面的经济体包括叙利亚、利比亚、印度、阿富汗、阿根廷等。“办理施工许可证”指的是建筑行业的企业建设一个标准化仓库需要办的所有手续。在这 11 个分项指标中，中国上升最快的是“开办企业”，从去年的第 151 名升至第 128 名。“开办企业”指的是开办并正式运营一个工业或商业企业时，官方正式要求或实践中通常要求的所有手续，完成这些手续所需的时间和费用，以及最低实缴资本。

资料来源：http：//chinese. doingbusiness. org/，2014 年 10 月

（二）法律环境因素

法律环境包括国家的立法、司法和执法机构，国家法律、法规、法令等的规范和约束；国家主管部门及省、自治区、直辖市颁布的各项法规、法令和条例等。目前我国饭店经营涉及的内容包括：《中国旅游饭店行业规范》《中华人民共和国评定旅游涉外饭店星级的规定》《关于旅游涉外饭店加收服务费的若干规定》《饭店管理公司管理暂行办法》《关于加强旅游涉外饭店安全管理严防恶性案件发生的通知》《国务院关于进一步加快旅游业发展的通知》《旅店业卫生标准》《中华人民共和国食品卫生法》《饭馆（餐厅）卫生标准》《娱乐场所管理条例》《公共娱乐场所消防安全管理规定》《营业性歌舞娱乐场所管理办法》《旅馆业治安管理办法》《浙江省饭店业行业规范（试行稿）》等。

从当前饭店经营法制环境的情况来看，呈现出两个明显的特点：一是管制饭店的立法增多，法律体系越来越完善，我国陆续修订、颁布了一系列有关重要法律法规，如《公司法》《广告法》《商标法》《劳动合同法》《反垄断》《消费者权益保护法》《产品质量法》《外商投资企业法》等；二是政府机构执法更严，各个国家都根据自己不同的情况，建立了相应的执法机关——例如，在美国有联邦贸易委员会、环境保护局、消费者事务局等执法机构，日本有公正交易委员会，德国有联邦卡特尔局，瑞典有消费者行政长官处和市场法院，加拿大有市场保护委员会等——这些官方机构对饭店运营有很大的影响力。因此，饭店必须知法守法，自觉用法律来规范自己的经营行为并自觉接受执法部门的管理和监督。同时，还要善于运用法律武器维护自己的合法权益。

阅读材料

山寨饭店网站域名

中青旅麾下山水饭店2015年1月6日表示，其发现有网站冒用饭店官网名义进行交易，假冒中青旅山水饭店官方网站的山寨网站，使用域名与山水饭店及其相似，以假乱真。

据悉，中青旅山水饭店投资管理有限公司是上市公司中青旅控股股份有限公司的直属企业，专业从事连锁饭店投资、开发、经营、管理。中青旅山水饭店创建于2002年，从创立之初始终专注于中档连锁饭店的发展，经过十余年的发展，先后创建了“山水时尚”和“山水”品牌。目前，中青旅山水饭店在全国各大、中型城市投资管理了近50家饭店。未来将以珠三角、环渤海、长三角、华中等地区为重点发展区域，逐步向全国各大、中城市拓展。

中青旅山水饭店方面表示，近期其发现了山寨网站，中青旅山水饭店官方域名是 www. shanshuihotel. com，山寨网站域名是 www. shangshuihotel. com 仅在山的拼音“shan”后增加个“g”，网站主页面复制了山水饭店“中青旅”和“山水”的标识系统及企业名“中青旅山水饭店投资管理有限公司”，官网预订电话更改为冒用的北京、广州、深圳三地座机号码，其网站所经营的饭店均为山水时尚饭店。

目前，中青旅山水饭店就此假冒公司官网的事件已展开调查，并走法律程序进行维权，同时，中青旅山水饭店总裁助理路广兆指出，山水饭店已在官方网站上打出维权申明，并呼吁各饭店经营者能引起重视，维护其经营的合法权益，避免因此而造成的经济损失。同时也提醒消费者，一定要认准其饭店购买网站，以免危害其自身合法权益。

资料来源：环球财经，http：//finance. huanqiu. com/，2015 年 1 月 6 日

六、社会与文化环境

社会文化因素是指在一种社会形态下已经形成的信息、价值、观念、宗教信仰、道德规范、审美观念以及世代相传的风俗习惯等被社会所公认的各种行为规范。饭店经营管理者应分析、研究和了解社会文化环境，以针对不同的文化环境制定不同的策略。随着人口分布和全球商业趋势的变化，了解当地文化和主流文化日益重要，在饭店业中主要体现为：①在与外国同事沟通、处理业务以及谈判的情况下；②在为国外饭店企业工作的情况下；③在负责管理海外饭店人力资源的情况下；④在国内饭店业中管理外国员工或有不同文化背景的员工的情况下；⑤在接待国际客人的情况下。

（一）教育状况

教育状况反映并影响着一定的社会生产力、生产关系和经济状况，无论是分析国内还是国际饭店经营的文化环境，教育状况都是影响饭店经营管理的重要因素，通常分析教育状况可以利用现成的统计指标，如某国家或地区的受教育程度，在校大、中、小学生的人数和比例，受过教育人的

性别构成等。

教育状况对饭店经营管理的影响可以从以下几个方面考虑：①对饭店选择目标市场的影响；②对饭店经营层次、产品的影响；③对与当地顾客信息沟通的影响；④对饭店人员招聘以及本土化的影响；⑤对饭店管理方式与管理的文化理念的影响。

（二）宗教信仰

综观历史上各民族的消费习惯的产生和发展，可以发现宗教是影响人们消费行为的重要因素之一。某些国家和地区的宗教组织甚至是影响人们生活的首要因素，人们在提到这样一些国家时，通常以其主要宗教来指代，例如天主教国家、伊斯兰教国家、印度教国家等。在伊斯兰教国家里，阿拉伯人的生活总是围绕着祈祷和做礼拜，平时无论大事小事都以宗教的名义来判断是否合理，生意上较大的失败或混乱常常被理解为“安拉的旨意”。

在宗教主导着商业行为和社会规范的国家里，管理饭店或处理业务时，最重要的是懂得入乡随俗、尊重别国的风俗习惯，例如对祈祷的要求以及对饮食的限制。不论在印度尼西亚还是在阿拉伯国家，伊斯兰教的忠实信仰者，每天在工作期间会做几次礼拜，即使这样做会给饭店的日常工作带来不便，也要尊重这一习俗。

（三）价值观念

价值观念就是人们对社会生活中各种事物的态度和看法，不同的文化背景下，人们的价值观念相差很大。价值观念带来的影响涉及方方面面，包括不同文化、不同国家的人如何理解时间、个人空间、物质财富、家庭角色和关系、性别问题，以及工作的相对重要性、个人成就、竞争性与个性，文化思维模式、语言、社会行为、工作行为、管理关系的不同以及其他不同的特性。

不熟悉他国的工作习惯、社会习俗和道德规范，会动摇一家饭店的位置，并使其管理无法得到大家的认可，在市场竞争中也无法取得胜利。尽管道德规范的准则因国而异，但是遵从道德规范的原则却永远不会改变。深谙价值观念的管理者更有可能在饭店运营中发展有益的、长远的工作关系以及积极的人际关系。

（四）亚文化群

在研究社会文化环境时，还要重视亚文化群对消费需求的影响。每一种社会文化的内部都包含若干亚文化群，他们遵从当地的主流文化，同时又有自己独特的信仰、态度和生活习惯与生活方式。研究文化环境时要注意不同亚文化群基于各自的价值观、行为规范而产生的特许需要和要求。

阅读材料

万豪饭店客房禁烟

饭店住宿业巨头万豪国际集团（Marriott International Inc.）近日表示，将在其美国和加拿大的将近40万间饭店客房内实行禁烟计划，并规定如果违反了禁烟令，就要被处以200~300美元的罚款。万豪国际集团将在饭店彻底清扫客房之后，同年9月份开始执行这一计划。顾客将在办理入住之前被告知相关的条例和可能的惩罚措施。但这一措施对于万豪国际集团在美国和加拿大之外的大约500个饭店不适用。

万豪国际实施客房禁烟这一重大举措的原因在于抱怨香烟味道的投诉不断增多。20多年前，万豪国际集团大约一半的客房都是留给吸烟者的，但是渐渐地这种需求开始持续滑落，目前只有5%的客户要求订可以吸烟的房间。同时，饭店收到的关于抱怨香烟味道的投诉日益增多，工作人员为了应付这些投诉忙得焦头烂额。饭店的工作人员想尽办法解决顾客的投诉。他们试过更加勤快地打扫房间，试过用高科技的空气净化器、空气除臭剂，但是无一方法百分百奏效，饭店的工作人员感到很气馁。最终，万豪国际集团决定唯一的出路就是禁止吸烟。

在万豪饭店之前，喜达屋饭店及度假村集团（Starwood Hotels & Resorts）下属的威士汀饭店集团就已经宣布将在其所有77处地产实行禁烟。之后，威士汀饭店集团的生意越来越兴旺。显然，万豪国际集团是吸取了威士汀饭店集团的成功经验。一些行业分析者认为，很有可能其他大型的饭店连锁集团也会效仿万豪国际的做法，饭店无烟客房已成大势所趋。

《住宿接待》的编辑爱德华·沃特金斯说："这无疑是给饭店业发出了一个讯号，现在几乎每个饭店都会走无烟化路线了。万豪国际集团是这个行业的领头羊，一旦他们这么做了，其他饭店也不得不这么做。万豪国际集团旗下拥有这么多家饭店。这事关行业竞争的压力。"

资料来源：根据 http：//www.chinareviewnews.com 编写

第三节 快速变化的微观环境

饭店的微观环境主要由饭店的供应商、中间商、顾客、竞争对手、社会公众以及饭店内部参与营销决策的各部门组成，如图3－3所示，它为饭店经理们提供了分析的框架。

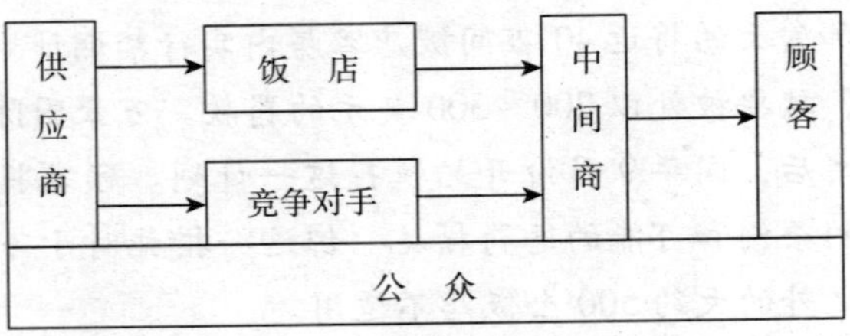

图3－3 饭店的微观环境因素

供应商—饭店—中间商—顾客这一链条构成了饭店经营的核心系统。一家饭店的成功，还受到另外两个群体的影响，即竞争对手和公众。

一、供应商

供应商是影响饭店经营的微观环境中最重要的因素之一。供应商是指向饭店及其竞争对手提供生产产品和服务所需资源的企业或个人。供应商所提供的资源主要包括原材料、设备、能源、劳务、资金等。

供应商对饭店经营的影响主要表现在以下三方面：

（一）供货的稳定性与及时性

各种原材料、能源及机器设备等货源的保证，是饭店经营顺利进行的前提。若供应量不足，供应短缺，饭店的运营将会受到严重影响。

（二）供货的价格变动

毫无疑问，供货的价格直接影响着饭店经营的成本。如果供应商提高原料价格，饭店也将被迫提高其产品价格，由此可能会影响到饭店的销售量和利润。

（三）供货的质量水平

供应货物的质量直接影响到饭店产品的质量。针对上述影响，饭店在寻找和选择供应商时，应特别注意两点：第一，饭店必须充分考虑供应商的资信状况。要选择那些能够提供品质优良、价格合理的资源，交货及时，有良好信用，在质量和效率方面都信得过的供应商，并且要与主要供应商建立长期稳定的合作关系，保证饭店生产资源供应的稳定性。第二，饭店必须使自己的供应商多样化。若干过分依赖一家或少数几家供应商，受到供应变化的影响和打击的可能性就大。为了减少对饭店的影响和制约，就要尽可能多地联系供货人，向多个供应商采购，尽量注意避免过于依靠单一的供应商，以免当与供应商的关系发生变化时，使企业陷入困境。我国饭店可以参考中国饭店协会供应商专业委员会提供的《中国饭店供应商名录》。

二、中间商

中间商是协助饭店推广、销售和分配产品给最终顾客的一系列中间企业。它们包括各大网站（如门户网站、旅游专业网站、在线预订网站等）、旅行社、服务机构（如广告公司、各种广告媒介及市场咨询公司）及金融机构等。

中间商是协助饭店寻找顾客或直接与顾客进行交易的商业企业，它们对饭店的销售具有极其重要的影响。中间商选择的原则是：①该中间商的经营范围是否与本饭店目标相一致；②中间商的市场经验及市场反馈能力；③中间商的经营的实力和资信。

在与中间商建立合作关系后，要随时了解和掌握其经营活动，并可采取一些激励性合作措施，推动其业务活动的开展。饭店对中间商和客户的评估高低，不应单从预订数量多少来判断，必须考虑其预订的质量。给饭店带来的实际利益，从中找到关键客户。所谓关键客户是饭店所确定的主要组织和个人，是销售管理的重点。而关键潜在客户则是具有潜力的主要客户，其预订数量和质量仅次于关键客户。对客户评估的方法可以采用多项目评分标准区分关键客户、关键潜在客户和一般客户；对中间商评估可以实行多角化和全方位的评估，这样可以较为全面和真实地反映中间商在饭店销售额中的地位和作用。而一旦中间商不能履行其职责或市场环境变化时，饭店应及时解除与中间商的关系。

三、顾客

饭店业的顾客可以分为国内客人和国际客人，散客和团体客人等，饭店与供应商和中间商保持密切关系的目的是为了有效地向目标市场销售饭店产品与服务，在满足客人需求的基础上实现利润的增加。因此，左右饭店经营活动的重要动力来自于宾客，饭店始终要以顾客作为经营活动的起点和终点。

阅读材料

迎合中国游客，法国饭店适应华人习惯做调整

2011年春节期间，冲绳那霸的饭店预订情况较往年情况有所好转，特别是位于那霸市中心地区的冲绳太平洋饭店今年接到了不少来自中国游客的住宿预订。

为了迎接中国游客，饭店大堂的装饰焕然一新，满眼都换成了中国风。插花、绣球和爆竹饰物充斥了整个大堂。为了方便中国游客识别道路，饭店还与所在区域的政府部门联系，在周边道路上设置了中文标识。

饭店客房内的设施也进行了调整。饭店的电视放映系统内增加了卫星传输的中文节目，旅客可以在全部的390个房间内都可以看到中文的电视节目。

在此之前，太平洋饭店接待的来自华语圈的客人群体以中国台湾客人居多。自2009年，冲绳加强了面向中国大陆地区的宣传后，冲绳的那霸机场也增加由北京—那霸的航班，也为中国游客前往冲绳旅游提供了交通方面的便利。

据饭店方面统计，今年从2月3日至9日期间，大约1500名客人预订了住宿。除了中国游客以外，来自中国香港和韩国的观光客也比往年有所增加。

为了迎接中国游客，饭店不仅仅改变了店内的装饰，还专门聘用了一位中国职员，以应对中国客人的需求。同时，饭店内部也开展了中文学习，按照饭店管理者的要求，每个饭店职员都要求会用简单的汉语对话。

资料来源：http：//www. 517japan. com，2011年2月12日

四、竞争对手

竞争对手是指那些生产经营的产品和服务与本饭店生产的产品或服务

相同、相近或有替代关系的饭店。一家饭店很少能独自拥有某一顾客市场，任何一家饭店总会受到一群竞争对手的包围和影响。不过，并非所有的同类或相似饭店都是本饭店的竞争对手，有时竞争对手可能是本饭店的近邻，有时则不是。例如隔街相望的两家汽车旅馆可能是劲敌，其中一家旅馆就有充足的理由加入像 Quality Inns 这样的连锁集团；但是，假如两家旅馆是位于加勒比海的一个岛上，那么真正的竞争对手则来自几百里之遥的另一个岛屿，这两家旅馆就应该联手推广自己所在岛屿，这比竞争对手所在岛屿的互相残杀，更有竞争力。

在应对竞争对手方面，商业结盟已呈现上升趋势，这说明饭店企业在界定真正的竞争对手方面越来越老道。搞懂竞争的原则并不一定导致饭店企业之间日趋敌对，有时正好相反。因此希望我国出现更多的合作模式——联盟，比如产品联盟、地区联盟、消费群体联盟等，这一做法将促使小型饭店企业联合起来进行自保。

五、公众

公众就是对饭店完成其目标的能力有着实际或潜在兴趣或影响的群体。每家饭店的周围有七类公众：①融资公众，指影响饭店融资能力的金融机构，如银行、投资公司、证券公司、保险公司等；②媒介公众，指四大传统大众传媒（报纸、杂志、电台、电视台）的组织以及新兴媒介组织，即数量庞大的各类网站；③政府公众，指饭店在经营中相关的不同地域和不同层次的政府机构或部门，饭店管理者在制订经营计划时，必须认真研究与考虑政府政策与措施的发展变化；④社团公众，指社会中存在的各类非营利性组织，如消费者权益保护协会、环境保护组织、少数民族团体、协会等；⑤社区公众，指饭店所在地区的组织和个人，如邻里居民和社区组织；⑥一般公众，指除了上述各类公众以外但关注饭店企业的组织和个人，饭店需要关注一般公众对饭店产品及经营活动的态度，虽然他们并不是有组织地对饭店采取行动，然而他们对饭店的印象却影响着消费者对该饭店及其产品的看法；⑦内部公众，是指饭店的员工，包括各层次的管理者、一般的员工以及董事会等，饭店管理层应与内部公众进行充分的互动沟通，例如有些饭店通过发行业务通信和采用其他信息沟通方法，向饭店内部公众通报信息并激励他们的积极性，当饭店雇员对自己的饭店感到满意的时候，他们的态度也就会感染饭店以外的公众。

六、饭店

饭店内部环境主要包括饭店所奉行的市场营销观念、饭店的发展目标、管理系统的设置模式、饭店的社会责任、人力资源状况、服务模式、经营项目、有形的物质支持、各项规章制度、饭店的总体形象等。

阅读材料

饭店企业的社会责任

一个真正优秀的饭店企业，不仅靠它的经营收益与品牌价值取得成功，更重要的是它对社会所承担的责任和所做出的贡献为人们所称道。

中国饭店市场经过改革开放已有36年的发展，不仅高端国际品牌饭店集团进入了中国的一线、二线城市，很多中端国际品牌饭店集团也已经渗透到了中国的三线、四线城市。虽然，国内的民族饭店品牌也在快速地成长和发展，如万达、锦江、金陵、开元、建国等企业占据了国内的很大市场份额，且有的已经走出国门。但目前国内的高端饭店市场仍然被众多的国际品牌饭店集团占据。

国际品牌饭店集团历经几十年甚至上百年的发展，其成功不仅靠其强大的品牌影响力、服务标准、系统平台、人才队伍，还靠它们的创始人所具有的社会责任观。

资深管理咨询专家吉姆·柯林斯经过对IBM、麦当劳、沃尔玛、苹果、宝洁公司等众多优秀企业长达15年的研究，在其《从优秀到卓越》一书中总结了它们的成功经验。吉姆·柯林斯发现这些企业均拥有伟大的企业家或创始人，企业家的高度决定着企业的高度。

很多国际品牌饭店集团的创始人，从一开始就将饭店文化与社会责任紧密地联系在一起。

例如，丽思卡尔顿饭店集团早期就将“社会责任”引入其公司的使命陈述中，“减轻饥饿与贫穷、支持贫困青少年的教育和发展以及保护环境”是其“社区足迹”项目的三大重点。

四季饭店集团的创始人、董事长与首席执行官伊萨多·夏普在其自传《云端筑梦》中讲述：从1980年开始，四季饭店集团从支持一位名叫“特里·福克斯”的癌症患者的马拉松活动做起，长期资助社会团体、日托机构、学校、敬老院甚至监狱，开展跑步运动，一直坚持了几十年，四季要传递的是一种“人类共同承担责任、相互关爱、共同分享”的社会道德和社会责任。

星巴克创始人、董事会主席霍华德·舒尔茨曾讲述了星巴克的社会责任和社会关爱历程。星巴克从创建之初就建立了很多社会慈善组织，如：“聋人之声”，这是一个专门为家庭暴力致聋的受害者提供服务的组织；“神圣之家”，这是一家为学龄前儿童提供看护服务的托儿机构；“道路之光”，这是在新加坡成立的为患有自闭症的青少年提供培训的特色咖啡馆。

各个饭店应根据自身的实际状况开展力所能及的社会关爱活动。例如，饭店可以定期组织员工去探访当地的孤儿院、敬老院，主动献血、献爱心；定期组织员工做义工等；可以联络当地的失业中心开展再培训计划，为当地一些没有专业技能的弱势群体免费提供6个月到1年的饭店服务技能培训。总之，应通过饭店的社会慈善活动，培养员工的社会责任感，形成富有社会责任感的企业文化。

一个真正优秀的饭店企业，不仅靠它的经营收益与品牌价值取得成功，更重要的是它对社会所承担的责任和所做出的贡献为人们所称道。

资料来源：《中国旅游报》，2014年6月4日，第7版

世界永远处在变化之中。科技、竞争、政府法规等所有这些围绕着企业的环境在不停的变化，任何想立于不败之地的饭店都必须自觉地对环境的变化作出反应。

本章小结：

1. 饭店经营环境是指与饭店经营活动有潜在关系的所有外部力量和相关因素的集合，它是影响饭店生存和发展的各种外部条件。饭店经营环境主要包括两方面：一是微观环境（可控因素），即指与饭店紧密相联，直接影响其运营能力的各种参与者，即饭店的供应商、中间商、顾客、竞争者以及社会公众和影响饭店运营管理决策的企业内部各个部门；二是宏观环境（不可控因素），即影响饭店宏观环境的巨大社会力量，包括人口、经济、政治、法律、科技、社会、文化及自然地理8大类因素。饭店经营环境具有差异性、相关性、动态性、不可控性、可影响性等特点。

2. 一家饭店所处的环境基本上有两种发展趋势：一是环境威胁；二是环境机会。环境威胁是指环境中不利于饭店经营的因素的发展趋势，对饭店形成挑战，对饭店的市场地位构成威胁。环境机会是指对饭店经营活动

富有吸引力的领域，在这些领域饭店拥有竞争优势。

对饭店所处的环境进行机会和威胁分析，是饭店战略规划的基础。

3. 人口的年龄结构、地理分布、婚姻状况、出生率、死亡率、人口密度、人口流动性及其文化教育程度等人口特性，都会对饭店市场格局产生深刻影响，并直接影响饭店的经营活动。

4. 直接影响饭店经营的经济环境因素包括消费者收入水平的变化、消费者支出模式和消费结构的变化、消费者储蓄情况的变化等；间接影响饭店经营的经济环境因素包括经济发展水平、经济体制、地区与行业发展状况、城市化程度等要素。

5. 自然环境近年来对饭店经营的影响越来越突出，主要表现为：生态环境与可持续发展观念成为主流；日益逼近的某些原料的短缺；能源成本的增加；污染的增加；政府对自然资源管理方面有力的干预等。

6. 科技环境对饭店业的影响最直接，最显著。对于信息与科技时代的饭店业而言，先进的科学技术为其提供了全面科学化、数字化、效率化和精细化的管理。

7. 政治环境因素包括政治局势、政治风险、国际关系等，它对饭店进行海外经营产生至关重要的影响；法律环境包括国家的立法、司法和执法机构，国家法律、法规、法令等的规范和约束；国家主管部门及省、自治区、直辖市颁布的各项法规、法令和条例等，饭店业主在遵守法律法规的同时，还要善于运用法律武器维护自己的权益。

8. 社会与文化环境中的教育状况、宗教信仰、价值观念、亚文化群等因素都会对饭店企业的全球扩张与经营产生影响。

思考题：

1. 什么是饭店经营环境？它具有哪些特点？

2. 影响饭店经营的宏观环境主要有哪些因素？

3. 人口的地理分布及区间流动对饭店经营将产生怎样的影响？

4. 近年来自然环境对饭店经营的主要影响体现在哪些方面？

5. 科技环境给饭店经营带来哪些影响？

6. 分析并论述对我国饭店经营和发展起作用的积极因素和消极因素有哪些。

讨论题：

1. 进行我国与某国饭店经营环境的对比分析，找到对饭店经营和发展起作用的积极因素和消极因素。

2. 讨论下列因素给今天的饭店管理带来的变化：

A. 政府法规的增加

B. 对环境问题的关注

C. 劳动者文化和社会背景的多样化

D. 跨国市场和竞争

E. 对道德和社会责任感的要求

F. 经济气候

G. 技术进步

实践题：

1. 对我国或所在地区饭店市场进行实践调查，以四星、五星级饭店、经济型饭店和产权式饭店为例，分析三者在经营环境方面的异同。

表 3－2　　饭店经营环境分析表

		四星、五星级饭店	经济型饭店	产权式饭店
宏观环境	人口环境			
	经济环境			
	自然环境			
	科技环境			
	政治法律环境			
	社会文化环境			
微观环境	顾客			
	竞争对手			
	中间商			
	供应商			
	社会公众			

2. 对某一饭店的经营环境进行全面、系统的调查，并进行诊断，在诊断基础上制订、调整饭店经营计划，或提出合理化建议，以提高饭店的整

体经营效益。

表 3-3　　饭店经营环境审核分析表

环境	问题点	态度或对策
人口环境	(1) 人口环境中有哪些主要的发展变化及趋势会成为饭店的机会和威胁?	
	(2) 为适应这些变化和趋势，饭店采取了哪些行动和对策?	
经济环境	(1) 在收入、价格、储蓄和信贷等方面有哪些主要发展变化将影响饭店?	
	(2) 相应于这些变化和趋势，饭店方面采取了哪些行动?	
自然环境	(1) 饭店所需要的哪些自然资源和能源的成本和可获利的前景如何?	
	(2) 饭店有否对污染和环境保护方面表示过关心? 采取了哪些对策或做了哪些工作?	
科技环境	(1) 在饭店科学技术方面存在哪些主要变化?	
	(2) 饭店在本行业内的科技地位如何? 具体应用有哪些?	
政治法律环境	(1) 哪些法律将影响本饭店经营战略和战术?	
	(2) 在就业、产品安全、广告、价格控制等领域发生了哪些影响饭店经营战略的变化?	
社会文化环境	(1) 公众对本饭店和饭店提供的产品和服务持什么态度?	
	(2) 在客人的生活方式和价值观念方面发生了哪些与饭店有关的变化?	

续表

环境		问题点	态度或对策
微观环境	顾客	在饭店声誉、产品质量、销售队伍和价格方面，顾客和潜在顾客是如何评价饭店及其竞争对手的？	
	竞争对手	本饭店有哪些主要竞争对手，他们的优势、劣势、规模和市场份额怎样？	
	中间商	通过哪些渠道向潜在顾客传递饭店产品信息？各种渠道的效率和成长潜力如何？	
	供应商	本饭店原料的可获性前景如何？在各供应商的销售模式中存在哪些变化趋势？	

网络链接：

1. 登录最佳东方饭店管理网站 http：//guanli. veryeast. cn，查阅整理“饭店信息化”方面的最新信息，了解科学技术的进步给饭店业带来的变革。

2. 登录 http：//www. shangri – la. com/cn/corporate/aboutus/，查阅香格里拉饭店集团关于环境、健康和安全、员工与社区、供应链管理、股东关系、关爱儿童等方面的措施。

第四章 饭店职能管理

本章学习目标

1. 掌握饭店计划的定义、类型和指标体系；
2. 掌握饭店组织结构形式以及不同组织形式适用的饭店类型；
3. 了解饭店组织结构未来的发展趋势；
4. 理解饭店控制的概念及饭店控制的步骤；
5. 了解饭店常见的危机类型及危机管理的具体措施。

引导案例

盖威特饭店的职能管理

盖威特饭店是一家位于英国盖威特机场以南4公里处的三星级饭店，每半小时就有班车来往于机场。目前，饭店有226间客房，包括10间商务套房，5间女子客房，44间无烟客房，1间带温泉的客房。同时还有餐厅、娱乐中心、商务中心、宴会设施、啤酒园、酒吧等经营设施。

盖威特饭店有10个主要部门，总经理的任务是评估饭店的运行，制订中长期的经营计划，做出有关销售和成本的主要决策。5000英镑以上的采购额，他需要请示本饭店集团的地区负责人，但20000英镑以下的维修工程他可以自己决定。副总经理处理日常业务，其他重要的部门经理和管理人员有：房务总管、前厅经理、大厅行李总管、餐厅经理、总厨、维修工程师和商务中心联络员。

饭店每年都要制订下一年度的工作计划，以下为××年各部门的工作计划：

1. 前厅计划

（1）有效地促进各种客房的销售，以取得预计收入；

（2）显著增加商务、会议和流动性人口用房；

（3）增加周日和周六的商务客房的销售；

（4）把开发新婚市场作为一项重要的任务。

2. 餐饮部计划

（1）接待超过预订的餐厅和啤酒园客人数，增加人均消费特别是非住店客人的消费；

（2）餐厅、啤酒园、宴会达到与新硬件设施水平相一致的热情好客的服务水平，预测早、中、晚餐的客流量，在圣诞节期间推出新的菜单，提高餐饮销售量。

（3）制定商务客人菜单。

3. 会议部计划

（1）将饭店建成英国伦敦南部接待中等规模会议的最好饭店；

（2）有效地销售客房和会议设施，确保客房销售率不低；

（3）有效地把新设施销售给会议代理人和本地商务客人。

4. 人事培训部计划

(1) 促进本饭店所有部门的人事和培训工作，目标是进一步提高本饭店的服务水平；

(2) 提高员工的在岗培训量；

(3) 显著地降低员工流失率；

(4) 将员工的工资水平控制在预算范围内。

除此之外，饭店还决定针对以往经营管理中出现的问题，在未来一年中将工作重点放在服务质量控制、与员工进行沟通以及饭店文化的建设方面，通过饭店文化吸引更多的人员进入饭店，而不是离开饭店，以解决当前缺员的问题。

由盖威特饭店的基本概况我们可以看出，饭店主要依靠计划、组织、控制及沟通等各项职能实现自身的经营管理目标。管理职能是保证饭店管理完成任务，使其在规律科学的组织中实现饭店接待能力和接待任务，维护和改善既定生产关系的具体功能因素。为此，本章我们将重点介绍饭店的各项管理职能及与各项职能相关的一些管理内容。

第一节　饭店计划管理

在饭店经营管理中，计划管理具有举足轻重的作用。对于许多大型饭店集团而言，它的未来发展蓝图就来源于今天的计划，它的计划是宏观而长远的；对于一家单体饭店来说，每一年度、月度甚至每一次接待业务活动应达到什么样的目标，如何去做，也同样需要事先制订一个计划。如果没有切实可行的计划，就无法实现企业的经营目标。在饭店管理过程中，很多管理人员的管理组织失误不是由于技术能力的原因，而是由于缺乏有效的计划管理。因而，科学的计划管理是饭店取得经营成果的关键，也是实现企业预期目的的关键。

一、饭店计划的概念与类型

（一）饭店计划的概念

饭店计划是饭店根据环境的需要和自己的实际情况，用目标管理的方法，通过对市场、饭店自身进行科学的调查分析及预测，确定饭店在一定时期内的经营目标，并据此所编制的行动计划安排，以及对于计划的执行、实施和监督，以协调组织各类资源，最终顺利达成目标的过程。

对饭店计划的管理有双重含义：一是指对计划编制本身的管理；二是实施计划，用计划指导管理饭店。计划职能发生在其他职能之前，又要统驭其他职能的发挥，因而计划管理是饭店管理中最重要的职能。

（二）饭店计划的类型

饭店的经营管理活动涉及多个方面，较为复杂，因而饭店计划种类繁多，用途各异。根据不同的划分标准，饭店计划可以划分为不同的类型。一般而言，根据计划的时间跨度与期限，可以把它分为长期计划、中期计划和短期计划。

1. 长期计划

长期计划是一种战略性计划，是饭店的设备、服务、经济、人员、技术、规模等方面的长远性、纲领性计划。它涉及时间较长，一般为3～5年，涵盖涉及了饭店全面长期的经营使命和应达到的目标。饭店长期计划的内容主要包括以下几个方面：

第一，饭店经营目标。饭店经营目标从总体上确定了整个饭店在未来一段时间内应达到的目标，主要包括对饭店等级标准、服务管理水平、经营规模、经营方向、经营内容等各项的描述，同时还涉及对饭店的发展速度、市场占有率的增长状况和各项经营指标的分析。

第二，饭店建设与投资计划。饭店投资与建设是指在规划期内对基础设施与项目资金来源的总体规划。饭店需要确定在计划期内饭店发展规模及接待能力的规划，饭店准备对哪些设施设备进行更新改造，要新建、扩建、改建哪些项目以及新设备的购置安排等。同时饭店还要计划所有这些项目的投资额、资金来源、投资效益预算、跨年度工程进度安排等。投资计划除了规划本饭店内部的建设与投资外，规划对外的投资与建设也是必要的，如建立食品供应基地、饭店集团企业的市场拓展投资等。

第三，饭店经营管理计划。饭店经营管理方面的计划主要是规划饭店在计划期内经营管理应达到的水平，包括管理体制的改革、组织结构的调整、管理制度的建立和完善、管理模式及管理手段的更新、管理人员的配备及其业务素质的培养等。

第四，人力资源计划。是指为了达到饭店经营发展目标，在计划期内人力资源所要达到的标准。包括确定饭店未来员工队伍发展的总体规模、水平、结构；员工素质所要达到的标准，员工的培训方式和培训计划以及员工之间的沟通和相互激励等。

饭店的长期计划除了包括以上几个方面之外，还包括饭店的服务水平、员工的生活福利计划等各个方面。一般而言，长期计划涉及的规划期时间较长，其中存在许多不确定因素，因而饭店计划制订者应随着内外部环境的变化，对长期计划做适应性的调整，以保证计划有效实施。

阅读材料

2007—2010 年雅高集团在亚太及中国的发展计划

一年一度的业界盛会“雅高世界巡礼（World of Accor）”于 2007 年 9 月 20 日在北京万达索菲特大饭店富丽堂皇的大宴会厅隆重举行，该饭店是雅高集团在中国的第 50 家酒店，也是集团在中国的标志性酒店，该饭店完全按照白金五星级酒店标准建造，目前是中国首都最雍容奢华的酒店之一。来自各大洲的超过 300 名雅高旗下酒店代表亲自感受中国——这个世界上最具活力的旅游国家，并向与会者展示了全球各地雅高集团旗下酒店的特色。

法国雅高酒店集团亚太地区总裁艾森柏先生正式宣布了雅高集团在中国未来几年的快速发展计划：2007 年雅高一举签下 62 家新酒店，将 2010 年时计划开业或进行建造的酒店数目提升至 180 家以上（40000 间客房），雅高集团目前在中国已经拥有 50 家酒店，共计 15017 间客房。

法国雅高酒店集团亚太地区总裁艾森柏先生表示，雅高的发展计划并非只专注于市场的某一领域，而是进行全方位的发展，这具有十分重大的意义。“在未来的几年里，我们将大力推进五星级索菲特品牌的发展，而北京万达索菲特大饭店的开业更标志着这一品牌新纪元的开端。我们非常荣幸在本月初召开的亚太经济合作会议期间，悉尼的索菲特酒店接待了中国国家主席胡锦涛，我们也期待中国的索菲特酒店网络将会接待更多国际要人。”艾森柏先生说道。

中国是雅高集团旗下五星级奢华品牌索菲特在全球发展的优先市场，同时也是进入“新纪元”后的索菲特品牌酒店最早入驻的地区之一。在未来 6 个月计划中开业的索菲特酒店包括清远索菲特丽豪酒店、重庆申基索菲特大酒店、哈尔滨万达索菲特大饭店、上海佘山索菲特大酒店及澳门索菲特十六浦酒店。

在雅高快速拓展其奢华五星级酒店网络的同时，集团还努力构筑其在经济型酒店领域的市场领先地位。雅高区别于其他国际酒店集团之处在于，当他们投入大量精力发展高端品牌的同时，也在中端及经济型酒店市场中迅速发展。在中国，雅高注重提供一系列完整的酒店类型，从奢华到经济型，从市中心到度假胜地，从门户城市到地区新兴城市，尽力满足国内外旅游者的一切需求。

“预计到2020年，来中国大陆的外籍游客将从现有的2500万增长至5000万。根据这一成倍的增长加上预计将达到的15亿国内旅游人次，雅高正在加紧扩大其网络以满足新的需求。我们在国内市场的广泛覆盖也将有助于境外游市场的发展，预计选择到欧洲、亚洲和澳洲旅游的人次将增加10%以上，而这些正是雅高酒店分布极为密集的地区。”艾森柏先生补充道。

作为集团快速发展计划的一部分，雅高计划于2008年奥运会前夕在北京新增三家酒店——诺富特凤凰城酒店、宜必思凤凰城酒店及北京万商美居酒店。到北京奥运会开幕时，雅高在北京将拥有7家酒店共计超过2700间客房。

来自：http：//www. Accor. com

2. 中期计划

中期计划也称为年度综合计划，它是在长期计划的基础上，对计划期内全年度和年度内各时期饭店在各个方面的目标和任务所做的规划。它涉及内容广，综合了饭店的主要经营活动，是饭店在计划期行动的纲领和依据，是现代饭店计划体系中最重要的计划。中期计划从结构上可以分为两大部分：一是综合性计划。它规划了年度内各种经营活动所要达到的目标、经营策略以及行动计划，确定饭店所有计划指标和附加指标，并对各项指标的分配和分解情况做出说明。二是部门计划。它是在年度综合计划的基础上，由各业务部门和职能部门制订，提出在计划期内各业务部门和职能部门在各自业务范围内所执行的目标和任务，提出本部门在计划期的各项指标和业务内容。部门计划具体包括：市场营销计划、前厅部计划、客房部计划、餐饮部计划、人力资源及培训计划、物资计划、基建和改造计划、财务计划等。其中，前四种计划为一线业务部门计划，后面的为二线后勤部门计划（见图4－1）。由于各部门计划有各自特定的范围，内容复杂具体，时间跨度为全年，因而计划既具有独立性又具有全面性。它对饭店实际业务的开展以及长期计划的顺利进行起到了协调和控制的作用。

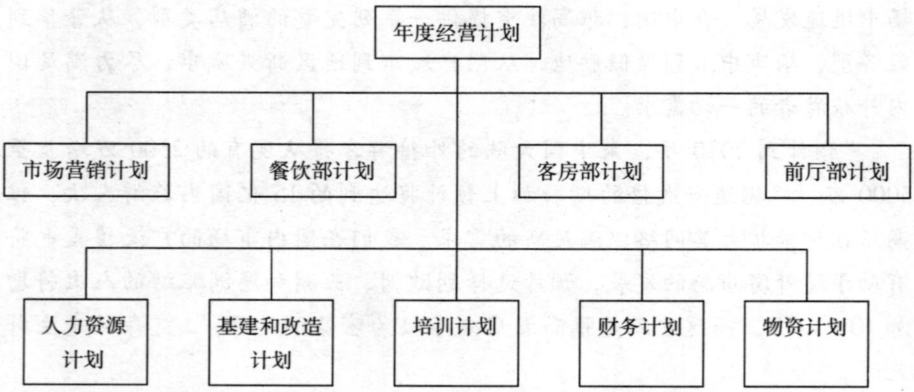

图 4－1　饭店年度经营计划体系

3. 短期计划

为了保证饭店中、长期计划的顺利完成，减少饭店由于内外部环境所带来的不确定性，饭店计划制订者在中、长期计划的基础上，必须对饭店每月、每季度各部门的日常业务和季度进行具体的规定，根据不同月份的具体情况制定不同的工作安排，即制订短期业务接待计划。例如，饭店在淡旺季呈现的经营状况完全不同，因而制定的业务量、业务内容、客源结构以及经济状况等都会有所不同，为此饭店会以每月为单位制定当月的接待任务，并落实在当月的计划指标上。另外，饭店经常会出现一些突发事件，如接待某些身份特殊、接待规格较高的重要客人、承办某种大型的活动等，这些宾客对饭店服务的满意程度，对未来饭店的经营会有很大的影响。因此，在这些情况下，饭店都要根据具体事件制订不同的全面的重要接待任务工作计划，确定接待对象和规格、接待目标和接待内容，分配各部门的具体任务和接待的重要细节。短期计划对于饭店经营的顺利开展以及饭店形象的塑造极其重要。

除此之外，根据计划的广度，饭店可以把计划分为战略计划、战术计划及作业计划几种。战略计划主要是应用于整体饭店组织，寻求饭店在所对应环境中的地位，并对饭店长远发展的目标以及经营方针作全局战略性谋划，这类计划一般由饭店的高层管理者制订。战术计划涉及的是为了实现组织的战略目标如何去利用资源，分配好人力、财力、物力。从时间跨度上来看往往相当于饭店的年度计划的分部门计划。作业计划是为实现目标根据战略、战术计划制订的实现目标的具体的实施方案及细节计划，一般涉及的时间较短。由此可见，根据不同的划分标准，计划可以分为不同的类型。但无论怎样划分，都是要帮助饭店有条不紊地开展活动，实现自己的经营目标。

二、饭店计划的指标体系

制订饭店计划必须有一套标准，以衡量其是否合理，并为日后计划的实施确定目标。计划指标就构成了饭店计划的主要衡量标准。计划指标是指饭店在计划期内用相对标准来表示的经营、接待、服务、供应、效益等方面要达到的目标和水平。由于饭店计划涉及的内容多、范围广，因而饭店计划有一系列的指标，构成了饭店计划指标体系。每个指标反映某个方面的经营业务状况，它们之间既相互联系又相互制约。根据饭店计划指标的性质可以分为：

（一）数量指标

数量指标（Quantity index）是指表示饭店计划期内各项经营活动应达到的总体目标，一般用绝对数来表示。现代饭店的数量指标主要有：

（1）客房（床位）数（Number of Rooms / Beds）。客房（床位）数是指饭店出租客房（床位）数的数量，它是饭店接待能力的最基本的指标，是其他各项指标的基础。各个饭店根据不同的时间段如天、月或季度等来确定客房（床位）数，有时饭店根据不同的销售方式，只取客房数或床位数中的一项作为饭店计划的衡量标准。

（2）接待人数（Number of Visitor Arrivals）。接待人数是指计划期内饭店接待人数的总量，它是饭店经营成果的直接表现。接待人数有住宿人数和人过夜数两个指标。前者是以住宿过夜的人次数为标准，即无论该客人在饭店住多久，都按一个人计算；后者是以接待客人的过夜总数为标准，是客人在饭店住宿的天数总和。

（3）饭店经营成本（Total Cost）。饭店经营成本是指饭店在经营管理过程中为之付出的各种支出总和。一般饭店经营成本包括三部分：营业成本、费用、管理费。营业成本是饭店的直接成本，费用则为饭店的间接成本。实际工作中，饭店先测算出各部门的营业成本和费用，之后把各部门的成本费用汇总成为整个饭店的营业成本和费用，再加上饭店的管理费用，即为饭店的经营成本。饭店经营成本计划指标对于饭店计划的制订及实施起着相当重要的作用。

（4）营业收入（Total Revenue）。营业收入是衡量饭店经营水平和饭店产品销售情况的指标，它是指饭店以货币的形式表现饭店在经营状况中提供的商品和服务交换价值的总和。和测算饭店经营成本一样，在测算饭店营业收入时，要首先测算各部门的营业收入，作为饭店营业收入的基数，再汇总整个饭店的营业收入。需要注意的是，在核定饭店营业收入的同时，还要核定营业收入中的外汇收入，这对于分析饭店客源、确定饭店营销策略都有相当重要的作用。除此之外，饭店还会出现营业范围之外的收入，比如顾客由于自身原因所导致的对饭店的赔偿金收入、饭店设施的折旧处理等，它虽然不是饭店的营业收入，但也是饭店总收入的一部分，在会计计算中要另有专项记录。

（5）饭店利润（Profit）。饭店利润是综合衡量饭店经营活动质量和饭店经济效益的一个重要指标，它是饭店经营活动的根本目的。

$$\text{饭店利润} = \text{经营利润} + \text{营业外收入} - \text{营业外支出}$$

（6）人均消费额。人均消费额是指顾客在饭店消费一次的平均消费额度，提高人均消费额对饭店经济效益的增长有着重要意义，同时这一指标也体现了饭店经营水平的高低和饭店产品的适应性。用公式表示为：

$$\text{人均消费额} = \frac{\text{饭店营业收入总额}}{\text{接待人次数}}$$

通过人均消费额指标，饭店可以从宏观上了解顾客在饭店的平均消费水平，了解饭店的消费群体状况以及饭店的市场定位，同时可以根据市场情况的变化随时进行价格调整。

（7）平均房价（ADR - Average Rate）。平均房价是饭店在一定统计期内对于饭店房间出租的平均价格。它会随着旅游淡旺季的出现表现出较大的波动，用公式表示为：

$$\text{平均房价} = \frac{\text{客房收入}}{\text{出租客房（间/天）数}}$$

平均房价是衡量饭店客房经营质量的一个重要指标，它的高低在一定程度上反映着一家饭店的实际经营状况和水平。但是因为受客房出租率的影响，平均房价高不一定就表明饭店客房效益好。

（8）平均每间可供出租客房收入（RevPAR - Revenue Per Available Room）。

RevPAR 是衡量饭店客房经营水平的一项重要指标。在国际通用的饭店教科书中，在国际饭店管理集团采用的统计体系中，以及饭店投资业主、饭店经营者、与旅游和饭店相关的资讯公司都将 RevPAR 作为非常重要的指标来使用。它反映的是实际的客房出租收入平均到全部可出租房间总数后的价格（值）。用公式表示为：

$$\text{RevPAR} = \frac{\text{客房收入}}{\text{可供出租客房数}}$$

或 $$\text{RevPAR} = \text{客房出租率} \times \text{平均房价}$$

饭店只有用 RevPAR 去衡量平均房价和客房出租率的得失才能兼顾这两个因素，以准确地取得尽可能大的经营效益。衡量的方式是：在出租率和平均房价两个因素中，其中一个因素的降低比率一定要大于另一个因素的上升比率，两者之间最起码是等号，否则，一个因素的提高反而是负作用。而 RevPAR 可以让管理者决定采用哪种方式来提高酒店的经营效益。比如阶段性促销、降价销售、淡季销售定价、旺季抬高入住价格、推出中、长期的优惠方案等策略，都可以使用这个公式去衡量得失。

（二）质量指标

质量指标（Quality index）是指在计划期内，饭店经营管理各项活动所要达到的质量要求，一般用相对数（百分比）来表示。饭店计划的质量指标主要有：

1. 客房（床位）出租率（Room occupancy）

客房（床位）出租率是反映管理者销售业绩的主要指标，也是饭店住宿设施利用程度的关键指标。其计算公式为：

$$\text{客房（床位）出租率} = \frac{\text{已出租客房（床位）数}}{\text{可供出租客房（床位）数}} \times 100\%$$

需要注意的是，不一定客房出租率越高效益就越好。

2. 服务质量指标（Service quality）

饭店作为服务行业的典型代表，为消费者提供服务是其经营活动的主要工作，因而保证和提高服务质量是饭店的中心工作，服务质量是衡量饭店工作质量好坏的重要指标。服务质量管理要有目标和措施，这就要制订服务质量计划。饭店各个部门都应该根据自身的业务特点制订相应的服务标准，员工严格按照此服务标准，规范提高服务质量，进而提高饭店的形象和经营业绩。服务质量是关系到饭店生存和发展的重要指标。饭店的服务质量水平可用客人满意率及客人投诉率来衡量。

客人满意率指计划期内客人的满意程度，客人满意率高，表明饭店的服务质量水平较高。用公式表示客人满意率为：

$$客人满意率=\frac{报告期内被调查客人满意人数之和}{报告期内被调查客人人数之和}\times 100\%$$

客人投诉率是指计划期内投诉客人占全部住宿客人的比重。与客人满意率不同，客人投诉率越高意味着饭店的服务质量水平越低。其公式为：

$$客人投诉率=\frac{报告期内投诉客人人数之和}{报告期内住宿人数之和}\times 100\%$$

3. 劳动生产率（Production rate）

这是衡量饭店职工工作效率的指标。它是指在统计期内每个员工平均创造的营业收入。用公式表示为：

$$劳动生产率=\frac{报告期内饭店营业总收入}{报告期内饭店职工平均人数}$$

这项指标通常也用人均营业额、人均创汇额、人均创利额来表示：

$$人均营业额=\frac{销售收入}{饭店职工平均人数}$$

4. 利润率

指报告期内实现的利润总额占营业收入总额的百分比，它是饭店经营业绩的重要评价指标，也是饭店制订计划时必须考虑的一个指标。其公式为：

$$利润率=\frac{报告期内饭店利润总额}{报告期内饭店营业收入}\times 100\%$$

5. 营业收入构成

指在饭店总的营业收入中，各部门营业收入所占的比重，如客房部、餐饮部、商品部及其他部门的收入在饭店营业收入中所占的比重。它是饭店经营业绩评价及营业计划的又一重要指标。用公式可表示为：

$$某部门营业收入比重=\frac{报告期内该部门营业收入}{报告期内饭店总营业收入}\times 100\%$$

6. 设备完好率

它是指投入饭店的设备处于完好状态的数量与全部设备的百分比，设备完好率反映了饭店当前硬件设施设备的折旧情况。用公式表示为：

$$设备完好率 = \frac{完好状态设备的数量}{全部设备的数量} \times 100\%$$

除质量指标和数量指标外，饭店还有很多指标可以反映其经营状况，并帮助饭店树立目标、制定计划，如能源消耗总量及单量、员工学历层次比例、员工培训指标等。不同的指标都反映了饭店的经营管理水平以及在经营活动中各个方面的相互依存关系。它们都具有指导性、目标性，对于饭店计划的实施起着重要的作用。饭店应根据自身的体制、等级、管理风格及人员素质等实际情况，选择合适的计划指标并为其确定适当的数值水平与标准。

饭店各部门各层管理人员都需要制定自己的计划，每层计划都应有自己的目标，各层计划相互连接最终形成饭店的整体计划。对饭店的计划体系而言，上层目标是下层目标制定的依据，下层目标是实现上层目标的基础，饭店各层的计划及其指标相互连接构成饭店总的计划指标体系。为此，饭店计划指标体系的设计还涉及对指标的分解与连接工作。

表 4－1 反映了喜达屋集团的几个重要统计指标及对比情况。

表 4－1　　喜达屋集团经营报告

	2007	2006	Var.		2007	2006	Var.
TOTAL HOTELS 全部饭店				LE MERIDIEN 艾美			
RevPAR（$）	119.04	108.82	9.4%	RevPAR（$）	136.8	118.26	15.7%
ADR（$）	170.65	157.88	8.1%	ADR（$）	191.9	171.25	12.1%
Occupancy（%）	69.8	68.9	0.9	Occupancy（%）	71.3	69.1	2.2
SHERATION 喜来登				W W 饭店			
RevPAR（$）	103.66	95.78	8.2%	RevPAR（$）	216.31	199.52	8.4%
ADR（$）	150.80	140.53	7.3%	ADR（$）	268.02	268.85	7.1%
Occupancy（%）	68.7	68.2	0.5	Occupancy（%）	75.1	74.2	0.9

续表

	2007	2006	Var.		2007	2006	Var.
WESTIN 威斯汀				FORE POINTS 福朋			
RevPAR（$）	139.20	129.98	7.1%	RevPAR（$）	73.25	67.58	8.4%
ADR（$）	190.92	179.80	6.2%	ADR（$）	106.11	99.38	6.8%
Occupancy（%）	72.9	72.3	0.6	Occupancy（%）	69.0	68.0	1.0
ST. REGIS/LUXURY COLLECTION 圣·瑞吉斯				OTHER 其他			
RevPAR（$）	218.94	195.76	11.8%	RevPAR（$）	93.24	100.13	-6.9%
ADR（$）	329.24	290.43	13.4%	ADR（$）	157.03	156.11	0.6%
Occupancy（%）	66.5	67.4	-0.9	Occupancy（%）	59.4	64.1	-4.7

数据来源：根据 Starwood Hotels & Resorts Worldwide, Inc. *Worldwide Hotel Results* 整理。

三、饭店计划的编制

饭店计划的编制是饭店实施计划的前提。只有遵循饭店计划制订的步骤程序、合理地选择计划编制方法，科学地制订饭店计划，才能保障饭店计划的切实可行，才能使饭店适应市场变化的需求，从而正确地引导饭店的各项经营管理工作。

饭店的长、中、短期计划构成了饭店的计划体系，因三者的内容和要求各不相同，编制的方法与过程也有区别，且这三种计划是互为补充，共为一体的，它们的编制也要按顺序进行。如图 4-2 所示：

（一）长期计划的编制

长期计划的特点是战略性强、时间因素不确定，因此在编制长期计划时，一定要对饭店的市场前景及市场机遇有非常清醒的认识，另一方面要注意编制有弹性的长期计划。在编制长期计划时，一般采用远粗近细的逐年滚动计划编制方法进行。

1. 确定长远规划

饭店长远规划包括饭店本身的长远规划及对外发展的长远规划。确定长远规划前，必须对内外部环境进行分析，即在清楚饭店自身经营实力的

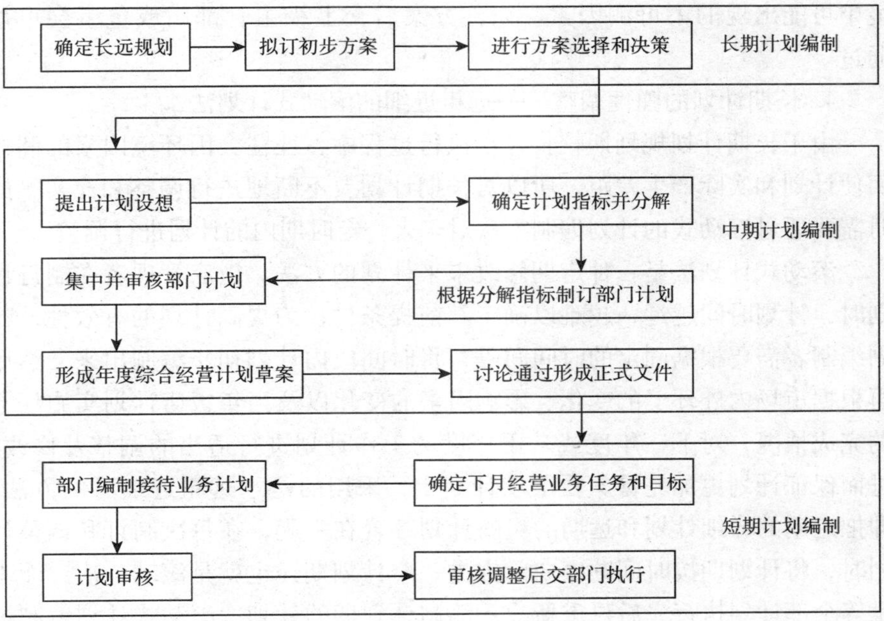

图 4－2　饭店计划编制程序

前提下，对所处外部环境进行调查，如饭店业的市场状况、顾客需求、饭店自己所面临的机会以及竞争对手的状况，包括对方的目标、对方采取的策略、对方所面临的威胁和机遇等，据此确定各个项目之间的相互关系与发展规划。当长远规划的轮廓较为清晰后，再拟订长期计划的初步方案。

2. 拟订初步方案

拟订饭店长期计划的初步方案需要长期计划的各项目标和指标。然后，对这些规划目标和指标进行科学的分析，分析其内在的联系和制约关系，列出实施的阶段和步骤，对目标指标确定数量和递增比例，再根据这些指标的内在联系，将规划目标和指标系统化，形成初步方案。当然初步方案不止一个。

3. 进行方案选择和决策方案

在拟订的初步方案基础上，饭店应当邀请有关专家，召开店务会议，在多个方案中反复比较分析，选择更适合饭店内外部条件、风险相对较小、切实可行的方案。当然在此过程中还需对确定的方案进一步精确化，调整去除不合理的部分，并保证长远规划具有一定的弹性，以应付内外环境中可能出现的不可测因素。完善方案后交上级主管部门或董事会审议通过。

4. 长期计划的弹性调整——远粗近细的滚动式计划法

由于长期计划规划期较长，在执行过程中，往往会因环境因素的制约而使计划和实际产生差距，所以对长期计划要不断地进行调整和充实，此时需要通过滚动式的计划编制方法对未来一定时期内的计划进行调整。

滚动式计划法是一种定期修改未来计划的方法。饭店管理者在制订计划时，计划时间越远，越难以确定其前提条件，为提高计划的有效性，计划编制者需要根据固定的时间间隔，将时间段内计划初步编制出来，然后再根据市场内外环境的变化、影响因素的变化以及当年饭店计划实施任务的完成情况，对下一年度或若干年度的工作计划进行适当的调整及修改，进而保证计划更加完善。在滚动计划中，采用的是“远粗近细”的方法，即把近期的详细计划和远期的粗略计划综合在一起，在每次制订和调整计划时，将计划期按时间顺序向前推进一个计划期，也就是滚动一次，而不是等全部计划执行完后再重新一一编制计划期的计划。滚动式计划编制过程是一个动态的过程，它改变了以前静态的、一成不变的状况，是一种灵活的、有弹性的科学编制方法。

如图 4－3 所示，该图表明饭店 2015—2019 年的计划。由于五年时间较长，中间可能会出现各种因素的变化，因而可以先编制 2015 年的计划，同时对 2016 年及 2017 年的计划进行预测。当 2016 年过去后，可以根据环境的变化、2017 年的业绩以及 2018 年的预测对 2018 年的计划进行调整，同时粗略编制 2018 年和 2019 年的计划，真正做到“走一年、看一年、想一年”。滚动式计划加强了计划的适应性和应变能力。

（二）中期计划的编制

中期计划即饭店的年度综合计划，是饭店中最重要的计划，它的要求具体，可操作性强，涉及内容广泛，能直接反映市场对饭店产品的需求，因此饭店中期计划的编制是饭店长期计划目标达成的保障，同时又为短期计划的编制提供了依据，因而在饭店计划体系中，中期计划的编制成为关键。一般而言，饭店中期计划的编制需经历以下步骤：

1. 提出计划设想

饭店在审视分析上期计划的执行情况后，应由最高层提出初步的经营决策及对应的计划指标体系，拟订一个初步的计划设想，搭建计划框架，

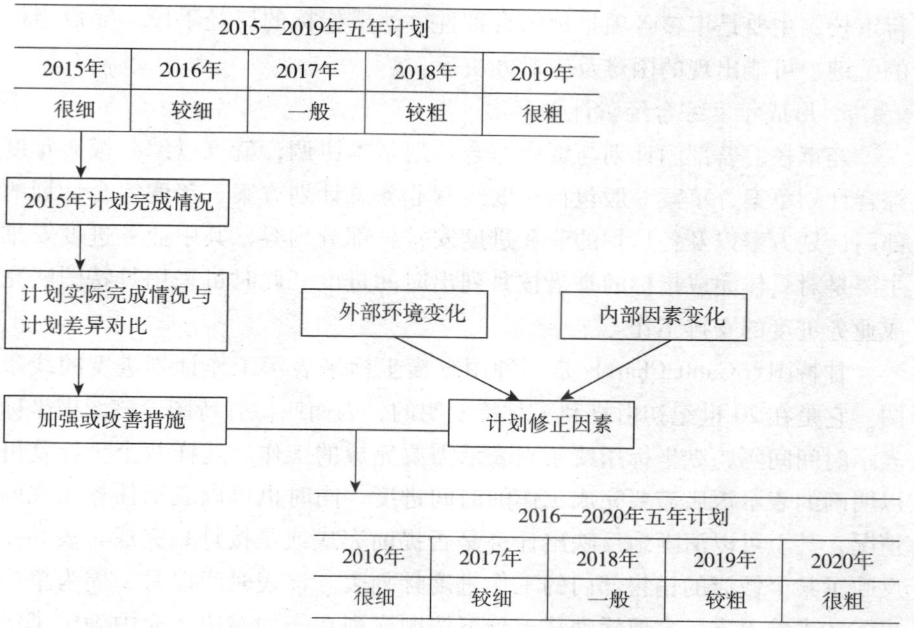

图4－3　滚动计划编制法

并将此设想发放到各部门，由各部门进行研究讨论。

2. 确定计划指标并分解

饭店高层提出初步设想后，各部门经理需依据本部门内的具体信息，对饭店高层提出的计划指标进行集体评议，最后通过具体决策确定计划指标框架。之后各部门需根据本部门的具体情况，提出本部门应完成的计划指标和需承担的责任。各部门在提出需承担的责任时，要有详细的部门计划指标和依据、部门人财物的定额。如果计划指标分解过程中各部门计划指标与饭店计划指标框架之间有一定差距，就需要反复调整，以达到平衡。

3. 根据分解指标制订部门计划

各部门需依据饭店中期计划草案制订相应的部门计划草案，草案不仅要充分考虑本部门的实际情况，还要寻找发现本部门完成任务的潜力和办法。

4. 集中并审核部门计划

在各部门制订出各自的计划草案后，饭店应将各部门计划集中起来进行审核，主要是审核各项指标的合理性、达成指标的途径手段、完成指标的关键、可能出现的困难及应对办法等。

5. 形成年度综合经营计划草案

经审核，若部门计划与饭店综合计划基本协调，就可以编制饭店年度综合计划草案，草案一般包括年度经营业务总计划方案、年度综合计划的部门计划方案以及各计划的业务进度安排三部分内容，其中业务进度安排主要是对具体完成指标的举措按月列出时间进度。此时可采用甘特图法完成业务进度的安排工作。

甘特图（Gantt Chart）是一种用纵横坐标来表示工作计划进度的线条图。它是在20世纪初由亨利·甘特发明的，因而叫做甘特图。该图横坐标表示时间间隔，纵坐标用线条来表示需要完成的工作。这样两个坐标就可以明确的表示饭店需要完成工作的时间进度，同时也可以表示任务完成的情况，甚至可以清晰地反映出任务是否提前完成或是按计划完成。表4－2反映了某个饭店的销售部门的工作进度计划表。该表时间以月、周为单位表示在表的上方，主要活动从上到下按顺序列在表的左边。表中确定了饭店进行产品销售工作以及工作需要完成的工作进度。本例中，饭店市场销售调研工作和编制员工销售预算是按时完成或提前完成的，而调研数据统计分析以及销售计划编制的进度都比计划晚一些。

表4－2　　　　饭店销售部工作进度计划

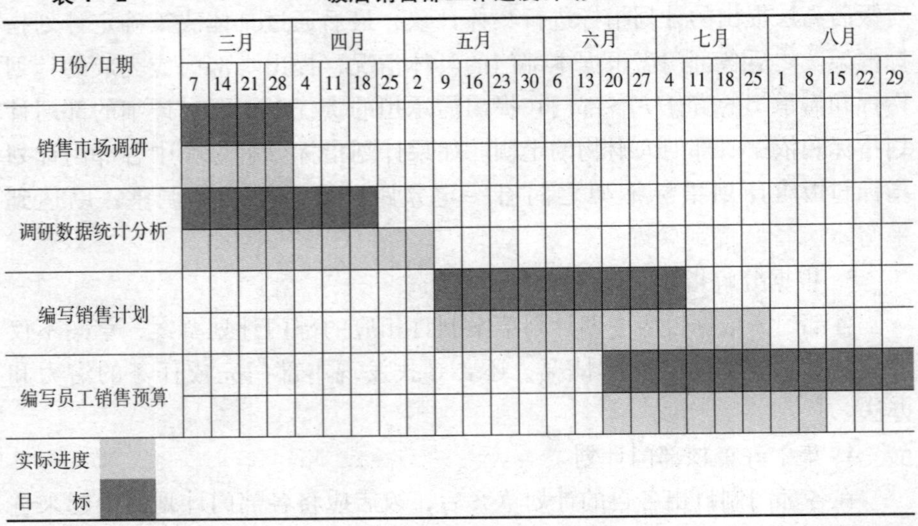

6. 讨论通过形成正式文件

饭店年度综合谋划草案拟订完成后，需通过讨论，根据讨论意见进行修订，并最终形成正式文件。

（三）短期计划的编制

饭店短期计划是各部门每月或某次重大接待任务的业务接待计划。一般是自上而下地进行。

1. 确定下月经营任务和业务目标

根据年度综合计划及其业务进度安排和饭店当时面临的市场情况，饭店应确定下月经营业务的任务和要达到的目标，并将这些目标及任务指标进行分解，归口到各部门，由各部门确认本部门的当月任务及目标。

2. 部门编制接待业务计划

各部门需根据饭店对本部门提出的目标和任务，具体编制本部门的接待业务计划，内容包括如何实现各种数量指标、采取的具体措施和办法等，部门的一些重要任务及一些对部门影响重大的事宜也要列入计划，如大规模卫生清扫、设施设备的计划维护与保养、服务方式的改进、员工的培训、季节时令变化对饭店产品及服务提出的要求如服务的季节更换、时令菜肴的推出等。其中，如大规模卫生清扫、设施设备的计划维修等重要任务的计划安排也可通过甘特图法（Gantt Chart）来进行规划。

3. 进行计划审核

审核的内容包括各部门是否按年度综合计划规定的指标和业务进度安排下月计划，各部门计划之间的配合协调是否默契，各部门上下月计划之间的衔接是否良好等。

4. 审核调整后交部门执行

饭店对各部门计划审核后，发现不妥之处需与部门及时沟通，并根据沟通结果进行调整，最后由总经理签署交各部门具体执行。

重要接待任务计划的编制与月计划的编制过程基本相似，但由于重要接待任务计划的重点突出，独立性强，连续性弱，因此应更注重任务的核心地位和接待过程的细节，需紧紧围绕该次接待任务计划的中心，全面安排各部门的业务，在制订计划时，对每个细节都要有明确的表述。

阅读材料

饭店忠实客户计划——优悦会（Priority Club）

洲际集团拥有全球最大的饭店忠实客户计划——优悦会（Priority Club），优悦会是世界上第一个并且最全球化的饭店忠实奖励计划，通过该计划，优悦会会员可在全球100个国家的3500家饭店享有会员特权。平均每个月都有超过30万新会员加入这项奖励计划，优悦会也成为饭店业内发展最迅速的忠实奖励计划，目前该计划在全球拥有超过2500万名会员。

优悦会会员可以在洲际饭店和度假饭店、皇冠假日饭店和度假饭店、假日饭店和度假饭店、快捷假日饭店、STAYBRIDGE SUITES及CANDLEWOOD SUITES等饭店间享有各项优惠特权。该奖励计划与其他饭店提供的优惠相比，更有备受欢迎的优惠措施如：积分转换，积分购买，以及以最快的方法成为精英会员，该计划的核心魅力为奖励住宿不设禁止兑换日期以及积分永远有效，而且会员可以用积分兑换任何奖品。

优悦会在由顾客自行投票选举的2004年度FREDDIE奖盛典中荣获6项冠军，8项亚军，揽得了16个奖项中的14项大奖。FREDDIE奖从1989年开始在旅游业内评选最佳旅游忠实奖励计划，该奖由全球130个国家和地区的超过27.7万常来旅客投票选出他们心目中的最佳饭店及航空公司忠实奖励计划，可以称是旅游业内的奥斯卡奖。

四、饭店计划的实施

计划的作用在于指导饭店的经营业务活动，编制计划的目的是为了实施计划，因此，饭店要认真抓好计划的实施执行工作，饭店计划的实施包括计划的执行与计划的控制。

（一）饭店计划的执行

饭店计划的实施需要所有员工的共同努力，为实现计划制订的目标，饭店必须具备计划系统正常运作的基础条件：

1. 强有力的指挥系统。饭店拥有强有力的、高效率的、以饭店总经理为首的业务指挥系统，这是饭店顺利实施计划和完成计划目标的重要组织保证。

2. 建立完善饭店制度。计划的实施必须受到饭店制度的保障，通过各项制度尤其是饭店的经济责任制、岗位责任制，可将计划及各项指标落实到每个部门、班组、岗位甚至个人，以保证计划的顺利实施，另计划在执行过程中若出现问题，也可通过经济责任制迅速追究原因、纠正偏差。

3. 严格执行对计划实施情况的检查。检查是实施计划的重要一环，是按时间的顺序和进程，对计划的执行情况、完成情况进行分析、比较和评价。饭店中对计划的检查分为定期检查与不定期的突击检查两类。其中定期检查又分为店务会议检查和经常性检查。店务会议检查是饭店在月度店务会议时对各部门及饭店计划实施情况所进行的常规性全面检查，经常性检查是主要通过对各种业务报表、记录等文字表单进行检查，一般与经济责任制、岗位责任制的检查以及对饭店业务运转情况的检查结合起来进行。不定期检查即突击检查，往往用于出现特殊情况或执行某一重要接待任务时，有时饭店由于某种因素导致业务进展情况与计划严重不符也需要进行临时性的检查。

除上述保障条件外，饭店还应注意实施计划时遇到的困难，即由于资金、人员、客源、员工思想、渠道等各方面原因为计划实施带来的障碍。饭店应针对这些困难逐个加以解决，并调动激发员工的积极性、推进计划的执行与目标的达成。

（二）饭店计划的控制

在计划实施的过程中，通过检查，饭店应当发现计划执行情况与计划本身的差异，分析原因，采取措施，以保证计划的圆满完成，这是计划的控制工作。计划控制需要由饭店各层级人员通过计划检查，把检查结果与计划进行比较，发现偏差，分析原因，并展开探讨，适当对计划进行调整。

案例分析

培训部经理们的抱怨

某市四星、五星级饭店培训部经理每季度都会举办一次联谊会。今天，又逢联谊会日，会议开始后，联谊会主席王经理提议：“今天的主要议题是怎样设计培训计划和培训活动。”能言善辩的培训部经理们一听话题已定，没什么谦让，纷纷发表自己的意见。S饭店的章经理说：“一提起计划我就伤心。年底培训计划一报就有十几张纸，结果不是因为与业务活动发生冲突不得不让路，就是报上去的经费老总不痛痛快快地批准，计划中的工作能有60%落实就不错了。”C饭店的李经理说：“每年计划中老总都说要抓培训，可是业务部门经理们就是不配合，学员组织不起来，还总有人说风凉话，泼冷水。”G饭店的赵经理也忍不住发起牢骚：“有一次，好不容易把人召集起来了，培训老师在台上辛辛苦苦地讲了两小时，再看教室中的学员们，不是在看书就是在睡觉，更可气的是签到表上的签名是不少，可是到培训结束时能剩下1/3的人就算不错了。”大家七嘴八舌地发着牢骚，倾诉着各自的苦衷。会议主席王经理听了这番话，提高嗓音说：“各位经理们，抱怨是没有任何用处的。我建议大家来分析一下为什么我们提出的培训计划难以实施，问题的根本原因在哪里，同时思考一下我们日后在制订并实施培训计划时应当如何改进。我想只有这样，我们才能在工作中取得进展!”一席话把大家引向了冷静的思考。

结合你所在的饭店，你认为饭店的培训计划难以执行的原因是什么呢?

第二节　饭店组织与制度管理

组织是指人们为了达到既定的目标，经由各个部门分工合作和不同层次的权力及责任制而合理地协调一群人的活动。组织的六大要素是：人员、职位、职责、职权、关系和信息，即具有一定素质要求的人员，处于某一职位，承担一定职责，行使一定职权，确定明确的相互关系，借助一定信息的沟通，就能够形成各种形式、健全有效的组织。

饭店组织是饭店管理人员、服务人员和其他各种技术人员组合在一起，通过运用各种管理方法和操作技术、技能，在饭店规章制度的约束下，共同实现饭店经营的目标，它显示了组织内部的分工与合作以及不同层次的权利责任。

在全球化的背景下，今天的饭店组织已经不再是过去的由几十人组成的传统小旅馆，而是由几百人，甚至是数十万人组成的大型组织。像洲际、万豪、雅高、凯悦这样大规模的国际饭店集团，其组织遍及世界各地，要使这样一个越来越庞大的群体有效地工作，保证整个酒店集团持续有序地发展，就必须依靠管理中的组织职能把每个人恰当地组织起来，形成一个有机的整体，对经营管理中要做的各项工作，按其特性分类别和分层次，使每个人在其中按照预订的计划完成自己承担的一项工作，实现酒店预订的目标。因此组织管理在饭店经营中起着非常重要的作用。

一、饭店组织管理的内容

饭店组织管理就是把人员组合起来，以有效的管理实现组织既定目标的过程。饭店组织管理的内容主要包括：

（1）根据饭店组织目标的要求建立一套与之相适应的组织机构；

（2）明确规定各部门的职权关系；

（3）明确规定各部门之间的沟通渠道和协作关系；

（4）在各个部门之间合理地进行人员的安排与调配；

（5）根据组织环境的不断变化，及时调整组织的结构和人员的配置。

综上所述，饭店组织是饭店经营的基本保证，是饭店运转的前提和纽带。通过出色的组织活动，以实现组织结构合理、运转高效、资源配置优化，各种关系处理得当，使每一位员工的积极性得到充分发挥。

二、现代饭店组织结构的形式与发展趋势

在管理学中我们已经学过基本的组织原则，如统一目标原则、等级链和统一指挥原则、管理幅度适度原则等，这里我们重点介绍饭店组织结构的设计。饭店组织结构描绘的是饭店组织的框架体系，它是饭店的指挥管理体系。通过饭店组织结构，可以使饭店员工清楚地了解饭店内部门和人员之间的权责关系，饭店各部门之间的上下左右关系、协调和隶属关系。因而它设置的合理性对饭店的经营管理有着直接的影响。

（一）现代饭店的一般组织结构形式

由于组织目标的不同、所处环境的差异，使得饭店组织结构有着不同的模式，各种类型的组织结构有着各自的特点和利弊，同时由于饭店所处内外部环境具有不确定性的特点，因而伴随着内外部环境的变化，饭店的组织结构也会发生不断的变化，饭店管理者要根据自身的特点、经营规模与实力等条件设计符合自身发展的组织结构，并依据自身所处的发展阶段、环境的变化对组织结构进行适当的调整。

与普通企业不同，现代饭店很少采用直线制或职能制等最传统的组织结构形式，按照饭店的规模与经营业务的种类等标准来划分，一般饭店的组织结构设计主要有以下几种形式：

1. 单体酒店的组织结构形式——直线职能部门化

直线职能部门化即直线职能制的组织结构，是最普遍的一种形式，单

体酒店大多都采用这种组织结构形式，即根据客人在酒店内的活动类型，结合相应的专业职能分工进行部门划分，从而设计出的组织结构形式，如图4－4所示。在这类组织结构中，总经理之下设置了两套系统，一套是按命令统一原则组织的业务指挥系统，另一套是按分工和专业化原则组织的管理职能系统。采用这种组织结构形式，饭店内部的组织机构和部门分为两大类。一类是业务部门，即饭店业中所谓的一线部门，包括直接对客营业部门和后台保障部门。营业部门包括前厅、客房、餐饮属营业部门等，这些部门的员工与客人直接接触，部门能为饭店带来直接的经济效益，后台保障部门包括工程部、保安部等，这些部门在必要时或突发情况出现时也会与客人接触，虽与职能部门一样不能为饭店创造直接的经济效益，但却为营业部门的正常运转提供了保障。业务部门中按等级链的原则进行组织，部门中各种职位是按照垂直系统直线排列的，各级主管负责人按照命令统一原则，在自己的职权范围内有一定的决定权，对其所属下级实行直线指挥及命令。另一类是职能部门，如人力资源部、财务部、营销部等，这些部门并不创造直接的经济效益，而是为一线部门提供服务，同时指导监督一线部门的工作，为业务部门的工作顺利开展提供保障，但不能对业务部门进行直接指挥。当然，职能部门更是酒店高层领导的参谋和助手，职能部门拟订的计划、决策、方案、制度等，若涉及业务部门的，必须经总经理批准，并在全饭店内发布，由各部门对该部门员工下达执行命令。

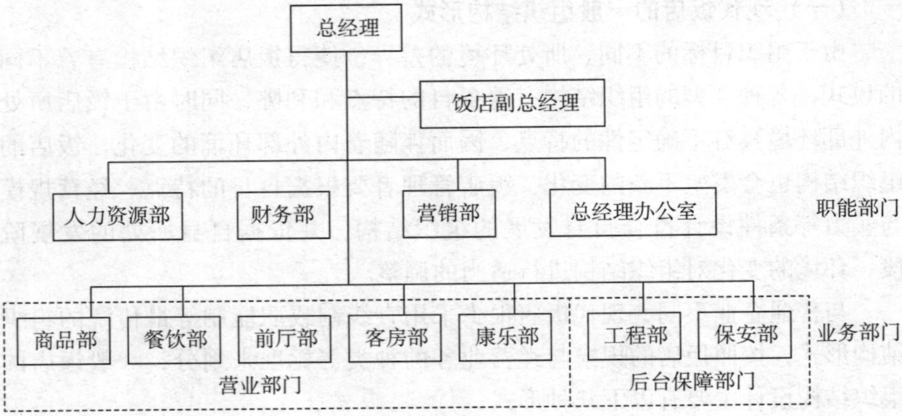

图4－4 职能部门化的组织结构

直线职能部门化的组织结构既考虑了部门划分的科学性，也兼顾了酒店服务的质量与效率。按直线职能制设置组织结构并划分部门，职能高度集中，职责清楚，各部门从事的只是企业整体活动的一部分，有利于维护行政指挥的权威，有利于维护组织的统一性，因此整个饭店的工作秩序井然，工作效率较高。此外，由于各业务及职能部门各负责一种类型的业务活动，分工明确，有利于酒店员工的培训与交流，从而有利于员工技术水平的提高。

直线职能部门化的局限性主要表现在：由于部门多头，部门间互通信息少，不能集思广益作出决策，当职能参谋部门和业务部门之间目标不一致时，容易产生矛盾，致使上层主管的协调工作量大；由于各部门的活动和业务性质不同，容易使各职能部门只注重依据自己的准则来行动，忽视各部门的相互依存和协调，影响组织整体目标的实现；这种组织结构的权力集中于酒店高层，各部门领导缺乏自主权，下级部门的主动性和积极性的发挥受到限制；部门对酒店的贡献不易区分，因此不利于部门尤其是职能部门的业绩考核；由于各部门的负责人长期只从事某种专业业务的管理而缺乏总体眼光，不利于高级管理人才的培养。

阅读材料

职能重叠，多头管理

A饭店过去是一家市政府所属的高级招待所，经过更新改造后，升为四星级饭店，但饭店的组织结构基本上沿袭了招待所的模式。为了加强销售工作，饭店增设了公关销售部。但是由于过去销售工作由客房、餐厅和会议等各业务部门分别去做，所以这一格局并未被打破。这样便出现了饭店所有部门都有销售指标，各个部门一同出去跑推销的局面。有时为了争取同一个客户，各部门轮番争抢，出现内部竞争，这一现象在餐饮部下的不同餐厅之间表现得更为明显。这种状况弄得客户有些莫名其妙。他们认为如此混乱的管理不可能造就良好的服务，因此打消了与A饭店合作的念头。在销售部，每个人的工作都由销售额目标决定，只要你能完成定额，无论拉什么客户都行。结果造成这位销售人员前两天刚来，而另一位销售人员又登门销售，而且每个销售人员的报价也不完全相同，弄得客户不知所措。另外，由于经常出现内部竞争，致使销售部与其他部门之间、销售部内部员工之间，经常因为争抢客户而产生矛盾，影响了饭店内部的协调与合作。

2. 跨地区或跨国饭店集团的组织结构形式——区域部门化

按职能划分部门的组织结构通常适合于在某一地区单一经营饭店产品与业务的单体式饭店，当企业的生产经营活动在地域上分布较散，而各地在政治经济、文化自然及其市场环境等方面差别较大时，比较有效的管理方法就是按照地区划分部门。这种组织结构形式常见于从事跨地区经营的专业从事饭店经营业务的饭店管理集团或饭店连锁集团，如图 4－5 所示。

在这种组织结构形式下，饭店集团总经理下设全集团的人力资源部、采供部、发展部及财务部等专业职能部门，为集团的长远发展提供参谋及职能保障。除此之外，饭店集团还在不同的地理区域设置专门为拓展当地饭店业务的分公司，使不同区域的子公司成为相对独立的经营实体，每个区域的饭店市场拓展部下辖若干家独立经营的饭店，这样可以更好地针对各地区消费者的行为特点来组织生产经营活动。在国际范围内从事经营业务的跨国饭店集团尤其如此。它们不仅使分散在各地的饭店成为独立的实体，而且对饭店集团总部协调国际经营的各级管理人员的业务划分，也是根据区域标准来进行的。当然区域下的各家饭店所采用的组织结构形式一般均是直线职能部门化的组织结构。

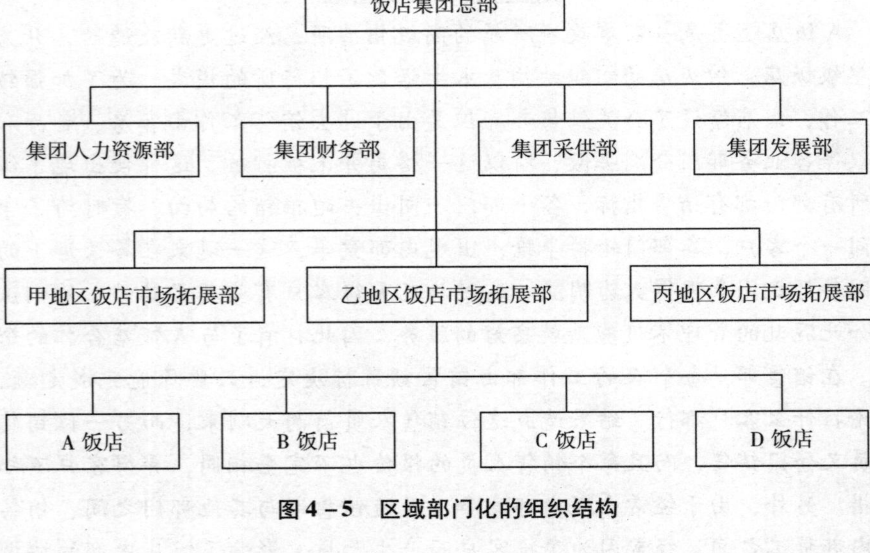

图 4－5　区域部门化的组织结构

按区域划分部门的优点主要有：通过集团化的统一采购与供给，有利于降低饭店的整体经营成本；有利于扩展饭店的客源市场、建立跨地区和国家的销售网络；有利于获得饭店经营中的比较利益与优势；有利于调动各地的积极性，并在各地区的饭店中培养与发现经营的优秀人才。这种部门同样也带有一些弊端：当地区过于分散时，对于各部门的协调控制难度增加；资源重复导致的设施设备使用效率不高难以完全避免；管理费用也会有所增加。

3. 多元化饭店集团的组织结构形式——产品部门化

随着饭店服务产品的增加，经营范围的多元化，上述组织机构难以适应企业发展的要求，于是就出现了按产品不同来设置组织结构的做法，如图4－6所示。与区域部门化的组织结构类似，在集团总经理下设集团的人力资源部、财务部等职能部门，为集团的发展提供职能保障，集团下有若干分公司，各子公司分别从事不同的经营业务。此时的饭店实际已经不再是原有意义上的饭店，多数表现为多元化经营的旅游集团或企业集团，除了传统的饭店业务，集团通常还会进入旅行社、房地产、商场等其他经营领域，如首旅集团。

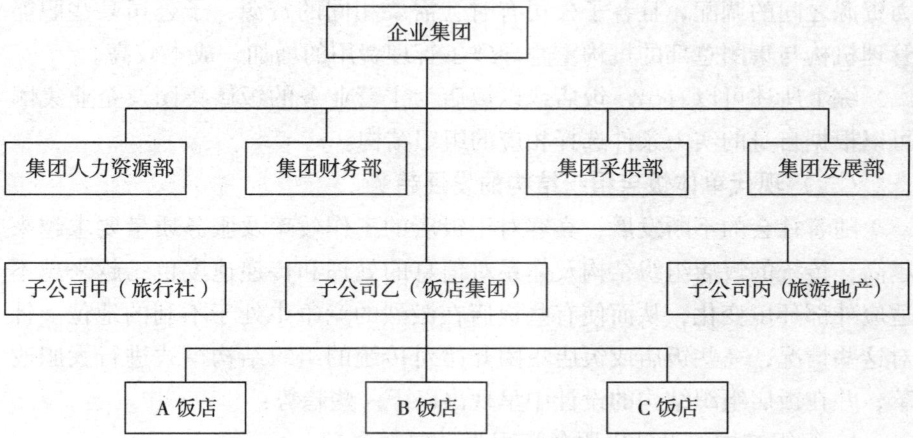

图4－6 产品部门化的组织结构

产品部门化的组织结构有下述优势：首先，饭店集团将多元化经营和专业化经营结合起来，向社会提供多种相关的产品与服务，既可使饭店因多元化经营而减少市场风险，提高经营的稳定性，又可使集团各部门因专业化分工而提高生产率，提高集团的市场竞争能力。其次，由于以产品为标准将集团划分为若干个子公司或事业部门，部门对企业集团的贡献很容易考核与评估，有利于倡导各子公司及事业部间的合理竞争，推动各部门改进工作，从而促进饭店集团的发展。再次，这种组织结构形式提高了管理的灵活性和适应性，有利于子公司就本产品做出迅速的回应，调动了各部门的积极性和主动性，增强了企业对环境条件的适应能力；同时又减轻了高层管理人员的负担，有利于公司的发展和重大决策的产生。最后，产品部门化的组织结构还有利于经营人才的培养与选择，每个子公司的经理都要独当一面，从事自己产品的经营活动，这类似于一个完整企业的经营管理，因此，集团可以利用产品部门化来加强经营管理人才的培养。

产品部门化的组织结构也有局限性：首先，各个产品部门独立性过强，集团管理具有分散性的特点，可能会导致各子公司过分强调本部门利益，从而导致对集团公司的整体意识减弱，子公司会因为本部的局部利益、眼前利益而牺牲公司的长远利益，继而影响酒店经营活动的统一指挥与整体发展。其次，这种组织结构需要管理人员多，要求更多具有全面领导才能的经营人才，但因产品业务不同又无法实现集团公司中各子公司人力资源之间的调配，且各子公司有时会需要相同的资源，子公司某些职能管理机构与集团总部的机构重叠导致了管理费用的增加，成本较高。

综上所述可以看出，饭店或以饭店为主营业务的饭店集团及企业集团可以根据自身的实力条件选择相应的组织结构。

（二）现代单体饭店组织结构的发展趋势

随着社会的不断发展，宾客对于饭店的工作效率及服务质量要求越来越高，传统的饭店组织结构及体系对信息的处理和传递速度也已越来越不适应外部环境变化，从而使有些饭店在激烈的竞争中处于不利的地位。针对这些情况，一些饭店或饭店集团开始对传统的组织结构模式进行大胆改革，并在饭店组织结构的设计中呈现出以下一些趋势：

1. 组织结构的设计以服务流程为导向观念

饭店的产品体现为由各种职能及业务组合而成的整体产品，而传统的直线职能部门化的组织结构对服务系统的整体性进行了分割，导致服务质量因衔接不当而降低，任何一个环节或部门工作的失误，都会影响到客人对整个饭店产品的印象，尤其是当后台部门对前台部门支持不力时，会导致饭店整体产品的不完整或质量的下降。为此现在一些饭店开始转变对组织结构的认识，在直线职能部门化组织结构的基础上，以服务流程为导向，以“为顾客创造价值、保持饭店产品的完整性”为核心，从各层级及部门中抽调相关人员，组成专门的小组对饭店服务质量进行监控。因而在服务流程导向的观念下，饭店要对核心服务流程和支持性程序进行分析，建立超越职能化的新型组织形式，克服职能化对服务质量整体性的负面影响。其具体方式是跨越传统的职能部门，围绕职能或交叉职能构建服务团队，以具体的任务为导向，根据服务与管理的需要建立纵向团队和横向团队，纵向团队是高层管理者与基层员工之间的团队合作，如质量指导委员会，而横向团队是每个部门与其他交叉部门之间的团队合作，如服务质量改进小组，委员会及小组的成员分别来自不同的部门及不同的层次。如丽嘉酒店为保障顾客的满意程度，就在每一个层次上都设立质量管理小组来共同发现问题，并制定防止它们再次发生的措施。质量管理小组成员来自不同部门的同一层次职员，以共同讨论如何改进整个饭店的质量工作。

2. 直线职能部门化组织结构的扁平化

组织结构的扁平化是指饭店通过破坏组织自上而下的垂直多层次结构，减少中间层和管理层，增大管理幅度，减少冗员，组织结构形式由标准的金字塔型向紧缩型横向型的组织转化。组织结构扁平化的目的是使组织变得更加灵活、敏捷，富有弹性和创造力，提高组织的竞争力，以适应快速变化的外部环境，同时饭店组织结构扁平化可以大大节约人力成本，使得饭店的利益空间增大。组织结构的扁平化可以采取的措施有：

（1）一线部门不设领班

一般单体饭店的垂直金字塔结构是总经理—部门经理—主管—领班—员工。其最上层与最下层是不可能精简的，部门经理是独立的收益或组织服务的单位，较难取消，而在主管与领班级别的人员可以适当减少一层。国外一些标准的酒店组织结构层级为：总经理—部门经理—主管—员工，尤其是对于一些人数少、地点分散的岗位，完全没有必要配备领班。

（2）二线部门不设主管

对于一些不直接与客接触的部门，如财务、工程、人力资源、洗衣房等，由于办公地点集中，工作时间相对集中，大部分时间经理都在岗，可以对工作中的问题进行协调，因此不必设置主管甚至领班，也可以较好地完成部门工作。

(3) 所有部门不设副职

一些小型的饭店或规模不大的部门，完全可以不设副职，经理也可以有效地实施对部门的管理。

表面看来组织结构的扁平化主要表现为减少组织中的层级数，实际上其措施并非这么简单，组织结构的扁平化必须具备两个基本条件：首先，饭店的信息技术应用比较全面，通过网络技术，饭店可以使组织内部的各个部门及岗位紧密地联系起来，每位普通员工都能通过网络系统获得饭店内与自己业务有关的任何信息，使基层工作人员及时与管理层进行沟通，从而为组织的扁平化提供可能；其次，饭店必须充分向员工授权，通过这种做法，一方面可以激励员工，另一方面员工可以不必向上级请示，直接在服务现场发挥自己的积极性和创造性，根据顾客期望的变化，快速有效地解决服务中的一些问题，最终提高顾客的满意度。但若没有员工授权，传统架构中减少的管理人员使得客人的特殊要求不能及时得到满足，会影响饭店的服务质量，因此，向员工授权是饭店组织结构扁平化的保障。

3. 饭店非核心业务部门的外包

在饭店业务核心化、比较优势及交易费用理论的指导下，饭店新近出现了一种组织结构发展趋势，即将一些非核心业务甚至是职能部门实施外包。目前饭店实施外包的模式主要表现为：人力资源管理职能外包、保安职能外包及工程维修职能外包等，有时有些部门的某项业务也可能会出现外包的情况，如将洗衣房、厨房业务甚至是客房清扫服务业务外包给专业公司打理。通过外包一些非核心职能，饭店可以集中精力于搞好对客接待服务，着力打造饭店的专业化，提升饭店的核心竞争力。如万豪集团早在1999年就签订了一份价值6500万美元、为期五年的合同，将其旗下所属饭店的“能源管理项目”外包出去，通过外包培育核心能力，实现了饭店提高效率和节约成本的双重目的。

业务外包模式的出现势必会减少饭店内部门的设置，使组织机构精简化。为保障外包模式的成功应用，饭店必须注意要合理选定外包的项目，正确选择外包商，同时合理调整饭店自身的组织结构，设置专门部门或人员加强对外包业务质量的监督管理。

三、饭店组织的制度管理

饭店组织是一个庞大的复杂系统，为保证这个系统的正常运转，发挥组织的最大效能，必须有一套严格的规章制度。科学严密的规章制度即饭店组织管理制度是饭店正常运行、为客提供优质服务最终实现组织目标的保证。

（一）饭店组织管理制度的类型

所谓的饭店组织管理制度是指从宏观角度和微观角度两个方面，对饭店下辖经济范围的管理规范。总体来说，饭店组织管理制度主要涉及以下四个方面：

1. 饭店基本制度

饭店的基本制度是饭店制度规范中规定企业形成和组织方式、决定企业性质的最根本的制度。基本制度规定了饭店所有者、经营管理人员、员工各自的权利、义务与责任的分配关系，确定了财产的所有关系和分配方式，制约着饭店活动的范围和性质，是涉及企业所有层次、决定企业组织的根本制度。其中饭店的各项责任制度是基本制度的主体内容。

（1）总经理责任制。总经理负责制是指饭店以总经理为饭店的法人代表，以总经理为首从事饭店的经营活动，总经理在饭店经营中处于绝对的中心地位，全面负责饭店的经营和业务。总经理负责制是饭店内部实行的领导制度，是饭店管理的根本制度。它是适应饭店市场经营、符合市场发展规律而建立的饭店组织制度。

总经理应该承担的主要责任有法律责任，在法律允许的范围内依法治店；经济责任，如何使饭店获得最大的利润；对员工的责任，在获得饭店经济利益的同时，要保证员工的基本权利，改善员工的生活状况；对消费者的责任，为消费者提供安全、舒适的服务。总经理负责制除了要求总经理对饭店负有主要责任，同时也规定了总经理所应具有的相应权利和权威。

（2）饭店经济责任制。饭店经济责任制度是以饭店的双重效益为中心，按照责、权、利相结合的原则，把饭店所承担的经济责任加以分解，层层落实到部门、班组和个人。在饭店实行经济责任制，可以增强饭店的活力，提高饭店职工的工作责任心，充分发挥他们工作的主动性、积极性和创造性。

饭店集体经济责任制度是经济责任制的主要形式，它是按管理层次活动分为饭店、部门、班组的责任制，具体落实到每一位责任者——饭店经理、部门经理和主管。每一个层次的管理者都制定了各自的任务和权限，都必须在各自的工作岗位上完成各自的任务。

（3）岗位责任制。饭店岗位责任制度是饭店根据饭店工作分工安排各工作岗位以及员工的职责、作业标准、权限、工作量、协作要求等的责任制度。它是饭店组织管理的基础工作。

饭店岗位责任制是一个完整的体系，由于岗位不同，各岗位的工作内容不同，因而岗位职责的内容也各不相同。岗位责任制主要包括：各岗位的职责范围和具体的工作任务；每项工作任务的基本要求、标准和操作程序；应承担的责任以及协作的要求。岗位责任制一般通过岗位责任书、工作说明书等书面性文件体现出来。

2. 饭店的管理制度

管理制度是对企业管理各方面规定活动框架、调节集体协作行为的制度，是用来引导、制约、激励集体性行为的、成体系的活动和行为规范，如人事管理制度、安全管理制度、财务管理制度等，组织管理的体系中，相当一部分是管理制度，它是将单独分散的个人行为整合为有目的的集体化行为的必要环节，是饭店管理的基本手段。

3. 饭店的工作制度

工作制度是完善饭店组织，使其协调有效运转的保证，也是现代饭店的基本制度，是经济责任制度及岗位责任制度实施的保障。工作制度的内容主要包括前台部门的业务技术服务规范和后台部门的操作规范，具体内容有质量检查制度、财务制度、经济核算制度、领料制度、考勤制度、组织运转制度、各服务岗位的业务技术规范等。其中的业务技术规范直接决定着饭店对客提供服务的质量水平，因而在饭店的工作制度中占据非常重要的地位。

业务技术规范是涉及某些技术标准、技术规程的规定，如服务规程、操作规程等。它是针对饭店业务活动过程中那些大量存在、反复出现，又能摸索出科学处理办法的事务所制定的作业处理规定。业务技术规范大都有技术背景，以经验为基础，是概括和提高了的工作程序和处理办法，其所规定的对象均具有可重复性特点，程序性很强，是人们用来处理常规化、重复性问题的有力手段。

4. 员工的个人行为规范

饭店企业中，个人行为规范是指专门针对个人行为制度的规矩，如礼貌服务守则、员工行为规范等。个人行为规范是所有对个人行为起制约作用的制度规范的统称，它是企业组织中层次最低、约束范围最宽，但也是最具基础性的制度规范。个人行为规范是组织中对行为和活动约束的第一个层次，其效果好坏、程度如何往往是更高层次约束能否有效实现的先决条件。

可见，饭店组织的制度规范包括的范围很广，从个人行为到企业形态、基本制度，从技术要求到业务规程、管理过程，涉及企业组织的所有层次和所有方面。所有这些制度规范结合起来，实质上构成了饭店管理过程中一套完整的激励和约束系统。

（二）饭店制度管理的要求

1. 制度的制定要科学

饭店制度规范必须建立在科学合理的基础上，从经营管理的需要出发，在饭店经营目标的基础上，结合考虑员工的利益来制定。饭店制度的制定必须根据本企业的特点、技术类型及管理风格。

2. 制度的实施要严格

形成正式的、具有“法律”意义的制度文本后，饭店需要按照确定的范围和时间正式执行。制度的实施必须要注意其严肃性，制度规范一经形成，所有成员都必须执行，违反规定要受到必要的惩罚，制度的实施需要借助于其强制性和权威性，对待所有员工应当一视同仁，否则将无法维护制度的权威性和严肃性。

3. 制度的管理要艺术

制度对员工的行为具有引导、约束的作用，为员工指明了行为方向，为员工提供了工作动力和压力，但这些并不意味饭店管理者就应成为制度的奴隶。在管理员工时不仅要注意严格按照制度办事，更应当注意管理的方式与方法，将制度管理艺术化，不仅发挥制度的约束作用，还应发挥制度的激励作用。在依照制度对员工进行奖惩时，要做到以理服人，以情感人，做好细致的思想工作，要对不同的人采取不同的办法，令员工主动地从情感上接受制度，遵守制度，而不是以抵触的情绪被动地接受制度，这样制度实施的效果才能得到保证。只有将制度的管理艺术化，才能真正起到制度本身应有的作用，从而提高管理效率。

阅读材料

某饭店的制度管理经验

某饭店的员工签到打卡登记处，有一块醒目的“过失表现”告示牌。告示牌上分部门分级别地登记着最近一周整个饭店所有人员的违纪过失情况以及饭店的处理意见。告示牌上迟到、早退是常规内容，连员工随意串岗离岗，甚至一些主管、经理人员出现的工作过失都在记录之列。

每位部门经理都有一个“过失登记本”，记载本部门当天发生的违纪过失现象。对由顾客投诉和管理人员发现的违纪现象，一旦核实，部门经理立即开出过失单，一式四份，员工自留一份，部门存档一份，总经理室一份，财务室一份。罚款额度视过失性质和影响程度而定。例如迟到5分钟以内罚款100元，而旷工一小时以上，则重罚200元，并取消当月资金福利。对于重大过失的处罚更是毫不手软，不留情面，一员工私开客房给朋友休息，被当场开除；还有一员工大错不犯，小错不断，一个月里累积轻微过失有8次之多，而且依然未见改错的诚意，也被开除。对于一些部门经理及主管出现的违纪过失情况更是加重惩罚力度。

每到月末员工领工资时，总能看到一份记录本人上月过失的统计单子。详细记述了过失内容、发生时间、地点及事情经过。由于每条款项都经过严格复核，经理在处理员工时也都是以思想教育为主，辅之以惩罚手段，因此员工心服口服，遇罚不怨，只能暗下决心，下个月改正。到年终总结时，对于一些表现极好，从未违反饭店规章制度的员工，饭店会予以奖励。

这种制度管理体系，使每个员工都养成了自觉遵守规章制度的好习惯，以往那种上有政策、下有对策的松松垮垮的懒散作风基本上绝迹了。

第三节 饭店控制与危机管理

随着饭店业全球化时代的到来，饭店业市场面临着一个激烈竞争和变幻莫测的环境，突发事件会随时出现。因而，在计划的基础上，对饭店进行控制管理就显得尤为重要。

一、饭店控制管理的内容

饭店控制是指饭店管理人员在分析市场外部环境和内部信息的基础

上，按照原先计划监控其经营活动是否顺利进行，防止和校对与预期计划目标和标准的偏差，以达到预期目标的管理活动。控制的基本要求是使饭店实际的经营业务活动能和决策计划相一致。

控制是饭店管理的基本职能之一。饭店的外部经营环境与内部条件处于不断变化的状态中，只有建立在有效的控制系统上，才能保证饭店计划或战略的正常实施，才能顺利实现预期计划中的目标。此外，借助于控制职能，当外部市场环境发生变化时，饭店可以随时调整计划目标，重新树立新的目标和控制标准。

控制应该渗透到饭店的所有组成部门，实施于饭店的各项经营管理及业务活动过程中。饭店的控制主要包括五个方面：战略及计划控制、服务质量控制、人员控制、财务控制以及物资控制。

二、饭店控制的步骤

饭店控制主要有以下四个步骤：确定标准对象、经营现状研究、比较分析和纠正偏差。

（一）确定标准对象

饭店的控制职能主要是监控饭店经营状况与原有计划目标是否保持一致，因而计划目标和标准就显得尤为重要，它是饭店控制管理的依据和基础。饭店监控一般包括两个方面：数量控制和质量控制。数量控制是通过数量标准的衡量进行的，如营业额、成本费用、客房出租率以及饭店接待人数等是否达到了计划标准，由于数量指标具有明确的可衡量性，因而数量控制是相对客观、准确的。质量指标是以描述性的语言来表示的各种指标，因而以此为标准很难实现对结果准确的评定，但由于质量控制是饭店控制的重要组成部分，因而对岗位责任制、服务流程、饭店规章制度等所进行的质量控制也不容忽视。

确定饭店控制的标准之后，还必须明确饭店控制的对象。由于饭店经营活动是由一个个过程所组成的，因而饭店经营中每一个具体环节或关键点都是饭店控制的对象。一般而言，各种控制标准和对象是相对应的，各种控制标准都有其特定的对象和内容。如客房营业额就是以客房出租或接待人数为控制对象。

需要指出的是，控制标准及控制对象的确定在饭店计划环节中就应当完成，所以控制管理早在饭店管理活动一开始就已经渗入其中。

（二）经营现状研究

确定了控制标准之后，饭店应搜集目前经营现状的相关信息。搜集的信息不准确，也会导致饭店控制的失败。一般饭店管理人员获得信息的来源通常有四个渠道：一是饭店管理者进行实地视察，这种途径可能会导致信息不客观、过于片面；二是查看统计报告。由于统计报告只能反映数量衡量的领域，因而也具有一定的局限性；三是听取口头汇报，这种方法使得记录的保存成为一大障碍；四是查阅书面报告，它是目前饭店运用最为普遍的方式。四种获取信息的渠道各有利弊，因而要想对工作做出客观公正的评价，不仅要搜集较多的资料，还要寻求尽可能多的信息来源，保证信息渠道的通畅。

一般饭店现状的研究主要包括两个方面：一是对已形成的结果进行检测和分析，例如各种营业额及财务指标，二是现场实际检测与分析，即各业务过程进行中的情况，如前台接待的服务质量、康体娱乐中心的卫生状况等。

（三）比较分析

衡量的标准和现状分析之后，接下来的工作就是把检测结果和目标与标准进行比较，比较的结果只有三种：无偏差、正偏差和负偏差。无偏差是一种完全理想的状态，基本不可能出现。正偏差和负偏差就要看是否在可控制的范围之内，如果在其范围内，那么这种偏差是可以接受的。

一般来说，正偏差出现对于饭店经营而言是理想状态，例如饭店利润额、出租率、接待人数、营业收入等，正偏差越大越好。但并不是所有正偏差都好，例如成本费用出现正偏差，对于饭店而言就意味着与目标相比，成本有所增加，此时应该分析原因采取措施减少偏差。因而，饭店在比较分析阶段中，要根据具体对象进行综合分析。

（四）纠正偏差

1. 查明原因。当饭店经营现状和目标出现偏差时，应当采取措施纠正偏差，使偏差保留在可以允许的范围内。产生偏差的导火索有很多，根据不同的原因采取的措施也不同，因而查明原因是首先要做的事情。一般而言，原因主要有以下几点：一是由于目标本身制定的就不合理；二是在业务运营中实际工作的误差造成的；三是外界市场环境突变导致的偏差；四是管理的疏忽。

2. 纠正偏差。管理人员在纠正偏差时，一方面是在业务进行前把可能产生偏差的原因先行去除，保证业务正常进行，另一方面是在业务进行时和业务周期完成后去发现偏差纠正偏差。无论是哪种情况，都要求饭店管理人员具有正确的判断能力和果断的领导风格，及时快速地解决问题。

由此可见，饭店控制是一个系统的过程，它贯穿于饭店管理活动的始终，在饭店管理中起着承上启下的作用。

三、饭店危机管理

由于饭店行业的特殊性，随时随地会出现各种突发事件，这些突发事件可能是由于外部环境带来的，也可能是由于饭店内部管理不善导致的。及时有效的危机管理既可以显示饭店经营的灵活性以及规范性，也是饭店拓展客源、在激烈的市场竞争中保持竞争优势、维护企业声誉和形象的基本要求。

（一）饭店危机管理的概念及内容

饭店危机是指在饭店经营范围内，由于突发事件的发生而对饭店业的人、财、物等造成的重大破坏和后续不良潜在影响的状态。由于危机是事物的一种不稳定状态，因而具有突发性、紧急性、高度不确定性、固有的破坏性、决策的紧迫性和影响的连带性等显著特征。危机管理就是针对危机的上述特征所做的一系列努力工作，以尽量减少危机给饭店带来的危害。所以，饭店危机管理是饭店通过对危机的检测、防范、决策，对危机进行及时处理，达到避免和减少危机产生的目的，甚至将危机转化为机会的管理过程。饭店危机管理中涉及的人员不仅包含光临饭店的住宿客人、用餐客人以及进行娱乐活动和参加商务会议的客人，同时还包括在饭店工作的所有员工。饭店危机管理包含四个层面的内容：

第一，在饭店经营范围内，保证饭店消费者、饭店员工的人身、财产在心理和生理上不受侵害，饭店的生活和工作环境秩序井然。

第二，饭店危机不仅包括给消费者带来的人身、财产伤害，也包括可能会诱发危机产生的一些因素。比如说饭店设施、设备安装不合理或不牢固，电器设备漏电的现象，地面光滑易导致客人摔到，以及娱乐场所有人起哄导致其他客人消费环境氛围差等，这些都有可能造成消费者的心理不安全感，导致饭店危机的出现。

第三，饭店危机管理是一个全面而又整体的概念，要把其作为一个整体来加以反映，而不是单指饭店某一个方面的现象。

第四，饭店危机管理不仅针对于消费者和饭店员工，也包括饭店本身的财产安全和名誉安全。

（二）饭店常见的危机类型

饭店中的危机主要表现为以下几种类型：

（1）服务事件。是由于服务质量水平较低导致客人投诉的事件，这类事件在饭店中最常见，对投诉的处理也有规律可循，但因客人的差别较大，需要管理人员具有较高的处理投诉的技巧，针对不同的对象采取不同的应对办法。若处理不当或未能引起管理者的高度重视，会使事态进一步恶化，其负面影响甚至会扩大至全社会，对饭店的名誉产生不良的影响，因此饭店对服务性的危机事件不应忽视。这种危机主要是由饭店在经营管理方面的不完善及员工的素质不高、服务意识薄弱等原因引发的，所以，服务类事件的危机管理主要遵循“预防为主”的原则，从严格服务质量控制及加强对员工的培训等角度出发进行管理，避免投诉事件的发生，辅之以事后的补救措施，只有这样才能真正减少服务危机事件，降低此类事件给饭店带来的影响。

（2）安全事故。主要是指可能会对饭店设施以及消费者和员工带来负面影响的安全问题，包括火灾、盗窃、诈骗、食物中毒、店内打架斗殴等。饭店的安全事故原因源自于多方面，有些是由于饭店内经营管理不善导致饭店设施设备老化，或是由于员工松懈怠慢、粗心大意、违规操作所引起的，也有些安全事故是由于客人素质不高无意或故意所为，但无论其原因是什么，这些安全隐患随时都可以对人们的生命和财产带来威胁，导致不可控制的局面，因而要引起重视，加强管理。安全事故可以通过饭店的预先控制及严格管理扼制其源头及萌芽，避免事态的进一步恶化，因此对这类危机事件的管理应重点集中于危机的预警控制环节。当然，当事故不可避免已经发生时，按照应急方案从事善后工作也是饭店管理人员必须掌握的管理技能。若此类事件不能被妥善解决，可能会成为媒介宣传的对象和公众瞩目的焦点，继而给饭店带来名誉上的危机。

（3）突发的自然及社会灾害事件。所谓突发的自然及社会灾害事件是指由外界产生的、饭店无法预先控制、会为饭店经营管理带来突然影响的危机，包括台风、地震、洪水以及如非典、禽流感、社会恐怖活动等突发事件，虽然这些事件的发生地点一般是在饭店以外或整个社会，但却会给饭店的经营带来不良的影响。与前两种危机类型相比较，这类危机最大的特点在于其突发性极强，饭店无法预料其发生时间、地点、途径以及危害的程度，当事件发生时更无法人为操控，饭店无法控制事态的进程，对其带来的负面影响也只能持有接受的态度，因而这类事件破坏性极强，危害性极大，会在短期内给饭店的经营带来很大的风险性。

饭店面临的危机种类繁多，各种危机的性质特点各不相同，针对不同的危机类型，在危机所处的不同阶段，饭店应采取与其相对应的危机管理措施。

服务危机的管理工作主要从服务质量控制和妥善处理宾客投诉两个方面来看手进行，因其内容在本节及其他章节中都有详细介绍，故在此处不再赘述。本节着重介绍饭店的安全事故及突发事件的危机管理措施。

（三）饭店安全危机管理的具体措施

1. 安全危机防范

若没有严格的管理为保障，饭店安全事故随时随处都可能会发生，因而预防是处理安全危机事件的根本。要保证常抓不懈，积极预防，才能减少问题的发生，将损失减少到最低。

（1）制定相关制度加以规范。饭店管理者要针对各类安全事件制定相应的文件及管理规章制度，将防火、防盗、防暴力等举措制度化，严格贯彻“预防为主，减少危机出现”的方针，成立专门的安全危机管理小组，全面负责饭店的安全危机事件。同时要定期对饭店员工进行安全危机处理知识的培训，强化员工的危机意识，提高广大员工的危机警惕性，督导员工自觉遵守饭店相关制度和技术安全操作规范，采取措施，防止事故发生。

（2）组织相关部门进行检查。各部门要积极配合饭店危机管理的规章制度，定期或者不定期地对饭店各自负责的方面进行检查，把可能会导致饭店事故的情况排除在外。例如，为了防止火灾的发生，保安部门要做好消防设备的保养、检修、更换工作，保证消防设备能随时投入正常使用，同时要确定重点防火部位，制定防火档案，每天保证对这些危险地带进行检查，排除任何可能。

阅读材料

某酒店的防火三级检查制度

一、一级检查由班组织实施

（1）每位员工每天对本岗位、本责任区进行一次火情安全的检查，排除本身能排除的一般不安全因素。（2）发现问题应及时处理、及时报告，否则发生事故则由本岗位本当班人员负责。（3）每天应将班组个人自查的结果向领班汇报。（4）接班时应提前10分钟进入岗位，并向上一班了解安全情况，对检查内容进行验收并签名。发现的问题，一般由接班领班负责处理，不得忽视或拖延。

二、二级检查由部门领导实施

（1）部门经理每周组织主管对本部门责任区内设备物资（特别是易燃易爆物品）进行一次检查。（2）检查班组一级对防火安全工作的执行落实情况。（3）组织处理本部门的火险隐患及整改，向员工进行教育及表扬或批评。（4）负责将一周的消防安全情况书面报告保安部。

三、三级检查由酒店领导实施

（1）每月由酒店领导或由领导指派保安部经理对各部门进行重点检查或抽查。（2）检查各部门防火安全措施的执行情况，检查要害部位防火安全管理及制度落实到位情况。通报相关情况，提出表扬或批评。

四、检查的基本内容

（1）易燃易爆危险物品贮存、管理使用是否符合安全要求，贮存容器、管理有无定期测试，有无跑冒滴漏现象。（2）使用液化石油气炉灶是否按安全要求操作，摆放位置是否符合安全规定。（3）对烟头、遗留火种是否符合安全规定。（4）仓库内货物、物资分类及存放是否符合安全规定、库房内灯泡规定60W以下，灯距、物品堆放间距和堆放高度、通风、室温是否符合防火安全要求及值班情况。（5）电器设备运行是否正常，有无超负荷运行，电线、电缆的绝缘有无老化、受潮、漏电短路等，电动机有无空转现象，防雷设备是否完好，有无乱接电线情况。（6）使用多种可燃、易燃油类是否符合安全操作要求，以及残油、气的处理情况。（7）危险场所动火是否按规定办手续，焊工操作时是否达到“八不”“四要”“一清”要求。（8）使用有毒害物品的场所是否有防毒的安全措施。（9）消防器材及消防系统的完好情况。各部门的消防器材是否管好、用好和到期更换，保证完整好用。（10）对出入人员是否进行严格检查，对携带易燃易爆危险物品的人员是否把关等。

（3）设立处理危机事件的相关配套设施。例如，在饭店各楼层和客房门后，应贴挂“客房火警安全疏散示意图”，标出客人所在位置和楼道、楼梯出入口；在每个电话机旁边表明火警、医院急救的电话；在大堂、客用电梯、财务集中处以及娱乐场所设立安全监控系统，及时发觉案发现场，保障客人安全。

（4）引导消费者避免事故。有时消费者是导致事故发生的主要主体，也是主要责任人。以火灾为例，火灾是饭店危机中最常见的现象，由于饭店中易燃可燃物极多，一旦出现火灾隐患，带来的生命财产损失及后果相当严重。而在为数众多的火灾事故中，由于个别消费者不注意场合，随意抽烟引起易燃物燃烧的现象比较常见，因而及时对客人进行宣传也是避免事故发生必须做的工作。比如服务员要经常对消费者宣传不要躺在床上吸烟、烟头和火柴梗应放在烟灰缸里，同时客房内应配有“请勿在床上吸烟”；危险地带不要靠近等，尽量保证消费者远离危险源。

（5）拟定危机公关计划，出现事故苗头时及时制止。危机计划是饭店发生危机时的行动纲领，是饭店危机预防必不可少的一个环节。在危机计划中，要明确每一个可能情况发生时，饭店各部门、各级人员的分工、职责和工作程序，以及当员工擅自离开自己的工作岗位、没有尽职尽责做到自己应做的工作时，饭店相关的处理办法，等等。另外，由于饭店发生突发事件的情况不同，每一种可能情况的应对措施也不同，因而要分别制订出不同的危机应对措施计划。

阅读材料

某饭店的“刑事犯罪防范预案”

某地下半年连续发生高星级饭店入室抢劫案，作案人员携带武器进入饭店客房抢劫，给客人造成了精神伤害和财物损失，也给各饭店声誉带来较大的负面影响。通过对作案人员的作案手法进行研究，发现犯罪分子有以下特点：

（1）一般为青壮年男性，2～3人一伙。随身携带刀具、胶带纸、蒙眼布、绳索甚至枪支等作案工具。（2）为便于得手，犯罪分子多选择繁华地段的高星级饭店，目标为一些年纪偏大的单身商务或公务客人，因为这种饭店外来人员可以随意进入客房楼层区域，因而存在着明显的安全隐患。(3) 作案手法：先踩点了解饭店客房区域、服务方式和通道情况，然后在前厅大堂吧等处观察合适的作案对象。选中目标后，尾随客人到客房，趁客人开门后迅速跟入；或假冒服务员、公安人员骗开房门后进入客房作案。进入客房后，用暴力迅速制服客人，捆上手脚，蒙上眼嘴，拔掉电话线，劫取钱物后迅速离开，作案时间一般不超过五分钟。

在了解了犯罪分子的上述作案特点后，某饭店根据实际采取措施，加强了安全防范：(1) 要求礼宾员、大堂副理高度关注每一位进入大堂的客人，对滞留大堂并观望的人员主动上前询问，既有助于提高服务质量，对犯罪分子也可以起到先发制人的作用。(2) 对在大堂吧等处以消费为名长时间逗留并观看来往客人的人员密切关注，要求服务人员利用服务的机会，注意观察、掌握其有关信息、特征，并与保安人员沟通。(3) 通过监视系统对在客房区域来回闲逛及走动的客人主动询问，若非住店客人，服务人员、保安人员应及时上前“服务”。(4) 根据饭店实际，分时段在电梯口增设保安人员，通过对进入客房区域的人员要求出示房卡、代访客电话联系房间内客人等措施，加强对进入客区人员的识别和控制。(5) 制定相应的应急预案，以提高应变和处理能力。在这些措施下，在当地其他饭店纷纷出现抢劫案件时，该饭店从未出现此类安全事故。

2. 安全危机处理

饭店发生安全危机时，应迅速采取有效措施，争取在危机迅速膨胀前做好补救工作，防止事态的恶性进展。不同的事故采用的补救措施各不相同，消防事故的补救工作主要表现为第一到达现场的人员应迅速采用正确的灭火方法掐断火源，并及时通知相关领导及人员，在事态严重之前通知客人逃离现场；盗窃及犯罪事故的补救措施在于及时派出保安人员制止犯罪人员的犯罪行为，若犯罪人员已逃离案发现场，饭店应及时调出安全监控录像及相关的书面记录，为公安机关破案提供线索与依据，同时对受害人员进行安抚，必要时根据相关法律及酒店规定对客进行赔偿；当发生客人食物中毒事件后，饭店应及时将客人送往医院，了解客人消费的食品类型，密切关注其他消费客人反应等。总而言之，每种安全事故发生后，都应有专门的应急补救方案。归结而言，无论是哪一类安全危机事件，饭店都应重视以下几项工作：

（1）通知相关领导人。当发生安全危机事件时，首先要立即通知相关部门以及值班经理进行处理，不要慌乱，服务人员更不能因为恐慌脱离岗位，而是应该视情况坚守岗位，安抚客人，维持秩序，随时待命带客人离开现场，并防止其他恶性事件的发生。

（2）做好危机隔离，即防止事态的恶性发展。首先要确认饭店危机发生的范围，保证危机之外范围工作的正常运转；同时也要保证人员的隔离，确保人员的安全。应该积极采取相关措施制止事态的蔓延，对火灾事故要扼制火势蔓延，而对犯罪事件及食物中毒事件，则应避免事态的进一步恶化与扩散，这是饭店处理危机过程中重要的环节。

（3）启动危机应变计划，做好补救工作。处理危机过程中，一方面要防止事态的蔓延，另一方面也要根据危机的类型，快速启动相应的应变计划，通过补救工作积极处理危机事件，将事件的负面影响降至最低。正确有效的危机应变计划及补救工作是处理饭店危机的重要环节。

阅读材料

烟感器发出报警声

一天晚上，某饭店保安小郝正在保安室值班，突然，烟感报警声发出尖锐急促的报警声。同时，913 房的警孔上不断闪现红色信号。这种异常的声音和闪光立即引起了小郝的警觉。“不好，913 房出事了！”他立刻打电话通知值班经理，并从座椅上跳起来，冲出房门，奔向电梯口，赶上九楼，直奔913 房。

只见913 房门口挂着“请勿打扰”的牌子，小郝接连按了几下门铃后，没有回音，小郝便用力敲门，同时大声喊道：“913 房客人请快开门。”里面还是死一般寂静。小郝当机立断，叫来楼层服务员小范，让她用备用钥匙打开房门。小郝和小范闯进客房，只见缕缕浓烟直冲烟感报警装置。原来是垃圾筒里的废纸冒出烟雾，废纸上火星点点，但尚未燃烧起来，两人急忙到卫生间弄来两杯冷水将垃圾筒里的火星浇灭。“好险啊！”小郝和小范轻轻地舒了口气。到这时，他们才发现客人正躺在床上呼呼大睡，小郝上前推推他，客人仍然睡得死气沉沉的，同时一股浓烈的酒气扑鼻而来，他们明白原来客人是喝醉了。小郝一边用力反复推他，一边大声叫喊：“先生，请醒醒！”客人终于醒来，一副醉眼朦胧的样子。小范去泡了杯茶，递给客人，客人喝了几口，酒意渐渐消散。小郝向客人说明接到烟感器报警赶来抢救的经过，并请他说明起因。

原来这位客人在酒店餐厅吃饭时喝醉了，一个人跌跌撞撞回到客房后，坐在靠椅上抽了一支烟，随手把烟头往垃圾筒里一扔，就蒙头大睡了，以后的事情他浑然不知。小郝态度严肃而语气平缓地对客人说："先生，维护所有客人的生命和财产是饭店的责任，也是每位客人的责任。你喝酒要有节制，对身体没有好处。醉后抽烟，乱扔烟头，易造成火灾，后果不堪设想。刚才您差点酿成一场大事故。"客人羞愧得低头认错，表示今后一定吸取教训。

在小郝、小范处理913客房事故的同时，饭店值班经理一边通知各部门夜班值班人员随时待命，以便在事故极其严重，无法控制时通知饭店中所有人员撤离；一边检查九层客房以外区域范围的工作运转情况，避免其他人员趁乱引发新的危机事故。

3. 安全危机总结

危机总结是安全危机处理的最后一个环节，也是进行有效总结、不可忽视的环节。经过了危机事件后，饭店可能遭受到了严重的损失，从中吸取教训，总结经验，才能避免下一个事故的产生。

（1）调查安全事故原由。它是指对安全危机发生的原因和相关预防和处理的全部措施进行系统的调查。包括安全危机的类型、危机产生的原因、危机涉及的人员以及相关负责人员、危机的影响以及危机处理的方法等。

（2）评价处理。对处理安全危机的全过程做一个全面的评价和总价，对采取的有效措施要积极鼓励，对做出重要贡献的有关领导和员工要予以表扬和奖励；相反，对于擅自离岗、事故的主要责任人要进行惩罚。

（3）提出整改措施。危机事故处理后，饭店应对安全危机涉及的各种问题综合归类、分别提出整改措施，并责成有关部门逐项落实。各项整改措施应形成档案，以备后续检查。

（四）饭店突发事件危机的恢复措施

受外部环境突发事件如自然灾害、流行疾病的传播、社会恐怖活动等因素的影响，饭店的客源会急剧下降，此类事件不可控性较强，即便饭店在此前有充分的应急方案加以应对，也不可避免会造成一些损失。在突发事件的危机发生后，饭店危机管理的重心是全面修复受危机影响的饭店市场供需结构，重新树立饭店形象，恢复公众对饭店的消费信心与信任关系。此时饭店需要借助媒体，与公众保持良好的沟通与联络，通过合理的宣传促销，尽快消除危机的负面影响，以崭新的形象重新占领市场。因而饭店突发事件的危机管理工作重点主要体现在以下两方面：

1. 借助媒体沟通协调，进行形象宣传

危机消除后，突发事件的影响范围不仅仅是一家饭店，而是某个地区甚至是某个国家的整体旅游饭店行业。因此在危机自然消解后，要恢复饭店业的发展，必须由政府及行业牵头，调整宣传内容，着重强调政府和地方机构是如何消除危机影响、确保危机不再发生。危机过后一段时间，饭店一方面可以有组织、有目的地邀请海内外记者重回受灾现场，亲眼见证危机的解除，消除此前媒体报道中的不利影响。如东南亚发生海啸后，泰国、马来西亚等国的旅游管理部门就曾到中国的上海、广州等地召开记者招待会，进行宣传，以吸引中国游客前往当地旅游、入住并未受损或已经修复好的饭店。另一方面，饭店也应向目标市场宣传自己的新形象，以替代在危机中受到破坏的原有形象。如2003年非典之后，中国的许多饭店纷纷借助媒介宣传自身在消毒方面所做的努力，目的就是为了消除公众对入住饭店的恐惧感、重新树立饭店安全卫生的形象。

2. 重点促销

危机过后，饭店应选择重点目标市场，实施灵活促销，同时，促销重点的选择也应当进行战略性调整，将促销主攻的方向集中在周边国家和地区。因为周边的居民对该国或地区的社会经济状况比较熟悉，不易受到危机负面报道的影响。如上文提及的东南亚海啸之后各国对中国一些大城市所做的宣传与努力，以及非典过后，我国饭店业的恢复首先从国内市场开始，然后有步骤地启动入境市场，这些都是饭店重点促销的典型实例。

由此可以看出，饭店对危机的处理不是千篇一律的，应当针对不同的危机类型及其特点，根据危机所处的不同阶段，采取相应的措施。而在危机处理的过程中，沟通职能的重要性尤为突出。

本章小结：

在饭店管理过程中，管理的四个职能相互联系、相互融合、相互制约、相互补充，成为一个有机的统一体，推动着饭店的经营和发展。本章从饭店计划、饭店组织、饭店控制方面入手，介绍了各项职能的基本概念，并对如何建立相应的职能制度以及具体的方法步骤做了较为详尽的阐述。

思考题：

1. 饭店计划有哪些计划类型和计划指标？应如何编制饭店计划？

2. 什么是饭店组织？饭店组织结构有哪几种形式？不同的组织结构适用于什么样的饭店？

3. 饭店的组织结构未来的发展趋势是什么？

4. 什么是饭店控制？饭店控制的步骤是什么？

5. 什么是饭店危机管理？饭店危机管理的具体措施是什么？

讨论题：

1. 讨论不同类型的饭店组织结构怎样才能具有更高效率？

2. 饭店里出现的不同危机事件应该如何合理化解？

实践题：

1. 试编写一份某四星级饭店的筹备计划/开业计划/经营运作计划/管理制度计划。

2. 调查某家饭店的组织结构或某一部门组织结构，并提出改进措施。

网络链接：

1. 查阅 http：//www. accor. com/gb/groupe/partenariats/strategiques. asp，查阅雅高的“A group-to-group ”战略及其优势。

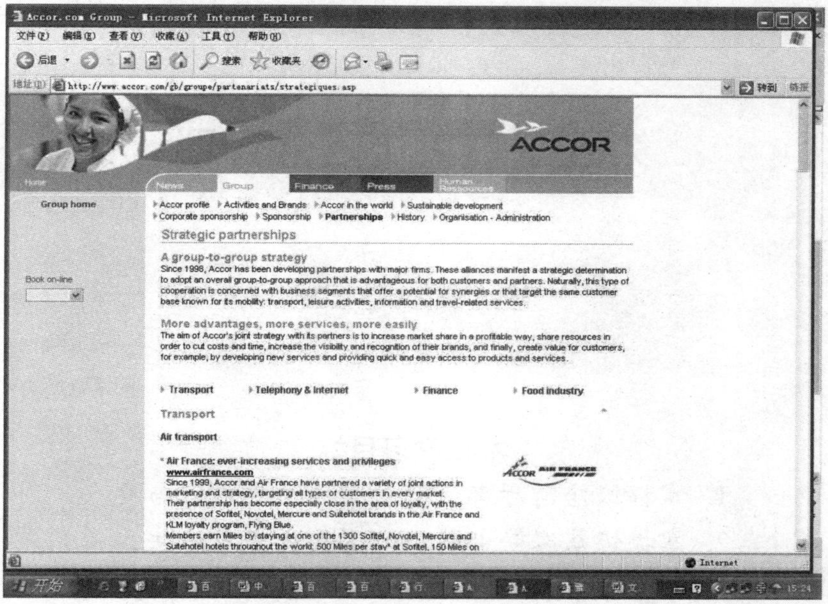

2. 登录 http：//www. accor. com/gb/，查阅 “Accor and the Olympics” 以及 “Organization” 的具体内容。

第五章　饭店运营管理

本章学习目标

1. 掌握饭店前厅部运营管理的主要内容与要点；
2. 掌握饭店客房部管理的主要内容与方法；
3. 掌握饭店餐饮部运营管理的主要内容与关键点。

引导案例

香格里拉酒店集团的超值产品与服务

香格里拉酒店集团赢得业界和顾客赞誉的关键是：超值的酒店产品与服务。集团长期坚持以优质的酒店产品与服务来塑造集团豪华酒店品牌形象，提高顾客忠诚。香格里拉的经营思想是以“殷勤好客亚洲情”为基石，以“为客人提供物有所值的特色服务和创新产品，令客人喜出望外”为指导原则，让员工在与客人的接触中表现出尊重备至、彬彬有礼、真诚质朴、乐于助人、善解人意的待客之道；对于管理人员，香格里拉要求其具有追求经营业绩的魄力，同时强调行政管理人员要与客人保持直接接触，强调和奖励那些能够令客人喜出望外的言行举止。香格里拉酒店集团标准化的管理及个性化的服务赢得了国际社会的高度赞誉。

在建立顾客忠诚方面，香格里拉酒店集团不局限于传统的客人满意原则，而是将顾客满意发展成为顾客愉悦，直至建立起牢固的顾客忠诚。香格里拉主要通过以下五个方面来使客人感到愉悦，从而建立顾客忠诚：

（1）关注和认知客人，使客人觉得自己非常重要与特殊，这是建立客人忠诚的关键；

（2）掌握客人的需求，在客人开口之前就提供其需要的服务；

（3）鼓励员工在与客人的接触中，灵活处理突发事件；

（4）迅速有效地解决客人的问题；

（5）酬谢常客制定“金环计划”。

“金环计划”的成员是那些不断光顾香格里拉酒店，并被视为最有价值的客人。香格里拉把“金环计划”成员分为三个等级：标准级成员（所有第一次住店的客人）；行政级成员（一年内住店至少十次的客人）；豪华级成员（一年内住店次数至少 25 次的客人）。对于不同的等级，香格里拉提供不同层次的优惠。其优惠内容主要包括服务项目、价格折扣、特色服务、赠送免费公里数等。香格里拉酒店集团的金环计划被广泛赞誉为业内最佳的忠实顾客奖励计划之一，其会员数量正迅速上升。

同时针对普通客人也有许多有吸引力的优惠，香格里拉曾将其“超值房价”计划全面升级，在全年任何时间，为以全额房价入住酒店的宾客提供更加广泛的超值服务，且不附带任何特别限制。在香格里拉城市酒店，顾客以“超值房价”入住香格里拉下属的城市酒店，即可免费享受豪华轿车机场接送服务、自助早餐、不限量享受干湿洗衣和熨衣服务、在酒店设有宽带的地方均免费上网、免费拨打当地电话、传真和国际长途以成本收费以及保证延迟退房时间至晚六时。在香格里拉度假酒店，宾客以“超值房价”入住香格里拉集团下属的任何一家度假酒店，即可在咖啡厅或指定餐厅享受免费自助早餐和自助晚餐（12岁以下儿童与成人共同进餐，可免费享用自助餐）、不限量享受洗熨（不含干洗）服务、使用各项娱乐设施、免费使用非机动水上运动设施以及保证延迟退房时间至下午三时等。商贸酒店还会提供两种额外的附加优惠，诸如保证升级至高一级客房或商贸阁；机场接送，或免费洗衣；免费上网；免费拨打当地电话、国际长途和传真按成本收费；等等。

正是由于香格里拉酒店集团长期坚持以超值的酒店产品与服务增强顾客的忠诚度，为其赢得了良好的市场声誉，塑造了豪华酒店品牌形象。

饭店的日常运营和获利主要通过直接从事宾客接待、服务等业务活动的部门来完成和实现，这些部门包括前厅部、客房部、餐饮部等。它们作为饭店经营活动的主体，既是饭店经营活动的具体操作部门，又是操作管理部门，是饭店运营的“最前线”。本章主要对前厅、客房、餐饮三个部门的业务运营和日常管理作概要论述。

第一节　饭店前厅管理

前厅部是饭店接待客人的重要部门，既是饭店对客服务的起点，也是客人离店的终点，它代表饭店与宾客接触，并负责执行指挥、协调饭店前台部门一切工作的职能。无论饭店的组织结构形式如何，前厅部总是不可缺少的一部分。其工作质量的高低，不仅直接影响到客房出租率和饭店的经济效益水平，而且能够反映出饭店的工作效率、服务质量和管理水平的好坏。

一、饭店前厅管理概述

前厅部是饭店组织客源，负责接待工作，推销饭店产品和服务，调动业务经营的一个综合性部门。前厅部的服务和管理在饭店管理中具有全面性、综合性和协调性的特点。因此，往往把其称为饭店的“神经中枢”，它是饭店管理的“龙头”。

（一）前厅部业务的特点

1. 业务涉及面广，专业技术性较强

一家大、中型饭店的前厅业务，往往包括从预订、接待，问讯、行李、电话电传、银行、打字，复印、机场代表、汽车服务、票务、旅游服务、收银、结账到贵重物品保管等。上述各项业务都有较强的专业技术，其服务的性质和管理方法各不相同，并且每项工作都有相应的规范与要求，在具体的操作过程中必须严格遵守，才能使宾客满意。前厅部的这一特点，决定了其工作人员要有较广的知识面、较强的语言交际能力、应变能力和服务的技能技巧。

2. 以出售劳务为主，对人员素质要求较高

总台与客房部和餐饮部不同，客房部以提供房间使用价值为主；餐饮部主要是通过对食品饮料原料的加工来制作餐饮产品，前厅部则是以出售纯劳务为主，所谓出售纯劳务，是指前厅人员以提供无形的服务为主。因此，总台各单位的工作人员，由于其业务性质不完全相同，其劳动好坏、贡献大小、质量高低，很难有一个统一的具体的衡量标准。工作好坏取决于前厅人员的素质，以及其主动性、积极性和创造性的发挥程度。总台的这一特点，决定了总台的服务与管理必须做好三方面的工作：一是从全店中选择素质好的职工担任总台工作；二是根据总台各部门的具体特点制定具体的服务程序；三是根据总台的具体服务程序制定考核标准，尤其是要检查服务质量和工作效率。

3. 信息变化快，要求高效率运转

总台是饭店经营活动中信息最集中的地方，每天要处理大量的信息，总台处理信息的效率决定了饭店大多数部门为客人服务的节奏。由于这些信息变化大，要求传递速度快。总台的这一特点，决定了总台工作人员必须具有信息观念、价值观念和时间观念，懂得重视和用好信息，以求能在饭店的竞争中获胜。重视信息的搜集、传递和整理工作，以提高工作效率和服务质量。对管理者来说，一是要健全前厅信息管理制度，做到报表设计合理、表格简单易填、图表简明易懂、书信言简意赅，加工处理分工明确、交接手续具体、传递信息迅速；二是管理人员要随时掌握和分析各种信息，及时弥补漏洞，使工作日臻完善。

同时，由于前厅部与客人有着最广泛的接触，可以及时搜集到客人对

饭店管理和服务的意见及反映，并传达给饭店相关部门进行有针对性的分析，所以为制定改进管理和提高服务的措施提供了第一反馈信息。另外，前厅部还保存大量的实时经营管理数据，通过认真整理和分析，可按日、月、年定期或不定期地向饭店决策和营销机构提供反映市场各种信息的报表及数据，以此作为制订和调整饭店计划及经营策略的重要依据。前厅部还会同销售部、财务部制订年度客房营销预算计划，发挥着重要的参谋和助手作用。

（二）前厅部的任务

1. 推销——即积极开展预订业务，尽量推销客房产品

这是总台的首要任务，预订是前厅管理和服务的中心环节之一。预订能保证旅客的快步调活动的需求，又给予客人一种安全感，也是控制客源的有力措施。前厅必须根据销售部和公关部组织客源的各种信息和自身掌握的客源信息，通过预订来保证客源，保证饭店各部门的工作秩序和效率。因此，积极开展预订业务，是饭店推销客房商品的重要手段，也是前厅的中心任务。

2. 协调——即联络和协调各部门对客人的服务，提高客房出租率

前厅部是饭店综合服务的总枢纽，又是协调客人与外部联系的桥梁。它既要直接为客人服务，又是指挥和调度整个饭店业务经营活动的中心。客人的许多问题和投诉，往往需要总台帮助联系和解决。同时，总台的服务工作涉及各个部门，它必须协调各有关部门的工作，必然与各个相关部门发生联系，有时不仅需要熟悉本身的业务，还要了解其他部门的情况，才能帮助顾客解决问题，只有这样，才能保证客人满意，才能争取更多的“回头客”，提高客房出租率。

3. 服务——提供有关饭店服务信息，建立客人资料档案

前厅是客人接触的第一个地方，也是客人最后告别的地方，在客人住店期间，有关问讯、邮件代办服务以及外出参观游览，都要靠总台提供有关资料和服务。总台还要建立那些饭店直接接待的重要客人的资料档案，掌握客人动态，向有关部门和决策者提供营销建议，这样有利于保证客源、搞好接待工作以及实施好价格政策。

4. 控制——即控制客房状况，提供有关房间情况的报告，处理客人的账目

客房是饭店最基本的设施，也是饭店经济收入的主要来源之一。由于

客房这一特殊商品具有价值不可储存的特点，所以总台必须随时提供准确的房间情况报告，才能充分利用客房的人力、物力资源，避免不必要的损失。前厅部还担负着处理客人账目，办理客人结账离店手续的的重任，做好前厅的收银工作，既能提高服务质量，给客人带来方便，又能确保饭店经济成果，维护饭店经济利益。

（三）前厅部的基本业务环节

1. 预订（Reservation/Booking）

也叫做“订房”，即预先要求饭店提供客房。客房预订对于饭店的有效经营起着极其重要的作用。

2. 登记（Registration）

这是前厅业务的一个基本环节。入住登记不仅使饭店获得了有关客人的必要信息，同时也确立了前厅是宾客服务中心的地位。登记过程中，预订散客、预订团体和非预订客人的登记程序是不同的。

3. 客房状况控制（Room Status Control）

饭店若要最大限度地获取赢利，就必须要有准确的客房状况资料，这是因为总台人员分配客房和确定房价在很大程度上依赖于有效的客房状况控制。保持准确的客房状况信息对于饭店的成功经营十分重要。客房是饭店的高利润产品，最大限度地出售客房是赢利的关键所在。随时了解空房以及房间清理状况是饭店客房控制的必要手段。只有做到最有效地循环使用客房的饭店，才能使客房的销售额不断上升。反之，若饭店不能保持准确的客房状况资料，就容易造成客人与饭店之间的纠纷，甚至引起客人投诉，同时也会给饭店的经济效益带来影响。

4. 客账处理（Guest Accounting）

宾客账务处理过程贯穿于整个宾客循环周期（Guest Cycle）：从客人预订开始，经过入住阶段直至客人最终结清住店费用。在此过程中，宾客在饭店内的消费有可能涉及各个服务环节，保持客账的准确性是保证饭店收益的基础。

5. 结账/退房（Checking Out）

宾客循环的入住阶段结束后，紧接着就是结账，更改客房状况以及客人离店。这是宾客最后一次与饭店接触，也是饭店向宾客收款的最好时机。

（四）前厅部的组织机构设置

前厅部的机构因各饭店的等级、规模、种类的不同而有不同的设置。例如，在度假饭店中，由于客人住宿时间较长，所以前厅部需要的人很少；机场饭店却因为客人变动频繁而需要较多的工作人员；等等。

1. 前厅部组织机构设置的原则

前厅部的组织机构设置原则要遵循以下几点：

（1）从实际出发的原则，即前厅部机构设置应该从饭店的性质、规模、地理位置、经营特点及管理方式等饭店的实际出发，而不能生搬硬套。例如：规模小的饭店以及以内部接待为主的饭店就可以将前厅部并入客房部，而不必独立设置；

（2）机构精简的原则，是指组织机构设置要防止机构臃肿，人浮于事的现象，尤其要注意“因事设人”，而不能“因人设事”“因人设岗”。但另一方面也要注意“机构精简”并不意味着机构的过分简单化，出现职能空缺的现象；

（3）分工明确的原则，是指应明确岗位人员的职责和任务，明确上下级隶属关系及信息传达的渠道和途径，防止出现管理职能的空缺、重叠或相互推委现象。

（4）便于协作的原则，是指机构的设置不仅要便于前厅部内部各岗位之间的协作，而且要有利于前厅部与其他部门在业务和管理上的协调与合作。

2. 前厅部组织机构图

大型饭店前厅部的组织结构图如图 5 - 1 所示。

（五）前厅部工作人员的素质要求

前厅部员工担负着“饭店的外交大使”“饭店商品的推销员”“问题的解决者”“矛盾的调解人”“信息的提供者”“活动的协调人”“金钱的处理者”“资料记录的保存者”“饭店的公关代理”等多种角色，因此，做一个称职的前厅员工，需要具备很高的素质。事实上，饭店在招工时，总是优先满足前厅的需要，将素质最高的员工安排在前厅部工作。

一个合格的总台员工，应该具备下列素质：

1. 有良好的外部形象

这一要求是与前厅部员工所担负的饭店外交职能和公关职能相联系的。前厅是客人集散的地方，服务员则是代表整个饭店接待每位客人，高

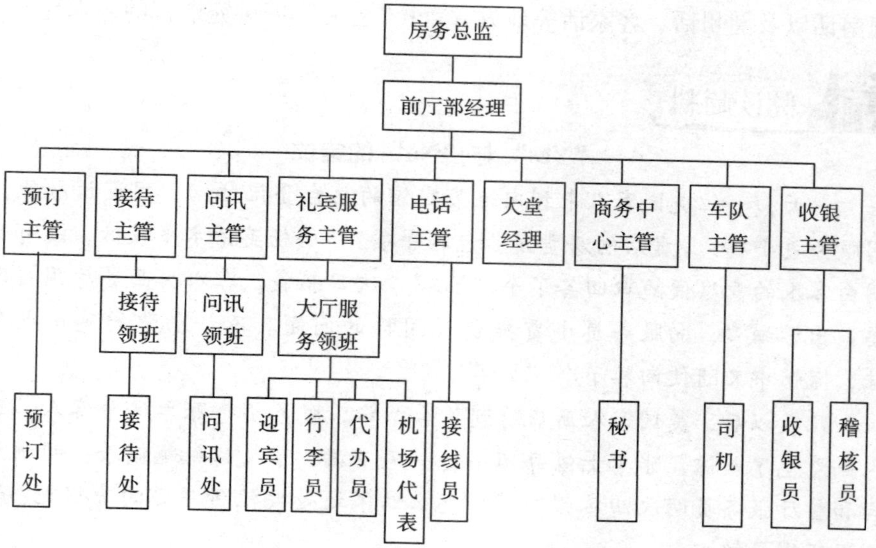

图 5－1　大型饭店前厅部组织结构图

大的身材、良好的外部形象（包括气质、风度、仪表、仪态等）能使客人的心理得到某种愉悦的感觉，给客人留下美好的印象。

2. 机智灵活，有较强的应变能力

前厅部是饭店的神经中枢，事务复杂，每天会接触到各种各样的人和事，都必须予以妥善地处理，因此，要求员工必须机智灵活，有较强的应变能力，这是前厅部员工必须具备的特殊服务素质。在任何情况下，都不能使客人感到难堪，而应该时刻站在客人的立场上考虑问题。

3. 有较强的人际关系能力

饭店是服务业的一部分，是直接与人打交道的行业，尤其是作为前厅部员工，几乎每时每刻都要与各种各样的客人打交道，因此，他必须喜欢并善于与人打交道。

4. 有较强的语言表达能力

是指前厅部员工必须"能说""会道"，有过硬的语言能力。"能说"即能够用客人使用的语言与客人交流，由于饭店的客人来自世界各地，因此，在我国，除了普通话以外，总台员工必须会说外语（英语为必备语种），否则必将影响接待工作和对客人的服务质量，在一些沿海地区的饭店，由于接待很多港澳同胞和海外华侨，所以总台员工还必须会讲粤语、闽南话以及潮州话、客家话等地方方言；“会道”即讲究语言的艺术性。

阅读材料

“Yes”与“No”的错位

一天，一位美国客人来到内地某宾馆的总台登记住宿，用英语顺便询问服务员小杨：“贵店的房费是否包括早餐？”小杨英语水平较低，没有听明白客人的意思便随口回答了个“Yes”。次日早晨，客人去西餐厅用自助餐，出于细心，向服务员小贾提出了同样的问题。不料小贾的英语也欠佳，慌忙中又随便回答了个“Yes”。

几天以后，美国客人离店前到总台结账，服务员把账单递给客人，客人一看吃了一惊，账单上他每顿早餐一笔不漏！客人越想越糊涂：明明总台和餐厅服务员两次回答“Yes”，怎么结果还是要他付早餐的费用呢？他百思不得其解。

经再三追问，总台服务员才告诉他：“我们饭店早餐历来不包括在房费内。”客人将刚来时两次获得“Yes”答复的原委告诉总台服务员，希望免费供应早餐的许诺能得到兑现，但遭到拒绝。客人于无奈中只得付了早餐费。然后怒气冲冲地向饭店投诉。

最后，饭店重申了总台的意见，仍没有同意退款。美国客人心里不服，怀着一肚子怨气离开了饭店。

5. 较强的记忆能力

前厅部员工要有很强的记忆能力，具体要求是：①熟记饭店的一切服务项目和有形设施；②熟记饭店内的工作协调网络；③熟记前厅部工作术语；④熟悉常住客人的名字和面孔，尽量达到过目不忘；等等。

6. 有较宽的知识面

前厅部接待的客人往往来自不同的国家和地区，不同的社会阶层，具有不同的职业、身份、文化背景和风俗习惯，因此，要为客人提供优良的服务，就必须懂得心理学、社会学、民俗学、销售学、管理学、旅游学等知识。

7. 合作精神（团队精神）

饭店前厅部员工必须严密协调，充分发挥团队合作精神以便向宾客提供快捷、方便、满意的服务。在很多超大型饭店中，每天迎来送往的客人多达几千人，面对如此繁忙的接待，前厅部员工都应一直保持他们高效率和令人满意的服务流程。总台服务员要在两分钟内完成一位客人的开房住宿登记手续，同时又有较高的令客人满意的服务效果，其主要秘诀就在于他们相互合作的精神。

二、饭店前厅业务管理

饭店前厅业务管理主要有以下几个方面：

（一）客房预订管理

客人在未到达前向饭店预订先提出用房的具体要求，称为“预订”。开展预订业务的意义在于：①拓宽了对客服务在时间、内容等方面的范围，形成了更完整的为客人提供全面服务的概念；②开展预订业务是饭店一项有力的促销手段，饭店因此能更广泛、更直接地接触客人，了解需求吸引客源，使饭店客房达到理想的出租率；③有助于饭店更好地预测未来客源情况，以便及时调整经营销售策略，在激烈的竞争中把握主动；④有助于饭店在劳动力、物资、资金等诸方面进行有效的计划安排，有利于提高饭店的管理水平和服务质量。

1. 预订处的工作内容

预订处的工作内容主要包括：①准确接收客人的预订要求；②收集获得有关的信息资料，准确处理客人的订房要求；③使所有的房间预订得到正确的累计汇总；④对保证订房而未按时到达的客人提供保留权；⑤每天为饭店各部门提供详尽的即将入住的客人资料；⑥与前厅总服务台合作，以便饭店达到最高开房率；⑦定期为饭店销售部及高层决策提供信息反馈及客源入住动态资料。

2. 客房预订的方式

酒店预订处每天收到客人的订房要求很多，传统的预订方式常常包括电话、传真、电子邮件等。随着科技的不断发展，客人还可以通过互联网、手机 Wap、手机 App 等多种方式获得酒店预订服务，通过酒店预订服务查询、预订满意的酒店类型，获得所在商业街区、周围建筑物、品牌、星级、价位、地址、房型、床型、房内配置、酒店公用设施、停车场、宽带、早餐、开业时间、最近装修时间和用户评价等各类酒店相关信息并进行预订。

（1）电话订房

这是一种应用最为广泛的预订方式。其优点是能够直接、迅速、清楚地传递双方信息，并可以当场回复和确认客人的订房要求。受理电话订房时应注意：

①与客人通话时要注意使用礼貌用语，语音清晰，语调柔和，语气和蔼可亲，语言简明扼要。虽然不能与客人面对面进行交流和提供服务，但是这却是客人接触酒店的第一印象。

②准确掌握客房预订状况，以保证预订服务工作的快速和准确。

③在第一时间给订房人以快速、明确的答复，决不能让客人久等。因客满需婉言拒绝订房要求时，应该询问客人是否可以列入等候名单。

④通话结束前，应重复客人的订房要求，防止出现差错。

（2）传真订房

订房人通过传真预订客房，是较为常见的一种订房方式。这种预订方式具有方便、迅速、准确、正规的特点。受理传真订房时应注意：

①接收或发出传真后，及时标出时间印记。

②回复要迅速准确，资料要完整。

③做好订房资料的保留存档，以备日后查对。

（3）面谈订房

这种订房方式可以使订房员有机会详尽地了解客人的需求，并当面解答客人提出的问题，有利于推销酒店产品。与客户面谈订房事宜时应注意：

①仪表端庄、举止大方，讲究礼节礼貌，态度热情，语音语调适当、婉转。

②把握客户心理，运用销售技巧，灵活地推销客房和酒店其他产品。必要时，还可以向客人展示房间及酒店其他设施与服务，以供客人选择。

（4）互联网订房

随着现代电子信息技术的迅速发展和互联网应用范围的不断扩展，互联网订房成为目前较为常见的订房方式，这种预订方式具有信息传递快、可靠性强等特点。目前我国酒店网上订房系统主要应用于酒店官方网站、旅游网站、订房中心网站和网络订房联盟网站。常见的订房网址包括：全球订房网 www. hrs. cn，中国订房联盟 www. cba - hotel. com，携程网 www. ctrip. com，艺龙 www. elong. com，芒果网 www. mangocity. com，去哪儿 www. qunar. com，同程网 www. 17u. cn，等等。

（5）酒店微信公共平台预订

微信是继微博之后快速发展起来的企业自媒体营销平台，从目前微信所拥有的特点来看，它重新定义了品牌与用户之间的交流方式。从技术层面上看，微信优于微博主要是因为它可以通过 LBS、语音功能、实时对话等一系列多媒体功能跟用户建立实时互动的联系。酒店通过设立微信公共账号，建立了更加方便快捷的与客户沟通的平台，让消费者可以足不出户，仅仅动动手指就能了解到自己关心的酒店的价格优惠信息，并通过智能手机客户端（app）完成预订。例如 7 天酒店官方微信公众账号“7 天会”和全国分店正式上线微信支付功能，用户不仅可以用微信公众账号直接预订 7 天酒店，还可以通过微信支付直接付款。

综上所述，酒店的多样化的预订方式对广大消费者来说无疑是重大的福音，互联网、电话、手机……不同的人群可以各取所需，总之，在充分利用高科技的时代，酒店预订将会越来越方便。

阅读材料

星级酒店无线端预订呈不断增长态势

2014 年，有 4.6 亿人次在手机上通过“去哪儿网”预订机票酒店。该网站上，机票搜索最热门的国内 10 个目的地城市分别为：北京、上海、成都、广州、重庆、深圳、昆明、西安、厦门和三亚，这与高星级酒店预订量前 10 位的城市出现高达 80% 的重合。在提前预订天数上，机票占比最高的预订周期为 0～3 天，预订量占比 50% 以上的高星级酒店预订周期同样也是 0～3 天。也就是说，到这些知名旅游城市的游客大都会选择入住高星级酒店，享受惬意假期。

“去哪儿网”的统计数据发现，通过手机等无线端预订星级酒店的占比更高，且呈不断增长态势。究其原因，可能因为方便快捷的 APP 更符合现代人的生活节奏。在全年高星级酒店预订量最高的 5 大峰值节点中，有 3 个出现在国庆前后。但无线端的这 3 个时间点为 10 月 1 日、2 日、3 日，PC 端则为 9 月 25 日、28 日、29 日，用手机预订酒店的客人明显更淡定。

“去哪儿网”用户以 25 岁至 35 岁年龄段居多，占比 56.5%，其次为 25 岁以下和 35 岁以上的用户，分别占比 22.3%、21.2%，高星级酒店用户年龄分布与之基本保持一致，也就是说，“80 后”正成为高星级酒店消费绝对主力。而且，高星级酒店点评人群同样呈现年轻化趋势，女性点评用户更多。

资料来源：http：//res. meadin. com/HotelData/112528 _ 1. shtml 迈点网。

在以上各种订房方式中，无论采用哪种方式，酒店预订人员都必须注意以下几个问题：

（1）无论是接受预订还是婉拒预订，都必须及时给客人以明确答复。一般来说，为尊重客人，客人以何种方式订房，酒店也应以同样的方式答复客人。

（2）不预先告知房号。预订员在接受预订时，不要给客人以具体房间号码的许诺。因为房间的租用情况随时都在变化，一旦客人到达时所订房间没有空出或不能使用，将失信于客人。

（3）为保证整个预订工作的严密性，应尽可能地掌握客人的离店日期。如果客人没有讲清房间需预订几天，酒店通常只为其预订一夜客房。

3. 预订的种类

饭店通常有四种类型的预订：

（1）保证类订房（Guaranteed Reservation），是指客人保证前来住宿，否则将承担经济责任，因而饭店在任何情况下都应保证为客人保留房间的预订。保证类订房在饭店与宾客之间建立起一种可靠的关系，一方面饭店通过预付款和保证付款使饭店客房收入有了保证，另一方面饭店为客人保留了房间，使客人有了安全感。保证订房一般是通过信用卡、预付款或商业合同来建立。预付款的标准一般为所预订客房一天的房费，对如期抵达的客人，在其离店结账时予以扣除；对逾期不到店，事先又未向饭店声明取消订房的就要从预付订金中支付一夜的费用，饭店保留客房至第二天中午 12 时；反之，若届时饭店不能提供房间则应负全部责任。

（2）确认类预订（Confirmed Reservation），是指当客人通过各种方式、渠道向饭店订房时，饭店根据自身情况接受了客人的预订要求，并以口头或书面的形式予以确认的订房。确认性预订规定饭店要为客人保留房间至预订入住日的约定时限，否则视为客人自动放弃预订。需要注意的是，无论是口头确认还是书面确认，饭店都必须明确地向客人说明饭店所规定的抵店时限。

（3）临时性预订（Advance Reservation），是指客人在即将抵达饭店前很短的时间内或在到达的当天联系订房。在这种情况下，饭店一般没有足够的时间（或没有必要）进行书面确认，同时也无法要求客人预付订金，所以只能口头确认。当天的临时性订房通常由总台接待处受理，这是因为接待处比其他部门更了解饭店当天客房的出租情况。临时性预订的客人如果在当天的“取消订房时限”（Cut-of-time，通常是晚上 6 点）还未到达饭店，该预订即被取消。

（4）等待性预订（Waiting Reservation），是指饭店在客房订满的情况下，仍接受一定数量的订房，这类订房被称为等待性订房。对这种订房饭店不能给予确认，只是通知客人若有其他客人取消预订或提前离店，饭店就对他们优先予以安排。

4. 客房预订程序管理

（1）明确客人的订房要求与细节。接到客人的订房要求时，预订员将客人的订房要求填写在统一规格的订房单内，以明确饭店接受预订的各种信息，如客人姓名、联系方式、抵店时间、离店时间、需要房间种类与数量等。

（2）接受或婉拒预订。饭店根据客人的需求与本饭店的具体情况，确定能否满足客人的预订需求。能满足客人的预订需求时则接受预订，还要向订房人复述客人订房的具体要求，以免发生差错。同时向客人说明饭店有关最迟到店时间的规定、不同付款方式对保证获得住房的约束，以及取消订房的手续要求等。如果在客人要求的订房日期内饭店无接待能力，不能满足客人需要，最好用建议的方式代替直述拒绝的原因。

（3）确认预订。饭店接受了客人的预订后应及时予以确认。确认书（见表 5 -1）中应复述客人的订房要求；申明饭店对客人订房变更及取消预订的有关规定；向确认类预订的客人申明抵店的时间；对保证类客人申明收取订金及取消预订的有关规定。

表 5－1　　　　　　　　　　预订确认书

<table>
<tr><td rowspan="6">×饭店
地址：______
电话：______
您对______
______
的预订已被确认。</td><td>客房类型数量：______</td><td colspan="2">房价：______</td></tr>
<tr><td>预订日期：______</td><td colspan="2">抵达日期：______</td></tr>
<tr><td>抵达时间：______</td><td colspan="2">逗留天数：______</td></tr>
<tr><td>离店日期：______</td><td colspan="2">结账方式：______</td></tr>
<tr><td>订金：______</td><td colspan="2">客人地址：______</td></tr>
<tr><td>客人姓名：______</td><td colspan="2">客人电话：______</td></tr>
<tr><td colspan="4">本饭店愉快地确认了您的订房。由于客人离店后需要有一定时间整理客房，下午三时前恐怕不能安排入住。未付订金或无担保地址的订房，请恕只保留到下午六时。</td></tr>
</table>

（4）记录、储存订房资料。同意接受客人订房后，预订员要将客人的订房资料分类整理。散客订房单的内容包括：客人的姓名、预订房数、房间类型、抵离店日期、付款方式、同行人情况（人数、使用交通工具等）、订房人的姓名及联系电话号码、填表人的姓名和填表日期。团体订房的订房单内容包括：团队名称、预订房数、房间类型、抵离店日期、付款方式、特殊要求、订房人姓名及联系电话号码、订餐情况（用餐人数、时间、种类和标准）、制表人姓名和填制日期等。

（5）预订的变更、取消及客人抵店前的准备。如果已确认的预订客人要求变更或取消预订，预订人员应及时办理手续，填写订房变更与预订取消单，以防出现差错影响客房出租。客人抵店前，预订员应及时将有关资料转交总台接待人员。

客房预订工作中应注意的问题是：客人预订一经饭店确认，就产生法律效力，所以应该注意，订房信息记录应准确无误；客人抵店前，订房信息要及时传达到相关部门，做好接待客人的准备工作；饭店房源方面有任何变化，都应及时通知客人。

5. 预订的预测与分析

订房预测就是订房确定后，根据有关资料，把未来一段时间将要发生的业务做成预测表，通知饭店各部门，以便它们根据业务需要做好一切准备工作。因此，订房预测是饭店产品销售管理的重要环节。为了更好地完成预订工作，防止客房这种特殊商品的损失，我们必须做好客人抵达前的预测工作与客人抵达后的分析工作。分析不同阶段的预订资料，还可以使饭店预订部门对整个预订情况有更加全面的了解，增加预订工作的准确性。

（1）订房预测。预订预测从年度预测开始，至客人入住登记时结束。在此期间还要进行每月预测，两周预测，每周预测，三天预测以及每日预测，其中，有时以十天预测取代两周预测。距客人入住时间越远，预测的准确性便越差。但是为了计划工作的需要，较长期的预测仍是不可缺少的，尤其在那些生意好的饭店，长期预测应同近期预测一样受到重视。

（2）预订分析。预订的分析是确保以后预订更加准确的基础与桥梁。预订分析包括客源分析和各种客人所占比例分析两项重要内容。通过客源分析，可以使预订部门清晰地了解各种预订来源所占的比例，从而搞好与大客户、旅行社等部门的关系，更好地完成预订工作。同时，对客源比例较小的市场加大促销力度。对上述内容的统计分析饭店常常使用“预订分析表”来进行，如表 5－2 所示。

表 5－2　　预订分析表

日期	人数	订房数	预订来源					延期住宿人数	提前离店人数	未带宾客人数	散客人数	天气	当地事件
			预订系统	旅行社	介绍系统	客人自己	其他						

6. 超额订房（Overbooking）

超额预订是指在饭店订房已满的情况下，再适当增加一些订房数量和人数，以弥补因订房不到，临时取消和提前离店等情况造成客房闲置的损失。超额订房既是饭店经营管理者胆识与能力的表现，又是一种风险的行为。关键是如何有效地实施超额订房，避免或最大限度地降低由于失误而造成的麻烦。因此，超额订房的决策应该是有依据的，这个依据既来自于经验，又来自于对市场的预测及对客情的正确分析。

（1）超额订房时需要考虑的因素。做好超额订房的关键，在于掌握超额订房的数量和幅度。按照国际饭店业的管理经验，超额订房的百分比可以掌握在5%～15%之间。具体实施超额订房时，应该考虑下面一些因素：掌握好团体订房和散客订房的比例；掌握预订类别之间的比例；根据预订情况分析订房动态。

（2）超额订房的计算。超额订房通常出现在旅游旺季和节假日，超额订房的数量是没有固定公式可以计算的，因此它是订房工作中一个非常棘手的问题。但是在长期的订房工作中，我们也会总结出一定的经验，找到一定的规律。下面是超额订房的计算公式及其运用，这为合理掌握超额预订的数量和幅度提供了手段，其公式如下：

可接纳客人预订房间数＝客房总数－（订房数－订房数×NSF）＋提前退房数－延期住宿数＋临时取消数－提前抵达数－坏房

其中：（订房数－订房数×NSF）即为实际预订出去的房间数，NSF（No-Show-Factor）所指的是订房而（客）不到的系数。

（3）过度超额预订的补救措施。饭店由于承诺了超额预订的客人，有时会使已经订房的客人到店后无房可住，出现这种情况，不仅容易引起纠纷，还会影响饭店的声誉，所以，饭店应积极采取补救措施，妥善安排好顾客住宿。具体补救措施包括：向客人解释原因，并诚恳地向客人赔礼道歉，如有必要还应由总经理亲自出面致歉，以求得客人的谅解；立即联系同等级饭店，派车将客人免费送往这家饭店；如果找不到相同等级的饭店，可安排客人住在另一家级别稍高的饭店，高出的房费由本饭店支付；店内一有空房，应在客人愿意的情况下接回客人并表示欢迎（可由大堂副理出面迎接，或在客房内摆放花束等）。

由此可见，超额订房过高会导致饭店蒙受损失。这就要求订房部做好资料搜集积累工作，认真分析情况，不断总结经验。

（二）入住登记管理

客房预订并没有完成客房产品的销售，它只是增加了提高客房出租率的可能性，接待服务和分房管理才是最终完成客房产品的销售。分房管理是直接出售客房产品，是一种艺术，分房工作管理得好，就能将高价客房或闲置客房出售，从而减少闲置，增加销售量。

1. 入住登记的有关规定与饭店的“拒绝入住权”

入住登记的过程是客人与饭店第一次面对面的接触机会。对于饭店总台来说，入住登记手续是对客服务的第一个关键的阶段，这一阶段的工作效果将直接影响到前厅部客房产品的销售。提供信息、协调对客服务、与客人建立正式的合法关系，是办理入住登记手续的目的。需要注意的是，在办理入住登记手续时，应该做到：①遵守国家法律法规中有关户籍管理的有关规定，如没有身份证等有效证件，不办理手续；②获取住店客人的详细个人资料；③合理满足客人对房价的要求；④建立正确的客人账户。

一般来说，饭店必须接待每一位客人，凡是来饭店住宿的客人，饭店都有义务热情平等地给予接待。但是，饭店为了维护自身和其他客人的合法权益，保障饭店和其他客人的生命财产不受伤害，可以行使“拒绝入住权”。饭店可以合法拒绝以下几种人：①有可能给饭店和其他客人造成危害或干扰的醉酒者或不正常的人；②带有饭店认为不应携带的物品，如动物或给别人带来危险的物品，如武器、易燃品等；③患有传染性疾病的人；④逃账或没有支付能力的人；⑤违反社会治安，败坏社会道德者，如色情、赌博、滋事等。

若遇到饭店已客满，可采用以下方法安排要求住店的客人：尽早查阅当日离店客人的退房时间，查阅当日到店客人名单，做出准确的房间需求量预测；询问附近饭店的空房，如有需要，及早做出安排；或将客人转送到附近饭店；或要求团体客人减少用房数量；或将套房作为两间房出租给客人；还可以开放会议室给客人入住等。

2. 分房技巧与管理

客房分配要根据酒店空房的类型、数量及客人的预订要求和客人的具体情况进行。为了提高工作效率，减少客人住宿登记时间，对于预订客人的房间分配应该在客人抵达的前一天晚上进行。分好后，将客房钥匙、房卡装在写有房号和客人姓名的信封内，等客人抵店后交给客人。团体客人的房间存在两次分配，由于接待员不了解团员之间的关系，因此，不便提前确定哪两位客人住在哪个房间，所以，在装有钥匙的信封上只能注明房号或团名，而不能写上客人姓名。对于每个房间的具体安排，要等到团队到达后，由熟悉团队情况的领队（Group Leader）或导游（Tour Guide）落实。

（1）排房的顺序。客房分配应按一定的顺序进行，优先安排贵宾和团体客人等，通常可按下列顺序进行：团体客人；重要客人和常客；已付定金等保证类预订客人；要求延期之预期离店客人；普通预订客人，并有准确航班号或抵达时间；无预订散客；不可靠的预订客人。

（2）分房艺术。分房不是一种简单的配房，而是应该有一定的要求和技巧的。为了提高饭店开房率和客人的满意程度，客房分配应讲究一定的艺术。分房的原则一是根据旅客的不同特点、要求来分，具体要求是：对于新婚度蜜月或合家住店的客人，一般安排在楼层边角带大床的房间，或连通房（Connecting Room）等，以使客人满足安静的需要和感到饭店服务的细致、周到及热情；对于老年人、伤残人或行动不便者及带小孩者，可安排在低层楼面，靠近电梯或楼梯，或离楼层服务台较近的房间，以方便客人进出客房和便于服务员的照顾；根据客人风俗习惯、宗教信仰、爱好、生活习惯、价值观等不同，其反差比较大的客人之间的房间尽可能拉开距离或分楼层安排。如竞争对手之间客人的房间、敌对国家之间客人的房间、发达国家与不发达国家之间客人的房间、内宾与外宾之间客人的房间等，并注意房号楼层号与宗教禁忌的关系；对于同一团体或同行数人的房间，尽可能安排在同一楼层或相近楼层和相近的房间；对 VIP 的房间，尽可能分配同类型房中最好的房间；对于团体客与散客房尽可能分开距离，以免干扰，等等。二是要有利于饭店的经营管理和服务，具体要求是：长包房客人的房间，尽可能集中在一个楼层，且是低层楼面；无行李且有行为不规有嫌疑的客人，尽可能安排在楼层服务台附近的房间，或便于观察监控的房间；在旺季时要留意离店客人和到店客人房间使用上的时间差，做好衔接；在淡季前，封闭一些楼层，而集中使用几个楼层的房间，可由低层往高层或由高层往低层排房，以节约劳力、能耗及便于集中对一些房间进行维护保养工作；在淡季，从经营和保持市场形象的角度出发，可集中安排朝向好的房间；如有可能，夏季可多安排朝北方向或冷色调的房间，而冬天则可多安排朝南方向或暖色调的房间，以调整客人对温度的感觉；尽可能安排抵店时间或离店时间相近的客人在同一楼层，以便客房部的接待服务和离店的集中清整工作等。

总之，分房不是一种机械的、简单的工作，从某个角度上说是一门艺术，需要恰到好处，需要对客人、对饭店都有利。这就要求前台服务人员不断地在工作中总结经验，判别需求，灵活掌握。

（三）客房状况控制

在前厅部的业务运转中，客房状况的控制是一项重要内容。客房状况控制是确保客房状况准确的有效手段，它往往是前厅部业务运转的一个核心。掌握饭店的客房状况及其变化，应当引起管理者的高度重视。

1. 常见客房状况的种类

常见客房状况包括住客房（Occupied）、空房（Vacant & Ready）、走客房（Check Out）、待修房（Out of Order）、保留房（Blocked Room）、外宿房（Sleep out）、携少量行李的住客房（Occupied with Light Luggage）、请勿打扰房（DND-Don't Disturb）、双锁房（Double locked）等。

2. 客房状况控制方法

在客房状况控制过程中，客房状况信息的传递、有效的信息沟通是十分重要的。客房状况总体上涉及客房分配过程中的客房状况控制与订房中的客房状况。这里主要分析在客房派房中的客房控制。客房状况的信息沟通通常是存储在接待处，但是客房状况不是静止不变的，而是时刻都有变化的可能，正因为如此，才增加了客房状况控制的难度。客房状况的变化取决于客人住宿活动。客人住宿登记后，其对应的客房状况就由原来的空房或待租状况变为住客房；客人结算后客房状况变为走客房，然后变为空房。客房状况就是这样不停地随着客人住宿的变化而变化。客房状况的变化主要通过 3 个部门在沟通，即客房部、接待处、收银处。这 3 个部门在沟通和控制客房状况方面应负主要责任。客房部要及时、准确地向开房处报告房态，开房处接待员以此作为接待客人、分派客房的依据。客人离店结算退房时，收银员负责通知客房部。客房部在清理完客房后，再次将最新客房状况通知开房处。准确的客房状况信息取决于这 3 个部门的信息传递。

（四）前厅账务管理

前厅账务管理包括客人账务管理、夜间稽核以及防止客人逃账。前厅客账管理是一项十分细致复杂的工作，时间性和业务性都很强。前厅客账管理工作的好坏直接关系到能否保证饭店的经济效益和准确反映饭店经营业务活动的状况，也反映了饭店的服务水平和经营管理效率。

1. 客人账务管理

位于前厅的收银处每天负责核算和整理各业务部门的客人消费账单，为离店客人办理结账收款事宜，编制各种会计报表，以便及时反映饭店的营业活动情况。客账记录是前厅收银处的一项日常业务工作，为了避免工作中的差错以及逃账、漏账情况，前厅收银处客账记录必须有一套完备的制度来保证，并依靠各业务部门的配合及财务部的审核监督。客账记录的要求主要：①账户清楚；②转账迅速；③记账准确。

2. 夜间稽核

为了有效地控制饭店的营业收入，在规模较大的宾馆、饭店里，每天晚上都有专门的工作人员核查当天的经营活动，这一项专门工作被称为夜审或夜间稽核。夜间稽核可以审核经营数据的准确性，提供当天收入和应收账目的情况。因此，夜间稽核是前台经营的一项重要工作，是饭店控制营业收入的重要组成部分。

3. 防止客人逃账

防止客人逃账是饭店前厅部管理的一项重要任务，为了防止客人逃账，饭店应该有一整套账务管理的相关规定，同时也要求前厅接待员练就一双“火眼金睛”。具体做法包括：

（1）收取预订金。收取预订金不但可以防止因客人临时取消预订而给酒店造成损失，同时，如果客人如期抵达，则预订金也可以当作预付款使用，从而有效地防止客人逃账。

（2）收取预付款。对初来乍到、未经预订、信用情况不了解或信用情况较差的客人，要收取预付款。

（3）对持信用卡的客人，提前向银行要授权。对持信用卡的客人，可采取提前向银行要授权的方法，提高客人的信用限额。如信用卡公司拒绝授权，超出信用卡授权金额的部分，要求客人以现金支付。

（4）制定合理的信用政策。信用政策包括付款期限、消费限额、折扣标准等。如某饭店规定对住店5次以上的客人给予较高的信用政策。

（5）建立详细的宾客档案。通过建立详细的客户档案，掌握客户企业的性质和履约守信程度，据此决定给予客人什么样的信用政策。

（6）从客人行李多少、是否列入黑名单等发现疑点，决定是否允许入住。在很多国家，饭店若发现有逃账、赖账等不法客人，就会立即将这类客人的名单送交酒店协会，协会将其列入黑名单，定期通报属下酒店，酒店可以拒绝接待这类客人留宿。中国旅游协会信息中心网在北京地区也设立了反逃账信息网，会员酒店将每个逃账者和公司的资料输入信息中心，中心汇总后，每半个月向会员通报一次。在尚未开展这项服务的城市，酒店应促使并协助酒店协会为会员酒店提供这项服务。

（7）加强催收账款的力度。催账是防止逃账的一项重要手段，尤其对那些行将倒闭而被迫赖账或准备赖账的公司、客户，要加强催收力度。这些客户通常会显露出以下几种迹象：付款速度放慢，以种种理由要求延期付款；改变或推翻协议，要求改变汇率或折扣，如不同意则拒绝付款；与其联系不接电话或以种种理由拒绝会面；转换付款银行或开空头支票；频繁搬迁公司地址；一反常态，突然大笔消费。催收时，要注意方式方法，以免得罪客人。

（8）与楼层及保安部配合，对可疑宾客密切注意其动向。总台要与楼层配合，对可疑宾客密切注意其动向，以防逃账发生。保安部通过内部监视系统监督可疑客人的动向，及时向门卫、前台收银等报告，以防止逃账的发生。

（9）不断总结经验教训。总台员工要善于从接待实践中，不断总结经验教训，防止逃账事件的发生。

案例分析

客人逃账

1206 房的陈先生又到了消费签单限额了，陈先生是与酒店有业务合约的客人，来店后无需交预付款，只在他消费额达到酒店规定的限额时书面通知他。

但总台发了书面通知后，陈先生没来清算账，甚至连电话也没来一个，因为是老客户，且以前一直是配合的，所以总台也只是例行公事地发了一封催款信，礼貌地提醒了一下，可是催款信放在陈先生的台上后，犹如石沉大海，还是没回音，消费额还在迅速上升。

总台便直接打电话与他联系，陈先生当然也很客气："我这么多业务在你市里，还不放心吗？我还要在这里扎根住几年呢，明天一定来结。"可第二天总台再次打电话时，已杳如黄鹤，人去楼空。饭店损失了巨额房费等费用。

这样一来，引起酒店的注意，经讨论后决定对他的业务单位作侧面了解，了解的结果，使酒店大吃一惊：陈先生在本市已结束了业务，机票也已订妥，不日即飞离本市，这一切与他"这么多业务在本市""还要在这里扎根住几年"显然不符，这里面有诈。

酒店当即决定，内紧外松，客房部、保安部对他重点"照顾"，此外，与机场联系，打听到航班、时间。

为了尽可能不弄僵关系，客房部以总经理名义送上果篮，感谢陈先生对本酒店的支持，此次一别，欢迎再来。

陈先生是聪明人，知道自己的情况已被人详知。第二天，自己到总台结清了所有的账目，总台对陈先生也礼貌有加，诚恳地询问客人对酒店的服务有什么意见和建议，并热情地希望他以后再来，给陈先生足够的面子，下了台阶。

问题：

如果你是总台收银员，如何避免此类逃账现象的发生？

这一案例带给我们什么启示？

总台在工作中有何疏漏之处？

（五）前厅服务管理

1. 迎送服务管理

迎送工作是饭店显示档次与服务质量的关键。客人抵达或离店时，迎宾员应主动相迎，热情服务，将车辆引领到合适的地方，并主动帮助行李员清点客人的行李，以免出现差错。迎宾员还负责维持大厅门前的秩序，指挥、引导、疏散车辆，保证饭店门前的交通畅通无阻。

2. 问讯、留言、邮件服务管理

客人有了疑难问题，会向饭店有关人员询问，饭店有责任与义务帮助客人排忧解难。饭店应对问讯处的工作人员进行相关知识的培训。而问讯员除必须有较广的知识面以外，还需要掌握大量最新的信息和书面材料，以保证在工作中给客人以准确而满意的答复。问讯处还设有钥匙信件架，按房号顺序排列，存放客人的钥匙及信件。

3. 行李服务管理

行李服务是由行李员负责进行的。行李服务中需要注意的问题是，运送行李过程中，需要得到客人的确认，以防止行李出现差错而给客人的行程带来不必要的麻烦。团队行李交接过程中，应注意行李的检查验收工作，并办理必要的手续，防止行李的损坏和财物的丢失。多个团队出现时，应采取必要的方法加以区分，防止出现混乱现象。

4. 电话总机服务

电话总机是饭店内外信息沟通、联络的通信枢纽。绝大多数客人对饭店的第一印象是在与话务员的第一次声音接触中产生的。话务员热情、礼貌、耐心、快捷和高效的对客服务，起到了联结客人与饭店的桥梁作用。电话总机服务包括接转电话、问询服务、叫醒服务和联络服务 4 个方面的内容。

5. 商务中心服务

为满足客人日益增长的商务需要，饭店通过商务中心向客人提供打字、复印、传真、秘书、翻译、代办邮件、会议室出租、文件整理和装订服务。饭店商务中心除应拥有电脑、复印机、传真机、装订机、有关商务刊物和报纸、办公用品和设备外，还要配备有一定专业和经验的工作人员，以提供高水平、高效率的对客服务。

6. “金钥匙”服务

“金钥匙”的原型是19世纪初期欧洲酒店的“委托代办”（Concierge）。“Concierge”一词最早起源于法国。国际“金钥匙”是一个全球性的协会，目前已分布在全球39个国家和地区，拥有数千名会员。我国于1997年加入该协会，会员有4500名，中国有1350名，众多会员分布在全国数百家高星级酒店。随着酒店业的发展，Concierge已成为为客人提供全方位“一条龙”服务的岗位，只要不违反道德和法律，任何事情Concierge都尽力办到，以满足客人的要求。“金钥匙”通常身着燕尾服，上面别着十字形金钥匙，这是委托代办的国际组织——“国际金钥匙协会”会员的标志，它象征着Concierge就如同万能的“金钥匙”一般，可以为客人解决一切难题。他们见多识广、经验丰富、谦虚热情、彬彬有礼、善解人意。“金钥匙”的服务很广泛：向客人提供市内最新的流行信息、时事信息和举办各种活动的信息，并为客人代购歌剧院或足球赛的入场券；为团体会议制订计划，满足客人的各种个性化需求，包括安排正式晚宴；为一些大公司设计旅程；照顾好客人的子女；也可以为客人“代租飞机”……故“金钥匙”又被客人视为“万事通”“万能博士”。

阅读材料

“金钥匙”

某日，大堂张经理在大厅遇见1209房金卡住客王先生，于是礼貌的上前问好，恰巧看出王先生好像有什么事，便主动询问道：“王先生，有什么事可以帮忙的吗?”王先生就把要订婚的事告诉了张经理，因为家人都不在当地，很多事情都不是太清楚，找个商量的人都没有。

张经理关切地说：“有什么困难可以和我们说，我们一定会尽力帮助您的!”

王先生说："届时要送礼金，你们能帮忙找个能装6万元左右礼金的小盒子吗?"

张经理满口答应下来。告别客人后，张经理很快从精品屋找来一个装茶杯的盒子，但盒子颜色是白色的，与订婚喜庆的气氛不合，于是张经理又找来一张红色的礼品包装纸，帮助客人重新包装，同时又到商务中心下载了一张精美的卡通图片（两只可爱的小老鼠身着结婚礼服步入婚礼殿堂）贴在礼盒内侧。很快，一个包装精美、饱含着吉祥和祝福的礼盒呈现在眼前，当王先生回酒店拿到礼盒时，非常激动，高兴得一个劲地说"谢谢!"

这时，王先生又不好意思地说，还有两件事需要麻烦一下：一是刚买的十斤糖果想让酒店帮忙分装一下，装成22袋；再就是送的彩礼定为六万六千六百六十六元六角（6个六比较吉利），想让帮忙换一下零钱。张经理一听，再次爽快地答应了客人的要求。他一边协调礼宾部的同事，利用工作空闲时间帮助客人包装糖果，一边联系财务部帮忙换零钱。很快，糖果包好了，并送到了客人房间；可是换零钱时却遇到了麻烦，因为按老风俗，送彩礼的钱应该尽量是面值为双数的，可财务出纳那里只有三个20元的，而三个2元的和三个2角的都没有。刚下班的李副理决定去外面的银行看看能不能换一下，跑了几家银行只换到3张2角的，还是没有三张2元的，只好用六张新的1元代替。

第二天上午，张经理将礼金用红丝带全部扎好，正准备出发时，王先生同行的一位长者说道："按照风俗，最好能用一块红布把礼盒包起来。"可是一时之间到哪里去找红布呢？眼看时间就快到了，张经理马上让礼宾部的小田出去帮助客人购买，王先生说："时间快到了，我们先去，如果买回来了，麻烦让他直接给我们送去。"说着留下了中午用餐的地点。小田马上出发，用最快的时间买到红布，并送到王先生订婚的饭店，王先生对酒店的服务发出由衷的赞叹和感谢!

第二节　饭店客房管理

客房是饭店的主体部分，是饭店向客人提供住宿和休息的场所，是饭店经济收入的重要来源。客房经营管理的好坏，直接关系到饭店的声誉，影响饭店产品的质量。

饭店客房是客人住店期间的主要活动场所。在客房经营管理活动中，前厅部和客房部的联系是非常密切的。前厅部负责客房产品的推销与房租的确定。客人是通过在客房的住宿过程来完成其消费、支付行为的。客房部应使客房始终保持良好状态，让客人在住店期间感到满意，有“宾至如归”的感觉。客房部担负着客人住店期间的大部分服务工作，其业务范围涉及整个饭店和公共区域的清洁卫生、物资用品消耗的控制、设备的维修保养等。因此，客房服务与管理的水平，不仅影响饭店的声誉和产品的推销，而且影响饭店的成本消耗和经济效益。

一、饭店客房管理概述

（一）客房产品的特点

客房是以房间出租和提供劳务获得经济收入的特殊产品。构成客房产品的两大要素，一是物质要素，包括客房建筑、家具设备、电器设备、卫生设施、装饰用品、生活用品等；二是精神要素，包括热情礼貌、细致、周到的服务态度，体贴入微、恰到好处的服务方式，训练有素的服务技巧，内容丰富的服务项目。它所提供的使用价值，就是为客人提供一个清洁、舒适、安静、安全和引人入胜的优美环境以及优质多样的服务，满足客人的物质享受和精神享受的需要。

构成客房产品的两个方面是相辅相成的，都是以对方的存在作为自身存在的必要条件。各种供客人使用的设施和物资是各种服务活动的物质基础，是各种服务活动得以形成和实现的基本条件。而只有通过员工的服务即追加劳动，设施设备才能发挥作用。如果没有员工的各种服务活动，饭店的服务设施和物资也就失去了存在的意义。因此，只有二者结合起来，才能称得上是一个完整的产品，才有其完整的使用价值。当然不可否认，在具备能够满足客人生活需求的基本设施和物资的基础上，服务人员为客人提供的服务活动将起着主导作用。这种服务活动是客人期望从饭店得到的商品，是满足客人需求的基本内容。

（二）客房在饭店中的地位

客房是饭店的基本设施和重要组成部分，在饭店经营管理活动中具有非常重要的地位。

1. 客房是饭店的重要组成部分

游客到达目的地后，首先必须有地方住宿、休息，以消除疲劳，保持身体健康、精力充沛，这是旅游活动能够持续的基本条件。饭店正是向客人提供住宿的物质承担者。尽管饭店的基本设施可以根据饭店的规模、条件和需要进行增减，但客房是必不可少的基本设施。饭店综合服务设施的数量一般也是由客房数量的多少来决定的，客房数量是综合服务项目设立的基础。否则，综合服务设施必然会大量闲置，对经营效果不利。从建筑面积上看，客房面积一般要占饭店总面积的70%左右。从人员的配备来看，饭店从业人员的招聘，是以客房的数量多少为标准的，一般每间客房需配备1.5~2人，而与客房管理直接有关的前厅部、客房部、洗衣房等部门的人员，占饭店员工总人数的1/3以上。所以，从以上几方面来看，客房构成了饭店的主体。

2. 客房是衡量饭店接待能力以及饭店等级的重要标志

饭店规模的大小，用客房的房间或床位来衡量。从饭店星级评定硬件方面来说绝大部分和客房有关，如房间数、房间面积、房内设施。大厅面积和饭店客房数目也有关系。

3. 客房是饭店收入的重要来源

客房是饭店最重要的商品。饭店的收入，主要来源于三部分：一是客房收入；二是餐饮收入；三是综合服务设施收入。其中，客房收入是饭店收入的最重要来源。目前，国外饭店的调查表明，客房收入一般占饭店总收入的65%以上。而且相对于餐饮、商品等部门来说，客房经营成本较小，客房利润成为饭店利润的重要来源。此外，通过客人入住饭店，可以带动饭店餐饮、娱乐、商品、商场等其他服务项目的消费。

4. 客房服务是饭店服务质量的重要标志

客房是旅游者在旅游途中的家。客人住店后，除外出活动和到餐厅用餐外，大部分时间是在客房内度过的。所以，客房服务是否周到，房内设施是否完好，物品是否齐全，对客人都会产生直接的影响，成为客人评价饭店服务质量的重要标志。客房服务水平在一定程度上是饭店服务质量和管理水平的具体反映，直接关系到饭店的声誉。

5. 客房管理是影响客源数量的重要因素

饭店属于服务性行业，从社会供、产、销的联系来看，它处于消费环节。但是，客房是一种特殊商品，其商品交换时不发生实物转让，只出租使用价值，形成商品生产和消费过程的同一性。客人的消费活动离不开客房管理活动，只有组织好客房部员工的劳动，提供优质服务，才可能满足客人的消费需求。因此，客房管理是联结客房产品生产和消费的纽带与桥梁。作为现代旅游者来说，不仅要求物质享受，而且要求精神享受，要求饭店提供舒适的设备、幽雅的环境、较多的服务项目，以及高质量、高效率的服务水准。因此，客房管理的好坏，能否根据客人类型、客人心理尽量满足客人需求，则成为直接影响客源的重要条件。同时，因客房使用低值易耗品多，物料比例大，如何最大限度地降低成本，提高利润，也是客房管理的重要任务。

（三）客房管理的任务

客房管理的任务主要包括以下几个方面：

1. 接待服务管理

在客房产品的营销过程中，前厅始终处于营销运动的起点，负责客房产品的销售；客房部始终处于营销运动的中间环节，负责客房投宿期间的大部分工作。客人住店期间在客房逗留的时间最长，设备和物资消耗最大。如何将接待服务工作科学合理地组织起来，既要保质保量，满足客人需求，提高客房出租率，又使物资消耗和接待任务保持一个合理的比例，加强成本控制，这是客房管理的一个重要内容。

2. 设备物资管理

客房设备和用品是开展客房服务工作的物质基础。管理好客房的设备和物资，是客房管理的重要内容之一，也是降低客房营业成本的重要途径。客房部要具体制定设备、物资管理制度，明确规定各级管理人员在这一方面的职责，合理使用设备物资管理制度，努力降低成本，力求最大的经济效益。

客房内的各种设备应始终处于齐全、完好状态，客房服务员及管理人员在日常服务工作和管理工作中，随时注意检查设备使用情况，配合工程部对设备进行保养、维修，管理人员要定时向客房部汇报设备使用情况。房内各种供客人使用的物品和清洁用品，应备足、备齐，以满足服务工作的需要，保证服务质量。要控制好床单、毛巾等棉织品的周转，控制好消耗物资的领用，建立发放记录和消耗记录，在满足客人使用、保证服务质量的前提下，提倡节约，减少浪费，堵塞漏洞，实行节约奖励、浪费受罚的方针。

3. 清洁保养管理

客房清洁管理是保证客房服务质量和客房价值的重要组成部分。现代饭店客房卫生的标准越来越高，因此，客房管理必须制定卫生操作标准规程，落实检查制度，指挥监督楼层班组的工作情况，切实保证清洁卫生质量。

4. 客房安全管理

客房部管理面积大，接待客人多，工作比较复杂，容易出问题。从整个饭店讲，安全保卫工作由保卫部门负责，但客房部应该积极配合，保证客人人身与财产的安全。

二、客房接待服务管理

（一）客房服务的要求

1. 客房服务项目的设立原则

饭店客房服务项目的设立，必须以客人的需要为基本出发点，同时还要考虑到饭店的档次，即遵循“适合”和“适度”两条基本原则。

（1）适合原则。客人对客房服务的基本要求主要体现在五个方面，即：整洁、宁静、安全、方便、尊重。适合原则就是根据客人的需求来设立服务项目以适合客人的基本要求。

（2）适度原则。饭店因档次不同、房价不同，因此，在服务项目上各有多寡，在客房服务规格上也有高低。比如在饭店星级标准中，一星级饭店客房服务的必备项目仅是提供客房整理和饮用水供应。而三星级饭店不仅要提供客房整理和饮用水的供应，同时需要提供开夜床服务、房内酒吧、洗衣业务、送餐服务、会客服务、叫醒服务等。又如同样是客房整理服务项目，三星级饭店规定必须每天更换床单，而一星级饭店则允许住客房两天更换一次床单。这就是适度的原则，以体现“物有所值”的经营观念。

2. 客房服务的主要内容

客房服务项目的内容主要是围绕客人来、住、走三个环节设计的。

（1）宾客到店前的准备工作。主要是客房布置、客房设备检查和迎宾准备工作。

（2）迎宾服务（采用客房服务中心的饭店无此项工作）。梯口迎客，使用敬语欢迎客人。客人如无行李员陪同，则要帮助客人提送行李进房，介绍房内设施及饭店其他服务设施。楼层值班员随之做好相应的记录工作和送水送茶服务。

（3）宾客住店期间的日常服务。做好房间清扫卫生和整理工作，调换补充用品，为宾客提供洗衣服务及其他代办业务。进行房间和公共区域的安全防护和检查。

（4）宾客离店前后的结束工作。如果客人退房离店应按规范与客人告别，并立即按规范检查客房，随之清扫整个客房，撤换一切床上用品，并将房间状况报告前厅部。

（二）客房服务工作管理

客房服务工作的管理内容主要包括以下几方面：

1. 设计客房接待规程

设计客房接待规程包括客房设施的设计和客房服务活动的设计两方面。客房设施设计主要包括客房的装饰与布置；客房内部各种设备和用具的配备与安放；客房内各种客用品的供应与摆放位置。客房服务活动设计是指客房服务接待规范，包括服务人员应有的仪表、仪容；服务人员应有的礼节、礼貌；服务人员迎送客人的服务方式；服务人员整理客房的操作程序；客房服务项目的确立；客房服务的检查标准；等等。

2. 配备客房服务人员

客房服务人员的配备，可按以下五个步骤进行。

（1）确立客房服务模式。根据不同的客房服务模式（客房服务中心制或楼层服务班组制），确定客房部门的机构组成类型，在此基础上，确定岗位数量。

（2）预测客房工作量。客房工作量分成固定工作量和变动工作量两个部分。其中变动工作量以平均开房率来测算。

（3）确定员工的劳动定额。须考虑人员素质、工作环境、规格要求和劳动工具配备等因素。

（4）确定员工配备数量。公式为：

客房部门所需员工数 = 工作量预测/工作定额 ÷ 出勤率

例：某饭店有 400 间客房，预测平均出租率为 75%，日班清扫服务员工作定额为 10 间，晚班清扫服务员工作定额为 30 间，每周实行 5 天工作制（暂不考虑其他节假），则客房部需要清洁服务员多少人？

日班清扫服务员 = 400 × 75% ÷ 10 ÷ 5/7 = 42（人）

夜班清扫服务员 = 400 × 75% ÷ 30 ÷ 5/7 = 14（人）

客房部所需清扫服务员 = 白班清洁服务员 + 晚班清洁服务员 = 42 + 14 =

56（人）

（5）妥善安排劳动力。劳动力的安排要做好以下工作：①根据劳动力市场的情况，决定用工的性质和比例；②了解客源市场动向，力求准确预测客情；③制订弹性工作计划，控制员工出勤率。

3. 分配客房服务任务

客房服务任务的分配，主要是利用信息传递、各种报表、岗位职责规定等形式来进行的，使服务人员明确自己的业务范围、操作程序。而在业务繁忙时或有重要任务时则要在客房部内进行统一的人力和物力调配，一般通过每日例会，交代清楚需要完成的任务和注意事项，使员工明白做什么、为什么、何时做、何人做和怎样做。

4. 控制客房服务质量

（1）检查客房服务质量。这是客房服务质量管理的重要环节，它包括工作数量检查、工作质量检查和物品消耗检查三方面的内容。检查工作一般采取服务人员自查、领班专职检查、主管抽查和经理抽查等方式进行，在完成工作定额的前提下确保服务的质量，降低物品消耗。

（2）建立严格的客房服务质量保证体系。饭店应该根据客房服务质量标准的内容建立服务质量保证体系，其内容包括10个服务质量标准系列：①服务工作标准，是指饭店为保证客房服务质量水平对服务工作所提出的具体要求；②服务程序标准，是指将服务环节根据时间顺序进行有序排列，既做到服务工作的有序性，又保证服务内容的完整性；③服务效率标准，是指在对客服务中建立服务的时效标准，保证客人得到快捷、有效的服务；④服务设施用品标准，是指对客人直接使用的各种设施、用品的质量、数量所做出严格的规定；⑤服务状态标准，是指饭店针对客人所创造的环境状态、设施使用保养水平所提出的标准；⑥服务态度标准，是对服务员提供面对面服务时所应表现出的态度和举止礼仪做出的规定；⑦服务技能标准，是指服务员所应具备的服务素质和应达到的服务操作水平；⑧服务语言标准，是指饭店规定的待客服务中所必须使用的标准化语言；⑨服务规格标准，是指饭店对各类客人提供的服务所应达到的礼遇标准；⑩服务质量检查和事故处理标准，它是对前面服务标准的贯彻执行，发生服务质量事故时饭店一方面要有对员工的处罚标准，另一方面也要有事故处理的程序和对客补偿、挽回影响的具体措施。

5. 客房服务工作的协调

客房部的协调工作分为内部协调和外部协调。内部协调是指协调客房部内部各岗位、各环节之间的关系，在完成接待任务的目标下协调一致，默契配合。外部协调指协调与饭店其他部门之间的关系，保证物资供应、设备完好等，为优质服务创造条件。

三、客房部设备物资管理

完好的客房设备、齐备的客房物品是满足客人需要，保证客房服务质量的前提。因此，加强对客房设备物资的管理、降低成本是客房部设备物资管理的主要内容。

（一）客房设备管理

客房设备包括家具、地毯、电器设备、卫生设备和安全装置等。对客房设备管理的要求有：

1. 客房设备的资产管理

按设备的性能和用途进行分类编号，使每件设备都有分类号，以加强管理。同时建立设备档案制度，当设备发生修理、变动、损坏等，都应在档案卡片和财务账册上做好记录。

2. 客房设备的日常管理

（1）应加强对员工的技术培训，提高他们的操作技术水平，懂得客房设备的用途、性能、使用方法及保养方法。

（2）服务人员在引领客人进房时，应按服务规程介绍客房设备的性能和使用方法。

（3）培养员工爱护设备的自觉性和责任心。客房服务员要按规程对客房设备进行日常检查与维护保养，发生故障要及时和有关部门联系进行修理。如遇宾客损坏设备，要分清原因，适当赔偿。

3. 客房设备的更新改造

制订合理的设备添置、折旧、大修和更新计划以及低值易耗品的摊销计划，确保设备更新改造的时间性、合理性、规律性。

（二）客房物品管理

客房物品包括床上用品、卫生间用品、装饰用品、文具宣传用品和其他物品等。

1. 制定物品消耗定额

物品消耗定额是指对客房部各类物品消耗所确定的额定数量。客房部日常接待服务消耗物品分两大类：一类是客房供应品，主要是供客人一次性消耗的物品，如文具宣传用品、清洁卫生用品等；另一类是客房备品，它能供许多客人多次使用，如棉织品、茶烟具、清洁卫生工具等。

（1）客房供应品的消耗定额。客房供应品的消耗定额以人过夜数为单位来确定的。确定这一消耗定额时，要考虑到客房标准、价格水平、客房用品供应情况、成本计划等因素，然后定出确切的数量。对客房供应品应在单位人均消耗上有所控制，对消耗不足和超额消耗的物品要内部调剂。

（2）客房备品的消耗定额。客房备品的消耗定额是按照一定时间的物品换新率来确定的。首先根据各类客房备品的特点、性能、耐用性将物品分类；然后确定这些物品在一定时间内的换新率。一定时期内的物品换新率就是这一时期的客房备品的消耗定额。

另外，对清洗剂等一次性消耗物品的消耗定额则要规定各个房间的平均使用定量。在控制物品消耗时要做到内外有别，即对外坚持服务规格、对内坚持勤俭节约。

2. 严格物品的储备和领用程序

（1）制定合理的储备量。客房部的物品储备要有一个合理的储备量，这个储备量以既能保证供应，又不积压物品为标准，可以根据客房物品消耗定额、客房总数、客人过夜总数来确定。

（2）严格进出手续。按饭店物品管理的要求领用物品，客房部负责人应经常对部门仓库进行检查，控制物品流转和使用情况。

3. 进行客房物品消耗量的统计与分析

为了有效控制客房物品的消耗量，客房部应建立制度，对客房物品的消耗量进行每日汇总、每月统计，定期分析，并将结果与各个楼层班组以及客房服务员的考评相结合，并辅以相应的奖惩措施。

4. 棉织品的管理和控制

棉织品属于多次性客用消耗品。饭店应根据其等级、各类客房床位数量、餐厅种类、餐桌座位数及台布替换率等，来核定各种棉织品的需求量。本着既要保证经营需要，又要保持最低的消耗和库存周转的原则确定配置数。如客房棉织品，小型饭店通常准备两套供更换；中型饭店则需要3～4套，以便在客房、洗衣房、布件房等之间周转。

对棉织品的管理和控制，除了要核定各种棉织品的需要量以外，还需要注意以下几点：

（1）建立完善的布件收发制度。等量领发，以脏换净。若超额领用，应填写借物欠单作归还凭证。

（2）建立棉织品报废和再利用制度。布件报废应定期分批进行，严格核对和审批手续。有些布件可改制成小床单、枕套、盘垫、抹布等。

（3）控制员工使用布件，杜绝偷窃、浪费现象。

（4）把好洗涤关。做到脏布件不过夜，湿布件优先处理。

（5）定期进行存货盘点。设立棉织品分类账，设“在库”和“在用”科目，分别控制实物和楼面在用数量。在设账卡的基础上，每季度进行一次存货盘点。

四、客房清洁保养管理

客房部清洁卫生工作是客房服务的重要内容，也是客房服务质量和管理水平的综合反映，因此，应严格按照服务规程制定的标准、要求进行管理和检查。

（一）客房清洁卫生工作

客房清洁工作，一般可分为日常清洁和定期清洁两大类。

1. 客房日常清洁工作

客房日常清扫工作有以下几个基本方面：

（1）整理：即按规格和要求，整理客人使用过的床铺；整理客人使用过后的各种用品；整理客人放乱的个人物品、衣物等。

（2）清扫除尘：用扫帚、吸尘器及揩布等清洁用具清扫地面、地毯、软座椅上的灰尘，以及揩擦门框、窗台、灯罩、电视机和其他家具设备；清理垃圾。

（3）擦洗卫生间：整理各种卫生用品、用具；倒去脏纸污物；擦洗卫生洁具（洗脸台、浴缸、坐厕）、镜面、水龙头；擦洗墙面和地面。

（4）更换和补充用品：更换各种棉织品；补充文具用品、火柴、卫生纸、肥皂、茶叶等供应品。

（5）检查设备：在客房和卫生间的整理过程中，检查各种设备是否能正常工作；同时还应注意各种家具、用具是否被客人损坏等。

如果有住客，还需做好客房晚间服务，开好夜床。

2. 客房定期清洁工作

客房定期清洁就是在搞好日常清洁工作的基础上，定期对清洁卫生的死角或容易忽视的部位以及家具等进行彻底的清扫整理和维护保养，其意义在于在不增加服务人员日常劳动强度的情况下同样能保证客房的卫生质量，保证饭店内外的清洁和家具、设备处于良好状态。客房定期清洁的内容包括：

（1）地板打蜡：选择干燥晴朗天气，搬动家具、卷起地毯，按除尘、上蜡和磨光的程序，对整个地面、地板进行打蜡。

（2）清洗地毯：除了对地毯每天吸尘外，还应定期清洗。

（3）擦拭家具：对客房的某些家具物品，除了日常除尘外，还要揩擦家具四周的底部及背后等部位，并给铜器上油。

（4）清洁墙面：客房内四壁墙面，包括天花板及空调出风口等，也要定期打扫。

（5）卫生间清洁消毒：卫生间四壁、天花板、卫生洁具上金属部件需定期重点擦洗，坐厕要重点消毒。

3. 客房检查

客房检查是客房部日常管理的重要内容之一。

（1）客房检查制度。包括：①服务员自查，自查时间在整理客房完毕并交上级检查之前，自查内容包括设备完好、环境整洁及物品布置；②领班查房，领班要对每间客房都进行检查并保证质量合格；③主管抽查，主管抽查房间数要求在领班查房数的10%以上；④经理查房，一般定期进行，因为要求较高，被象征性的称为“白手套”式的检查。

（2）检查房间的程序。检查房间与整理房间的程序和标准基本一致。查房时应按顺时针或逆时针方向循序进行，发现问题马上记录，及时解决。查房的内容及顺序是：房门——墙面——护墙板或地脚线——天花板——地毯——床——硬家具——软家具——抽屉——电话机——镜子——画框——垃圾桶——灯具——电视机——衣柜——窗帘——窗户——空调——小酒吧——印刷品——文具——客用品。检查卫生间的内容及顺序是：门——墙面——天花板——地面——浴缸——脸盆及梳妆台——坐厕——抽风机——客用品。

（二）公共区域的清洁卫生管理

公共区域包括楼道、前厅、办公室、客厕、庭院等部位。公共场所的清洁卫生工作一般也分成日常清扫和定期清扫两种。

公共区域清洁卫生工作的内容及方法如下：

1. 各餐厅、宴会厅、咖啡室、酒吧：在餐间的空隙时间进行。

2. 客用公共厕所：随时进行巡视检查，保持其清洁。有条件的可设立客厕服务员为客人服务。

3. 门厅、会议厅：随时清洁整理。倒烟灰缸，保持地面清洁，午夜进行地面清洗工作。

4. 客用电梯：随时打扫，并定期更换地毯。

5. 庭院花木：每日整理，定期修剪。

6. 饭店建筑物四周：每日打扫，尤其注意大门口的整洁。

7. 停车场：随时打扫。

8. 屋顶平台：定期打扫。

9. 各办公室、职工食堂、工作电梯、员工浴室、厕所，更衣室：每日打扫。

10. 虫害控制：定期进行灭鼠、灭蚊蝇、灭蟑螂等工作。

要管理好公共场所的清洁服务工作，必须建立岗位责任制，明确职责和清洁服务的标准，加强日常的检查和督促，以保证清洁服务工作的质量。

五、客房安全管理

对于在旅途之中，身处异国他乡的宾客来说，安全是最基本的需求。作为宾客家外之“家”的饭店客房必须是一个安全的场所。因此，饭店有义务和有责任为宾客提供安全和保护，以满足宾客对安全的期望。

（一）客房内的安全

客房是客人暂居的主要场所和客人财物的存放处，所以房内的安全至关重要。客房内的安全要确保以下方面：①门锁的安全；②房内各种电器设备及用品、用具应保证安全；③安全告示要完整、清晰；④操作规范的实施要保证客房的安全；⑤制定严格的客房钥匙控制系统。

（二）客房走道的安全

加强日常巡视和监控，以消除不安全隐患。同时，客房走道的照明应正常，地毯须铺设平坦，以保证客人行走安全。

（三）客人伤病处理

饭店应制定完整的操作程序和相应预案，以应付突发事件，给客人提供妥善、及时的帮助。

（四）火灾的预防及紧急处理

饭店应有完整的防火安全计划，加强防火灭火的教育、培训、检查。做好各种消防设备、用具的配备、维修保养和更换工作，定期进行消防演习。一旦发生火警，要按制定的预案及时疏散客人，并做好相应的安全保卫工作，防止犯罪分子趁火打劫。

第三节　饭店餐饮管理

饭店餐饮部不仅仅是供应餐饮产品的场所，而且还是具有休闲、宴会、交际等多重功能的场所。因此，饭店除了为客人提供满意的服务和幽雅环境外，还应使客人感受到不同的民俗与文化，增强餐饮产品竞争力。

一、饭店餐饮管理概述

（一）餐饮产品的构成

餐饮产品是由满足客人某种需要和某种利益的物质实体和非物质形态的服务构成。餐饮产品的物质实体称为有形产品，如餐厅的外观、餐饮产品的生产与服务设施、菜肴与酒水的外观及颜色式样等；餐饮产品的非物质实体称为无形产品，是客人对产品内在质量进行感受，如餐厅的声誉、特色、气氛、位置、等级等。餐饮产品的有形部分与无形部分具有同样地位，不可相互替代。组成完整的餐饮产品，核心是可食性。

（二）餐饮产品的特点

餐饮产品是一种特殊的产品，具有下列特点：

1. 餐饮产品的消费综合性

宾客的消费是多方面的，它包括客人的物质需求、生理需求、精神需求、情感需求以及餐饮消费需要的满足。餐饮产品是由服务设施及设备、服务环境、服务用品、餐饮食品、劳务服务等诸多要素组合形成的一个完整统一体。

2. 餐饮产品评价的复杂性

由于每位宾客的个人需求、生理特点不同，对同一种产品的评价结果也不一样。甚至在不同的时间内，同一客人对同一餐饮的评价结果也不一样。

3. 餐饮产品的形式多样性

为了满足不同客人的需求或同一客人的不同需求，经营者为了适应市场竞争的需要，往往设计多种类型或风味各异的餐厅和菜肴，推出形式多样、品种繁多的餐饮产品。

4. 餐饮产品的生产不稳定性

餐饮产品由手工制作，每位员工的工作态度、服务技能、制作水平、购进原材料的差异、环境的变化，都会影响餐饮产品的质量。

（三）餐饮管理的特点

要做好餐饮产品的管理工作，就要了解其特点。餐饮管理具有以下特点：

1. 餐饮产品管理的综合性

餐饮产品是由设施、设备、服务环境、服务用品、劳务服务、餐饮食品诸多因素组成的。做好餐饮产品的管理工作，就要抓好餐饮产品的生产环节，做好市场调查与餐饮产品的设计工作，抓好原材料的采购与质量把关，抓好菜肴的生产和员工的服务，以满足宾客需求。

2. 餐饮产品经营的灵活性

餐饮消费的客源广泛，需求各异，市场变化频繁，竞争激烈，因此，餐饮管理者必须运用灵活的管理方式，加强服务质量的管理，提高餐饮服务水平，采取灵活的经营方式提高竞争能力。在经营活动中，适时调整菜单内容，更新菜食品种，做好公关活动，采取多种经营手段，提高产品的竞争能力。

3. 餐饮产品管理的不易控制性

餐饮产品生产是手工生产，由于参与人员众多、人员素质参差不齐，生产过程复杂，使用原材料多种多样；同时，由于客人的需求不同，使得餐饮产品的服务质量难以控制，增加了餐饮产品的管理难度，这就要求我们加强员工服务意识与技术技能的培训，努力降低成本，提高经济效益。

（四）饭店餐饮管理的任务

餐饮产品与餐饮管理的特点，决定了餐饮管理的基本任务是：加强市场调查，提高服务水平与菜肴质量，满足客人需求，有效地利用人力、物力、财力，合理组织餐饮产品生产的各项经营业务活动，争取良好的经济效益。主要表现在以下几方面：

1. 做好餐饮产品的市场定位

餐饮管理的首要任务是做好市场调查工作，选定目标市场，进行餐饮产品的市场定位，根据本饭店的具体情况策划餐饮服务项目、餐饮服务内容，并根据市场环境与饭店条件的变化，适时调整饭店的经营方针与经营策略，增强饭店餐饮产品的竞争能力。

2. 加强餐饮产品生产过程的管理

餐饮产品的生产过程是一个复杂的过程，由于参与人员多、使用原材料品种多、生产种类多，使得生产过程的控制显得特别重要。要加强餐饮管理，努力降低成本，餐饮产品生产过程的管理就显得特别重要。

3. 做好餐饮服务工作的管理

在客人对餐饮产品的消费过程中，前台员工的服务质量对餐饮产品的销售起着相当重要的作用。应制定餐饮服务标准、服务程序、服务规范，为宾客提供主动、热情、耐心、周到的服务，争取更多的客源市场份额。

4. 加强餐饮产品的销售管理

要实现餐饮部的经营目标，保证完成经营收入计划，餐饮管理人员就应加强对市场经营形势的分析与研究，适时调整经营策略，采取灵活多样的营销方式开发市场。

（五）饭店餐饮部的组织结构

餐饮管理的组织结构是实现经营管理目标的基础。饭店的规模、经营目标、业务内容、设施设备不同，饭店餐厅经营组织结构也不相同。应根据饭店经营业务的需要进行设计与设置，遵循专业化原则、职责与职权相适应原则、精简与效率原则，使餐饮部门的管理活动与经营业务的开展相适应。

餐饮组织结构是确定该部门各成员之间、所属部门之间相互关系的结构。目的是增强实现部门经营目标的能力，更有效地控制员工与整体活动。饭店餐饮组织结构的设置因饭店的类型、等级规模和服务内容的不同而不同。

二、餐饮服务管理

服务管理是餐饮管理体系的重要组成部分，也是餐饮管理最重要的任务之一。

（一）餐饮服务环境的布置与安排

通过对服务环境的布置与安排，为就餐者提供一个舒适、美好的就餐环境。

1. 餐厅的店面、外表设计

餐厅的店面不仅要有“辨认”之功能，同时也要有美观的外表，餐厅门面的设计要显示出卫生与清洁的格调。同时，餐饮产品的陈列要注意突出重点，如文字简明，图案醒目，标志鲜明，以充分激发顾客对餐饮产品的想象，刺激消费。

2. 餐厅座位的安排

餐厅餐桌、餐椅的配置、安排，应以餐厅的档次、面积及经营性质来确定。餐桌、餐椅的布置应考虑适用、调和、统一的原则，构成一个系统。同时，要注意合理确定各种规格餐桌的配置比例，以尽量提高餐桌的利用率。

3. 餐厅人员流动线路的安排

客人动线：客人动线应以从大门到座位之间的通道畅通无阻为基本要求，尽量采用直线，避免迂回绕道。

服务人员动线：服务人员动线的安排原则上愈短愈好。如设置“区域服务台”，既可存放餐具，又有助于服务人员缩短行走路线。

4. 餐厅的光线和色调

合理的餐厅光线与色调配置能给顾客创造一个明亮宽敞的就餐环境，使顾客心情舒展，用餐愉快。餐厅光线与色调的配置要结合季节或依据餐厅主题来制定。

5. 餐厅的音响调节

餐厅的背景音响系统应调节、控制得当。音量的大小以不影响小方桌上面对面两人的轻声讲话为宜；主题的选择以欢快、轻松为宜；节奏应选用舒缓、比较柔情的，而忌用节奏感较快、比较强烈的音乐。

（二）餐饮服务方式的确定

不同地区、不同民族在长期的餐饮发展过程中逐步形成的饮食及服务习惯并成为约定俗成且又相对固定的形式叫餐饮服务方式。

确定服务方式的目的既能使餐饮部依据不同的服务对象、不同的服务要求，提供标准、规范的服务，保证服务质量的相对稳定，又可使服务成本相对固定。

1. 西餐常用服务方式

西餐的服务方式是指西餐用餐所提供的侍应招待方式。西餐的各种服务方式均保留各自鲜明的特点，适合不同类型、不同场合、不同特色的消费。

(1) 美式服务 (American Service)。又叫“盘子式服务” (Plate Service)，主要适用于中低档次的西餐零点和宴会服务。美式服务的程序：厨师根据客人的点单烹制食物后装盘，然后由服务员直接分送给每一位顾客。

美式服务的操作要点是：服务员用左手从客人左侧上菜；用右手从客人右侧撤碟；酒水从右面上；服务快捷、方便、易于操作。

(2) 俄式服务 (Russian Service)。俄式服务起源于俄罗斯的贵族与沙皇宫廷之中，并逐渐为欧洲其他国家所采用。俄式服务又叫“大银盘”服务，主要用于高档的西餐宴会服务。

俄式服务的基本程序和要点是：①厨师将菜肴加工制作好后，按一道菜配置一个银质大浅盘的原则，放置在大浅盘内，由服务员将盘端至餐厅；②服务员在上菜前按顺时针的方向依次用右手从每位客人的右侧送上餐；③服务员开始派菜，其方法是服务员左手托着装菜的大浅盘，右手用分叉、分匙按逆时针的方向从每位客人的左侧均匀地将菜放入客人面前的餐盘。

(3) 法式服务 (French Service)。法式服务起源于路易十四的宫廷宴会，是一种十分讲究礼节，也很奢华的服务方式，主要适用于高档扒房。

法式服务的基本程序和要点是：①每位客人通常有两名服务人员同时进行餐桌服务，一名为主，另一名是做一些辅助性工作的助理服务员 (Waiter Helper)；②每道菜的最后一道工序都在餐桌旁完成，而后递送给客人；③上菜要求：服务员用右手，从客人右侧操作。

法式服务炫耀性强，能为客人提供极为细致入微的服务。但服务速度慢，劳动成本较高。

(4) 西餐服务的基本程序：迎宾领座——递送菜单——撤掉示位碟——向顾客推荐饮料、鸡尾酒——接受点饮料——加水——上面包（如提前放好，则免）——上饮料——推荐特色菜肴——推荐配餐饮用酒水——接受顾客点菜——接受顾客点酒水——上酒水——上头盆——（撤头盆）上色拉——上汤——（撤汤杯）上主菜——桌面清理——推荐甜

食——介绍餐后甜酒——上餐后甜酒——收款——递送账单和找零——向顾客道谢——送别

2. 中餐常用服务方式

在饭店的餐厅中，目前常用的方式有：共餐式、分餐式、转盘式。

（1）共餐式服务。就是由就餐者用自己的筷子到菜盆中夹取菜肴，但现在有了较大的改进，就餐时客人用附加的公筷、公匙等盛取喜爱的菜肴。共餐式服务适合2～6人左右的中餐零点服务，其基本服务程序如下：①按要求摆台，并摆放一至两副公筷、公匙；②服务员按服务规程上菜；③报菜名，介绍菜肴特色；④客人用餐过程中，服务员应经常整理桌面，方便客人就餐。

（2）转盘式服务。就是在一个大圆桌面上放置转盘，将菜肴放置在转盘上供就餐者挟取。转盘式服务适用于大圆台的多人就餐，既可用于一般团体用餐，也适用于中餐的宴会服务。转盘式服务的基本服务程序同共餐式服务。

（3）分餐式服务。一般用于较正式的高档宴会服务。主要有"席上分菜"和"席边分菜"两种形式。席边分菜服务是指在宴会餐桌旁设置分菜台，放置备用餐具，并在分菜台上完成菜肴分派，然后按顺序递送给每位就餐者。席上分菜是指将菜肴在桌面上展示和向客人介绍后，由服务员左手托盘，右手用分叉、分匙按逆时针方向在每位客人左侧将菜肴均匀地分到每位客人面前的餐盘内。

席上分菜服务的基本程序与西餐服务中的俄式服务相似。不论采用那种分菜形式，均要稳健、快捷、轻巧，并要确保所分菜肴数量、质量均匀。

3. 自助餐服务

自助餐能满足顾客自己动手、各取所需的要求，加上较为随意、自在，随着顾客饮食消费习惯的改变，越来越受欢迎。

（1）自助餐的基本特点。自助餐的基本特点有：①菜肴丰富，陈列精美；②就餐速度快，菜肴均已事先准备，顾客无需等候；③人工成本较低，所需服务较少。

（2）自助餐的服务要求。自助餐的服务要求包括：①餐厅布置——根据举办的主题，将主题作为指导思想去考虑餐厅装饰、背景布置、餐台装饰，以烘托气氛；②餐台安排——餐台分开以方便取菜；台型应雅致，并能体现特色或主题，台前布置应整洁华丽，装饰点缀，合理优美；③菜肴陈列——按用餐顺序以取食习惯排列，咸甜分放，冷热分家；④服务须知——开餐前准备工作到位，面面俱到，随时补充所需食品、饮料，如有需要，做好食品、饮料的切割、分配等辅助工作，保持餐台的整洁、美观，及时做好收餐工作，餐具等用品要及时补充，确保数量充足，任何时候都要礼貌待客，注意安全，防止意外事故发生。

（三）餐饮服务质量的控制

为能始终给宾客提供满意的服务，须对餐饮服务质量加以控制。要进行有效的餐饮服务质量控制，应做好以下三个前期工作：①建立合理的服务规程；②了解、搜集各种服务质量信息；③认真抓好员工的培训工作。

1. 餐饮服务质量控制的方法

根据餐饮服务的三个阶段（准备阶段、执行阶段、结束阶段），餐饮服务质量的控制可分为：预先控制、现场控制和反馈控制。

（1）预先控制。预先控制就是在营业前做好一切相应的管理，防止在开餐过程中出现偏差。其主要内容有：

①人力资源的预先控制：合理安排、灵活使用劳动力；确保员工仪表仪容符合规范要求。

②物资资源的预先控制：各类用品品种齐全、数量充足。

③卫生质量的预先控制：各部位的卫生如不能达标，必须返工。

④事故的预先控制：客情通报应及时、迅速、完整；前后台联系应规范、畅通。

（2）现场控制。就是现场监督正在进行的餐饮服务，使其规范化、程序化，并迅速妥善处理意外事件。其主要内容有：

①服务程序的控制：发现偏差，及时纠正。

②上菜时机的控制：恰到好处，符合要求。

③意外事件的控制：处理投诉，迅速及时；顾客醉酒，劝其离开；餐厅气氛，始终和谐。

④人力的控制：划分区域，分工负责；客情需要，及时调整；高峰过后，适当休息。

（3）反馈控制。就是通过内部系统和外部系统质量信息的反馈，找出服务工作在准备阶段和执行阶段的不足，采取措施，加强预先控制和现场控制，提高服务质量，使宾客更满意。

2. 餐饮服务质量的监督检查

通过完整的质量监督体系和有效的质量监督制度，对餐饮服务质量进行长期不懈的监督检查，是餐饮部优质服务的保证。

餐饮服务质量监督检查的主要项目是：礼节礼貌、仪表仪容、服务态度、清洁卫生、服务技能、服务效率和工作纪律。

（四）餐饮服务的收银控制

餐饮服务收银控制是保证餐饮收入、防止饭店损失的重要手段。

1. 收银控制的主要对象

（1）舞弊

①走单。指故意使整张账单走失，以达到私吞营业收入的目的。比如：有意丢弃或毁掉账单，私吞相应的收入；不开账单，私吞钱款；一单重复收款等。

②走数。指账单上的某一项目的数额或该项目数额中的一部分走失。比如：擅改菜价；漏记收入等。

③走餐。指不开账单，也不收钱，白白走失餐饮收入。当有工作人员（服务员或收银员）的亲朋好友用餐时，此类作弊尤易发生。

④走汇。主要指餐厅收银及有关人员私兑收入的外币而使饭店的营业收入因私兑外币蒙受损失。

（2）服务差错

常见的服务差错包括：①账单遗漏内容或计算错误；②外汇折算不正确；③给予客人优惠折扣错误；④账单汇总计算发生误差等。

2. 收银控制的主要手段

单据控制是餐饮收入日常控制的主要手段。为此须设计和运用适当种类和数量的单据来控制餐饮收入的发生、取得和入库，做到单单相扣，环环相连。

3. 收银控制的基本程序

餐饮收入活动涉及钱、物、单三个方面，其中物品是前提，货币是中心，单据是关键。据此“三线两点”控制法是餐饮收银控制的基本程序。

所谓“三线两点”就是把钱、物单分离成三条互相独立的线（即物品传递线、账单传递线、货币传递线）进行传递，在三条传递线的终端设置两个核对点，以联络三线进行控制。经手物品的人，不经手账单和货币，而仅仅从事物品传递，形成一条线；经手账单和货币的人又将账单和货币分开进行传递形成另两条线，从而形成餐饮收入的三条传递线运作。其中，每一条线上都有相关传递链条或环节组成，每向前传递一步，就对上一步的传递进行检查、总结一次，最后再将三个传递结果互相核对准确，从而进一步提高整个控制系统的可靠程度。

三、餐饮物料管理

餐饮物料是饭店餐饮服务的重要物质基础。通过对餐饮物料的管理和控制，既能确保餐饮生产所需的各类原料供应，又能使餐饮原料成本处于最理想状态。

（一）餐饮原料采购管理

餐饮原料的采购管理，主要是为了保证所采购的原料质量符合要求，以及使餐饮成本得到控制。

1. 采购质量的控制

（1）坚持使用食品原料的采购规格标准。饭店应根据烹制各种菜肴的实际要求，制定各类原料的采购规格标准，并在采购工作中坚持使用。这不仅能保证餐饮成品的质量，也能最经济地使用各种原料，因为并非所有菜肴都得使用相同等级或质量最好的原料不可。

（2）坚持最优的质量。最优的质量就是最适用的质量，目前成品程度高的原料在饭店餐饮企业中占有越来越重要的地位。

2. 采购数量控制

企业应采购适量的原料，因为过多的采购会导致过多贮存，不仅占有资金，增加仓储费用，还容易引起偷窃、原料变质损耗等问题；而过少采购又会影响企业的正常生产。因此，饭店应根据营业量需要、资金情况、仓库条件、现有库存量、原料特点、市场供应状况等因素确定近期所需采购的原料数量。

3. 采购价格的控制

以理想的价格获得满意的原料和服务是采购工作的目标之一。

（1）市场报价分析。通过货比三家，取得最优的价格。

（2）采购效益分析。原料质量 ÷ 价格 = 采购效益。

通过对采购效益的分析，可以同样的价格购得质量更好的原料。

（3）争取信用周期。利用市场竞争因素，与供应商商定延缓付款的信用期，以尽量提高饭店资金的利用率。

（二）餐饮原料验收管理

对原料验收的目的是为了保证所收到的货物是已定购的数量、已说明了的质量和已报过的价格。

1. 原料验收的程序

原料验收程序主要围绕三个环节展开：①核对价格；②盘点数量；③检查质量。然后，据此填写有关报表，将原料送到各使用部门或送库储存。

2. 原料验收的方法

（1）按发票验收。这是使用最为普遍的方法。验收人员按发票和定购单核对食品的项目和数量进行验收。

（2）填单验收。验收时对购进原料分别称重、计数、核价，然后将各项数字填进自制凭单，比较费时，但可减少差错。

（三）食品原料的储存管理

对食品原料储存管理主要是为了保证库存原料的质量，延长其保质期，减少损耗。贮藏管理应做好以下三方面的控制：

1. 人员控制

应有专人负责储存工作，任何人未经许可不得进入库区。严格控制有权进入库区的人员数，库门钥匙须由专人保管，门锁应定期更换。

2. 环境控制

不同原料应有不同的储存环境，如干藏仓库、冷藏仓库、冷库等。各类库房均应符合安全卫生要求和原料贮存条件。如有条件应在库区安装闭路电视以便监察。

3. 日常管理要求

（1）定点存放。合理规定各种原料的固定存放点，以方便操作。

（2）先进先出。按进库日期确定发货顺序，以保证原料质量。

（3）温度、湿度。确保各种原料在合适的温度和湿度环境中储存。

（4）清洁卫生。保持库区清洁卫生，杜绝鼠害、虫害。

（四）食品原料的发放管理

原料发放是物料管理的最后一个环节。通过对发料的控制，既能满足厨房用料需要，又能有效控制发料数量，从而达到控制成本的目的。库存原料发放控制的要求是：

1. 定时发料

饭店应根据具体情况，规定仓库每天发料的时间和次数，以促使厨房作出周密的用料计划，避免随便领料，减少浪费。

2. 凭单发料

即凭已经审批的领料单发料。领料单是仓库管理和餐饮成本控制的重要工具。使用领料单发料有三大作用：①控制仓库的库存；②检验各厨房的餐饮成本；③控制领料量。

3. 准确计价

领用原料的成本是饭店每天食品成本的组成部分。因此，仓库管理员每天须及时、准确地计算领料单上各种原料的成本及全天的领料成本总额。

四、餐饮生产管理

餐饮生产过程即是食品加工过程。餐饮生产管理就是对食品加工过程中的各种活动进行计划、指导、监督和控制。

（一）餐饮生产的组织

为使餐饮生产活动正常运作展开，应本着科学、合理、经济、高效、实用的原则，配置餐饮生产的组织。

1. 餐饮生产各部门的职能

（1）加工部门：主要负责菜点原料的初加工，向切配岗位提供净料。

（2）配菜部门：负责原料的成形加工和配份，是成本控制的关键。

（3）炉灶部门：将配好的半成品烹制成菜肴，并及时提供给餐厅。

（4）冷菜部门：主要负责冷菜的制作和供应。

（5）面点部门：主要负责各类面点的制作和供应。

2. 餐饮生产人员的配备

合理选配餐饮生产人员既能保证餐饮生产效率和产品质量，又能控制劳动力的成本。一般有以下几种方法来确定餐饮生产人员的数量：

（1）按比例确定。就是根据饭店的餐位数来确定生产人员。目前国内饭店平均的比例是1：10，即平均10个餐位配一名餐饮生产人员。

（2）按工作量确定。将既定的厨房里每天所有加工生产制作菜点所需的时间累计起来，计算出完成当天所有餐饮任务的总时间，乘以一个员工轮休和病休等缺勤的系数（如10%），除以每个员工规定的日工作时间，即可得出所需餐饮生产人员的数量。公式为：

$$总时间 \times (1+10\%) \div 8 = 餐饮生产人员数$$

（3）按岗位描述确定。根据厨房规模，设置相应的工作岗位，将厨房所有工作任务分各岗位描述，进而确定各种岗位完成其响应任务所需人手，汇总成厨房用工数量。

（二）餐饮产品生产运作管理

餐饮生产运作过程，主要是指加工、配份和烹调三大阶段，餐饮生产运作管理就是针对不同阶段的特点，制定操作程序，及时、灵活地对生产中出现的各类问题加以协调、督导，确保生产运作有序开展。

1. 产品加工阶段的管理

加工阶段包括原料的初加工和深加工，通过加工使原料适合烹调。

（1）产品加工质量管理。加工质量主要有以下几方面工作和要求：①冰冻原料的解冻质量，为使解冻后的原料恢复新鲜、软嫩的状态，尽量减少汁液流失，保持其风味和营养，应注意解冻媒质温度要尽量低、防止微生物的污染、外部和内部解冻所需时间差要小、尽量在半解冻状态下进行加工。②提高原料加工出净率，出净率越高，则原料的利用率越高；出净率越低，则菜肴单位成本就越大。③做好加工的规格标准。

（2）产品加工数量管理。原料的加工数量，应以菜肴销售预测为依据，以满足生产为前提，留有适当的贮存周转量，避免加工过多而造成质量降低。

2. 产品配菜阶段的管理

配菜阶段决定了每份菜肴的用料及其相应的成本。对配菜阶段的控制既是保证产品质量的需要，也是经营盈利的需要。

（1）产品配菜数量的控制。为既保证消费者的切身利益，又使饭店获取应得的利润，在产品配菜时应按照标准食谱规定的配菜规格标准，用秤称量，论个计数。

（2）产品配菜质量管理。具体要求包括：①原料的配份必须相同，应按标准食谱，统一用料配菜；②健全配菜程序和工作制度，要严格防止和杜绝配错菜（配错餐台）、配重菜和漏配菜等现象发生。

3. 产品烹调阶段的管理

烹调是餐饮产品生产的最后一个阶段，是确定菜肴色泽、口味、形态、质地的关键。为此，要求做到：①严格按照操作规范进行烹调，禁止厨师随心所欲、任意发挥；②坚持菜肴少量勤烹。

（三）餐饮产品原料成本核算

餐饮产品原料成本，就是产品所耗用的各种主、辅料和调味品的成本之和。正确地核算产品的成品，就能合理地制定产品售价，从而保证饭店的利润。

1. 单件产品制作核算方法

先算出产品中所耗用的主、配料和调味品的成本，然后逐一相加，即得出产品单位成本。

例：咸菜黄鱼汤一份，用料如下：新鲜小黄鱼（净料）250 克（毛料：12 元/500 克，净料率 80%），笋丝、咸菜等辅料共计 3 元，调料 1.50 元。计算菜肴的成本。

解：小黄鱼（净料）单位成本：12 ÷ 80% ÷ 2 = 7.5 元/250 克

则该菜肴的成本为：7.50 + 3.00 + 1.50 = 12.00（元）

2. 成批产品制作核算方法

先算出整批产品所耗用的主、辅料和调味品的总成本，再按其产品数量平均计算，即可得出产品单位成本。其计算公式是：

单位产品成本 = 本批产品所耗用的原料总成本/产品数量

本章小结：

饭店企业的主要运营部门包括前厅部（Front Office）、客房部（Housekeeping Department）和餐饮部（Food & Beverage Department）等，如何规范运营并灵活运营是饭店获得良好效益的关键点和核心。本章对上述三个部门的管理内容和管理环节进行了简要的概括论述，但优质的运营管理除了来自于理论指导之外，更来源于丰富的管理实践和具体的操作经验。

思考题：

1. 前厅部业务具有哪些特点？
2. 简述前厅部的主要任务与业务环节。
3. 前厅部组织机构设置原则有哪些？
4. 对前厅部工作人员有哪些素质要求？
5. 简述客房预订管理程序。
6. 如何使超额订房更加精确？

7. 常见的客房状况包括哪几种？饭店如何保证比较准确的客房状况？
8. 客房部经理应如何配备客房服务人员？
9. 简述如何做好客房部的设备管理工作？
10. 如何确定客房物品的消耗定额？
11. 简述如何有效防止客人逃账？
12. 怎样做好棉织品的管理与控制？
13. 简述如何搞好客房服务工作管理？

讨论题：

分组讨论现代饭店企业运营中餐饮部如何有效控制经营成本。

实践题：

1. 选择本地一家饭店企业，调查了解其运营过程中的常见问题与解决方法并提出建议。

2. 实践操作饭店管理软件系统，熟悉饭店内部各营业点的电脑操作。

网络链接：

1. 登录丽思·卡尔顿公司（the Ritz－Carlton）网站 http：//news. ritzcarlton. com/，阅读该公司最新信息。

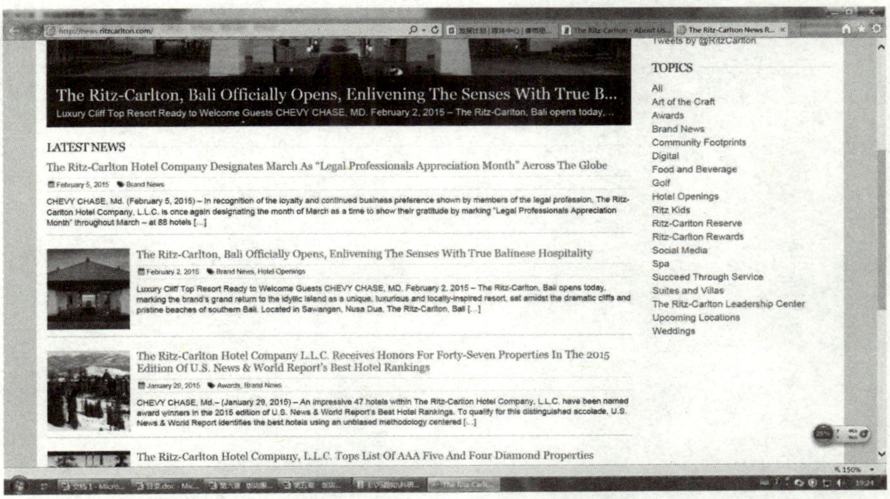

2. 登录 http：//www. shangri – la. com/ cn/ corporate/ press – room/ future – developments/，查阅香格里拉“发展计划”相关内容。

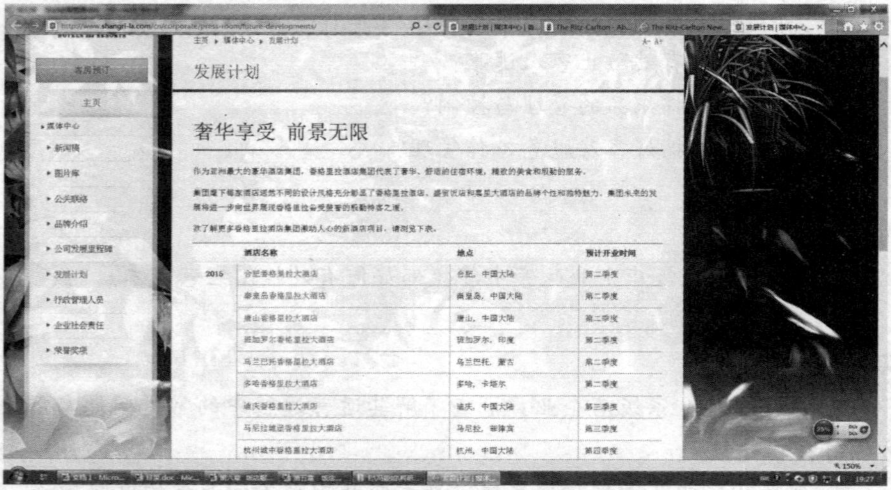

第六章　饭店服务质量管理

本章学习目标

1. 掌握饭店服务质量管理的概念、主要内容与特点；
2. 掌握饭店服务质量管理的流程；
3. 熟悉并能应用饭店质量分析与管理方法；
4. 掌握饭店宾客投诉的类型、原因以及处理投诉的原则与程序。

引导案例

上海波特曼丽嘉酒店的个性化服务

美国总统布什来上海参加 APEC 会议时，下榻于上海波特曼丽嘉酒店，这家酒店接待过美国前总统克林顿。酒店一个很重要的准则，就是为每一位客人提供个性化的、体贴入微的、像家一样温馨的服务。

由于种种原因，这一次布什总统没有携带夫人一起来，但酒店知道他们是一对很恩爱的夫妇，于是，就从美国找来一批放大的照片，其中有他夫人和女儿的照片，还有他两条爱犬的照片，准备悬挂在总统客房的最显眼处，让他一走出电梯就可以看到。可是由于安全原因，布什上楼的路线一改再改，所有照片也只得一移再移。最后在 18 日晚上，布什终于来到了总统套房的楼层。当他一眼看到自己夫人的照片时，顿时非常感动地问酒店管家："你们是怎么找到这些照片的?"管家告诉他："这是一个秘密，我们只希望能给您带来一些家的感觉。"他笑眯眯地说："我已经有这个感觉了。"

布什总统有早锻炼的习惯，而且特别喜欢跑步。酒店特意为他准备了一个放满各种跑步用品的包，里面有镶着他名字的运动衫、短裤、袜子、毛巾，甚至连鞋子上也有他的名字。他很喜欢这份特殊的礼物。他的管家在第二天早上告诉酒店，总统收到礼物的当天晚上，就穿着运动服在房间里跑来跑去。

丽嘉酒店的服务颇具个性化，对客人的爱好了如指掌，细微之处令人惊叹。美国第一夫人最大的爱好是阅读，她在大学里学的是图书管理。酒店考虑到布什在上海时间紧，没有机会买东西送给夫人，于是就买了一套英文版的《红楼梦》，并在外面用绸缎做了一个精美的盒子，作为礼物送给第一夫人。更有趣的是，布什总统十分宠爱他的两条狗，以前去哪里都带着它们。酒店想方设法为两条狗专门做了两件中国绸缎的衣服，上面还绣了狗的名字。结果布什对这些特殊的礼物爱不释手。

布什总统是得克萨斯州人，他身边很多工作人员都是他以前做州长时的老部下。除了布什总统外，怎样才能让他的工作人员在上海有宾至如归的感觉呢？送他们每人一枝黄玫瑰，因为黄玫瑰是得克萨斯州的州花，送黄玫瑰就是欢迎归来的意思。于是酒店在半年前就订了 6 千多朵玫瑰，一方面采用黄玫瑰来做大堂中间的巨型盆花，另外包括记者在内的所有客人进入大堂时，都会献上一朵黄玫瑰。这个效果出奇地好，当客人看到黄玫瑰时，万分惊喜。后来，布什总统的公关顾问回美后，给丽嘉酒店总经理寄来一张卡片。她告诉总经理，当她的美国朋友听到布什在上海时住的是波特曼丽嘉酒店时，很多人马上说："哦，这是一个美国酒店集团。"但她马上纠正他们："这个酒店比美国酒店还要好。"

布什总统离开的那天，当他再次经过酒店后台时，突然在洗衣房门口停了下来。他不顾外面六十多辆车子都在等他，走进洗衣房与员工一一握手，而且主动提出要与员工合影留念。这是很少见的，难怪白宫工作人员后来评价酒店的工作几乎接近完美的境界。

资料来源：陈志学：《饭店服务质量管理与案例分析》，北京，中国旅游出版社，2006。

第一节　饭店服务质量概述

饭店出售的是服务产品，服务质量的优劣维系着饭店的生命。因此，饭店企业都非常重视服务质量，希望通过服务质量管理能够为宾客提供稳定优质的服务，满足宾客的各种需求，提高饭店的知名度和美誉度，吸引客源，带来经济效益的同时在竞争中立于不败之地。长期以来，我国的饭店企业主要依靠价格作为竞争工具，服务质量一直未得到足够的重视。从长远来看，这种短期竞争策略无助于饭店的长期发展，在当今市场上，只有以优质服务为保证，饭店才会有信誉、有市场、有效益。

一、饭店服务质量的概念

关于饭店服务质量的理解通常有两种。一种是狭义上的服务质量，指由服务劳动所提供的、不包括实物形态的使用价值。另一种是广义上的饭店服务质量，它包含着组成饭店服务的三要素——设施设备、实物产品和服务质量，是一个完整的服务质量的概念。本书所指的服务质量是指广义的服务质量，即饭店以其所拥有的设备为依托，为宾客所提供的服务在使用价值上适合和满足宾客物质与精神需要的程度。

根据饭店服务质量的定义，饭店所提供的服务，既要满足宾客入住饭店的基本需要，即物质上的需求，还要满足宾客的心理、精神上的需求。而所谓适合，是指饭店为宾客提供服务的使用价值为宾客所接受和喜爱。

所谓满足，是指该种使用价值为宾客带来身心愉悦和享受，使宾客感到自己的愿望和期盼得到了实现。

所以，饭店服务质量的管理实际上是对饭店所提供服务的使用价值的管理。饭店所提供服务的使用价值适合和满足宾客需要的程度高低即体现了饭店服务质量的优劣。但是，由于不同宾客对饭店服务质量要求不同，甚至同一位宾客在不同状态下对饭店服务质量也会有不同的需求，因此，质量就具有相对性和时间性。相对性是指宾客对服务质量的需求程度因人而异、因事而异；时间性是指随着时代的发展，宾客对饭店服务质量的要求会有所改变或提出更高的要求和希望，因此，饭店服务质量具有时间的动态性。

适合和满足宾客的程度越高，服务质量就越好；反之，服务质量就越差。饭店向宾客提供的服务通常是由饭店的设施设备、实物产品、劳务服务的使用价值共同组成的。从整体上来说，饭店所提供的服务带有无形性的特点，但局部的使用价值又带有物质性和有形性的特点，因此，饭店服务质量实际上包括有形产品质量和无形产品质量两个方面。饭店服务的质量比一般实物产品的质量更复杂且更难把握。

二、饭店服务质量的内容

服务质量包括硬件质量和软件质量两个部分。

（一）硬件质量

凡是与饭店设施设备等实物有关并可用客观的指标度量的质量统称为硬件质量。饭店产品的硬件质量主要指饭店的服务设施、设备和实物产品的质量，硬件质量的高低决定着饭店产品供给能力的大小。在宾客消费过程中，硬件是宾客的主要消费对象，是满足宾客需求的物质基础，因此，硬件质量构成饭店产品质量的凭借和依托，是饭店产品质量的重要组成部分。

1. 设施设备质量

饭店是通过有效地利用服务设施为宾客提供服务的一种组织。饭店的设施设备是饭店为消费者提供服务的依托。饭店设施设备包括客用设施设备和供应设施设备。客用设施设备也称前台设施设备，是指直接供宾客使用的那些设施设备，如客房设备、康乐设施等。供应设施设备是指饭店经营管理所需的不直接和宾客见面的生产性设施设备，如锅炉设备、制冷设备、厨房设备等。所以设施设备的配置及其运转状态的好坏是饭店服务质量的重要内容。设施设备质量的具体表现形式如下：

(1) 设施、设备配置的舒适性。饭店的设施、设备配置应当以宾客感觉舒适为主要标准，如饭店大堂和客房的灯光配置，就应当充分考虑宾客的视觉舒适。饭店设施、设备舒适程度的高低，一方面取决于设施设备的配置；另一方面取决于对设施设备的维护和保养。因此，饭店必须加强设施、设备的管理，确保设施设备的舒适性，为提高服务质量提供物质基础。

(2) 设施、设备的完好程度。设施、设备的完好程度直接影响服务质量，如果客房恭桶堵塞、空调失灵、电器损坏，即使服务态度再好，提高服务质量也只是一句空话。同样，餐厅服务员尽管笑脸相迎，但总是断水停电、桌椅餐具残破，提高服务质量也是不可能的。

设施、设备完好的标准主要有三条：一是性能良好；二是运转正常；三是能耗正常。所以，随时保持设施设备完好，保证各种设施设备正常运转，充分发挥设施设备效能，对提高饭店服务质量具有重要意义。

2. 实物产品质量

实物产品是满足宾客物质消费需要的直接体现，是饭店质量的重要内容。实物产品包括餐饮食物、客用品、商品和服务用品。

(1) 餐饮食物质量。餐饮食品是饭店唯一自己生产或加工的实物产品，餐饮质量是饭店质量的一项重要内容。餐饮食物质量是指菜点能够满足宾客生理及心理需要的各种特性。宾客对菜点质量的评定，一般是根据以往的经历和经验，结合菜点质量的内在要素，通过嗅觉、视觉、听觉、味觉和触觉等感官鉴定得出的。一般菜点质量的要素主要包括：

① 菜肴质量。菜肴食品是供宾客享用的，但宾客用的是菜肴的色、香、味、形、器所产生的感受，其质量高低取决于食品材料质量、烹饪制作水平和管理水平等多种因素，因此，饭店要加强菜肴食品生产过程的组织、管理，在保证食品的饮食卫生的前提下，不断提高烹饪技术水平，以完善菜肴食品的质量。

② 菜肴特色。特色就是与众不同，独树一帜。菜肴特色的要求包括原料特色、制作特色、营养特色、口味特色、形式特色、食用特色等。

③ 菜肴花色品种。要做到菜肴丰富多样，一是要层次多样，既能满足不同消费层次、不同文化层次的需要，又能满足不同用餐形式的需要，如零点、酒会、冷餐会、火锅席、会议团体餐等；二是同一层次的菜肴要求

花式品种多样。

（2）客用品质量。客用品是指饭店直接提供给宾客消费的各种生活用品，包括一次性用品（如牙具、牙膏等）和多次性消耗品（如棉织品、餐具、酒具等）。客用品品种和品质必须与饭店星级相适应，避免提供劣质品，如一梳齿就断的一次性梳子、一穿就破的一次性拖鞋、一刷满口牙刷毛的一次性牙刷，都会给宾客留下恶劣的印象。饭店提供的客用品数量应充裕，能够满足宾客需求，而且供应要及时。另外，饭店客用品的品种还应切实满足宾客的需要，而不仅仅是摆设；而客用品品种过多势必增加饭店成本，最终必然会损害到宾客利益，影响服务质量，所以客用品配备应适度，以能够满足本饭店客源需求为佳。最后，饭店还必须保证所提供客用品的安全与卫生。

（3）商品质量。饭店商品是饭店商场出售的生活日常用品、工艺品等。饭店应做到商品结构适当、商品陈列美观、价格合理等，更为重要的是要注重信誉，杜绝假冒伪劣商品，而且饭店所提供的商品应符合宾客的购物偏好。

（4）服务用品质量。服务用品是指饭店在提供服务过程中供服务人员使用的各种用品，如餐饮部的餐具、客房部的清洁剂等。它们是饭店服务人员提供优质高效服务的保证，所以饭店必须保证服务用品品种齐全、数量充裕、性能优良、使用方便、安全卫生等。

3. 环境氛围

饭店外部环境质量和内部环境质量是饭店质量管理的组成部分，饭店应营造舒适温馨的环境氛围。

（1）外部环境质量。饭店外部环境质量主要包括地理位置、市政配套和周围环境。饭店外部环境要求交通便利，市政工程和商业网点配套，饭店周边治安及社会秩序良好，饭店外部环境整洁、干净，空气清新度高。

（2）内部环境质量。饭店内部环境质量是由饭店的环境装饰美化、服务设施的布局以及灯光音响、室内温度的适宜程度等构成。良好的服务环境能够给宾客提供舒适、方便的食宿和娱乐条件，在满足宾客物质方面需求的同时，也满足他们精神享受的需要。对良好的内部服务环境的质量要求是：整洁、美观、安全并具有文化品位和饭店特色。

（二）软件质量

软件质量是指饭店提供的各种劳务活动的质量，表现为宾客享受这种劳务活动后的心理体验与感受。软件质量是饭店产品质量的主要组成部分。饭店服务质量是以上两方面的有机结合，在服务设施、设备等硬件质量既定的条件下，服务活动等软件质量的好坏就成为衡量饭店服务质量的关键。

1. 服务项目设置

服务项目设置是在饭店建设计划中就设计决定了的，如客房种类、餐厅数量、会议室、商场、洗衣房、康乐设施等。饭店作为综合性服务企业，一般需要有较为完善的服务项目，这样才能为宾客提供多方面的综合性服务。近几年饭店界流行着这样一句话："一家好的饭店是设计出来的"，其含义就是饭店服务项目的合理设置。

2. 服务态度

服务态度是饭店服务人员在对客服务中所体现出来的主观意向和心理状态，它取决于服务人员的主动性、灵活性、积极性和创造精神，取决于服务人员的素质、职业道德和对服务工作的热爱程度。在饭店服务实践中，良好的服务态度表现为热情服务、主动服务和周到服务。饭店员工服务态度的好坏是很多宾客关注的焦点，尤其当出现问题时，服务态度常常成为解决问题的关键。因此，服务态度是产品质量的关键所在，直接影响饭店服务质量。

3. 服务技巧

服务技巧是提高服务质量的技术保证。它取决于服务人员的技术知识和专业技术水平。饭店服务员在为宾客提供服务时总要采用一定的操作方法和作业技能。服务技巧就是对这些操作方法和作业技能在不同场合、不同时间根据不同对象的具体情况加以灵活恰当的运用，以取得最佳服务效果。

4. 服务方式

服务方式是指饭店采用什么形式和方法为宾客提供服务，其核心是如何方便宾客，使宾客感到舒适、安全、方便。服务方式随饭店服务项目的变化而变化。饭店服务项目大体上可分为两大类：一类是基本服务项目，即在服务指南中明确规定的对每个宾客几乎都要发生作用的那些服务项目；另一类是附加服务项目，是指由宾客即时提出而并非每个宾客必需的服务项目。各种服务方式都必须从住店宾客活动规律和心理特点出发，有针对性地提供服务。例如，餐厅、商场、娱乐设施的营业时间；客房清扫的顺序和时间安排；商务中心传真、复印的手续；宾客住店期间的一次性结账手续等。总之，每一个服务项目都要根据实际需要选择服务方式，以提高服务质量为根本出发点。

5. 服务效率

服务效率指的是服务工作的时间和提供各种服务的时限。对饭店服务效率质量主要要求服务必须准时和适时。等候对于宾客来说是一件头痛的事，因为等候使人产生心理不安定和枯燥乏味感。所以，饭店服务首先要讲究效率，做到准时，尽量减少宾客等候的时间。此外，饭店服务还必须讲究适时，应该根据宾客情况把握最适当的时机为宾客服务。掌握好适时性，能满足宾客对于控制支配感的心理需求。

效率把服务过程和时间联系起来，成为服务质量的又一因素。饭店服务效率有三类：第一类是用工时定额来表示的固定服务效率，如打扫一间客房用0.5 小时、宴会摆台用5 分钟等；第二类是用时限来表示的服务效率，如总台登记入住每人不超过3 分钟，宾客衣服洗涤必须在固定时间内送回等；第三类是有时间概念但没有明确的时限规定，是靠宾客的感觉来衡量的服务效率，如在餐厅点菜后多长时间上菜、设备报修后多长时间修妥等，这一类服务效率在饭店是大量的。服务效率在饭店服务中占有重要的位置，饭店要针对三类不同效率，用规程和具体的时间来确定效率标准。

6. 礼节礼貌

饭店服务员面对面地为宾客服务，因而礼节礼貌直接影响服务质量。礼节礼貌是以一定的形式通过信息传输向对方表示尊重、谦虚、欢迎、友好等的一种方式，礼节偏重于仪式，礼貌偏重于言行。礼节礼貌反映了饭店的文明程度和文化修养，体现了饭店员工对宾客的基本态度。饭店礼节礼貌要求服务员衣装整齐且美观大方，举止端庄，待客谦恭有礼；尊重不同宾客的风俗习惯；坐、立、行、说要讲究姿势，动作优美，语言文雅动听、规范化；各种礼仪运用得当；坚持微笑服务等。饭店服务人员直接面对宾客进行服务的特点使得礼节礼貌在饭店质量管理中备受重视，因为它直接关系着宾客的满意度，是饭店提供优质服务的基本点。

7. 安全与卫生

饭店安全状况是宾客考虑的首要问题，因此，饭店必须保障宾客、员工及饭店本身的安全。饭店在环境气氛上要制造出一种安全的气氛，给宾客心理上以安全感，但不是戒备森严，否则，更会令宾客感到不安。饭店的清洁卫生体现了饭店的管理水平，也是服务质量的重要内容。饭店清洁卫生工作主要有：饭店各场所的清洁卫生、食品饮料卫生、用品卫生、个人卫生等。为保证饭店的卫生质量，饭店应制定明确的清洁卫生规程，具体规定设施、用品、食品饮料、个人卫生等卫生操作规程和各种卫生标准，以及健全卫生检查制度。

三、饭店服务质量的特点

饭店服务所需的人与人、面对面、随时随地提供服务的特点以及饭店服务质量特殊的构成内容使其内涵与其他企业有着极大的差异。为了更好地实施对饭店服务质量的管理，管理者必须正确认识并掌握饭店服务质量的特点。

（一）饭店服务质量的综合性

饭店服务质量的构成内容，既包括有形的设施设备质量、服务环境质量、实物产品质量，也包括无形的服务质量等多种因素，而且每一种因素又由许多具体内容构成，贯穿于饭店服务的全过程。其中，设施设备、实物产品是饭店优质服务的基础，服务环境、服务是表现形式，而宾客满意程度则是所有服务质量优劣的最终体现。它既涵盖了衣食住行等人们日常生活的基本内容，也包括办公、通信、娱乐、休闲等更高层面的活动，因此，人们常用“一个独立的小社会”来说明饭店服务质量的构成所具有的极强的综合性。

饭店服务质量的综合性特点要求饭店管理者树立系统的观念，把饭店服务质量管理作为一项系统工程来抓，多方搜集饭店服务信息，分析影响质量的各种因素，特别是可控因素，既要抓好有形产品的质量，又要抓好无形服务的质量，不仅做好自己的本职工作，还要顾及饭店其他部门或其他服务环节，更好地监督员工严格遵守各种服务操作规程，从而提高饭店的整体服务质量。正如“木桶理论”所说的，一个由长短不一的木条拼装而成的木桶，它的盛水量取决于最短的那根木条的长度，因此，饭店服务质量应该有自己的强项和特色，但不能有明显的弱项和不足，否则，就要影响服务质量的整体水平。

（二）饭店服务质量评价的主观性

尽管饭店自身的服务质量水平基本上是一个客观的存在，但由于饭店服务质量的评价是由宾客享受服务后根据其物质和心理满足的程度给予的，因而带有很强的主观性。宾客的满足程度越高，对服务质量的评价也就越高；反之亦然。饭店管理者不能无视宾客对饭店服务质量的评价，否则，将会失去客源，失去生存的基础。饭店没有理由让宾客对饭店的服务质量产生一致的评价，更不应该指责宾客对饭店服务质量的评价存在偏见。偏见恰恰反映了宾客的某种需求。因此，饭店员工应在服务过程中细心观察，了解并掌握宾客的物质和心理需要，不断改善服务，提供个性化服务，并注重细节，以此来提高宾客的满意程度，从而提高并保持饭店服务质量。正如一些饭店管理者所说的，既然无法改变宾客，那么就要根据宾客需求改变自己。

（三）服务质量显现的短暂性

饭店服务质量是由一次又一次的内容不同的具体服务组成的，而每次的具体服务的使用价值只有短暂的显现时间，即使用价值的一次性，如微笑问好、介绍点菜等。这类具体服务不能储存，一结束就失去了其使用价值，留下的也只是宾客的感受和回忆。因此，饭店服务质量的显现是短暂的，它不像实物那样可以返工、返修或退换，如果进行服务后调整，也只能是另一次的具体服务。也就是说，即使宾客对某一服务感到非常满意，评价较高，并不能保证下一次服务也能获得好评。因此，饭店管理者应督导员工做好每一次服务工作，争取使每一次服务都能让宾客感到非常满意，从而提高饭店整体服务质量。

（四）饭店服务质量的关联性

宾客对饭店服务质量的印象，是通过其进入饭店直至离开饭店的全过程而形成的。在此过程中，宾客得到的是各部门员工提供的一次又一次的具体的服务活动。但这些具体的服务活动不是孤立的，而是有着密切的关联，因为在连锁式的服务过程中，只要有一个环节的服务质量有问题，就会破坏宾客对饭店的整体印象，进而影响其对整个饭店服务质量的评价。这就要求饭店各部门、各服务过程、各服务环节之间协作配合，并做好充分的服务准备，确保每项服务的优质、高效，确保饭店服务全过程和全方位的零缺陷。

（五）饭店服务质量对员工素质的依赖性

饭店产品生产、销售、消费的同时性特点决定了饭店服务质量与饭店员工的表现的直接关联性。饭店服务质量是在有形产品的基础上通过员工的劳务服务创造并表现出来的。这种创造和表现能满足宾客的需求程度取决于服务人员的素质和管理者的管理水平。所以，饭店服务质量对员工素质有较强的依赖性。因为饭店服务质量的优劣在很大程度上取决于员工的表现，而这种表现又很容易受到员工个人素质和情绪的影响，具有很大的不稳定性，所以要求饭店管理者应培训、激励员工，努力提高员工的素质，发挥员工服务的主动性、积极性和创造性，同时提高自身素质及管理能力，培养出满意的员工，而满意员工是满意宾客的基础，是不断提高饭店服务质量的前提。

（六）饭店服务质量的情感性

饭店服务质量还取决于宾客与饭店之间的关系，若二者关系融洽，宾客就容易谅解饭店；若关系不和谐，则很容易致使宾客小题大做或借题发挥。因此，饭店与宾客关系的融洽程度直接影响着宾客对饭店服务质量的评价。这就是饭店服务质量的情感性特点。

事实上，无论饭店如何努力，饭店服务质量问题还是会出现在饭店的任何时间和空间，所不同的是存在问题的数量和层次，这是一个不可回避的客观现实。作为饭店管理者所应做的是积极地采取妥当的措施，努力将出现服务质量问题的后果对宾客的影响降至最小，避免矛盾扩大。其中最有效的办法就是，通过一些真诚为宾客考虑的服务赢得宾客，在日常工作中与宾客建立起良好、和谐的关系，使宾客最终谅解饭店一些无意识的失误。

第二节　饭店服务质量管理流程

一、制定饭店服务规程

饭店质量管理是对饭店所有服务的质量的管理，因而饭店质量管理体系必然涉及或包含饭店服务的所有环节。饭店要对各服务项目的日常管理和服务环节建立质量标准，制定工作规范和工作程序，使员工的服务行为有章可循。饭店应把各个岗位、各个环节的服务过程如实记录，仔细分析研究，按照质量管理要求进行改进，使之合理化，并以文字和图表的形式确定下来，形成服务程序。服务过程的规范化、程序化、标准化，既是饭店质量体系的重要内容，也是建立服务质量管理体系的重要基础工作。与此同时，饭店还应制定服务质量检查程序和控制标准，建立质量信息反馈系统，收集和分析服务不符合标准的原因，提出和实施改进措施。

（一）饭店服务规程的含义

饭店服务规程是指以描述性语言对饭店某一特定的服务过程所包含的作业内容和顺序及该服务过程应达到的某种规格和标准所作的详细而具体的规定。简单地说，它是指某一特定服务过程的规范化程序和标准。

饭店服务规程通常包含四个要点：

（1）服务规程的对象和范围。服务规程是以饭店某一特定的服务过程、服务内容为对象，只要饭店有一个服务过程，那么必定有一套与之相适应的服务规程。通常把某一特定的服务内容从开始到结束称为一个服务过程。服务规程既然是以服务过程为依据，这样就对服务规程的范围作了限定。

（2）服务规程的内容和程序。服务规程要规定每个服务过程所应包括的内容和作业程序。服务内容应包括其业务内容的本身，如总台入住登记的基本内容就有接受订房、登记、排房、收取押金等。服务规程还要具体规定内容细节，如动作、语言、姿态、手续、信息传递、用品、权限、时限、例外处理等。服务程序是指前后的顺序。服务程序的规定要符合服务过程的规律，同时也要考虑到减轻员工的劳动强度、减少物资消耗。

（3）服务的规格和标准。不同星级、不同档次的饭店有不同的规格，不管哪一规格的服务都有标准服务规程，也就是要规定服务的规格和标准，要按照服务质量的具体构成内容确定具体标准。

（4）服务规程的衔接和系统性。每套服务规程的首尾都要有与其他规程互相衔接、互相连贯的内容，如前台部门报维修的规程与工程部的维修规程的衔接、宾客离店客房查房的规程与总台收银结账规程的衔接、餐厅值台与传菜规程的衔接。规程间的相互衔接和连贯就形成了服务的系统性。

饭店服务规程可以让每位员工都明确其服务工作目标，使饭店管理者有了检查和监控服务质量的依据，从而使饭店服务工作达到规范化、程序化和标准化的要求。

（二）饭店服务规程的制定

1. 饭店服务规程制定的依据

饭店服务规程直接影响着、决定着饭店服务质量的优劣，所以必须建立在科学合理的基础上并能够真正符合宾客的需要。由此，制定饭店服务规程必须考虑以下因素：

（1）《旅游涉外饭店星级的划分及评定》，即中华人民共和国国家标准（GB／T14308—2010）星级评定标准是各星级饭店制定饭店服务规程的基础，它提出了饭店服务的基本原则和基本要求，并规定了星级饭店的服务质量保证体系，即具备适应本饭店运行的、有效的整套管理制度和作业标准。

管理制度是饭店科学化管理的基础和服务与管理的操作工具。它能最大限度减少包括管理者在内的员工行为的随意性。所谓的管理制度主要针对管理层，如层级管理制度、质量控制制度、市场营销制度、物资采购制度等。一项完整的饭店管理制度包括制度名称、制度目的、管理职责、项目运作规程（具体包括执行层级、管理对象、方式与频率、管理工作内容）、管理分工、管理程序与考核指标等项目。为提高星级饭店的服务质量，星级评定标准还专门建立了一套“五星级饭店宾客感知服务质量评价系统”，以全面、客观、准确地反映饭店的服务质量。

（2）客源市场需求。只有提供宾客需要的服务才有可能让宾客满意。饭店服务规程的制定也应以宾客需求为依据，应能够适应本饭店特定客源市场的要求。因此，饭店在制定规程前，必须对市场需求进行详细的调查和分析，寻找宾客真正需要的服务和对服务的要求，使所制定的饭店服务规程真正成为饭店服务质量的保证。

（3）饭店的特点。饭店服务规程的制定还要结合本饭店特点，如客源特点、饭店组织的特点、业务特点、员工素质特点以及周围环境特点等，扬长避短，最终要能够突出本饭店的特色。饭店特色也是赢得宾客忠诚的有效方法。

（4）国内外饭店管理的最新信息。饭店应了解国内外饭店管理的最新信息，制定饭店服务规程时，要在力所能及的范围内，结合国内外饭店业的现状和趋势，力求使规程更加合理和符合宾客的需求，且具有一定的时代感。

（5）动作及作业研究。在制定饭店服务规程前，还应对每个作业过程进行过程分析和动作分析，在分析的基础上制定规程，使其更具科学性和可行性。

2. 饭店服务规程的制定

（1）提出目标和要求。由饭店决策层管理人员根据饭店等级经深入分析研究后，提出本饭店服务规程应达到的目标和具体要求，并将其布置、落实到饭店每一相关部门。

（2）编制服务规程草案。各部门管理者召集下属主管、领班和资深服务人员讨论确定本部门的所有服务内容和服务过程，并制定出每一服务过程的规程草案。具体内容应包括：确定该服务过程的主要环节；提出每一环节的具体要求，如仪表仪容、站立姿势、行走路线、语言谈吐、操作内容、顺序及应达到的规格标准等具体细节；规定每一环节之间的衔接内容，以免脱节而造成质量问题等。

（3）修改服务规程草案。草案出台后，首先，应交该服务过程所在班组的全体员工进行讨论，修改其中之不合理、不可行、不必要或不符合标准和要求的部分，使其更具可操作性；其次，将规程草案在小范围内试行，在实践中进行修改，删除不现实的部分，补充应做的内容，使其更具可行性；最后，将规程草案交饭店决策层审定。饭店决策层应对照目标和要求，由店务会议或由聘请的饭店管理专家、学者对每一服务规程进行评审。经审定通过的服务规程，作为规章制度予以颁布实施。

（4）完善服务规程。随着饭店等级的提高、宾客需求的变化及饭店业的发展，饭店服务规程也会随之陈旧老化，所以，饭店应随时调整服务规程，并定期修订，使之更趋于适用和完美。

（三）饭店服务规程的实施

制定科学合理的饭店服务规程非常重要，但更为重要的是饭店服务规程的实施。只有切实地实施服务规程，才能保持并不断提高饭店服务质量，否则，服务规程不过是一纸空文。饭店服务规程的实施过程通常如下。

1. 服务质量意识教育

通过质量教育，树立员工的服务质量意识，使员工认识到服务质量对饭店及员工个人的重要性，明确提高服务质量与执行服务规程之间的紧密联系，从而增强饭店员工执行服务规程的主动性和自觉性。

2. 服务规程作业培训

让员工自觉执行服务规程，首先要让员工掌握规程。通过服务规程的培训，可以使员工了解服务规程的适用对象和范围，熟练掌握服务规程的内容和要求，从而提高员工执行服务规程的规范性和准确性，提高饭店服务质量。

服务规程作业培训可以分期分批地进行，但必须保证饭店所有员工都经过培训，而且培训后必须进行考核，考核合格者才能上岗。对不合格者可限期提高、待岗或调离岗位，以维护服务规程的严肃性和服务质量的稳定性。

3. 服务规程执行过程的督导

饭店各级管理者应对所管辖范围员工的服务规程执行情况进行认真而严格的监督、检查和指导。主要可以通过服务质量信息系统和原始记录了解规程执行情况，也可以通过现场巡视检查及时发现存在的质量问题并作及时的纠正，使员工养成实施服务规程的良好意识和习惯。同时，饭店管理者还应经常进行服务质量的对比与评价，并根据实际情况制定出有效的奖惩措施，从而调动员工执行服务规程的积极性。

另外，饭店还应制定内容明确的设施设备质量标准、服务环境质量标准、菜点酒水标准、客用品质量标准、人员素质标准、语言动作标准等，并要求饭店员工不折不扣地执行，使之成为饭店服务质量控制的依据。

二、建立饭店服务质量管理体系

服务质量是饭店的生命线，是饭店日常管理活动的主要内容。饭店应结合本企业的具体情况，运用多种方法和手段来控制饭店的服务质量，以保证企业有充足的客源。

（一）饭店服务质量保证体系

质量保证体系就是要通过一定的制度、规范、方法、程序、机构等，把饭店质量管理和质量保证活动加以系统化、标准化、制度化。建立质量保证体系的目的就是为了把饭店各部门的质量管理职能纳入饭店统一的质量管理系统。饭店质量保证体系结构主要包括以下六个部分。

领导职责。饭店总经理应负责组建质量体系，并使其有效运行。饭店总经理对制定质量方针和质量目标负有主要责任，并且要采取必要的措施实现质量方针和质量目标。

组织机构。为使饭店质量体系能有效运转，应设立质量管理的专职机构，作为质量体系的组织保证。在总经理直接领导下设置质量管理机构和质量管理人员，形成本企业的质量管理组织网络。

质量责任和权限。组织机构确定之后，还要明确规定饭店领导和各职能部门的质量责任，并明确规定从事各项活动人员的责任和权限。

工作程序。在饭店质量体系中的各环节都有大量的工作，而且很多业务接待活动每天都重复发生。质量管理就是把这些重复出现的业务活动，经过观察、研究，不断改进，通过文字和图表制定出标准，即为服务工作程序，以此作为员工的行为准则。质量管理工作的标准化、规范化、程序化是质量体系的基础工作。

人力和物力保证。为了实施质量方针，并达到质量目标，质量体系中还应有各类资源作保证，其中包括人力资源、物资资源。在各种因素中又以人的因素为根本，饭店在建立质量保证体系的工作中应重视对人的培养，有计划地对各类人员进行必要的培训，充分发挥人才的作用。

质量文件。质量体系中还包括质量文件，也就是将质量体系的内容、活动程序、制度和方法等加以系统整理和总结，形成文件。这些文件对于质量体系的有效运行十分必要，应通过平时对资料的搜集、整理、存储、处理和及时修订，使质量体系不断地健全和完善。

（二）饭店服务质量保证体系的基础工作

饭店质量管理，必须从基础工作抓起。其基础工作主要包括质量责任制、标准化工作和质量信息工作。

质量责任制。质量责任制是饭店各部门、各岗位和个人在质量管理工作中为保证服务质量与工作质量所承担的责任、权利和利益。通过质量责任制可以使企业形成一个严密的质量体系。建立质量责任制为了增强员工的责任感，使每个员工对自己的工作质量负责。

标准化工作。饭店的标准化也称规范化，是饭店质量管理的目标和依据。标准化是根据饭店经营管理活动中的一般规律，针对饭店日常工作中大量存在的常规性经营活动、服务活动和管理活动制定的全面、系统、科学、合理的章法。标准化包括：设施设备质量标准、实物商品质量标准、劳务质量标准、管理标准。

制定饭店质量标准是一项十分细致而复杂的工作，必须以宾客的需求为中心，还要注意可操作性。而且要定量和定性结合，标准必须配套，相互协调，自成体系。各级领导必须坚持检查与考核，以保证标准化的实施。

质量信息工作。质量信息是质量管理不可缺少的主要依据，是改善服务质量的原始资料，也是搞好质量控制的基本依据。质量信息包括反映服务质量和工作质量诸方面的各种数据、报表、文件、资料、实物等。要使质量信息发挥重要作用，必须保证质量信息的时效性和可靠性。质量信息工作就是对饭店所需要的质量信息资料进行搜集、整理、存储和使用，以搞好饭店的质量控制。

三、进行饭店服务质量培训与监控

（一）饭店服务质量培训

要通过开展服务质量培训，不断增强饭店全体员工的质量意识，使每位员工牢固地树立“质量第一”的思想。质量教育必须与员工的业务技能教育和培训结合在一起，只有训练有素的员工才能把“质量第一”的思想真正落到实处。

饭店服务质量培训的内容应包括：（1）岗前培训，包括饭店员工手册、礼貌礼节、职业道德、语言艺术、宾客习俗等；（2）质量意识培训，包括服务观念、标准观念、全面质量管理观念等；（3）质量标准培训，包括服务规程、设施设备标准、服务环境标准、实物产品标准、劳务服务标准、质量等级标准等；（4）服务技能培训，包括饭店前后台各部门、各服务（工作）环节所需的所有技能操作训练；（5）质量方法培训，包括全面质量管理、质量问题分析、零缺点质量管理、服务质量控制等；（6）投诉处理培训，包括服务质量投诉的原因、投诉处理的内容和程序等。

饭店服务质量培训可更新员工的质量观念，树立质量意识，提高员工素质，从而提高饭店服务质量，是一种行之有效的质量管理手段。

（二）饭店服务质量控制

饭店服务质量控制是指采用一定的标准和措施来监督、衡量服务质量管理的实施与完成情况，并随时纠正服务质量管理目标的实现。它是从饭店系统出发，把饭店作为一个整体，以控制饭店服务的全过程、提供最优服务为目标，运用一整套服务质量管理体系、手段和方法，以服务质量为管理对象而进行系统的管理活动。一般来说，服务质量的控制主要是以下三方面的内容。

1. 事前质量控制

随着全面质量管理和零缺陷管理的推广，事前质量控制日益受到饭店管理者的重视。事前质量控制要求饭店根据服务质量管理标准，贯彻“预防为主”的方针，做好有形产品和无形服务两大方面的充分准备，以确保在宾客到来之前有备无患。这主要包括四个方面：

（1）设施质量控制。包括饭店设施设备的安全程度、舒适程度以及配合的合理程度。

（2）物品供应质量控制。包括各种生活用品和服务用品的数量、质量、规格、供应时间、保证程度等。

（3）食品原材料质量控制。包括食品原材料的采购时间、品种规格、储存保管和加工质量等。

（4）服务人员的思想准备。包括职前培训、岗位培训、重要接待前的思想动员等。

2. 服务过程质量控制

服务过程质量控制是根据饭店服务质量管理体系的要求，通过各级管理者的现场巡视管理和严格执行服务规程，确保宾客满意程度的提高。其重点包括两个方面：

（1）层级控制。即通过各级管理人员一层管一层地进行。它主要控制重点程序中的重点环节，如总台预订、接待质量、饮食产品的生产质量、客房卫生质量等。

（2）现场控制。饭店服务质量的偏差往往是在一瞬间发生的，有些偏差需要立即纠正，因而要加强现场控制。各级管理人员要尽可能深入第一线去发现服务质量中的问题，及时处理。如客人投诉要尽可能及时解决，在客人离店前尽量消除不良影响，维护饭店声誉。

3. 事后质量控制

事后质量控制应根据饭店服务质量信息，即服务质量管理的结果，对照饭店服务质量标准，找出质量差异及其产生的原因，提出有效的改进措施，避免过错的再次出现，确保饭店服务质量管理工作的良性循环。

第三节　饭店服务质量分析与管理方法

服务质量分析是指在服务质量管理工作中找出存在的主要问题和引起这些问题的原因，并采取有效的方法加以控制和解决，质量分析方法则是必要的基础和保证。

一、饭店服务质量分析方法

饭店服务质量分析是指在饭店服务质量管理工作中找出存在的主要问题和引起这些问题的原因，并采取有效的方法加以控制和解决，质量分析方法则是必要的基础和保证。

（一）ABC 分析法

1. ABC 分析法的概念

ABC 分析法以“关键的是少数、次要的是多数”这一原理为基本思想，通过对影响饭店质量诸方面的分析，以质量问题的个数和质量问题发生的频率为指标，进行定量分析。通过计算每个质量问题在总体中所占的比重，然后把质量问题分成 A、B 、C 三类，把问题较大的、发生频率较多的 A 类问题作为首要问题加以解决，并结合运用 PDCA 循环质量管理办法，以进行有效的质量管理。

2. ABC 分析法的程序

用 ABC 分析法分析饭店质量问题大致分为四个步骤：

（1）确定关于饭店质量问题信息的搜集方式。具体方式是：质量调查表、宾客投诉、批评意见单和各部门的检查记录等。

（2）对搜集到的有关质量问题的信息进行分类，类别不宜太多。如把饭店服务质量分为服务态度、服务效率、语言水平、清洁卫生、菜肴质量、设施设备等几类，然后统计出每类质量问题出现的次数并计算出每类质量问题在质量问题总体中所占的百分比，最后制作出统计表。

（3）根据统计表绘制排列图。帕累托图是一个直角坐标图。左侧纵坐标表示问题数量；右侧纵坐标表示累计比率；横坐标表示影响质量的各种因素，按频数高低，从左到右依次画出长柱排列图，如图 6 - 1 所示的 Q_1、Q_2、Q_3、Q_4，然后将因素逐项相加并用曲线表示。

（4）进行分析，找出主要质量问题。排列图上 A 类问题的特点是项目数量少，但发生的次数多，约占投诉总数的 65% ~70 %，B 类问题的特点是项目数量一般，发生次数也相对少一点，占投诉总数的 20% ~25%，C 类问题的特点是项目数量多，但发生次数少，约占投诉总数的 10 %。分类以后，我们可先致力解决 A 类问题，这样做可使饭店质量有明显进步，同时，防止 B 类问题上升，并对 C 类问题加以适当注意，因为 C 类问题往往带有偶然性或不可控性，例如失窃现象和设备被损坏等。

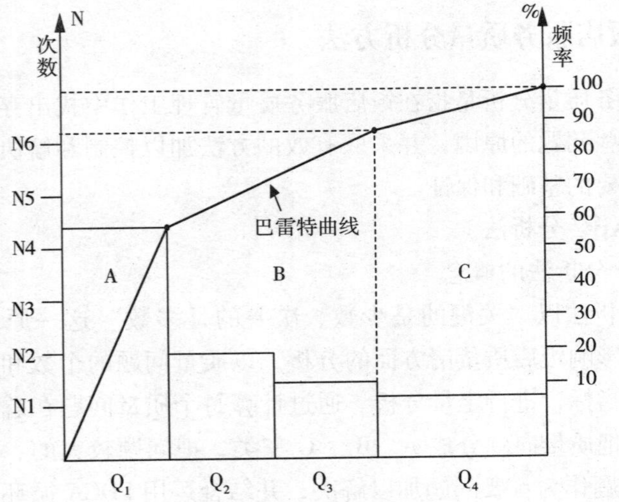

图6-1 巴雷特曲线图

在运用ABC分析法进行质量分析时要注意：在划分A类问题时，包括的具体质量问题项目不宜太多，最好为一到两项，至多只能有三项，否则将失去突出重点的意义。另外划分问题的类别也不宜太多，对不重要的问题可设立一个其他栏，把不重要的质量问题都归入这一栏内以方便计算和作图。

（二）因果分析法

ABC分析法帮助我们找出了饭店的主要质量问题，可是这些主要的质量问题是怎样产生的呢？对产生这些质量问题的原因有必要作进一步的分析，因果分析法是分析质量问题产生原因的简单而有效的方法。

1. 因果分析法的概念

因果分析法是利用因果分析图对产生质量问题的原因进行分析的图解法。因为因果分析图形同鱼刺树枝，因而又称为鱼刺图、树枝图。在饭店经营过程中，影响饭店服务质量的因素是错综复杂的，并且是多方面的。因果分析图对影响质量（结果）的各种因素（原因）之间关系进行整理分析，并且把原因与结果之间的关系用带管线（鱼骨刺图）表示出来（见图6-2）。

2. 因果分析法的程序

（1）确定问题。确定要分析的质量问题，即通过ABC分析法找出A

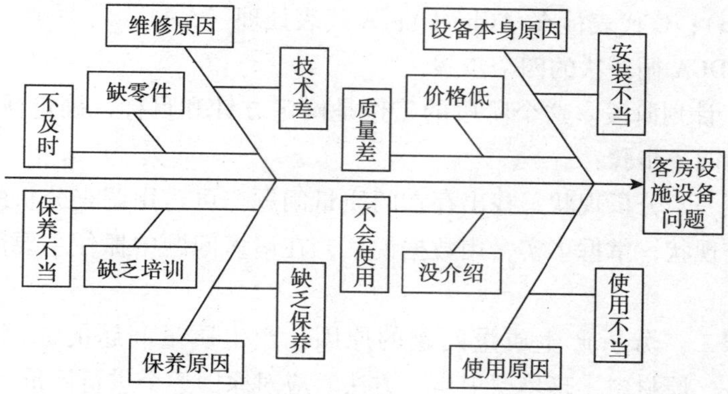

图 6－2　因果分析图

类质量问题。

（2）寻找原因。发动饭店全体管理人员和员工共同分析，寻找 A 类质量问题产生的原因。各种原因找出以后，还需进一步进行分析，即查明这些原因是怎样形成的。在分析时，必须请有关各方面的专业人员共同参加，听取不同的意见。对原因的分析应深入细分，直到对引起质量问题的各种原因能够找到相应的防止措施为止。

（3）分析因果关系。对找出的原因进行整理后，按结果与原因之间的关系画出因果图。例如，客房设施设备存在质量问题产生的原因可用因果图分析（见图 6－2）。

二、饭店服务质量管理方法

当饭店通过 ABC 分析法确定出主要的服务质量问题，并经由因果分析图找出主要的原因后，就要针对主要问题及问题的主要原因，采用合适的服务质量管理方法，制定对策和改进措施加以解决。一般饭店经常采用的服务质量管理方法有：

（一）PDCA 管理循环法

饭店的质量管理工作应当是一个动态的体系，在这一动态的管理过程中，经常使用的管理方法是 PDCA 管理循环。PDCA 循环的概念最早是由美国质量管理专家沃而特·施华特构思的，后又由 W. 爱德华·戴明应用于实践，所以又称为“戴明环”。在饭店的质量管理中，PDCA 循环法就是把饭店的质量管理活动分为四个阶段的循环：P 代表计划（Plan）；D 代表实施（Do）；C 代表检查（Check）；A 代表处理（Act）。

1. PDCA 循环法的四个步骤

（1）计划阶段。这个阶段的工作是确定方针和目标，确定活动计划，具体包括四个步骤：

步骤一　分析现状，找出存在的质量问题。可运用调查分析的方法进行。调查现状，掌握事实，用数据说话，在诸多问题中抓住主要问题加以解决。

步骤二　分析产生质量问题的原因。产生质量问题的原因主要是：人、设备、原材料、环境、卫生、方法。应对原因逐个进行评价分析。

步骤三　找出影响质量的主要原因。虽然影响质量的原因是多方面的，但应抓住主要的原因，重点加以解决。

步骤四　制订解决质量问题的措施计划。制订的措施要具体，计划要切实可行。

（2）实施阶段。按照拟订的计划实施执行，采取具体的措施解决问题。

步骤五　这个阶段只有一个步骤，即按照制订的措施计划去执行，在执行过程中要做好各种原始记录，及时反馈执行中出现的各种情况。

（3）检查阶段。把工作结果与预期质量目标进行对比，检查措施效果，及时发现问题。

步骤六　这个阶段的工作主要是检查执行情况，看是否达到了预期效果。检查时要做到及时、认真、客观、公正、真实地反映工作执行情况。

（4）处理阶段。区别对待各种可能的结果，把未解决的问题转入下一个循环。

这个阶段包括两个步骤：

步骤七　总结经验和教训。对于成功解决问题的经验要加以巩固，使之标准化并推广，同时制定新的规范和章程，对于失败的教训要加以总结，以免重现。

步骤八　遗留问题转入下个循环。对没有解决的遗留问题，找出原因，为下一个计划阶段提供资料，并把它作为制定新的质量改进的依据，转到 PDCA 循环的第一个阶段。

PDCA 管理循环法四个阶段八个步骤如图 6－3 所示。

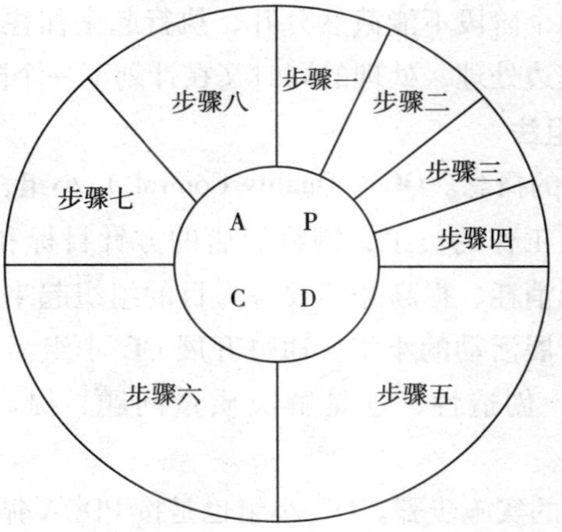

图 6 -3　PDCA 循环图

2. PDCA 管理循环的特点

（1）大环要按照四个阶段不停地转动，每转动一周提高一步，每次循环都有新目标和内容，质量问题才能不断得到解决，饭店服务质量才能不断地提高。如图 6 -4 所示。

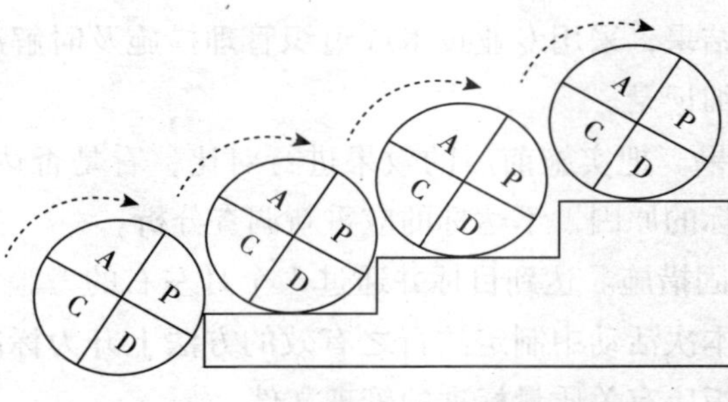

图 6 -4　PDCA 循环持续转动图

（2）大环套小环，小环保大环，相互联系，彼此促进。在 PDCA 的每一个阶段里，还有小的 PDCA，且小循环一定要跟随大循环转动。整个饭店是个大循环，在这个大循环中，每个部门、每个小组、每个人都有自己的小循环，因此，整个饭店的工作就形成了一个大环套小环不断循环，从而推动饭店的工作前进。

（3）PDCA 循环的四个阶段是互相联系的。基础循环虽然将工作分为四个阶段，但这四个阶段不能截然分开，执行起来往往是边计划边干，边干边检查，边检查边处理，处理的同时又在计划下一个阶段的工作。

（二）QC 小组法

1. QC 小组法的概念。QC（ Quality Control ）小组，即质量管理小组，是指在各个岗位上工作的员工，围绕饭店的方针目标和现场存在的问题，以改进质量、降低消耗、提高经济效益为目的组织起来，组成运用质量管理的理论和方法开展活动的小组。通过开展 QC 小组活动，可充分发挥全体员工的积极性、创造性，这是解决质量问题、提高质量水平的有效途径。

2. QC 小组法的实施步骤。QC 小组也是按 PDCA 循环的程序进行的。

（1）调查现状。对拟解决的质量问题进行现状调查，以保证其真实性。

（2）分析原因。发动全组成员集思广益，灵活运用因果法、ABC 法等找出质量问题的主要原因。

（3）制定措施。针对主要原因制定相应的对策，就确定的对策安排实施计划，实行进度管理，加强预测。

（4）按计划实施。在实施过程中，应随时把握实施的情况，检测质量趋势，根据分析结果，采用专业技术或组织管理措施及时解决遇到的新问题，同时做好详细记录。

（5）检查效果。把实施前后的效果进行对比，看是否达到预定目标，分析达标或不达标的原因，不达标的应重新调查分析。

（6）制定巩固措施。达到目标并通过 3 个月左右的考验，说明问题已基本解决，应将本次活动中制定的行之有效的方法上升为标准。经有关部门审定后，纳入饭店有关质量标准的管理文件。

（7）遗留问题的处理。对遗留问题加以分析后，将需要进一步解决的问题作为小组下一个循环的课题，继续深入开展活动。

（8）总结成果资料。这是 QC 小组自我提高的重要环节，也是进行下一循环的开始。在实际工作中，对质量管理活动要进行总结，分析本次质量管理活动的得失，总结成功的经验，吸取失败的教训。QC 小组工作完成后，饭店应设法把成果加以巩固，不可让问题死灰复燃。

（三）全面质量管理

全面质量管理的概念是由美国质量管理专家费根堡与朱兰等人提出的，进入20世纪70年代，美国、日本等发达国家将其引入第三产业，取得了较好的成效。全面质量管理是饭店综合利用自己的经营方式、专业技术以及思想教育等手段，形成从市场调查、产品设计到服务消费的一个完整的质量体系，使饭店服务质量管理进一步标准化与科学化的过程。全面服务质量管理要求饭店以宾客需求为中心，以全员参加为保证，以服务技能和科学方法为手段，实现饭店最佳的经济效益与社会效益。饭店全面服务质量管理改变了传统的质量管理思想，把质量管理的重点放在以预防为主上，从以检查服务结果为主转变为控制服务质量问题产生的因素为主。

1. 饭店全面质量管理的概念

饭店全面质量管理是指饭店的全体员工和各个部门，把饭店作为一个整体，以提供最佳的服务为目标，通过齐心协力，综合运用科学管理、专业技术和优质服务，全面地满足服务者需求的活动。

2. 全面质量管理的特点

（1）质量的含义是全面的。饭店质量的含义不单单是指直接为宾客提供的各种服务，同时还包括与服务质量有关的一切工作质量。饭店质量包括各个方面，如企业各部门共同努力来达到一定的标准，这既要靠经常性的检查和监督，更要靠事先预防，变管结果为管因素，把可能出现的质量事故因素消灭在接待工作开始之前，以最大限度地消灭影响质量的潜在因素。做好服务工作，虽然处于直接服务现场的一线服务员起关键作用，但是，如果没有“后方”的优质服务也只是一句空话。如餐厅的空调发生了故障，工程部门不能及时维修，餐厅服务员服务得再好，宾客也不会满意。因此，必须把饭店全体员工的积极性都调动起来，上自饭店总经理下至服务人员，都要有质量意识，人人参与质量管理，要求各个岗位的每一位员工都能以高度的责任感和良好的技能来保证本职工作的质量。同时，还要把企业及部门的质量计划、质量目标交给群众，落实到每个人，并对个人工作质量进行考核，实行必要的奖惩。

（2）质量管理是全过程的。饭店服务的全过程不仅是面对宾客所进行的服务，而且还包括服务前所做的准备工作，以及服务后的一切善后工作。这三个阶段构成了服务工作的全过程，服务质量管理就是把服务工作全过程各个环节加以管理，形成一个综合性的质量体系。在服务质量管理的全过程中应体现两个观念：一是预防为主的观念；二是为用户服务的观念。

预防为主的观念，要求把质量管理工作的重点从“事后把关”转移到“事先预防”上来，把管结果变为管因素，防患于未然。

为用户服务的观念，要求饭店所有工作环节都必须树立为用户服务的思想。用户有内部和外部之分，外部用户是宾客，内部用户是饭店工作环节之间的下一个环节。在饭店内部要有“下一个环节就是用户”的意识。实行全过程管理，就是要在保证外部用户（宾客）服务质量的同时，还要使内部用户（下一个环节）满意，使每一个工作环节的质量都经得起下一个环节“用户”的检验。

（3）质量管理的方法是全面多样的。构成饭店服务质量的因素多，内容丰富，含义广泛，人们对饭店服务质量的要求越来越高，影响饭店服务质量的因素越来越复杂，而评价服务质量又是依据宾客的主观因素，因而带来了饭店服务质量管理方法的多样性和全面性。服务质量问题产生的原因不同，解决的途径和方法也就不尽相同，必须把经济科学、自然科学、人文科学等知识综合起来，针对不同的质量问题产生的原因采取不同的解决方法。

全面质量管理的目标是实现宾客百分之百的满足，实现的手段是全员参与，不断改进工作。全面质量管理要坚持四个原则：

（1）一步到位，就是把为宾客服务的过程中出现的差错，纠正在现场，纠正在源头，即把差错扼杀在摇篮中。一步到位体现了无差错，要为宾客提供准确无误的服务。

（2）以宾客为中心，就是预期宾客的需求，倾听宾客的意见，掌握如何使宾客得到满足的技巧，对宾客的需求做出快速合理的反应。

（3）不断改进工作，就是企业的产品与服务的质量不断地得到改善，不断地为宾客提供新产品，缩短产品更新的周期，降低企业的成本费用。

（4）充分授权，就是让员工受到良好的教育和训练，让员工充分了解与工作相关的信息，让员工参与企业的决策，并根据员工对企业的贡献给予相应的物质奖励。

（四）零缺陷（ZD）质量管理法

“ZD（Zero Defects）”质量管理法是零缺点管理法的简称，是由美国人克劳斯提出的，把它运用到饭店质量管理中，是指将缺点和差错减少到最低的程度。其做法主要包括建立服务质量检查制度、开展零缺陷工作日竞赛等。零缺陷并不是指绝对的没有缺点，只是用使差错降到最低的原则来指导工作。

在运用ZD管理法控制与管理饭店的服务质量问题时，应注意以“无缺点”为管理目标，首先加强事先防范，努力做到毫无差错地把产品与服务提供给顾客，以减少事后的危机处理。ZD管理法中，每位员工都是主角，管理者应当充分运用激励因素，挖掘人的内在潜力，使每个员工都认识到自己工作的意义，从而产生极大的热情、主动性和责任感，通过全员参与，实现防患于未然、降低失误产生的目标。ZD管理法的工作程序一般包括四个步骤：

（1）拟订ZD管理方针。即明确ZD管理的目的和意义，动员员工参加，转变员工观念，并在饭店中建立操作评价体系和激励制度。

（2）制订ZD管理计划。ZD管理一般也是针对饭店的主要质量问题或某项具体工作展开任务的。因此在制订饭店的ZD管理计划时，要明确运用ZD管理需要解决的质量问题、涉及的部门或单位、分析经常发生缺点和错误的原因，最后要制定详细的工作步骤。

（3）开展ZD小组活动。饭店要拟订ZD小组内每个人的各个单项目标，缺点错误的目标值是0；通过各种手段激发小组成员的工作热情，使每位员工都明确自己工作的重要意义及出现缺点对全局工作的影响，并尽量保证自己的工作不出差错。组长应随时关心和检查小组成员的工作进展，运用激励因素表扬鼓励，并定期考核ZD小组活动效果，每月进行评比，总结经验教训，树立榜样，由此推动饭店ZD管理的深入发展。

（4）进行ZD管理效果考核。一般是将采用这一方法前后的结果进行对比。考核评价的标准主要包括：一是单项所发生的缺点、错误的目标值是否趋向于零；二是ZD小组的活动是否从头至尾坚持到底，活动的开展是否正常；三是员工的工作热情与责任心是否有所提高；四是饭店、部门班组的凝聚力是否增强，五是开展ZD管理活动后，饭店的经济效益是否有显著的改善；最后也是最重要的，饭店部门的服务质量是否提高了，顾客投诉数量是否趋于零。

若以上评价的结果都是良好，则说明ZD管理法在服务质量管理过程中的作用较为明显，否则饭店应分析原因，寻找不足，针对问题再次开展ZD管理活动。

第四节　对失望宾客投诉的管理

一、宾客投诉的类型

根据宾客投诉所表现的形式，可以把宾客的投诉分为三种类型：

1. 理智型宾客投诉

理智型宾客在饭店内下榻，如果受到某种冷遇服务或受到某种较为粗鲁的言行和某种不礼貌的服务，会产生不满、生气，但这种宾客不会明显流露，更不会因此而发怒。这类宾客多数受过良好的高等教育，既通情达理又会在发生问题时以冷静和理智对待问题，因而对于此类宾客的投诉问题比较容易处理。对此类宾客表示同情，并立即采取必要的、解决他们提出问题的措施，他们便会发出感谢之语。

2. 失望型宾客投诉

失望型宾客投诉的主要问题是宾客在饭店事先预订的服务项目如电话预订客房、预订餐位、送餐、叫醒等因饭店粗心服务而被忘却、失约。在这种情况下，会引起宾客的失望、不满甚至发火。处理此类投诉问题，首先要道歉，然后采取必要的补救措施，使他们消火、息怒。

3. 发怒型宾客投诉

发怒型宾客在饭店受到不热情、不周到服务时，或碰到服务员的粗鲁言行接待，或受到冷遇时，会怒气冲冲，并以较高的怒声、不停的手势以及快速移动的脚步，与服务人员讲道理、评事由，并要求饭店承认过失。对于发怒型宾客的投诉问题，首先要使他们息怒、消气，然后再认真听取他们的批评意见，并采取相应的解决措施。

二、饭店宾客投诉的原因

饭店之所以会发生投诉现象，原因是多种多样的，归纳起来，主要有主客观以及其他方面的原因。

（一）宾客投诉的主观原因

引起宾客投诉的主观原因有很多，其中主要是由于饭店服务人员的工作态度问题、饭店服务设施的残缺和不全问题、食品质量有差异等问题而导致。由服务态度引起的投诉有以下五个方面。

（1）不尊重宾客。由于服务人员不能摆正自己与宾客的角色关系，对在服务交往中宾客享有的特殊权利和自己应尽的义务不理解，未能树立起“宾客总是对的”的观念，把尊重自己与尊重宾客对立起来，所以容易出现不尊重宾客的行为。诸如：对宾客冷淡、对询问不予理睬或一律回答“不知道”；语言不文明，不注意礼节礼貌，不尊重宾客的风俗习惯，未经敲门许可就闯入客房；无端怀疑宾客带走饭店物品，误认为宾客未结清账目就离开；等等。这些都会导致宾客投诉。

（2）不一视同仁。有的服务人员将宾客分成等级，以财取人，以貌取人；有的服务人员还对宾客服饰、打扮评头品足；有的对常客是热情有加，但是对不经常来或是第一次来的宾客不冷不淡，常常是冷热不均，厚此薄彼，怠慢宾客，优亲厚友了拉关系，走后门。这样势必会使宾客反感，从而进行投诉。

（3）语言沟通不畅。沟通，即双方或多方通过充分的交流达到相互了解。俗话说，一句话能逗人笑；一句话能惹人跳。饭店服务人员要懂得这一浅显的道理，在接待服务的过程中巧妙地使用礼貌用语。常用的有“对不起”“别客气”“谢谢”“您好”“再见”“欢迎再来”“请”等。然而，在实际工作中，因使用模式语言不灵活，接待宾客或处理问题时语言表达欠艺术，造成沟通不畅，以致招惹宾客不悦、愤怒乃至投诉的情况时有发生。

（4）由服务设施引起的投诉。宾客来到饭店，都希望饭店的环境设施、服务设施尽善尽美。若设施损坏，残缺不全，就会引起宾客心理上的不快。诸如：饭店经营管理不善，规章制度不严，工作协调衔接不上；设备失灵，保养不善，维修不及时；房间无水，物品供应不足；服务项目不全，或空调机不制冷，等等。如果这些设施都不能满足消费者的需要，就可能会引起宾客投诉。

（5）由于食品质量引起的投诉。现在宾客去饭店消费，对食品的要求越来越严格，不仅注重食品外表的精美，而且要求营养搭配。如果饭店提供给宾客的食品不卫生，饮料变质、过期，甚至有假酒、假冒饮料，菜肴变味、变质或烹调不当，使宾客无法下咽，都会引起宾客不满，引起投诉。

（二）宾客投诉的客观原因

宾客投诉的客观原因主要是由于服务质量与服务态度很难量化以及不

同的宾客在个性方面具有差异性等。

(1) 由服务质量与服务态度很难量化而引起的投诉。服务质量与服务态度的优劣，常与宾客的心理感受有直接关系。而且，因为宾客的兴趣、爱好、需求、风俗习惯以及消费水平等不同，评价标准也不完全一样。就以常见的饮食之人来说，大体有三种类型。第一，果腹之人：食量不大，不择精细，唯求满腹。第二，养生之人：食不过饱，不求珍奇，唯求原料新鲜。第三，滋味之人：踪迹南北，遍尝东西，见多识广，常以名贵价高的陆海珍奇为美食。所谓美味佳肴的标准，不过适口者珍而已。由于服务质量与服务态度很难量化，一方面要求饭店必须重视学习和运用心理学知识，针对宾客心理特点做好每一次服务；另一方面也决定了宾客投诉是难免的，如果饭店在主观方面有一点过错，投诉就更不可避免了。

(2) 由宾客个性方面的差异而引起的投诉。由于宾客气质、性格的不同，处理问题的方式也有明显的差异。有的也许会谅解，有的嘀咕几句就算了，有的大吵大闹，有的则是无声的投诉。最难对付的是大吵大闹的宾客，他们多属胆汁质气质类型，遇到一点不顺心的事就可能大动肝火。但最不可忽视的是无声的投诉，宾客什么也未说，可这就意味着永远失去这位宾客了。而其潜在的影响是会失去十倍或几十倍甚至上百倍的宾客。

(三) 宾客投诉的其他原因

除了主观和客观方面的原因，引起宾客投诉的原因还有其他方面的，主要包括：

(1) 社会影响。饭店服务中的人际交往总要受社会风气与宾客道德水平的制约和影响。良好的社会风气会造成人们之间相互尊重、相互关心、相互帮助的良好风尚。否则，就会造成人们之间的互不信任、互相利用、漠不关心等不良的社会风气，以及假冒伪劣产品猖獗。饭店若是将假酒、假烟、假化妆品、假冒名牌服装、假冒土特产品、假冒进口货等销售给宾客，即使饭店无意这样做，但也会造成宾客的投诉。

(2) 法制观念淡薄。我国保护消费者合法权益的工作已走上法制轨道，广大消费者的自我保护意识和法制观念日益增强。各级主管部门为提高服务质量做了大量的工作，采取了相应的措施，制定了必要的管理制度，颁布了处理投诉的细则规定，严格质量监督检查。然而，旅游企业的一些管理者与服务员法制观念十分淡薄，并不了解消费者有哪些合法权益，这也是会引起投诉的原因之一。

三、妥善处理宾客投诉的意义

投诉是沟通饭店管理者和宾客之间的桥梁。对宾客的投诉应该正确认识。投诉是坏事，也是好事，它可能会使被投诉的对象（有关部门或人员）感到不愉快甚至受罚；同时，接到宾客的投诉也不是一件令人愉快的事，对很多人来讲是一种挑战。但投诉又是一个信号，告诉我们饭店服务和管理中存在的问题。形象地说，投诉的宾客就像一位医生，免费为饭店提供诊断，使饭店管理者能够对症下药，改进服务和设施，吸引更多的宾客前来住宿。因此，管理层对于宾客的投诉必须给予足够的重视。

具体而言，对饭店来说，宾客投诉的意义表现在以下三个方面。

（一）可以帮助饭店管理者发现饭店服务与管理中存在的问题和不足

饭店的问题是客观存在的，但管理者不一定能发现。原因之一是，“不识庐山真面目，只缘身在此山中。”管理者在一个饭店一工作就是几年甚至几十年，长期在一个环境中工作，对本饭店的问题可能会视而不见，麻木不仁。而宾客则不同，他们付了钱，期望得到与他们所付的钱相称的服务，他们也可能住过很多饭店，对某个饭店存在的问题在他们眼里可能一目了然。原因之二是，尽管饭店要求员工“管理者在和不在是一样”，但事实上，很多员工并没有做到这一点。管理者在与不在截然两样。因此，管理者很难发现问题。而宾客则不同，他们是饭店产品的直接消费者，对饭店服务中存在的问题有切身的体会和感受，他们最容易发现问题、找到不足。

（二）为饭店方面提供了一个改善宾客关系的机会

妥善处理宾客投诉，将“不满意”的宾客转变为“满意”的宾客，有利于饭店的市场营销。研究表明，“使一位宾客满意，就可招揽8 位宾客上门；如因产品质量不好，惹恼了1 位宾客，则会导致25 位宾客从此不再登门。”因此，饭店要力求使每一位宾客满意。宾客有投诉，说明宾客不满意，如果这位宾客不投诉或投诉没有得到妥善解决，宾客将不再入住该饭店，同时意味着将失去25 位潜在的宾客。无疑，这对饭店将是巨大的损失。通过宾客的投诉，饭店了解到宾客的“不满意”，从而为饭店提供了一次极好的机会，使其能够将“不满意”的宾客转变为“满意”的宾客，消除宾客对饭店的不良印象，减少负面宣传。

（三）有利于饭店改善服务质量，提高管理水平

饭店可通过宾客的投诉不断地发现问题、解决问题，进而改善服务质量，提高管理水平。宾客投诉多在公共场所或服务现场发生，如处理不当，不但会进一步激化宾客的情绪，还易引起其他宾客的注意和围观，给饭店的形象和声誉带来极坏的影响。但如能妥善处理，使一个满腹牢骚的宾客最终满意而去，带走的是一种良好的印象，而不是埋怨和不满，就可以提高饭店的声誉，影响潜在的客源，增加回头客，提高饭店的经济效益。

四、正确处理投诉的原则与程序

（一）宾客投诉的处理原则

相对于感到不满而不投诉的宾客，宾客对饭店服务不满而提出投诉是一件好事。曾有统计资料表明，投诉客人的大多数会成为饭店的回头客，因为这些客人认为饭店服务有不足，但他们对饭店有信心，相信饭店会改进服务；绝大多数感到不满而没有投诉的客人往往不会再光临这家饭店。所以，饭店管理者应正确认识和妥善处理投诉，把宾客投诉视为发现问题、改善服务质量的机会和动力。处理好宾客投诉，消除宾客的不满，其本身也是饭店服务质量管理的重要内容。所以，饭店应制定处理服务质量投诉的原则、方法和措施。饭店处理客人投诉的原则通常有：

（1）不争论原则，即使客人是错的，也抱着宽容的态度，不与客人争辩。

（2）隐蔽性原则，即处理投诉时应尽可能减少对其他客人的影响。

（3）及时性原则，即投诉的处理应以第一时间处理为好。

（4）补偿性原则，即给予客人适当的情感补偿和实物补偿。

在处理客人投诉之后，管理者还应及时对所发生的问题进行深入调查，以找出问题的关键成因，并采取措施，比如修改质量标准、工作程序或进行培训等，以防止同类问题再次出现，最终使饭店服务质量趋于“零缺陷”。

（二）宾客投诉的处理程序

处理、解决宾客投诉，在国际饭店业中特别是在一些大型国际饭店联号中所采用的方法基本是一致的。这里引用世界最佳饭店——香港文华饭店处理宾客投诉的六项基本原则（或称应该遵循的基本程序）来说明。

1. 承认宾客投诉的事实

为了很好地了解宾客所提出的问题，必须认真地听取宾客的述说，以便使宾客感到饭店管理者十分重视他的问题。在宾客投诉时，饭店宾客关系部主任或大堂副理应全神贯注地倾听他的意见，与此同时，要目视宾客，不时地点头示意，让宾客明白“饭店管理者或宾客部主任在认真听取意见”，听取宾客意见的饭店代表要不时地说：“我理解，我明白，我们一定认真处理这件事情。”

为了使宾客能逐渐消气息怒，饭店宾客关系部主任或大堂副理要用自己的语言重复宾客的投诉和抱怨内容，如果是认真投诉的宾客，饭店在听取宾客意见时要做一些听取意见记录，以示对宾客的尊重及对所反映问题的重视程度。

2. 表示同情和歉意

宾客在谈问题时表现出十分认真，作为饭店的宾客关系部主任或大堂副理或值班经理，就要不时地表示对宾客的同情，例如，“我们非常遗憾、非常抱歉地听到此事，我们理解您现在的心情……”等。

3. 同意宾客要求并决定采取措施

当你是大堂值班经理或是饭店的宾客关系代表，你要完全理解和明白宾客为什么会抱怨和投诉，同时决定要采取措施纠正错误之时一定要让宾客知道并同意你所要采取的处理决定及其具体措施内容。如果宾客不知道或不同意你的处理决定时，就不要盲目地采取行动。

4. 感谢宾客的批评指教

一位明智的饭店总经理会经常感谢那些对饭店服务水平或服务设施水准提出批评意见的宾客，因为这些批评指导意见，或抱怨，甚至投诉，会协助饭店提高管理水平和服务质量。假若饭店不知道宾客为什么不满，那就无从改进和提高管理水平。

5. 快速采取行动，补偿宾客投诉损失

当宾客完全同意你所要采取的改进措施时，你就要即刻行动，一定不要拖延时间，耽误时间只能引起宾客进一步的不满。此时的时间和效率就是对宾客的最大尊重，也是宾客此时的最大需求。

6. 要落实、监督又检查对宾客投诉进行处理的具体措施

处理宾客投诉并获得良好效果，其中最重要的一环便是落实、监督、检查已经采取的纠正措施。首先，要确保改进措施的进展情况；其次，要

使服务水准及服务设施均处在最佳状态；最后，用电话询问宾客的满意程度。对待投诉宾客的最高恭维，莫过于对他的实际关心。有许多对饭店富有感激之情的宾客，是那些曾经投诉并得到满意处理的宾客。

投诉宾客的最终满意程度，主要取决于在其公开抱怨以后对其所作的特殊关怀和关心程度。饭店所有管理人员和服务人员必须确信，宾客（包括那些投诉宾客）都是有感情的，是通情达理的。饭店的良好口碑及社会名气来自饭店本身诚实、准确、细腻的感情服务。

本章小结：

饭店服务质量的优劣直接影响到饭店的经济效益和社会效益，是饭店的生存发展之本。随着顾客需求日益多样化、个性化以及饭店业市场竞争的不断加剧，对饭店服务质量的要求也越来越高。因此，提高服务质量，提升自身竞争力，是饭店在激烈竞争中取得相对优势的最根本的途径。本章首先阐述了饭店服务质量的概念、主要内容及特点，其次对服务质量管理的流程进行了简要概括，然后介绍了饭店常用并行之有效的服务质量分析方法和管理方法，最后对饭店服务质量影响最大的投诉问题进行了较为详尽的阐释——宾客投诉的类型与原因、处理投诉的意义与程序等。

思考题：

1. 什么是饭店服务质量？
2. 饭店的硬件服务质量和软件服务质量分别由哪些部分组成？
3. 饭店服务质量具备哪些特点？
4. 什么是饭店服务规程？其主要内容是什么？
5. 饭店服务质量管理体系包括哪些内容？
6. 饭店服务质量控制的三个环节是什么？
7. 什么是 ABC 分析法？熟练运用 ABC 分析法分析饭店中存在的服务质量问题。
8. 什么是因果分析法？请运用该方法分析餐饮部菜肴质量差（或客房部卫生质量差等）的原因。
9. 什么是 PDCA 管理法？其特点是什么？
10. 简述宾客投诉的原因及处理程序。

讨论题：

1. 分组讨论饭店企业如何在今天的市场条件下向客人提供更优质、更令人满意的服务。

2. 讨论饭店服务质量的控制对于饭店的重要意义。

3. 实地调查某饭店某一部门的服务质量水平，并根据《星级饭店访查规范》的标准评分。

实践题：

选择本地一家饭店企业，运用本章所学知识，实地调查其在服务质量方面某一部门存在的问题，找出主要原因并提出解决对策。

网络链接：

1. 登录 http：//www.ritzcarlton.com/en/Corporate/GoldStandards/Default.htm（the Ritz－Carlton 网站），阅读学习该公司的“Gold Standards”。

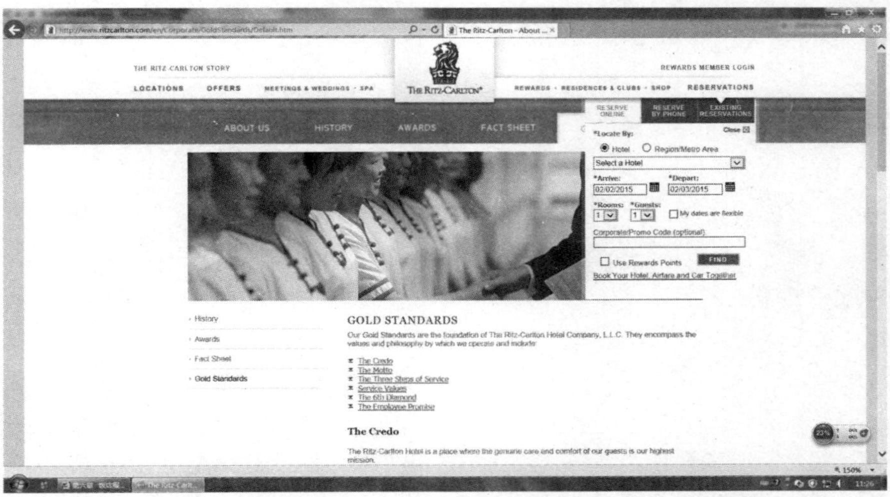

2. 登录 http：//www.shangri－la.com/cn/corporate/goldencircle，查阅香格里拉“贵宾金环会奖励计划”（Golden Circle）的相关内容。

贵宾金环会简介
时刻回馈您的忠实惠顾，是贵宾金环会始终如一的承诺
回馈您的忠实惠顾
登录
加入贵宾金环会
贵宾金环会简介
会员权益
兑换奖励积分
赚取积分
在线服务
专享优惠
贵宾金环会专讯
会员论坛
客房预订
SHANGRI-LA

第七章　饭店营销管理

本章学习目标

1. 熟练掌握饭店市场细分的方法与过程
2. 掌握饭店市场定位的步骤与内容
3. 掌握饭店营销组合策略
4. 了解饭店营销新理念及其运用

引导案例

移动营销将成为新一代饭店营销主流

全球饭店预订及营销的最大趋势就在你手上，没错，就是你的手机。据谷歌预计，到2016年，仅美国就有650亿来自智能手机的通信需求。其中大多数需求都是消费者对商品及服务的搜寻，如饭店客房。如此一来，到明年初，用户使用移动搜索的频率将超过电脑端搜索，这就意味着新的饭店营销技巧将浮出水面。移动搜索之所以能够推动饭店预订的增长，其原因是这种方式简单便捷且能够更好地将搜索转换为直接订单。

电脑端的网站搜索步骤更为复杂，页面跳转也很慢，而在移动搜索的世界里，饭店预订只需直接点击或是轻敲一下按键便可完成。数据显示，每100次的移动搜索中，60次搜索就能产生一次手机通信需求。

市场调研公司BIA/Kelsey估计，移动搜索与电脑端网站搜索转化率对比是57%对7%，因为移动用户“在正确的位置更愿意购买，其设备的核心功能便是打电话。”

此外，移动搜索的兴起和电话转化的完善将会发现饭店预订会在极少数饭店高管始料不及的方向重塑。用于通话付费营销中所消耗的费用令人惊愕。BIA/Kelsey预计每年将花费680亿美元在电话广告上。这就包括报纸、收音机、电视、电话簿上的广告，以及任何可以获得更多观众认可的广告。

在未来几年里，680亿美元中的大部分钱将被转移至移动搜索，饭店业将是其中最大的赢家之一。而事实上，一切已经开始了。据市场研究机构eMarketer报道，65%的当日饭店客房预订是由智能手机交易完成的。

饭店客房营销进入移动搜索时代，其将推动的通话付费营销模式是巨大并有利可图的，它将融入到发展迅速的移动营销范畴内，从而推动新一轮的收入和利润。

Hotel Management 报道

第一节　市场竞争与分析

一、饭店市场剖析

（一）饭店市场细分

所谓市场细分就是按照顾客的需求和欲望，把一个总体市场划分成若干具有相同特征的子市场的过程。饭店市场是一个具有不同需求的异质市场，任何一家饭店不可能满足饭店市场中所有消费者或者购买者的需求。因此，为了有效地使用饭店的有限资源，就必须对市场进行细分。饭店市场细分是将一个错综复杂的饭店异质市场划分为具有相同需求的子市场的过程。

1. 市场细分的依据

（1）地理细分。按照不同的地理区域来细分市场。这个区域可以很大，例如：国家、地区或大洲。世界旅游组织（UNWTO）就根据地区间在自然、经济、文化、交通以及旅游者的流量、流向等方面的联系，将世界旅游市场划分为六大旅游区：东亚及太平洋旅游区、南亚旅游区、中东旅游区、非洲旅游区、欧洲旅游区、美洲旅游区，很多饭店集团就依据这六大旅游区划分饭店市场。划分的区域也可以很小，例如：周边城市、郡县、城镇，也可以以车程或机程来计算客源地与饭店所在地的空间距离来对市场进行细分。饭店可以选择一个或几个地理区域开展业务，但一定要注意地区之间的需求差异。

（2）人口统计细分。就是根据人口统计特征，例如：年龄、性别、收入、家庭结构、职业、受教育程度、宗教、种族、民族、国籍等，将饭店市场划分为若干个子市场。

由于生理和社会因素的影响，女性和男性具有不同的消费心理和需求，很多饭店针对女性消费者的特点，推出适合于她们的饭店产品。例如，希尔顿饭店一直致力于为单身女客提供专业化的服务，饭店内设有“女子客房”，客房里所有的设施设备和装饰色调都从女性的爱好和生活需要出发，一般都配备特制的化妆镜、成套化妆用品、各种牌号的洗涤剂和沐浴芳香泡沫剂，提供挂裙架、卷发器及妇女专用卫生用品。客房通常被装饰成温馨的色调，另外还备有最畅销的时装或女性杂志。

根据消费者的年龄，可将饭店市场划分为老年市场、成年市场、青年市场、儿童市场。消费者的欲望与需求随年龄而变化，饭店可以根据不同年龄段的消费者的特点提供不同的服务。

（3）心理和社会因素细分。就是根据消费者的心理特征、影响消费者的社会因素来细分市场，如购买动机、生活方式、个性、社会阶层等。

以社会阶层为例，消费者均处于一定的社会阶层，同一阶层的消费者在行为、态度和价值观念等方面具有同质性，不同阶层的消费者在这些方面存在较大的差异。上层人士比较注重身份和自我形象，追求高品位、高标准的产品和服务，他们在选择旅游活动的时候主要以享受为主，比如去著名的海滩、温泉或者去费用昂贵的小岛度假。中层人士不仅追求质量，而且追求情趣和格调，在理性消费的基础上竭力追求更高层次、更高级别的旅游活动，表现出向社会上层靠拢的趋势。而下层人士出于经济实力有限的原因，他们在旅游出行上的花费较少，一般以短途旅行和短期度假为主，所以他们更多的是选择物美价廉的饭店产品。

（4）旅游目的细分。由于按旅游目的可以将旅游者分为观光旅游、度假旅游、商务旅游、探亲访友旅游、文化旅游、宗教旅游等。相应地，以欣赏自然风光和人文景观为目的的观光旅游者会选择位于风景区的饭店。由于是自费旅游，他们对价格比较敏感，而且出游的季节性很强，一般也不会故地重游。饭店可以为观光旅游者提供休闲设施、物有所值的餐饮服务、旅游当地的信息与服务等。

以度假休闲为目的的度假旅游者一般会选择位于海滨、山区和温泉附近的饭店。他们的收入一般都很高，旅游花费也较多，对饭店的环境、舒适、安全要求较高。很多饭店都为度假旅游者提供康乐中心服务，例如，保龄球、网球、游泳池、酒吧、水上游艇、电子游戏等，使他们的身心得到极大的放松，以满足他们度假休闲的需求。值得一提的是，度假旅游者中的保健旅游者（以老年人为主），他们通过度假来消除疲劳、增进身心健康或者治疗慢性疾病，所以更看中饭店的医疗、避暑、温泉、体育保健等服务项目。

商务旅游是以商务或者其他特定的活动目的为导向，他们一般会选择位于市中心或靠近商务区的饭店。商务客人的消费能力很高，他们对价格敏感程度较低。商务客人对饭店产品的需求大多与工作有关，他们更注重效率与信息的交流。比如，要求饭店的商务设施齐全，如国际直拨电话、传真机、复印机等，还要求提供现代化的办公场所，各种规模的谈判间、会议室等。在服务方面，他们更看中的是高效、快捷和方便。值得注意的是，会议性商务旅游，如公司年会、企业周年纪念会、大型国际会议、技术交流会、培训讨论会等等，这些会议活动大都有固定的时间或者预先设定的时间，经过一定固定的时间间隔就会再次举行，这就给饭店带来了稳定的客流和收入，而且没有明显的季节性和淡旺季差异。

2. 有效市场细分的条件

饭店可以选择单一变量，也可以选择多个变量对市场进行细分，但并不是所有的细分都是有效的。成功、有效的市场细分应具备以下五个特点：

（1）可衡量性。细分市场的变量必须是可以识别和可以衡量的，细分出的子市场应具有明显的特征。子市场与子市场之间要有明显的区别，各子市场内的消费者应具有共同的需求特征，表现出类似的购买行为。

（2）可进入性。饭店的各种营销活动能有效地进入到细分市场。也就是说，饭店能够把产品和服务信息传递到细分市场的消费者，并且能够通过一定的分销渠道将产品和服务送达到消费者。

（3）规模性。细分出来的市场应具有一定的容量和规模，足以使饭店获利。也就是说，细分市场要有足够的消费者数量、足够的购买力和购买频率。

（4）可行性。饭店所选择的细分市场，必须是饭店有足够的资源条件和营销能力去开发和经营的。

（5）差异性。细分出来的各子市场，必须能对饭店营销活动的变化作出差异性反应。如果两个子市场反应基本相同，则说明细分无效。

（二）饭店市场竞争分析方法

饭店的市场环境复杂多变，具有动态性，饭店应持久地研究饭店市场环境特征及其变化，从而寻求和把握市场机会，避免环境威胁，制定有效的市场营销策略，扬长避短，在市场竞争中取得有利的地位，更好地满足市场需求，实现饭店经营目标。饭店在进行市场竞争分析时，可以利用SWOT分析法。SWOT分析，就是综合分析考饭店的内部环境和外部环境，并对此进行综合评价，从中判断出饭店的优势（Strengths）、劣势（Weaknesses）、机会（Opportunities）和威胁（Threats）。

1. 优势和劣势分析

优势和劣势分析是针对饭店的内部环境进行的。饭店的优势和劣势可以从地理位置、建筑风格与设计、服务项目、服务质量、员工素质、内部管理等方面体现出来。例如某城市一家四星级饭店的优势与劣势分析结果如表 7 – 1 所示：

表 7 – 1　　某饭店优势和劣势分析示例表

优势	劣势
地理位置：位于城市商务中心区域，交通方便	价格：房价为本地区四星级饭店中最高的
服务设施：服务设施齐全，每间客房均有互联网宽带接口	设施：饭店已经开业四年，一部分设施老化需要更新
服务质量：本地区第一家引入 ISO9000 质量标准体系进行质量控制的饭店	连锁：饭店独立经营，没有加盟任何连锁饭店，知名度较低
员工素质：饭店基层以上管理人员中大专以上文化程度的比例为 77%	员工：员工流动率较高
饭店声誉：客人口碑好	

通过对内部环境的分析，能够认清饭店所拥有的优势和劣势，如饭店的地理位置优越、建筑风格独特、服务质量一流、管理有序等，都是饭店的优势；而管理系统混乱、服务质量低劣等成为饭店的劣势。客观分析内部环境之后，找出最具优势之处和最薄弱环节，据此展开重点营销。

2. 机会和威胁分析

任何饭店面临着若干市场机会和环境威胁。市场机会的实质是指潜在市场或潜在需求。市场机会对不同的饭店是不相等的，同一个机会对一些饭店可能成为有利机会，而对另一些饭店就可能造成威胁。环境威胁是外部环境中不利因素的发展趋势对饭店所形成的挑战，如不能及时采取适当措施，将损害饭店的市场地位。

饭店的市场机会和环境威胁可以从市场需求状况、市场竞争情况、经济与政策形势、饭店的内部环境等方面体现出来。然而，不是所有的环境威胁都一样大，也不是所有的市场机会都有同样的吸引力。如何认识一个饭店所面临的机会和威胁的程度，可以利用机会和威胁矩阵分析法，通过此法对机会和威胁做出适当评价。饭店可以按照机会和威胁的程度，绘成矩阵分析图，如图 7－1 所示。

区域Ⅰ为理想市场，即高机会和低威胁的市场。该类市场是饭店营销活动最理想的场所，饭店应该把握好机会，充分利用饭店优势，随时关注环境威胁因素的变化。

区域Ⅱ为冒险市场，即高机会和高威胁的市场。该类市场的价值不是很大，除了少数冒风险的饭店外，一般饭店不会把主要精力放在此类市场上。但是，饭店也应在慎重的基础上，敢于冒险，同时注意环境的变动情况，一旦该市场的威胁程度降低成为理想市场，就迅速做出反应。

区域Ⅲ为成熟市场，即低机会和低威胁的市场。该类市场的风险低、获利能力也小，通常稳定性和实力薄弱的饭店以其作为市场营销活动的主要目标。对于这类市场，饭店应注意其市场情况的变动，以便在其机会程度提高成为理想市场的时候可以立即把握住。

区域Ⅳ为困难市场，即低机会和高威胁的市场。该类市场的价值是最低的，通常这类市场不大可能直接跃居到理想市场。在这种情形下，饭店应认清形势，当机立断，采取有效措施，或反抗扭转威胁因素，或撤退转移，另辟新的细分市场。

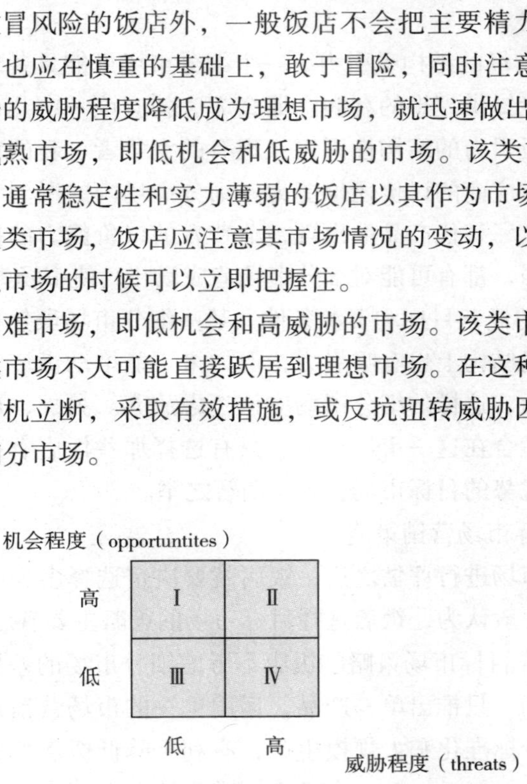

图 7－1　机会和威胁分析矩阵

（三）选择目标市场

目标市场就是饭店决定要进入的市场。饭店在市场细分之后，应根据饭店的实际情况，选择一个或几个细分市场作为自己的目标市场。

1. 评估细分市场

在评估不同的细分市场时，饭店应该考虑三个方面：细分市场的规模和发展潜力，细分市场的结构吸引力，以及饭店的经营目标和资源条件。

（1）细分市场的规模和发展潜力。细分市场要具有适度规模和发展潜力，只有规模和发展潜力适度的细分市场才能成为饭店进入的驱动力。当然，也不能以市场规模和发展潜力作为唯一的依据，特别是要避免“多数谬误”（即与竞争饭店遵循同一思维逻辑，将规模最大、发展潜力最大的市场作为目标市场），大家共同争夺同一目标市场，容易造成过度竞争和极大的资源浪费。

（2）细分市场的结构吸引力。一个细分市场可能具备理想的规模和发展潜力，但不能提供理想的利润。那么饭店就应该考虑几个重要的、影响细分市场长期吸引力的结构性因素：现有的竞争者、新的竞争者、替代产品、消费者和供应商的讨价还价能力。细分市场内的激烈竞争，潜在的新的竞争者的加入，替代产品的出现，消费者的议价能力的提高，供应商讨还价能力的加强，都有可能对细分市场造成威胁，使市场失去吸引力。

（3）饭店的经营目标和资源条件。某些细分市场虽然有一定的规模和发展潜力，市场结构上也有吸引力，但如果不能推动饭店实现目标，甚至分散饭店的精力，这样的细分市场应该考虑放弃。另外，还应考虑饭店的资源条件是否适合在这一市场经营。只有选择那些饭店有条件进入，并且能发挥其资源优势的目标市场，才是明智之举。

2. 选择目标市场营销策略

在对细分市场进行评估之后，饭店就要决定选择多少或哪些细分市场来提供服务。一般认为，饭店选择目标市场的策略主要有三种：

（1）无差异目标市场策略。饭店不考虑细分市场的差异性，以整体市场作为目标市场，只推出单一产品，运用单一的市场营销组合。这一策略的优点是有利于标准化和大规模生产，有利于降低饭店的成本费用，获得较好的规模效应。但是，单一产品难以满足消费者的多样化需求，不能满足其他较小的细分市场的消费者的需求。

（2）差异性目标市场策略。饭店在市场细分的基础上，选择几个不同的细分市场作为目标市场，为每个细分市场分别设计不同的产品，运用不同的市场营销组合。这一策略可以更好的满足不同消费者的需求，争取更多的顾客，从而提高饭店的市场占有率和竞争力。但同时也会使饭店的生产成本和市场营销费用增加，而且这一策略对企业的资金实力和经营管理水平要求很高，不太适用于实力薄弱的饭店。

（3）集中性目标市场策略。饭店集中所有力量，以一个或少数几个细分市场作为目标市场，力求在较少的细分市场上占有较高的市场占有率。这一策略使饭店能够深入了解少数特定市场的需求，进行专业化营销，从而节省费用，增加利润，增强饭店的竞争力。集中性目标市场策略适用于力量薄弱的一些小饭店。但同时风险也很大，因为饭店选择的目标市场范围较小，一旦市场需求发生变化或出现强大竞争者，饭店就会陷入困境。所以许多饭店从分散风险的角度考虑，都愿意选择几个细分市场作为目标市场。

二、饭店市场定位

饭店市场定位是指饭店为了使自己的产品和服务在公众和目标市场顾客的心目中占据明确的、独特的、深受欢迎的地位，而做出的各种决策和进行的各种营销活动，从而为饭店产品和服务在市场上确定适当的位置。

（一）形象定位

饭店形象是消费者、社会公众、饭店员工以及相关部门或单位对饭店的整体印象和评价。饭店形象是公众对饭店的综合认识结果，它是通过许多方面的影响形成的。这里所说的形象是指饭店的外观形象，包括建筑外观、名称和标志。这些视觉因素是最初的视觉接触点，会影响消费者的视觉角度，影响消费者的印象。

建筑本身就是一种艺术，建筑外观是传播饭店形象的具体可视符号，称为饭店的“立体广告”。饭店外观作为永久性的户外广告媒体，永远为传播饭店形象信息服务。例如，迪拜的伯瓷（Burj Al Arab）饭店（也称“阿拉伯塔”），外观如同一张鼓满了的风帆，一共有 56 层、321 米高，是全球最高的饭店，比法国艾菲尔铁塔还高上一截，这家以其帆状造型和奢华而闻名于世的饭店本身就成为最的好顾客吸引物。

好的饭店名称，首先应具有独特性，易读易记，并富有艺术性和形象性，这样的名称能迅速抓住消费者的视觉兴奋点，诱发他们浓厚的兴趣和丰富的想象，使消费者对饭店产生深刻的印象。

一个标志代表着一个饭店，代表着一个品牌。例如，见到签名体 HILTON 时，便知道它代表着希尔顿饭店；见到一个金黄色的双拱门 M 标志时，即知道它代表着麦当劳。标志代表饭店的理念，它把饭店理念向更大范围内的更广泛的消费者进行传播，使标志所代表的饭店形象深深地印在消费者的心目中，培养消费者认品牌购买和重复购买等习惯心理模式。

（二）价格定位

采用价格定位的饭店将产品的价格作为反映质量的标识。高价格本身就会对消费者起到一种暗示的作用，使他们得到在这里可以获得高水准服务的信息。高价定位，饭店需要时刻注意消费者对产品的反应，注重提高服务质量，增强消费者对产品的信赖感。如四季饭店的高价定位："聪明的客人，愿意为较高的价值付出较高的代价"，他们不断探询消费者心目中的价值感，什么样的服务是顾客一定需要的？什么是必要的？或是顾客自己都不清楚的？我们的卖点是什么？同时设立电脑资料库，储存关于每位客人喜好的资料，设身处地的为顾客着想。

高价定位能够显示高品质，高附加值，但是在同一质量和服务水平上，低价仍然是吸引消费者的有力武器。因为市场上有许多普通的消费者，他们希望用更少的费用得到更大的满足，低价对于他们有不可抵抗的诱惑力。但是低价定位容易被模仿，而且饭店在一定时期内不可能无止境的降低价格。当饭店产品的识别性差异越来越小时，服务成为消费者看重的重点，竞争成败的关键往往取决于饭店服务的质量。因而，饭店的价格定位归根结底是饭店的服务定位。

（三）服务定位

饭店的许多服务项目，如前厅服务、客房服务、餐厅服务等，都涉及到服务质量标准的问题。饭店服务的标准化是按照国际标准、国家标准或者行业标准的统一要求，就各种等级饭店的设施、布置管理方式、服务方式、服务内容以及考评标准进行统一的规定和要求，这种标准化可以达到设施统一、印象统一、管理统一。

但是，饭店业竞争日益激烈，主要的服务产品已无太大差异，饭店要想在竞争中处于不败之地，仅仅提供规范化、标准化的服务是远远不够的。饭店可以在规范化的基础上，利用特色服务帮助定位。如香港半岛饭店为来去启德机场的客人提供接送服务，乘的是劳斯莱斯汽车。每一家饭店都可以选择自己的特色服务帮助定位，但是特色服务易于模仿，很少能够保持领先地位，所以要经常创新、开发。但无论采用哪种服务定位方式，都要在饭店的能力范围内，还要以顾客的需求为出发点，给予他们真正的实惠，选择他们最关心的服务项目才能吸引他们的兴趣。

（四）消费群体定位

消费群体定位是指饭店以哪种类型的消费群体作为自己的目标市场。消费群体按旅游目的可以分为观光旅游、度假旅游、商务旅游等。对于观光旅游者，他们是非工作目的的旅游者，自付房费，饭店应向他们提供休闲设施、物有所值的餐饮服务、旅游当地信息与服务等；对于度假旅游者，饭店可为他们开辟各种娱乐体育项目，如滑雪、骑马、狩猎、潜水、冲浪、网球等活动；对于商务旅游消费者，饭店应向其提供有保证的预订、快捷的登记和结账手续，商务服务如国际直拨电话、电报和传真、秘书与翻译服务、学习型卧室等。

通常，饭店不会只选择某一类消费群体为目标市场，而是根据饭店的实际情况选择几类消费群体作为提供产品和服务的对象。

第二节　饭店营销组合策略

饭店营销组合策略，是指饭店为取得最佳经济效益，对饭店的产品（Product）、价格（Price）、渠道（Place）、促销（Promotion），也就是通常所说的4Ps这四个因素进行组合，使其相互配合，发挥综合性作用的整体营销策略。

一、饭店产品策略

饭店产品是饭店为了满足顾客住宿、餐饮和娱乐等需求，借助饭店各种设施、设备和环境条件向顾客提供的物质产品和服务产品的总和。

（一）饭店产品构成

一般认为，饭店产品由六个部分构成，每一部分都能带给消费者不同的感受和利益。

1. 地理位置

饭店所处的地理位置，是指它与机场、车站、商业中心、旅游景点的距离及周围的风景环境因素。饭店地理位置的好坏对于饭店建设的投资额、饭店的客源、饭店的经营会产生很大的影响。有的饭店位于市中心、商业区，也有的位于风景区或郊区，不同的地理位置有不同的价值，构成了饭店产品某些不同的内容。

2. 饭店设施

包括客房、餐厅、酒吧、会议室、娱乐设施等。饭店设施在不同的饭店类型中，其规模大小、面积、接待量和容量也不同，而且这些设施的装潢、体现的气氛也不一样。饭店设施是饭店产品的一个重要组成部分，齐全、舒适的饭店设施，也是推销饭店产品的重要条件之一。

3. 饭店服务

饭店服务是指饭店借助于饭店的有形设施，为满足消费者的各种需求而与消费者接触的活动，包括服务态度、服务效率、服务方式、服务礼仪、服务技能等。饭店服务是饭店产品的核心，它是消费者选择饭店的主要原因之一。

4. 饭店气氛

气氛是消费者对饭店的一种感受，具有无形的特点。饭店的气氛取决于饭店的环境氛围，如饭店的装饰、服务设施的布局、色调与照明、室内温度的适宜程度等。无论是商业气氛，还是高贵典雅，或是怀旧的感觉，成功的饭店总能营造一种气氛使消费者流连忘返。

5. 饭店形象

饭店形象是消费者对饭店产品的一致看法，涉及饭店的历史、知名度、经营思想、经营作风、服务质量和信誉、建筑风格、服务人员的精神面貌、言谈举止、礼貌礼仪等诸多因素。

6. 饭店的价格

饭店的价格既表示了饭店通过其地理位置、设施与设备、气氛、服务和形象给予消费者的价值，也表示了消费者从价格反映产品的不同质量。特别是对第一次购买的消费者来说，如果消费者不完全了解饭店的产品，就往往根据价格来选择饭店。

（二）饭店整体产品设计

整体产品（Total Product）概念是现代市场营销观念的产物，它反映了饭店营销的重点在于向消费者提供具有完整效用的产品，给消费者带来完整的消费满足。按照现代营销理论的整体产品观念，饭店产品包含三个层次：核心产品（Core Product）、有形产品（Tangible Product）、附加产品（Augmented Product）。

1. 核心产品

饭店产品的核心是指消费者从饭店产品中得到的根本利益，这层产品主要回答消费者购买产品所需要解决的基本问题是什么。这对不同的消费者来说是不同的，对经济等的中转客来说是便宜、清洁地过一夜；对豪华等的炫耀客来说，是享受体面与舒适的现代生活。饭店营销人员应善于发现消费者者购买饭店产品时所追求的利益，提供并销售这种利益。饭店的核心产品是饭店产品整体概念中最基本、最主要的部分。

2. 有形产品

有形产品是根据核心产品即消费者的需求问题来设计真实有形的产品，如饭店的设计风格、建筑特色、地理位置、周围环境、服务项目、服务水平、价格等。这一系列的有形产品都能展示出饭店产品的核心利益，使产品的核心利益更容易被消费者认识。正是由于这些产品的有形因素，才使世界上的饭店各有特点，饭店营销人员常用这些有形产品将自己的饭店与竞争对手的饭店区别开来。

3. 附加产品

附加产品是指消费者在购买饭店的实际产品和服务时所得到的附加利益。如饭店对顾客与旅行社的质量保证，饭店荣誉顾客奖励俱乐部，饭店的免费停车场，饭店提供的免费往来于旅游点、购物点和机场的班车等。这种附加利益对消费者来说并不是必不可少的，但它能够给消费者带来更多的利益和更大的满足，因而对消费者购买有形产品和服务具有一定的影响力。

饭店产品的上述三个层面相互独立，各具特点，同时又紧密相连，共同构成整体产品的全部内容。核心产品和有形产品是消费者满意的前提条件，附加产品是产品灵活性的具体表现。这三个层面的意义，在于提供一个具有质量保证和一定灵活性并且有竞争优势的产品。

（三）新产品开发

对饭店而言，开发新产品具有重要的战略意义，它是饭店生存和发展的重要支柱。由于消费需求日趋多样化，以及饭店产品本身存在生命周期，这就需要饭店不断开发新产品，以取代已经或者不久将要退出饭店市场的老产品。

1. 新产品的含义

新产品是指从生产技术、经营策略、产品功能和目标市场等角度衡量的，具有一定新颖性或创新性的产品形式。饭店的新产品一般有以下四种类型：

（1）全新产品。是指原来饭店市场上从未有过的，能给饭店带来一种全新感觉和利益的新产品。例如，汽车旅馆在美国诞生时，是一种全新的饭店产品，因为它的服务对象、经营方式和经营设施都与原来的传统饭店截然不同。

（2）改进型新产品。指在原有老产品的基础上进行改良，使产品在结构、功能、品质、花色、款式及包装上具有新特点和新突破，如饭店大堂布局的调整、客房设施的增加等。

（3）模仿型新产品。对饭店市场的已有产品进行模仿生产，使之成为本饭店的新产品。

（4）重新定位型新产品。是指饭店的老产品进入新的市场。这种产品在严格意义上不属于新产品，但对于饭店来说，其营销策略必须全面转换，因此可以当作新产品加以对待。例如雅高的 Pullman 品牌即将进入中国市场。

2. 新产品开发的程序

新产品开发是一个有计划、有目的、有系统的过程，一般要经历六个阶段：

（1）构思的产生

构思是对新产品进行设想或创意的过程，是新产品开发的基础和起点。通常可以从饭店的内部和外部寻求新产品的构思：饭店内部的管理者和员工，包括设计、管理、营销以及服务等所有人员，是构思的主要来源；饭店外部的消费者、竞争对手、饭店中间商、供应商、广告机构、营销调研机构等，也是构思的重要来源。

（2）构思筛选

各种构思方案并不都是可行的，饭店营销人员还要做进一步筛选，以便从中挑出最有潜力的方案。筛选过程中要充分考虑新产品开发的有利和不利因素，包括饭店的地理位置、设施和设备、饭店形象和声誉、营销能力、研发能力、员工素质、财务能力等。通过综合评价，最后剔除不适当的构思，选出最佳产品构思。

（3）新产品概念的形成与测试

新产品概念的形成就是把新产品的构思具体化，描述出产品的性能、具体用途、优点、价格、提供给消费者的利益等，让消费者能够一目了然地识别出新产品的特征。新产品概念一旦形成，就要在目标消费者中进行测试，以便了解消费者对新产品概念的反应，从而选出最有希望成功的新产品概念。

（4）新产品的设计和开发

新产品的设计和开发是指按照新产品的开发方案筹集资金、设计新产品、安装设备、招收员工、制造新产品等具体工作。营销人员应保证新产品开发按原方案进行，并为新产品制订一份营销计划。

（5）新产品试营业

新产品试营业是对新产品的全面检验。在新产品正式向市场开放之前做一些试销活动，可为新产品是否全面上市提供全面、系统的决策依据，也为新产品的改进和市场营销的完善提供启示。

（6）商品化

经过试营业，当饭店决定要正式推出新产品时，还必须做出四方面的决策：①何时推出，即决定引入新产品的时机；②在何地推出，即决定新产品的引入是局限在单一的地点，③还是在一个地区、几个地区，或者国际市场；④向谁推出，即饭店必须将其分销和促销活动对准最有发展前景的群体；以何种方式推出，即饭店必须制订一个把新产品引入目标市场的行动计划，并将营销预算投入到营销组合中。

当然，并不是所有的饭店产品开发都要机械地通过以上六个步骤，每家饭店可根据其自身条件和开发的产品的特点，选择合适的开发程序。

二、饭店价格策略

在饭店营销组合中，价格是唯一能够增加饭店收益的因素，其他如产品、渠道、促销都需要支出费用。因此，价格策略在营销组合中具有特别重要的作用。

（一）影响定价的因素

1. 成本

成本是影响定价的最基本因素，定价以成本为最低界限。饭店产品价格只有高于成本，饭店才能补偿生产上的耗费，从而获得一定利润。当然，我们不能将成本孤立地对待，而应同产量、销量、资金周转等因素结合起来考虑。

2. 竞争

一般来说，成本决定产品定价的下限，主体目标客源的最大价格承受力决定产品价格的上限。而竞争因素则决定产品价格在其上限和下限之间的某一落点。竞争激烈的条件下，饭店的产品又处于下风，在定价时应趋向下限；竞争较少，或是产品在市场上占优势，定价时可靠近上限。

3. 市场需求

消费者的态度，营销组合中其他因素的变化，或企业无法控制的环境因素的变化，都会影响饭店市场的需求量。旅游市场对饭店客房的需求量表现出很强的季节性，饭店的客房数量必须适应旺季最高需求量的需要，而在淡季，却又出现客房和人员的大量闲置。饭店市场需求量的波动性对饭店的定价策略有极大的影响，因此，通常饭店的房价在旺季时要比淡季高得多。

4. 营销目标

饭店在不同的时期有不同的营销目标，或是为了扩大销售量、提高市场占有率，或是为了击败竞争对手、站稳脚跟，或是为了县打响知名度在扩大美誉度等，不同的营销目标会影响饭店产品定价的高低。

5. 政策因素

每个国家都有自己的经济政策，对市场价格的高低和变动都有相应的限制和法律规定。同时，国家还利用生产、市场、货币金融、海关等手段，间接地调节价格，饭店定价也必须遵守国家的有关政策法规行事。

（二）定价方法

1. 成本导向定价

（1）成本加成定价法。其一般的做法是，在产品的成本之上加上固定百分比的利润形成最终的产品价格。成本加成定价法只考虑了成本因素，而没有分析市场需求弹性和消费者的心理。因此，它一般用于饭店餐饮产品的定价。

（2）千分之一定价法。千分之一是指饭店的房价为平均每间客房建筑造价的千分之一，这是国际上较通用的一种根据饭店建造总成本制定客房价格的方法，其计算公式是：

客房价格 = 每间客房的平均造价/1000

每间客房的平均造价 = 饭店建造总成本/饭店客房总数

但是，因为它没有考虑市场的变化和经营环境的变化，所以一般只作为客房定价的基点。

2. 需求导向定价

需求导向的定价方法是从市场需求出发，根据市场对饭店产品及其价格认同的程度来确定饭店产品的价格。

（1）理解价值定价法。就是根据消费者理解的某种产品的价值，也就是根据买主的价值观念来定价。这就要求市场营销人员运用市场营销组合中的非价格因素影响消费者，指他们对饭店产品形成一种价值概念，并根据这种价值概念制定相应的价格。采用这一方法定价时，营销人员必须善于识别和创造本饭店所能给予消费者的独特利益，并把这种利益恰如其分又别出心裁地宣传给更多的消费者。

（2）需求差异定价法。同一产品，对于不同需求的消费者，采用不同的价格。一般是以该产品的历史价格为基础，根据市场需求的变化情况，在一定幅度内变动价格，同一产品，往往有两种或两种以上的差价形式。例如季节差价、地区差价、购买量差价、常客差价等。

3. 竞争导向定价

竞争导向定价的主要依据是饭店面临的竞争环境，处于激烈竞争中的饭店，往往会把对抗竞争或谋求一定的市场占有率作为定价的出发点。

（1）随行就市定价法。以竞争对手产品的平均价格作为定价的依据，而对饭店产品的成本和市场需求考虑较少。随行就市定价能使饭店获得稳妥的收益率，减少定价的风险。

（2）率先定价法。有些饭店认为应有率先定价的魄力，为其他饭店树立榜样。率先定价所制定的价格若能符合市场的需求，即使在竞争激烈的市场环境中，也可获得加大的收益。当然，这种方法使用起来要冒一定的风险。

（3）追随核心定价法。这种方法假定市场上由起核心作用或主导地位的饭店，其他饭店则跟随这个核心制定大致相仿的价格，并随它的价格变化而调整。

（三）定价策略

饭店产品定价，除了要确定定价方法之外，还要适时地运用各种定价策略，吸引更多的消费者，扩大市场，以实现饭店的定价目标。

1. 新产品定价策略

新产品进入市场能否有效地打开销路，价格起着非常关键的作用。常用的新产品定价策略有：

（1）撇脂定价策略。撇脂的原意是把牛奶上面那层奶油撇出来。应用到饭店产品定价上就是，产品以高价进入市场，以便迅速收回投资；当有竞争者进入时，则采用降价的方法限制竞争者的进入。

（2）渗透定价策略。产品以低于预期的价格进入市场，以期获得“薄利多销”的效果，以便渗透市场，尽快获得市场占有率。

（3）满意定价策略。吸取撇脂定价和渗透定价的优点，选取一种比较适中的价格。这样既能保证饭店获得一定的初期利润，又能被广大消费者接受。

2. 心理定价策略

心理定价策略是利用的心理因素进行合理定价，巧妙地刺激消费者的消费欲望。常用的心理定价策略有：

（1）尾数定价策略。给产品定一个以零头数结尾的非整数价格，如：0.99 元、9.95 元、19 元等。尾数定价有使标价减少一个位数的功能，给消费者一个低价的印象。这一策略经常在饭店的菜肴定价中使用。

（2）整数定价策略。给产品定一个整数价格。如某个饭店产品，按成本加成法价格为 995 元，这是三位数，采用整数定价策略定价为 1000 元，一下子就变成了四位数，提高了身价，给追求声望的消费者以心理上的满足。

3. 折扣定价策略

折扣定价策略是通过产品价格的适量调整，让消费者得到一部分优惠，有助于鼓励消费者大量购买，促使消费者改变购买时间和及时付款。常用的折扣定价策略有：

（1）数量折扣。按购买数量的多少，分别给予不同的折扣，购买数量愈多，折扣愈大，其目的是鼓励大量购买或重复购买。例如，团体、会议价低于散客价就是一种数量折扣。有的饭店对散客、会议和团体采取不同的折扣率，比如分别采用 10%、20%、40%。

（2）季节折扣。饭店产品是一种季节性很强的产品，有明显的淡旺季之分。饭店采用季节折扣的方式，对在淡季购买饭店产品的消费者给予一定的优惠，使饭店产品的销售一年四季都能保持相对稳定。

（3）现金折扣。是对在规定时间内提前付款或用现金付款的消费者所给予的一种价格折扣，其目的是鼓励消费者尽早付款，以便加速资金周转，降低销售费用，减少财务风险。如消费者在 10 天内付款，就可得到

1%的现金折扣，20天内付款就可得到0.5%的折扣。

（4）代理佣金。这种折扣主要用于中间商和旅行社。很多饭店除了给予中间商和旅行社优先订房权之外，还给予他们一定的折扣和佣金。例如，美国希尔顿国际公司向旅行社收取净房价，如果旅行社为团体或散客代订房，则向他们收取的价格比规定的团体价、散客价低15%。

三、饭店分销渠道策略

饭店分销渠道，又称饭店营销渠道，是指饭店产品和服务从饭店向消费者转移过程中，取得饭店产品和服务的所有权或帮助转移其所有权的所有企业和个人。它主要包括中间商、代理中间商，以及处于渠道起点和终点的饭店和消费者。

（一）分销渠道的重要性

1. 利用分销渠道可以提高经济效益

通过中间商代理销售，能够减少饭店与消费者之间的接洽次数，尤其减少跨地域的接洽，节省时间和人力，降低交易费用，提高经济效益。

2. 利用分销渠道可以提高销售效率

饭店的客源市场，无论在地域上还是在人口结构上都分布极广，单靠饭店自身得力量进行销售，既加大了成本又不可能全面铺开。而利用分销渠道上的旅游中间商所拥有的销售网络，能有效地弥合饭店产品和服务与消费者之间的时空方面的缺口，既弥补了饭店财力、人力的不足，又可以扩大饭店的市场覆盖率，提高销售效率，并可获得一部分稳定的客源。另一方面，旅游中间商有丰富的市场经验，在运作上可以实现专业化和规模化经营，饭店借助他们的力量，可以顺利快速地以较低的成本进入目标市场。

3. 利用分销渠道获得市场信息

分销渠道同时也是信息渠道，旅游中间商凭借其业务往来关系，活动于分销渠道的各个环节，有掌握信息的天然优势。他们对市场上的需求变化趋势较为敏感，了解行业内及竞争对手的动态，可以提供有价值的信息。饭店可以通过与他们的沟通和反馈，及时改进自己的营销组合方案，提高竞争力。

4. 利用分销渠道实现提前销售

分销渠道的派生功能是为在生产之前购买产品提供方便。对于饭店来说，这一点显得格外重要。比如，为了保证接待工作的顺利，大型的国际会议展览或主体活动的大型旅游团体，往往会通过中间商的运作，提前一年、甚至几年向饭店预订客房和其他设施。这种对饭店产品的提前批量预订，有效地减少了对当期出租率的依赖，既有利于均衡生产，又可实现定金收入。

（二）饭店十大分销渠道

1. 旅行社

旅行社按不同的经营方式可分为旅游代理商、旅游经销商和旅游批发商。旅游代理商直接与消费者联系，向他们出售客房等单项产品或各种线路的团队、散客、包价等形式的最终旅游产品；旅游经销商同时向消费者和批发商销售业务；旅游批发商只组合旅游产品销售给经销商或代理商，自己不直接面对公众销售。作为专业化的旅游产品与服务的组合者，旅行社是为饭店提供客源的主要分销渠道，也是饭店营销工作的重点。

2. 奖励旅游经营商

奖励旅游肇始于美国的企业为奖励自己的销售人员，后来得到许多企业和部门纷纷效仿。奖励旅游是企业奖励计划的一部分，其核心是在推动员工和非员工在生产、销售、研制开发、办公室等方面做出突出贡献，成为成功者。由于奖励旅游的风行，奖励旅游经营商也营运而生。奖励旅游经营商洽谈好饭店客房的价格，并将客房分配给拥有奖励旅游计划的公司。奖励旅游经销商代表着许多客户企业，这使得他们在同饭店商洽时具有许多的优势。奖励旅游的目的地常常是度假地，旅游设施都是一流的或豪华型的，对于目的地的度假饭店来说，奖励旅游经营商是一种高效的分销渠道。

3. 饭店代理商

饭店代理商是指替饭店进行宣传并接受客人预订的专门机构，饭店则按销售额支付一定比例的手续费给代理商。Utell 是世界上最大的饭店代理商，它总部设在英国，业务遍及全球 180 个国家与地区，代表了超过 6500 家等级各异的饭店。这些饭店从市中心饭店到机场饭店，从温泉疗养胜地饭店到高尔夫度假地饭店，从商务饭店到旅游度假饭店，从普通旅游饭店到豪华饭店，为顾客提供广泛的选择。

4. 饭店联合体

饭店联合体是独立拥有的饭店的自愿联合，成员饭店通过联合体可以获得单一饭店无法取得的重要资源（例如预订网络）。作为一种网络型组织，饭店联合体通常处于网络中心的管理部门。饭店联合体的中心管理部门并不真正拥有饭店，也没有管理饭店的责任，不能要求成员饭店按照统一的管理模式运营。饭店联合体成员可以保留自己的品牌，由业主按照自身的意愿管理饭店，同时参与联合体的一系列支持性活动，如联合促销，人员招聘和培训等。饭店联合体的成员饭店既享受到了隶属于一家饭店联号时所拥有的种种好处（如集体采购等），又拥有自己管理饭店的权利。因此，饭店联合体是独立饭店联合运作的一种有效方式。国际知名的饭店联合体有：世界一流饭店组织（Leading Hotels of the World）、世界小型豪华饭店组织（Small Luxury Hotels of the World）等。

5. 管理公司

随着所有权与经营权的分离，专业的管理公司应运而生。饭店管理公司是以其特有的专业技术、管理人才向饭店输出管理并独立享受民事权利、承担民事义务的企业法人。管理公司专为饭店提供管理产品的知识型企业，包括饭店专业管理模式和经营管理人员。当所有者对饭店一窍不通时，管理公司就显得尤为重要。饭店所有者与管理公司签订管理合同，由管理公司按照合同规定经营饭店，为此，饭店所有者要付给管理公司酬金，不管是否盈利都要支付酬金，利润和亏损都属于所有这。由于无论饭店是否盈利都可以获得管理费，管理公司投资少，风险小，从而得到迅速发展。

6. 专业预订网站

随着互联网的诞生，饭店分销渠道的版图中凸起了一块“新大陆”。携程、e 龙等资本运作和发展比较成功的大型旅游预订网站是行业的领导者，比如携程的订房量和利润总和在三四年中就超过了国旅、中旅、青旅等传统旅行社大户。此外，饭店联盟预订网站、门户网站或地方网站、旅游目的地营销系统（DMS）、分时度假交换网、旅行社网站、饭店集团或饭店自有网站等也都属于互联网饭店分销渠道。而旅游搜索引擎以及 e 龙等大型预订网站所发展的网站代理联盟，则相当于这些中介的“再中介”。

7. 网上旅游公司

网上旅游公司过 Internet 与顾客进行沟通，方便顾客查询各种产品的信息，为顾客提供“一站式”采购，这也是网上旅游公司在短短几年内迅速发展的原因。与向旅游企业直接购买旅游产品相比，顾客通过网上旅游公司可以获取及时、丰富、详细的市场信息，并能够获取自由选择、集中购买等诸多便利。目前比较著名的经营饭店产品的网上旅游公司有：Travelocity、Expedia、Orbitz、Hotles. com 等。

8. 饭店预订系统

饭店预订系统主要是指集团饭店所采用的内部预订系统。它是一种封闭的、归属特定企业集团的、由集团成员共享的预订网络。它具有排他性，较少对外开放，既是企业集团综合实力的体现，同时又是其垄断客源的一种途径。目前国际旅游饭店业中，80% 的客源市场为各个企业集团所分割，而集团饭店的客房数量却不及 30% 。饭店预订系统具有集团内饭店信息共享、客户资源共享的联网销售优势。例如，香格里拉集团推出的“金环计划（Golden Circle）”，可以储存所有集团房客的个人资源、偏好等信息，供所有成员饭店共享，某位客人在一家香格里拉饭店下榻的信息，待他预订另一家香格里拉饭店时，该信息便可自动显示，从而使这家饭店能够提高预订效率并进一步提供有针对性和个性化的服务。

9. 航空预订系统

航空预订系统是最早用于旅游预订和销售的。1959 年，美利坚航空公司与 IBM 公司联合开发了世界上第一个计算机订位系统 Sabre，Sabre 最后逐步演变为一个复杂的计算机预订系统。1978 年美国通过航空管制取消法案，航空公司与旅行社开展合作，使航空预订系统延伸到旅行社代理商。航空预订系统的业务范围逐步扩大，包括订购机票、预订客房、租车等等。世界著名的航空预订系统由以下六个：日本航空公司的 Axess 系统；西班牙伊比利亚航空公司的 Aries 系统；中东、亚洲、非洲等 60 多家航空公司联合使用的 Sita /Sahara 系统；美国大陆、大西洋、阿拉斯加和美国西北四家航空公司共同采用的 Shares 系统；德国汉莎航空公司的 Lis 系统；Aerling 航空公司的 Astral 系统。

10. 全球分销系统（GDS）

全球分销系统（Global Distribution System，GDS）是 20 世纪 90 年代以来获得迅速发展的新型电子商务营销网络，是为代理人提供航空和旅游产品分销服务的计算机技术及网络服务系统相结合的系统总称。GDS 通常是以国际性航空公司为龙头，与连锁饭店、度假村、汽车租赁公司、铁路公司及旅游公司等旅游相关企业联盟共同建设，是提供航班订位、订房及旅游预订等综合服务的分销与信息服务系统。目前较为知名的 GDS 网络系统有 Galileo、Apollo、Amadus、Sabre、Worldspan、Axess 及 Sahara 等，加入全球分销系统组织的各个饭店集团或独立饭店都可以使用 GDS 开展预订服务。

（三）分销渠道的选择与评估

1. 分销渠道的选择

由于分销渠道众多，各饭店的经营性质、规模、地理位置、目标市场有不同。因此饭店在选择分销渠道时，尤其要注意分销渠道搭配的合理化，每一种分销渠道既能有利于饭店营销目标的实现，又能与饭店中间商保持良好的长期合作和交往。饭店在选择分销渠道的时候，应考虑以下几方面：

（1）分销渠道的经营范围是否与本饭店的目标相一致。饭店要根据目标市场的类别，选择不同的分销渠道。例如，洪都拉斯首都伯利兹城的维多利亚宾馆主要为来自美国的客人服务，这家饭店与休斯敦的一家饭店代理商联合开设了免费预订电话，这家代理商接受客人的直接预订和全美其他地区的饭店代理商的预订，然后再将信息转给维多利亚宾馆。

（2）分销渠道的营销能力。分销渠道成员的营销经验与市场反馈能力对饭店产品的市场信息，如消费者的喜好、习惯特点、消费倾向等，为饭店完善营销策略，更好地满足消费者需求创造有利的条件。渠道成员丰富的市场经验也是饭店决策系统中宝贵的“外脑”。饭店营销人员要分析总结各分销渠道为饭店提供的客源数量、层次、质量以及为饭店带来的经济效益和利润，同时还应考察各分销渠道组织客源能力的强弱、销售网络是否出于客源较丰富的地区等。

（3）分销渠道的经营实力和信誉。各渠道成员的经营规模、财务状况、信誉状况都是饭店必须考虑的内容。通过其经营规模可以预测它能为饭店带来多少预订量和销售额；其财务状况可以反映它抗风险能力；分销渠道的信誉状况也相当重要，那些对饭店消费者敷衍应付、不负责任的渠道成员，是不能被选为合作伙伴的。

2. 分销渠道的评估

饭店在对分销渠道进行管理的过程中，要定期对它们进行考核评估。评估时，不要只看渠道成员的预订数量，还要考虑其订单质量，给饭店带来的利益。从中找出最关键的客户和关键的潜在客户，作为饭店销售工作的重点。表 7－2 是饭店常用的渠道成员评估表：

表 7－2　　　　　　　　渠道评估表

项目		评分标准			得分
		1 分	2 分	3 分	
1	订房数（间）	<50	51～99	>100	
2	平均停留天数	1 天	2 天	3 天以上	
3	预订季节	8，9，10，11 月	全年	12，1，2，3 月	
4	付款方式	见账单、发票付款	入店登记时付款	预付房款或保证金	
5	预定未到	经常	偶尔	极少	
6	订餐情况	早餐	早、晚餐	早晚餐和酒水	

注：关键渠道分值：12～21 分；次要渠道 8～11 分；普通渠道 2～7 分。

值得注意的是，饭店的规模、等级、经营特点的不同，对分销渠道的评估标准也不完全一样。各饭店应根据自己的实际情况，制定出行之有效的评估标准，并加以量化，以免评价中的主观性。

四、饭店促销策略

饭店促销是指饭店向目标消费者传递饭店产品和服务的信息，帮助消费者认识饭店产品和服务给他们带来的利益，从而引起消费者的兴趣，激发消费者的购买欲望及购买行为的活动。促销作为饭店与市场联系的重要手段，包括了多种活动，其中主要有人员推销、广告、营业推广和公共关系等。各种不同的促销活动的有机组合就成为促销策略。

（一）广告促销

饭店广告促销是指饭店通过各种大众传播媒体，如广播、电视、报纸、杂志等，以支付费用的方式向目标市场传递饭店的有关信息，展示饭店的产品和服务。通常，饭店在进行广告促销时，要进行五项决策：

1. 确定广告目标

饭店广告目标的确定一定要与饭店的目标市场相一致，对于不同的消费者要推出有针对性的不同广告。通常，饭店的广告目标可分为通知、说服、提醒三大类。通知型广告主要用于饭店新产品的入市阶段，目的在于树立品牌形象，推出新产品。说服型广告用于市场的竞争阶段，用来建立消费者对饭店品牌的偏好，最终促使消费者选择你的饭店。提醒型广告是饭店达到一定知名度后，为保持消费者对饭店的不断记忆和印象，吸引回头客而推出的广告。

2. 编制预算

广告费用预算不仅包括支付给广告商和传播媒介的费用，还包括市场研究、广告效果评价等费用。

3. 确定广告信息

饭店广告所传达的信息，必须是能够向消费者说明饭店所提供的利益是他们所期待和感兴趣的，还必须要有特色，能反映饭店与竞争者之间的差异。广告的效果取决于它在信息中说些什么和怎么说，而充分发挥想象力和创造力是广告能一鸣惊人的关键，但无论是广告主题的确定，还是画面的选择，广告词的撰写，都要与广告的目标相一致。

4. 广告媒体决策

为了选择广告媒体，饭店必须决定用什么样的广告覆盖面和频率来达到广告的目标。广告覆盖面是指在特定时间内目标市场人口中触及广告宣传的人口的相对比率。频率是指一个测定目标市场中的普通个人接触到广告信息的次数。

在确定广告覆盖面和频率之后，要选择最有效又可行的广告媒体。饭店常用的广告媒体有：电子媒体，如电视、电影、电台广播等；印刷品媒体，如报纸、杂志等；户外广告媒体，如路牌、灯箱等。饭店在选择广告媒体时，要根据广告的对象及市场覆盖面，根据饭店及其产品的种类和特点，根据广告的目的和内容以及广告预算经费来进行挑选。

在选择好媒体后，还要决定媒体的时间安排。饭店要对一年当中广告时间进行安排，如在一年中的几月份、哪一天，在电视电台一天中的哪一个时段，在什么节目后播出。还包括确定广告时间的长短和广告出现的频率。

5. 评价广告效果

广告效果的评价可以从三个方面来考虑：一是广告的经济效益，即广告促进饭店产品或服务销售的程度，饭店的产值、利润等经济指标增长的程度；二是广告的心理效益，即消费者对饭店广告的心理认同程度以及对饭店产品和服务的购买意向；三是广告的社会效益，即广告是否符合社会公德。

（二）人员销售

人员销售是推销人员通过面对面洽谈业务，向消费者提供信息，劝说消费者购买饭店产品和服务的过程。它具有直接联系、机动灵活、现场洽谈、双向交流、反馈及时、选择性强的特点，有利于培养与消费者的良好人际关系。

1. 饭店人员销售的作用

（1）人员销售是饭店与消费者之间的联系纽带。他能够帮助消费者认识产品，并主动解决消费者在购买过程中遇到的种种问题。良好的人员销售可以在消费者心目中建立起饭店的可靠信誉，奠定坚实的销售基础。

（2）人员销售克服了广告无法立即实现购买行为的不足。它可以直接与消费者进行针对性的销售，并签订合同或接受预订。

（3）人员销售是网络时代不可或缺的销售环节。它可以利用个人之间的感情与消费者保持长久稳定的关系，满足消费者的需求。

2. 饭店人员销售的类型

（1）店内销售。就是消费者主动来饭店进行有关合作的咨询访问。由于店内销售的偶然性，销售人员要不失时机地向消费者展开实地推销。店内销售的成功几率比较高，很多时候都可以获得直接预订。

（2）试探销售。通常是初次接触消费者，是销售人员经过认真的信息分析和市场预测之后进行的试探性拜访。其目的是为了证实已获得的信息，或收集更多的信息。这种方式多用于开发潜在市场，联系新客户。但是试探性销售的时间短，可以不需要预约，所以风险性较大。

（3）预约销售。是指销售人员和消费者在约定的地点和时间对某项提案进行确认或磋商。由于双方之前已经接触过，因而预约销售也叫跟进销售。预约销售的时间性很强，因为关系到双方的利益，气氛也比较严肃，所以要求销售人员必须做好充分准备。

（4）呈现销售。呈现销售是销售人员向消费者介绍饭店并努力证明消费者利益的商洽过程，也是饭店销售迈向成功的关键一步。呈现的内容一般都是一些新产品和新项目，因此，无论对新顾客或是老顾客，多采用主动上门拜访为宜。良好的呈现效果往往一次很难成功，销售人员必须善于创造机会，争取呈现拜访的连续性和完整性。

（5）公关拜访。是销售人员对饭店固有消费者进行的礼节性拜访。其目的是为了征求消费者的意见，加强饭店与消费者的感情沟通。很多饭店特别将公关拜访安排在节假日或重要日期，并给消费者赠送礼品。

（三）饭店公共关系

饭店的公共关系，是指饭店为了增进与社会公众和内部员工之间的理解、信任和合作而做出的各种审慎的、有计划的、持久不懈的沟通努力。饭店公共关系的总体目标是塑造饭店良好形象，与饭店内部员工、外部公众建立和维护良好关系。饭店应注意与以下公众建立良好关系：客户、中间商、新闻媒体、政府主管部门等。饭店公共关系根据其活动目的的不同，大致可以分为以下几种：

1. 宣传性公关

宣传性公关是指以宣传自己、形成社会舆论、扩大饭店内外影响和声誉为目的的公共关系活动。这种公关的特点是主导性强、时效性强，能够比较有效的利用传播媒介，沟通与社会公众或特定公众的关系，获得较好的宣传效果。如饭店举办的新闻发布会、记者招待会、公关广告、产品和服务广告、饭店刊物、宣传小册子等，都属于这种性质的公关活动。

宣传性公关具有两方面的作用：对外可以扩大饭店的影响，树立饭店形象，推销饭店产品和服务；对内可以沟通上下级关系，反馈外界信息，鼓舞员工士气。

2. 交际性公关

交际性公关是指以扩大交往、增进友谊、联络感情、谋求潜在利益为目的的公共关系活动。这种公关的特点是基本无媒介的人际交往，直接性、灵活性较强，人情味较浓，是广结善缘、广交朋友的一种好形式。如饭店举办的冷餐会、总经理酒会、鸡尾酒会、饭店公关部组织的“企业家俱乐部”等，都属于这一种。交际性公关常常需要相当的成本，而又没有直接的现实收入。因此，其潜在目的和潜在利益的关系应该仔细斟酌。

3. 服务性公关

服务性公关是指以提供各种实惠性服务为表现形式来达到与特定公众的沟通，为饭店产品和服务打开销路。这种公关的特点是把优质服务作为特殊媒介，让特定公众得到亲身感受，从而扩大饭店影响和提升饭店声誉。如饭店餐饮部举行的免费美食品尝活动、周末或节假日举办的电影招待会、邀请同行专家到饭店进行饭店质量检查、VIP 客人的特别服务活动等。服务性公关并不包括饭店的日常接待服务，它是以免费服务为主要表现的。

4. 公益性公关

公益性公关是指饭店对社会有益的各种公益性、赞助性公共关系活动。这种公关的特点是饭店赞助一定数量的现金或实物，举办一定形式的公关赞助活动，通过媒体宣传来提高饭店的公关形象。如赞助残疾人活动、赞助希望小学活动、赈灾活动以及各种公益事业等，这是应该提倡的一种公关活动。

5. 征询性公关

征询性公关是指以信息采集、舆论监督、民意测验等为主要形式的一种公关活动。如针对消费者的需求开设的客户热线电话、针对饭店内部的某些重要问题开展的民意测验、一定时期建立的信访制度、在饭店中设立的“总经理信箱”等。

（四）营业推广

饭店的营业推广是指饭店为了使目标消费者尽早并且尽可能地大量购买饭店产品和服务，而进行的各种短期的、鼓励性的、非连续性的、灵活性的促销活动。其目的在于短期内迅速刺激和扩大需求，取得立竿见影的效果。饭店常用的营业推广方式有：

1. 免费提供饭店产品样品

如饭店新开业，邀请旅行社、其他重要中间商和一些有影响的人士前来免费住宿；餐厅推出新菜肴请客人品尝等。这种方法最容易使消费者真正尝试饭店的产品和服务，经常被用来推销一种客人不熟悉的新产品。

2. 赠送礼品

设计精良的赠品也是饭店的促销手段，它能够使礼品接受者了解饭店，并对饭店留下深刻的印象。赠品并非越贵越好，可以是一篮水果或鲜花，也可以是带有饭店标志的物品，如公文包、店徽胸针、T 恤、筷子刀叉等。

3. 退款和折让

给予未得到满意服务的消费者全部或部分退款和折让，使消费者对饭店质量充满信心，同时也是吸引消费者的一大有利条件。美国饭店业规定，如果客人所送洗熨衣服未能在规定的时间内送回，饭店将不得收取客人洗衣费用。

4. 特殊活动

举办各式饭店活动，形成饭店“活动中心”的形象，是饭店进行促销的又一形式。如饭店美食节、特别节日庆典、冬日赏雪、夏季消暑、啤酒节、烧烤节等。

5. 饭店俱乐部

饭店俱乐部是稳住客源的一种有效手段。饭店俱乐部的形式多种多样，如健身中心俱乐部、要人俱乐部、秘书俱乐部、商务客俱乐部等。顾客参加俱乐部既可以以缴费形式，也可以是饭店给予某类客人的特殊优惠。饭店为俱乐部成员提供特殊服务和专门服务，如不必排队等候办理登记手续或结账、俱乐部成员专用餐厅和酒吧、免费试用康乐设施等，以此来提高顾客对饭店的忠诚度，使之成为饭店的常客。

第三节　饭店营销新理念

一、4Cs

传统 4Ps 营销理论强调产品，认为企业要围绕 4P（ Product 、Price 、Place 、Promotion）制定灵活的营销组合，产品销售就有了保证。然而，随着科学技术的进步和社会经济的发展，产品的同质化日益增强，顾客的消费趋向呈个性化、多样化、人性化的特征，4Ps 营销组合策略在营销实践中的应用越来越显现其局限性。20 世纪 90 年代初期，美国营销学家劳特朋在《广告时代》上发表的文章中提出了 4Cs 的概念。4Cs 理论以顾客为中心，同样饭店营销也是从顾客的角度出发。所谓 4C 是指：

(一) Customer（顾客）

即满足顾客的需求与欲望。饭店要针对不同顾客对饭店产品和服务的需求进行适当分类，整合饭店已有的人力、物力和财力资源，向顾客提供富有个性化、专业化和人性化的产品和服务。

（二）Cost（成本）

即满足顾客需求与欲望的成本。4Cs 理论中考虑的成本不是从饭店自身的角度出发，而是从顾客的角度出发，就是顾客为获得饭店产品和服务所支付的价格和消耗的时间成本、体力成本、精力成本和风险成本等的总和。饭店必须尽可能地减少顾客为获得产品和服务所付出的成本，最终让顾客感到物有所值或物超所值，形成再次购买和重复购买。

（三）Convenience（便利）

即顾客的购买便利。饭店提供的产品和服务要能够方便顾客的获得，以方便、快捷的方式传递给顾客，使顾客感受到饭店的产品和服务就在身边而非遥不可及。饭店营销要尽可能保证产品和服务能够及时方便地被顾客获得。

（四）Communication（沟通）

即与顾客沟通。通过加强饭店与顾客之间的沟通，可以增加有关顾客需求的信息，使得饭店有针对性地提供优质产品和服务。一方面饭店要重视每一个与顾客接触的机会，提高沟通的质量，收集更多的信息。另一方面，饭店应该开展一些顾客调查活动，从顾客不满中发现产品和服务的缺陷，从而提高产品和服务质量。

饭店将4Cs理论引入营销活动中，运用4Cs理论了解顾客的需求与欲望，让顾客承担最低限度的成本，而且使顾客以最快的速度切实地享受到企业提供的产品和服务，并不断地与顾客进行信息沟通，清楚顾客需要什么，及时调整饭店营销的方式与方法。这样饭店的营销活动才能够顺利地开展，也才能赢得顾客对饭店产品和服务的忠诚，也就能保持饭店的持久竞争优势。

二、主题营销

主题营销是以差异性、文化性作为卖点，把服务项目与主题相结合，以个性化的服务代替刻板的服务模式体现出企业对宾客的尊重与信任。饭店业的主题营销主要运用于主题饭店。

主题营销关键在于饭店如何选择主题及通过何种方式表现主题。对饭店而言，一个时间、一个地点、一种思想状态、一个事件、一种娱乐方式，都可演变成为一种细节丰富的主题文化。如20世纪30年代的旧上海、中美洲的热带雨林、披头士的摇滚乐、大西洋失落的城市传说、迪斯尼的娱乐方式，这些特定的时间概念、地点概念、人物概念、事件概念、娱乐概念都可作为主题，由此进行联想，就诞生了浦江风情主题饭店、热带雨林餐厅、硬石饭店、大西洋主题饭店、迪斯尼主题饭店等。作为一种文化，主题本身较为抽象，因而饭店必须将主题有形化、具体化、生动化，直接的手段是借助卖场布置表现主题。卖场就是人们通常所说的“消费环境”，指客人购买产品或服务的空间或场所。以建筑物为界线，可分为内部卖场和外部卖场。内部卖场包括内部空间布局、装饰设计、店堂广告、背景音乐等；外部卖场包括外观造型、门面设计、橱窗布置、招牌设计以及各种绿化布置。饭店应将卖场设计作为一项综合性、长期性的重要课题进行研究，通过鲜明的卖场体现鲜明的主题。

主题饭店应形成一种主题服务文化。在服务的过程中、服务形式上、服务细节上、服务标准的设计上、服务语言的运用上、服饰的选择上、活动项目的组织策划上，均贯穿鲜明的主题，在饭店内部培植主题文化。以服务人员为例，除了掌握基本的服务之道，还应通晓与主题有关的常识。如太阳国际度假公司经营的大西洋主题饭店，为了强化主题，专门聘请了30位专家，随时满足客人对神秘大西洋的探索和询问，同时设置了一些惊险新奇的娱乐项目，寓教于乐，让客人在娱乐中学会并掌握新知识，从而也创立了大西洋教育与娱乐的主题品牌。

三、机会营销

饭店的成长和发育均蕴涵着明显的机会效应，它除了依靠自身的实力外，还极大地受制于政治、经济、人口、文化等因素，因而人们将其称之为“机会行业”。营销机会泛指能为企业营销活动带来积极意义且和企业资源条件相一致的各种机会的总称。饭店的机会营销，就是指饭店寻找、把握、利用和创造营销机会进行营销活动的过程。

(一) 环境机会与企业机会

环境机会指因社会人口环境、经济环境、政治环境、自然环境、文化环境等的变化而引发的市场机会。如分析目前人口环境得出：核心家庭成为城市主流家庭；老年人口继续增加等。饭店可根据变化了的人口环境寻求发展契机：抓住家庭客源、考虑开发老年产品套餐等。而企业机会是指企业在资源条件、技术力量、营销目标、生产工艺、管理水平、地理位置等方面拥有一定优势，使企业有能力、有资本吸引某一特定的客源市场。

(二) 显性机会与潜在机会

显性机会指在市场上显而易见的、尚未被完全满足的现实需求，如价廉物美的平民旅馆，健康益智的娱乐活动，营养价宜的餐饮产品等。而潜在机会在目前市场上仅表现为极少量的零星需求，但从发展的眼光看，将在未来某一时期内发展成为庞大的需求，如低胆固醇的食品、环保型客房等。对潜在机会的准确预测，可以使企业获得创新灵感，及早开发各类新产品，占领新领域，赢得新的竞争优势，因而它是饭店机会营销应特别关注的焦点营销机会。

（三）行业机会与边缘机会

行业机会指因国家有关旅游行业政策的调整、变化而衍生出的各种营销机会。边缘机会存在于行业与行业间的交叉部位，它一般较为隐蔽，难以识别。饭店只有具备敏锐的市场洞察力才能辨别与把握各种边缘机会。某饭店开发设计的“宾馆剧”就是饭店与戏剧两个行业结合的新创意。

饭店要有超人一筹的机会意识和发现机会的敏锐眼光，准确预测、把握和利用那些稍纵即逝的机会，并善于借力，主动造势，拓宽饭店营销的基本思路，使饭店在“时时蕴势，处处藏机”的现代社会中获得大发展。

四、网络营销

饭店网络营销是饭店业在新的市场竞争下的产物，是以互联网技术为基础，通过与顾客在网上直接接触和双方互相沟通，最大程度满足顾客个性化需求，以达到开拓市场，增加赢利目标的一种营销过程，它是目标营销、直接营销、顾客导向营销、无纸化交易的综合。与传统的市场营销相比，饭店网络营销有着不同的特点：

（一）互动式营销

网络营销与传统营销最显著的特点是网络的互动性。饭店可以随时随地与饭店产品购买者互动式地进行交易，而买方也可以以一种新的方式与卖方交流，这种交流是双向的，通过消费者的主动参与，有效地刺激消费者的购买欲望。由于互动性可以使企业通过与顾客建立一种密切的客户关系来分析客户的需求、创造客户的需求，对于消费者具有强烈搜寻信息动机的市场互动式营销，与其他营销方式相比有着无法比拟的优势。

（二）网络软营销

网络营销是一种软营销，与软营销相对的是工业化大规模生产时代的强势营销，传统营销中最能体现强势营销特征的是两种促销手段——传统广告和人员推销。软营销与强势营销的一个根本区别就是软营销的主动方是消费者，而强势营销的主动方是企业，个性化消费需求的回归也使消费者在心理上要求自己成为主动方，而网络的互动性使他有可能成为主动方。

（三）一对一的定制营销

通过网络可以改善饭店与客户的关系，使饭店了解顾客的需求并迅速给予答复，同时并在提供饭店产品时对其进行定制。

越来越多的饭店企业采用网络营销的销售模式。万豪集团是全球最大的旅游服务公司之一，它的在线营销系统包括 10 个品牌的 1700 家饭店，在中国市场有 7 个饭店品牌 25 家饭店。1996 年万豪建立了它的第一个在线预订服务系统，这一试验性的系统在年底创造了 1 亿美元的收入。通过万豪的互动式主页，客人可以按地点、设施、房间设备和娱乐方式的任何组合找到一家万豪旗下饭店并可简单快捷地预订房间。

阅读材料

万豪的网络营销

万豪国际酒店集团从 2007 年开始实行一项新的销售发展战略，旨在覆盖更大的用户群并减少重复销售，以更好地匹配用户需求；希望客户可以通过自己喜欢的方式购买到万豪的酒店产品。该战略通过对库存和价格统一监控管理，实现其全球 3700 多家酒店资源线上和线下销售渠道的统一管理资源分配，以实现成本优化和收益最优管理。该计划包括 Retail Pricing Optimizer tool（“RPO”）和 High Performance Pricing tool（“HPP”）两套系统。2011 年 6 月，万豪集团达成了该项战略计划。

在线上，通过对公司网站 Marriott. com 搜索、预订流程的优化和一些优惠措施，已经使万豪的官网成为了最大的在线零售网站之一。现在，入住万豪集团成员酒店的旅客中有 75% 的旅客都表示会在制定自己的出游计划时登录万豪官方网站；2011 年，万豪线上预订额达到 70 亿美元，占其年度总交易额的 57%。同时，万豪还和其他 5 家酒店集团共同组建了在线酒店搜索网站 roomkey. com；这也可以为万豪导入更多的在线流量。

在线下，万豪也在全球建立了 15 个呼叫中心，其中有 8 个在美国和加拿大。这些呼叫中心也是万豪会员预订的一个渠道；也是万豪直销体系的一个部分。

五、绿色营销

绿色营销是在绿色消费的驱动下产生的，创建“绿色饭店”走可持续发展之路已成为 21 世纪饭店业发展的必然选择。绿色营销要求饭店不仅仅要从自身的利益出发，更要从社会的长远利益——人类社会可持续发展的角度出发来开展营销活动。

饭店在实施绿色营销的过程中，首先要树立良好的绿色形象，包括绿色产品形象、绿色服务形象、绿色员工形象和绿色环境形象等。饭店要把环保理念纳入产品和广告活动中，通过强调饭店在环保方面的行动来改善和加强饭店的绿色形象，更多地推销绿色产品。例如，主动为媒体提供饭店绿色产品和绿色服务的信息；引导顾客购买绿色产品，如在宾客订房时宣传饭店的无烟客房的特点及优越性；通过各种形式如灯箱广告、内部广告及在客房前厅的宣传手册等来突出地传递绿色信息等等。

目前，饭店的绿色产品包括三大类：

一是绿色客房。设置无烟楼层和无烟客房，在客房中布置绿色环境，在客房中放置绿色告示卡，使饭店创建绿色客房的行动取得顾客的理解和支持，在客房中增加有利于净化空气和美化环境的盆栽植物；其次，用绿色物品替换客房原有的有害物品，如用棉制洗衣袋替换塑料洗衣袋，用棉布等自然纤维制品替换化纤制品。例如喜达屋集团自 2008 年起能源消耗降低 8.38%（千英热单位/已建成客房），水消耗降低 17.12%（立方米/已建成客房），碳排放降低 8.69%。2009—2013 年期间，500 多万客人参与了“贡献绿色环保”项目，节约两亿两千三百多万加仑水以及 96.1 万千瓦电。

二是绿色餐厅。创建绿色餐厅的核心是使用推广绿色食品。饭店餐饮部慎重选购绿色食品，在烧菜及制作点心时使用天然的色素，不用化学合成添加剂；不用珍稀动物和野生动物制作菜肴；尽量多使用具有“绿色标志”的原材料。例如喜达屋饭店集团从 2015 年起所有酒店将禁止食用鱼翅。

三是绿色服务。饭店在餐饮服务中适当提示客人点菜莫过量，提倡“消费不浪费”；餐饮部、客房部开设无烟客房和无烟餐桌，以满足不吸烟绿色消费者的需要；专门设立收集旧电池等有害物品的废物箱等，在饭店外围摆放分类回收的垃圾箱。

六、全员营销

全员营销就是通过科学的管理方法和过程，充分发挥每个员工的主观能动性，认真做好本职工作，提供令客人满意的产品和服务的过程。正如斯塔特勒所说：谁是饭店的销售人员？所有员工都是。

每个员工在各自的岗位上积极销售本饭店的产品和服务是根本意义上的营销，这种营销既省钱、省力和省时，又会产生直接而长久的效果。如果饭店员工对于除本部门以外的产品价格和服务特色了解不多或不全面，当顾客需要咨询时，就不能得到满意的回答，给顾客带来许多不便，就会使顾客的消费热情冷却。正是这些我们应该注意的，往往营销中忽视的细节恰是饭店竞争的焦点。在饭店的内部营销上，需要实行全员营销，需要从员工的日常小事抓起，需要加强内部各部门及员工之间的协调和增强全员凝聚力。香港一家饭店为了让每位员工了解饭店的产品和服务，特制一袖珍小册子，供员工随身携带，小册子上标明了各项服务的地点、时间、服务范围及联系电话，便于及时查阅，久而久之，员工对饭店的所有产品和服务了如指掌。

七、关系营销

彼得·德鲁克说：顾客是唯一的利润中心。据帕累托的“二〇—八〇”法则，因为企业营业收入的80%来自于20%的顾客，所以如果企业能对这部分顾客提供更有针对性的服务，提高顾客的满意度，他们就更有可能成为企业的忠诚顾客从而持续不断地创造利润。

以特定手段给顾客分级，区分出对饭店利润有最多贡献的那一批顾客，并为之创造更高消费价值、提供更多更好服务，使之成为企业的忠诚顾客，长久为公司创造利润，这通常被称为“关系营销”。

美国拉斯维加斯大学饭店管理学院的约翰·鲍恩（John Bowen）和斯多·肖迈克（Stone Shoemaker）教授在Cornell Quaterly期刊上撰文指出：在饭店关系营销所采取的措施中，顾客认为以下三点最为重要：①常客的优惠政策；②以灵活的方式加快常客的登记和结账的速度；③利用常客过去住店的信息提供定制化服务。这样有利于饭店形成“顾客导向”“顾客忠诚”的经营机制。

顾客忠诚饭店是要求得到回报的。奖励常客是回报的一种形式。国际饭店集团都有各自不同的“奖励计划”，以免费住宿、价格优惠等形式奖励常客，培养他们对本饭店的忠诚感。奖励计划也可和其他相关企业联合实施。例如饭店可以与航空公司、俱乐部、旅行社以及其他饭店联合制订奖励计划。但是奖励计划并不是对所有顾客都有效，对于高级商务客人，他们更看重饭店服务设施、服务态度、服务质量。此外，奖励计划容易被竞争对手模仿，很难通过它与竞争对手区别开来。当竞争对手采用类似的措施后，奖励计划产生顾客忠诚的作用将会消失。因此奖励计划可以购买顾客忠诚感，但无法真正创造忠诚顾客。饭店要开展关系营销，必须在经营方式上发生根本性变化。

饭店要有效地为顾客提供定制化服务，其组织机构和信息体系必须适应定制化服务工作的需要。在关系营销中，收集与顾客有关的信息极为重要。美国马萨诸塞州的查尔斯饭店（Charles Hotel）为了给商务客人提供个性化的服务，通过自身的“顾客网络”（Guestnet）系统，收集这些顾客的个人资料，准确地知道他们的爱好。当他们下次住店时，不需要登记，服务人员就会给他们一把客房钥匙，客房的布置也符合这些顾客的要求：报纸是他们平时爱看的，闹钟已定好在他们习惯起床的时间，浴衣的图案也符合他们的个性化要求。而且他们还搜集经常入住的学生家长的信息，在毕业典礼、节假日、体育比赛到来时，就给这些家长寄去信函邀请他们光临，并为他们在此期间的住宿提供价格优惠或者免费。此外，当他们在该地读书的儿女过生日时，饭店还会送上一盒生日蛋糕。仅这些接触，就显示出该饭店和其他饭店的不同之处，赢得了这些学生家长的忠诚。饭店只有和顾客建立社交层次和结构层次的联系，才会增加顾客“跳槽”的几率，使顾客忠诚于本饭店。

案例分析

香格里拉的营销之道

香格里拉是国际著名的大型饭店连锁集团，它的经营策略很好的体现了饭店关系营销的内容。

香格里拉始终如一地把顾客满意当成企业经营思想的核心，并围绕它把其经营哲学浓缩于一句话“由体贴入微的员工提供的亚洲式接待”。

香格里拉有8项指导原则：

（1）我们将在所有关系中表现真诚与体贴；

（2）我们将在每次与顾客接触中尽可能为其提供更多的服务；

（3）我们将保持服务的一致性；

（4）我们确保我们的服务过程能使顾客感到友好，员工感到轻松；

（5）我们希望每一位高层管理人员都尽可能地多与顾客接触；

(6) 我们确保决策点就在与顾客接触的现场;

(7) 我们将为我们的员工创造一个能使他们的个人、事业目标均得以实现的环境;

(8) 客人的满意是我们事业的动力。

与航空公司联合促销是香格里拉饭店互惠合作的手段之一。香格里拉与众多的航空公司推出"频繁飞行旅行者计划"。入住香格里拉饭店时,客人只要出示频繁飞行旅行者计划的会员证和按市价支付费用,就可得到众多公司给予的免费公里数或累计点数,如:每晚住宿便可得到德国汉莎航空公司提供的500英里的优惠,美国西北航空公司、联合航空公司500英里的优惠。另外,香格里拉还单独给予顾客一些额外的机会来领取奖金和优惠,如香格里拉担保的公司选择价格。

顾客服务与住房承诺方面,则体现了饭店在承诺、信任原则上的坚持。香格里拉饭店的回头客很多。饭店鼓励员工与客人交朋友,员工可以自由地同客人进行私人的交流。饭店成立的"顾客服务中心"使客人只需打一个电话就可解决所有的问题,饭店也因此可以更好地掌握顾客信息,协调部门工作,及时满足顾客。在对待顾客投诉时,绝不说"不",全体员工达成共识,即"我们不必分清谁对谁错,只需分清什么是对什么是错",让客人在心理上感觉他"赢"了,而我们在事实上做对了,这是最圆满的结局。每个员工时刻提醒自己多为客人着想,不仅在服务的具体功能上,而且在服务的心理效果上满足顾客。香格里拉饭店重视来自世界不同地区,不同国家客人的生活习惯和文化传统的差异,有针对性地提供不同的服务。如对日本客人提出"背对背"的服务:客房服务员必须等客人离开客房后再打扫整理客房,避免与客人直接碰面。饭店为客人设立个人档案长期保存,作为为客人提供个性化服务的依据。

八、微信营销

微信营销是网络经济时代企业营销模式的一种。是伴随着微信的火热而兴起的一种网络营销方式。微信不存在距离的限制,用户注册微信后,可与周围同样注册的"朋友"形成一种联系,订阅自己所需的信息,商家通过提供用户需要的信息,推广自己的产品,从而实现点对点的营销。

微信营销主要体现在以安卓系统、苹果系统、windowsphone8.1系统的手机或者平板电脑中的移动客户端进行的区域定位营销，商家通过微信公众平台二次开发系统展示商家微官网、微会员、微推送、微支付、微活动、微 CRM、微统计、微库存、微提成、微提醒等，已经形成了一种主流的线上线下微信互动营销方式。微信营销具有以下优点：

1. 高到达率

营销效果很大程度上取决于信息的到达率，这也是所有营销工具最关注的地方。与手机短信群发和邮件群发被大量过滤不同，微信公众账号所群发的每一条信息都能完整无误的发送到终端手机，到达率高达 100%。

2. 高曝光率

曝光率是衡量信息发布效果的另外一个指标，信息曝光率和到达率完全是两码事，与微博相比，微信信息拥有更高的曝光率。在微博营销过程中，除了少数一些技巧性非常强的文案和关注度比较高的事件被大量转发后获得较高曝光率之外，直接发布的广告微博很快就淹没在了微博滚动的动态中了，除非你是刷屏发广告或者用户刷屏看微博。

而微信是由移动即时通讯工具衍生而来，天生具有很强的提醒力度，比如铃声、通知中心消息停驻、角标等，随时提醒用户收到未阅读的信息，曝光率高达 100%。

3. 高接受率

正如上文提到的，微信用户已达 3 亿之众，微信已经成为或者超过类似手机短信和电子邮件的主流信息接收工具，其广泛和普及性成为营销的基础。君不见那些微信大号动辄数万甚至数十万粉丝？除此之外，由于公众账号的粉丝都是主动订阅而来，信息也是主动获取，完全不存在垃圾信息遭致抵触的情况。

4. 高精准度

事实上，那些拥有粉丝数量庞大且用户群体高度集中的垂直行业微信账号，才是真正炙手可热的营销资源和推广渠道。比如酒类行业知名媒体佳酿网旗下的酒水招商公众账号，拥有近万名由酒厂、酒类营销机构和酒类经销商构成粉丝，这些精准用户粉丝相当于一个盛大的在线糖酒会，每一个粉丝都是潜在客户。

5. 高便利性

移动终端的便利性再次增加了微信营销的高效性。相对于 PC 电脑而言，未来的智能手机不仅能够拥有 PC 电脑所能拥有的任何功能，而且携带方便，用户可以随时随地获取信息，而这会给商家的营销带来极大的方便。

阅读材料

O2O 重要领域，饭店业加码微信营销

饭店行业也是O2O最重要的一个领域之一，微信和饭店本身业务的最佳结合点是客服。因此饭店业都将微信打造成服务号，为客户提供点对点的预订和服务菜单。很多饭店品牌都较早的试水了微信公众账号，而近期，各大品牌饭店对微信营销的投资力度又再次升级。

洲际饭店集团于2013年底推出的微信服务账号，旨在为广大微信用户和IHG优悦会的会员创建一种全新的人际互动和交往方式。“IHG优悦会”微信服务账号为消费者度身定制了服务菜单，并通过实时互动系统，如饭店预订、点击显示内容、基于地理位置的服务、以及回答“粉丝”促销相关问题等为用户提供各项多样化的增值服务。

而美国品牌的速8饭店在微信预订方面也不甘落后，在将微信公众号定义为服务账号后，服务菜单功能拥有便捷的一键预订，还可方便的查询订单，间夜点数，代金券等会员信息，同时定期发布些特选饭店及各种优惠活动。近期，速8饭店更是加大了对微信的投入力度，从2014年1月底就逐步推出了微信预订饭店的奖励机制，原计划3月底结束的活动因为形势利好而延期到4月30日。

速8饭店相关负责人表示：“我们可以通过微信及时获得客户的反馈、意见和建议。同时，通过微信的推广可以培养客户使用微信订饭店的习惯，拓宽饭店的预订渠道，我们很看好它的市场前景。”

不仅高档饭店如此、连锁饭店如此，就连单体饭店也纷纷重磅加盟微信O2O营销，并大有联合营销的趋势。由此看来，饭店行业的微信营销，与打车软件大战刚刚偃旗息鼓相反，大有愈演愈烈的趋势。商旅客人在饭店微信营销的升级中，可享受更多优惠、更多惊喜。随着移动互联网的发展，饭店的查询、预订等相关业务移动化已成为大势所趋，并在向主流方式转变。

目前，微信用户量已逼近6亿，如何利用这一工具做好饭店品牌宣传营销与移动在线预订服务，是否可以通过其在竞争与合作方面有些新的突破，已成为饭店行业转型发展中的一个焦点。

本章小结：

1. 饭店市场细分是将一个错综复杂的饭店异质市场划分为若干具有相同需求的子市场的过程。饭店市场细分的依据有地理因素、人口统计因素、心理和社会因素、旅游目的因素等。细分出的饭店市场应具有可衡量性、可进入性、规模性、可行性和差异性。饭店市场竞争可通过 SWOT 分析法进行，同时还要对细分市场进行评估和选择。

2. 饭店市场定位是指饭店为了使自己的产品和服务在公众和目标市场顾客的心目中占据明确的、独特的印象而做出的各种决策和进行的各种营销活动，从而为饭店产品和服务在市场上确定适当的位置，主要包括形象定位、价格定位、服务定位、消费群体定位。

3. 饭店营销组合策略是饭店为取得最佳经济效益对饭店的产品（Product）、价格（Price）、渠道（Place）、促销（Promotion）这四个因素进行组合，使其相互配合发挥综合性作用的整体营销策略。

4. 近年来在饭店业应用较多的营销新理念包括4Cs、主题营销、机会营销、网络营销、绿色营销、全员营销、关系营销、微信营销等。

思考题：

1. 饭店市场细分的主要依据有哪些？

2. 有效的饭店市场细分应具备哪些条件？

3. 如何运用 SWOT 分析法对饭店的优势、劣势、机会和威胁进行分析？

4. 怎样评估与选择饭店细分市场？

5. 什么是饭店市场定位？怎样进行饭店市场定位？

6. 广义的饭店产品由哪几部分构成？

7. 饭店新产品开发的程序是怎样的？

8. 饭店产品的定价应该遵循哪些规律？

9. 饭店的十大分销渠道是指什么？

10. 分析香格里拉饭店的营销观念，怎样运用饭店促销策略增加饭店销售？

11. 什么是4Cs？这一观念对于饭店经营者具有什么意义？

12. 微信营销具有哪些优点？

讨论题：

1. 如何营销才能够实现饭店收益最大化？

2. 试讨论网络营销对于饭店全球经营的重要意义和饭店“在线直接销售”模式的优势与内容。

实践题：

1. 练习与商务客户（Corporate Accounts）、旅行社代理商（Wholesalers/Tour Operators）、一次性团队（Tour One - Time）、会议和展览（CI & M）、宴会（Catering and banquets）、致谢函（Thank you letter）、道歉函（Apologize letter）、问候函（Greeting letter）、邀请函（Invitation letter）、出版商（Press Releases）、媒体广告（Media / Press）、供应商（Suppliers）的标准营销信函。

2. 设计某饭店“五一”/“十一”/“中秋节”/“圣诞节”的营销策划。

3. 调查学习本地香格里拉、洲际、希尔顿等饭店集团的关系营销的具体内容。

网络链接：

1. 登录 http://www. priorityclub. com 或 http://www. ichotelsgroup. com，查阅洲际饭店集团优悦会最近的奖励计划、奖励条款与洲际饭店集团所有饭店品牌的信息及在线预订服务。

2. 登录雅高集团不同区域网站，查阅其近期的营销策略。

Accor NorthAmerica：www. accor - na. com

Accor Brasil：www. accorbrasil. com. br

Accorhotels Asia：www. accorhotels - asia. com

AccorhotelsAustralia and New Zeeland：www. accorhotels. com. au

Accorhotels SouthAmerica：www. accorhotels. com. br

3. 登录 www. hospitalityebusiness. com，查阅 HEBS 饭店网络营销战略咨询公司的相关案例。

第八章　饭店人力资源管理

本章学习目标

1. 熟悉饭店招聘的影响因素与招聘过程；
2. 掌握饭店培训的模型和体系；
3. 了解饭店培训的重要意义与培训体系、流程；
4. 掌握职业生涯规划和职业锚的概念与类型；
5. 理解饭店职业生涯规划程序与原则；
6. 掌握饭店职业生涯开发与管理模式；
7. 熟悉饭店绩效管理的方法；
8. 了解饭店薪酬设计需要遵循的原则；
9. 掌握如何进行合理的饭店薪酬设计；
10. 掌握饭店薪酬策略。

引导案例

洲际酒店集团人才战略：留住最好的人才

2014年，洲际酒店集团迎来了在华30周年庆典。从30年前首次进入中国市场，到如今旗下酒店在中国遍地开花，洲际酒店集团大中华区首席执行官柯明思认为，洲际取得成功的关键在于"人才"两字。

"酒店行业是以人为本的行业。30年来，洲际酒店集团积极有效的人才发展计划吸引、培养和保留人才，取得了巨大成功。未来，洲际酒店集团将继续深耕中国市场，大力培养中国本土酒店业人才。"

早在2006年，为了满足中国蒸蒸日上的酒店业对人力资源的大量需求，洲际酒店集团在上海成立了首家英才培养学院。发展到目前，已有34家英才学院在中国生根，每年为整个中国酒店业输送超过5000名具有行业实践能力的优秀毕业生。

"英才学院旨在让年轻学员有机会获得系统化专业培训，我们鼓励学员毕业后留在洲际工作，也鼓励他们进入社会、去其他酒店集团学习打拼，无论在哪里，都能用自己的专业知识和技能服务于社会。"柯明思表示，"为行业源源不断提供新鲜血液，回馈社会，正是洲际的社会责任所在。"

据悉，洲际酒店集团在中国创造了巨大的就业机会，目前在大中华区拥有6万名员工，并计划在未来3年内新增约3万个就业岗位。

人力资源管理是基于战略思考的结果，是现代饭店管理的核心内容和至关重要的部分。美国假日饭店集团的创始人凯蒙·威尔逊先生曾经说过："没有满意的员工，就没有满意的顾客；没有令员工满意的工作环境，就没有令顾客满意的享受环境。"饭店业的竞争归根结底是人才的竞争，人力资源是饭店业持续发展的动力。很多国际饭店集团如丽兹·卡尔顿、万豪等在这方面做得十分出色。

然而在我国很多饭店的人力资源部门并没有发挥其应该发挥的作用，即使是从事专职饭店人力资源管理工作的经理、总监也会面临很多困惑，例如，目前很多饭店只是把员工当成劳动力去使用，而不是把员工看成是饭店最重要的资源，所以从其根本意义上说只能叫做人事部，而不能叫人力资源部；再如员工培训，很多饭店的培训效果很少或根本没有体现出来，如何通过各级培训让各部门经理、员工、主管、总监的支持就成为关键因素；又如人力资源政策和程序往往随时间推移流于形式，有形制度的推广和无形规范的约束普遍遭遇执行难……《中国饭店业务统计》显示：同样是内资，国际品牌管理、国内品牌管理和业主自行管理饭店的经营结果存在很大差异，员工队伍的职业化素养和专业化水平相差的则更远。

“员工是我们最重要的财富，并且是我们的成功的关键”是国际品牌饭店管理集团关于公司愿景和使命的陈述。贯彻以人为本的理念和价值观体现在其饭店经营管理的方方面面，尤以招聘、培训、职业生涯发展规划、绩效评估、薪酬制度等环节为最。

第一节　饭店招聘管理

员工的招聘问题是人力资源管理（Human Resource Management，HRM）战略及实施计划中最普遍、最核心的问题，毕竟选“合适”的人比其他一切更重要。

一、饭店招聘成本（Recruitment Cost）

招聘是指吸引、选择此职位的“合适者”的过程。招聘可能是一个极其昂贵的任务，特别是招聘那些从未工作过的新员工。目前的饭店招聘面临着一系列新的变化，例如，人口和劳动力市场方面的压力使得饭店在招聘方法及投资规模方面产生的重要变化：美国进行的精心筹备的校园招聘活动和欧洲许多国家举办的迪斯尼乐园活动，其场面惊人而耗资巨大；新加坡同样面临着饭店业人力及劳动力严重缺乏的情况，其招聘的广告成本高得离谱；另外，在缺乏技能而不乏劳动力的国家中，对招聘员工的投入也同样很高。

例如，某饭店要招聘一名部门经理，此职位的预想工资为 $ 20000，招聘这一人选的成本估计如下（如表 8－1 所示）：

表 8－1　　部门主管招聘成本

	通过广告 Through an Advert	通过代理中介 Through an Agency
广告费用 Advertisement	$ 1100.00	–

续表

	通过广告 Through an Advert	通过代理中介 Through an Agency
中介费用 Agency Fees	–	$ 3000.00
面试成本 Interview costs	$ 140.00	$ 140.00
行政成本 Administration costs	$ 15.00	$ 15.00
入职培训费用 Orientation	$ 400.00	$ 400.00
空缺成本 Interruption costs	$ 800.00	$ 800.00
总成本 Total costs	$ 2455.00	$ 4355.00

很明显，上述成本有可能还会增加，例如，在刊登广告没有效果后，饭店转而通过代理机构招聘。当然，不是所有的职位都是通过广告或代理机构获得，有些可能是通过耳听口传、直接上门应聘或朋友介绍来应聘。我们仍然可以估算酒店中某一团队一年内的招聘成本。

假设某年饭店有员工流动率为30%，相当于400人左右，若其中50%由广告或代理机构获得职位，根据上述数据，每个员工成本花费最少为＄2455.00，则本年度人员招聘总成本最低为：

$2455 \times 400 \times 50\% = \$ 491000$

因此，饭店在进行招聘之前必须充分考虑到“成本”这一核心因素，如何兼顾员工的适用性与成本的平衡是人力资源部门需要权衡的关键问题。

阅读材料

美国皇家加勒比五星豪华游轮的招聘广告

美国皇家加勒比五星豪华游轮工作情况：

工资每月可达 US＄1500～3000，含小费。

每个合约 6～8 个月一个合同期。

第一次合约回程机票游轮付费。

再更新合约时，即第二次续约由美国游轮全费买往来机票，以此类推。

游轮免费提供一切住宿、膳食、制服。休假日有船上康宜活动，游乐。

凡到一个旅游港口，可落地周游看世界，增广见闻，提升自我文化。

签证一切由美国皇家加勒比游轮承担。

医疗保险美国皇家加勒比游轮负责。

豪华游轮员工来自世界各地，有各种专业。可观摩学习世界各个国家员工的不同工作运做方法，强化自己的知识与工作能力，奠定事业提升。

美国豪华渡轮周游世界，明媚风光的加勒比海域群岛，北美冰天雪地阿拉斯加冰岛，文化茂盛的亚洲风光，南美的舞蹈丰盛地，浪漫遍迹天涯海角。

美国皇家加勒比五星豪华游轮招聘酒店员工

1. 美国皇家加勒比五星豪华游轮共有 29 艘平均一艘载 3500 中高档游客，服务工作人员 1500～1800 人，比率 3 对 1。

急聘的工作服务人员包括西餐厨师，厨师帮手，调酒师，客房部服务员，西餐服务员，酒吧服务员，保洁工等。

2. 经验：凡在四或五星级酒店工作一年以上经验者，身体健康，略通英文，符合个别部门条件均欢迎报名。

3. 申请时请附上：照片两张，学历，工作履历。

录取程序详情及费用表：

报名表格填好。具体问讯，免费

外方代理第一次安排面试，免费

美国皇家加勒比游轮来人第二次面试通过者，付定金，签合约，并提供担保证明。办理美国 C_1/D 签证，等待出境，持美国签证飞往美国佛罗里达洲迈阿密。第一次合约自费购买赴美国机票。

这次面试时间大约在×月底，复试时间与地点另定。

详细了解招聘信息请登录网站 www. royalcaribbeancruise. com。

二、饭店招聘的影响因素

饭店员工的招聘受多个因素的共同作用和影响，这些都应是 HRM 应该考虑的。

（一）招聘战略因素

不同的国际区域劳动力市场存在很大差异。饭店为招聘或投资于未经培训的新员工还是选择有技能的熟练工而感到困扰。若选择未经培训的员工，则需在培训上进行补偿投资。

（二）发展机会因素

饭店的发展提升机会在一定程度上影响应聘者，比如说，如果饭店很小或是家族式的单体饭店，对于一个有抱负或期望值很高的人来说，就不会有什么提升机会，他肯定很快就会离开。为了避免这些不得当的招聘决策造成的人员流动过快，在制订招聘方案之前必须弄清楚饭店内部的流动性并优先制定晋升机制。

（三）相关政策因素

招聘战略会受到饭店的其他政策影响。比如饭店的经营政策就会决定饭店选择聘用什么样的人等等。这些类似的政策常常会要求饭店达到或保持一定的人员比例，例如男女员工比例，或者亚洲人、黑人、西班牙人等占员工总数多大比例等。

（四）劳动力市场因素

对当地劳动力市场的了解程度也会影响选择聘用对象和招聘方法。如果饭店瞄准某个市场招聘，必须完全、准确地了解该市场的情况才会成功。比如，饭店把劳动力市场瞄准在“全国所有有饭店、旅游专业的大学”，那么，他必须掌握一定的信息，诸如各院校的课程、程度和毕业生的水平等；再比如，饭店打算就近招聘，那么他必须了解当地教育、培训、招聘条件等，同时还要考虑当地学校和大学的课程规定、当地的就业和失业情况、当地的人口结构。

三、饭店招聘过程

为了给饭店不同职位挑选出合适的员工（the Right Person），则必须要考虑四个主要阶段：

（一）招聘准备（Preparation for the Recruitment）

1. 研究已有信息

人力资源部要根据饭店或集团的岗位职责（Job Description）制定职位要求（Employee Specification）及综合能力（Competencies）表、并对职位申请表（Application Form）和简历进行详细阅读，下面以“咖啡厅经理”职务为例加以说明（见表8－2、表8－3、表8－4）。

表8－2　　　　　　　　　　岗位职责举例

我的职位是咖啡厅经理

我属于餐饮部这个团队

我们的领导是餐饮部总监

这是我在团队中的位置：

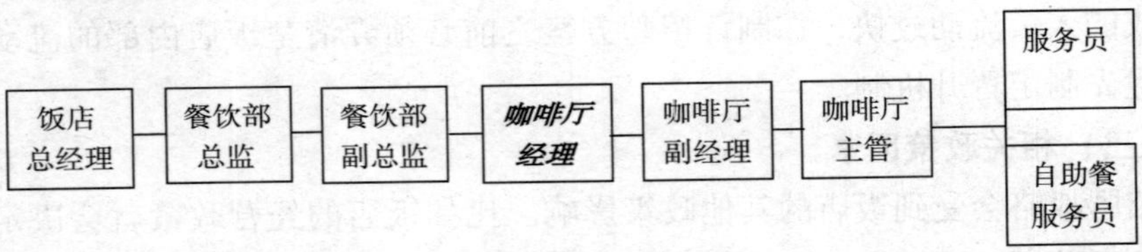

我的作用是：

监督咖啡厅的日常运作；处理相关的人事、行政事务及其他相关事务。

我的主要职责是：

- 协助餐厅、大厅的人事甄选工作，保证餐厅和大堂人员安排妥当
- 调配休息日与假期安排
- 年度员工评估
- 给予宾客最大限度的满意
- 设置、保持、检查餐厅与大堂标准
- 保证餐厅与大堂的高标准的清洁水准
- 与常客保持良好关系
- 协助编写新菜单、安排促销活动及自助餐陈列等
- 对年度目标的评估和实现负有责任
- 监督销售成果：逐步增长销售量
- 保证运营中必需品的充足存货
- 评估培训课程
- 参加必要的会议

- 更新竞争趋势
- 随时保持灵活性以应对餐厅和大堂的不时之需
- 协助餐饮部的预算准备工作
- 维护部门日志
- 保证相关的安全卫生标准
- 编写部门排班表
- 召开员工月会
- 保护酒店财产不被滥用或破坏

作为团队成员，我同样执行其他合理要求与任务。我们超越客人期待，并成功经营部门与酒店

作为团队一员，我不断追求为客人提供高质量的服务，并遵守法律和酒店规章制度

由经理完成	员工签字： 日期：	修改日期：2012，4 核查：2015，5

参考：

表 8－3　　职位要求/Employee Specification

职位：咖啡厅经理

部门：餐　饮　部

	必要条件/Essential	期望条件/Desirable
外表 Physical Make up	修饰得当、英语流利、 井井有条、表达恰当、 目光接触、微笑、身材匀称、 有活力、热情友善	穿着：时尚、不落伍
教育与证书 Education & Qualification	良好的基础教育，包括数学	正式餐饮专业资格， 包括管理技能内容
经验 Experience	餐饮服务领域的三年经验。 小团队中的主管经验包括排班、 过失处理、培训、评估。 已经胜任部门副经理。 职业发展轨迹明确。	相似运营风格酒店的经验 有管理老员工的经验 四星或五星级酒店工作经验
特殊技能与知识 Special Skills & Knowledge	能够理解会计损益表并能 依此采取相应的措施	有发展下属的记录 培训员技能与资格证书
兴趣 Interests		体育活动

续表

	必要条件/Essential	期望条件/Desirable
性格/与人相处技巧 Personality/Skills with people	积极主动，灵活、足智多谋， 坚强、有勇气、口头表达能力强， 有说服力。 机智、礼貌周到	表现出创新/变化的管理风格
家庭 Domestic	能够、愿意换班，包括周末， 至酒店交通方便	
抱负 Ambitions	以餐饮为中心的职业计划。 渴望成为餐饮部副总监，或在两年内 成为部门内其他餐厅的经理	准备为自己的将来投资 两年时间

必要条件 = 候选人必须具备的技能——若不具备，则不能录用。

期望条件 = 候选人应该具备的技能——若不具备，仍可以考虑录用，如果该候选人符合其他“必要”“期望”条件。

综合能力 = 根据公司设置的综合能力标准。（我们不可能期望员工在同一时间将他掌握的所有综合能力体现出来，我们只能在某一特定时间，关注工作、部门所需要的某一特定能力。）

表 8－4　×××集团职位申请表/Employee Application Form

申请职位：
申请公司：

所有信息将严格保密

第一部分：个人资料

姓：　　　　名： 地址： 邮编：　　　　电话：	职务： 生日： 身份证号码：
紧急联系人： 姓名：　　　　关系： 地址： 邮编：　　　　电话：	是否拥有驾驶执照 是 否 若有，是否有任何担保 是 否

从何处知道该职位的空缺 （若通过广告，从何种媒体得知）

第二部分：教育

日期 从　　　到	中学、大专、大学 全日制、夜校，及函授课程	通过的考试与获得的证书
其他资格：如某专业团体的成员		
通过测试		
经过甄选		

第三部分：工作经历

请列出在过去十年中，您担任的所有职位，从最近的工作开始。列出所有赋闲阶段。

日期 从　至	公司名称、地址、企业性质	担任职位 包括职责范围与主要成就	离开原因	工资 与福利

第四部分：工作经验

××集团提供了公平的竞争上岗机会。为了检验本集团政策之有效性，请回答下列问题。此信息仅仅为了检测，我们将对此严格保密。在我们对您的申请进行进一步考虑前，此页内容与您的申请表分开放置。
性别： 男 女

<table>
<tr><td>种族
白种
非洲
加勒比族
其他种族______
巴基斯坦
孟加拉
中国
印第安人
其他______</td></tr>
<tr><td>婚姻状况：</td></tr>
<tr><td>您是否有影响您日常生活、工作的不适状况？对参加的面试或应聘刊登在广告上的职位时，有何特殊要求？若有，请列出您的要求，我们可根据您的合理要求作适当调整。</td></tr>
<tr><td></td></tr>
</table>

第五部分 深入信息

描述您具备何种素质、技能及经验，能使您胜任这一职位。 （必要时用独立的纸张填写）

第六部分 兴趣

除了工作，您的主要兴趣是什么？您为此付出了什么，每个活动的达到程度如何？

第七部分 迁移性

若要重新安排您的工作地点，哪些地方是您不能接受的？

第八部分 证明

<table>
<tr><td colspan="3">请填写三个人的姓名以便我们作考查。其中之一是你的现任雇主或最近的雇主。请不要写您的亲戚。未经您的同意前，我们是不会同他们接触的。
请标注清楚这是雇用证明还是个人证明。</td></tr>
<tr><td>姓名

职位

地址

邮编

电话号码</td><td>姓名

职位

地址

邮编

电话号码</td><td>姓名

职位

地址

邮编

电话号码</td></tr>
</table>

第九部分 声明

<table>
<tr><td>我明白后续任命将取决于身体检查状况与资历调查。我已尽我所知并保证以上的信息都是正确的、有事实依据的，我明白在申请书中有任何错误或误导，都将是终止雇用关系的有力证据。

签字____________________　　日期___________________________</td></tr>
</table>

感谢您填写××集团的申请表，请将您的申请表交还至____________________。

2. 为面试准备问题

所有面试官在面试之前都必须仔细研读职位申请表，人力资源部招聘人员要比较职位申请表与员工要求表，详细记下与五大部分相关的打算发问的细节：

（1）教育情况（Education）。教育程度如何？专业是什么？教育是否依次进行？

（2）工作历史（Work History）

——候选人每个工作都做了多久？

——他看上去是否对待工作不专一？

——任何工作做到特定时间后，他是否表现出渴望换新工作？

——他的工作历史是否显示了稳步的发展轨道？

——离开每一工作的原因是什么？（正常离职/Legitimate 或因不称职/Misfit）

——工作是否要接触到管理、监督他人？

——离职工资的级别是多少？

（3）兴趣爱好（Hobbies and Interests）。候选人的爱好是什么？体现了候选人哪些特质？（社交型/Gregarious 还是独行侠/Loner）

（4）家庭环境（Domestic Circumstances）。候选人的家庭环境如何？如年龄、住所、个人环境、婚姻状况等。

（5）未来计划（Future Plans）。他的职业生涯是否遵循一定的逻辑轨迹？申请的职位是否是逻辑轨迹中的一部分？

3. 面试的外部准备

该项准备包括：准备充足时间、准备隐蔽与合适的地点、避免任何打扰。

（二）招聘接触（Recruitment Contact）

这一阶段的目的是使候选人放松，为招聘与面试创造协调一致的氛围。若省略此阶段或没能成功展开，面试官可能永远得不到候选人的真实信息。其程序为：面试之前很快地检查所准备的细节恢复记忆；保证外部环境准备妥当（如安静的房间）；不要让候选人久侯；欢迎候选人；微笑；介绍自己；握手（身体接触能够创造信任）；随意交谈使候选人放松（并能揭露信息）；提供茶水/咖啡；目光接触；为候选人解释表格；避免外部障碍，如很高的桌子；适当着装；以中立问题创造和睦环境。

在这一阶段，双方的谈话比例大约为：招聘者 70%，候选人 30%。

（三）招聘掌握（Control the Recruitment）

因为面试是用来评估他人是否合适工作的工具，招聘者必须保证要收集候选人的相关信息，所以这一阶段应多鼓励候选人自由谈话并谈论自己，而不是谈论观点或其他人的方法或行为。招聘者应认真听取回答，观察候选人，并努力探求候选人所提供信息的真实性。

通过候选人对其过去难忘情节的描述，招聘者借此搜集其经历的主要信息以弄清当时的真情实景。这种做法能够使面试官对候选人的所作所为保持更为长效且生动的记忆。

1. 第一印象

事实证明，很多招聘者在面试开始的几分钟内，甚至更快就做了决定。这种状况在当面试官有偏见时（如种族歧视）就会显得特别明显。而好的招聘者则会尽力避免。因为有潜力的、好的候选人会因为偏见而被埋没。良好的最初印象也许是职位的重要需求。但即便如此，第一印象仍然不能压倒一切。

第一印象是双向的，无论是招聘者还是候选人，都必须通过充分准备创造自己良好的第一印象。

2. 探寻内容

招聘者询问的问题要涉及上述五个方面，从而从中找出实例，并与职位申请表的细节、个人印象、相关证明等内容相联系，但不必拘泥于固定的顺序，在招聘过程中面试官要给候选人留下公平、详细的印象。

3. 招聘中的提问技巧

招聘过程中要多一些开放性提问（Open Ended Questions），即那些可以使候选人畅所欲言，并从中发现某些重要内容的问题。这些问题通常包含了以下语词："怎样""什么""谁""哪里""何时""为什么"。不要问那些申请表上已有答案的，不必要的问题。

需要避免的问题包括下面几类：

（1）引导型问题（Leading Questions）。例如，"与人相处和谐相当重要；您是否是一个善于社交的人?"或"我想酒吧的工作对您来说太简单了，是吗?"这类问题使候选人觉得你已经为他提供了你想要的答案，事实上这样做实际上他们什么也没告诉你。

（2）多重问题（Multiple Questions）。最常见的就是同时对候选人提出两个或更多的问题。例如，"你在哪个假期加入了皇后酒店；我的意思是……你的职位是否是客房服务员，你是作为普通的实习生加入的?"这类问题可以简单地表述为"告诉我您加入皇后酒店时的相关事项?"

（3）假设性问题（Hypothetical Questions）。人们常常爱问"如果……你将……?"此类问题要慎用，候选人可能会告诉我们他认为我们希望听到的内容。

（4）迷惑性问题（Confusing Questions）。这类问题常因语言误用而导致，例如对客房服务员候选人说"你的人际关系是否有问题?"等。

（5）封闭式问题（Closed Questions）。封闭式问题通常用"是"或

“否”回答。例如，“您对您的工作满意吗?”

(6) 寻求一致性问题 (Agreement Seeking Questions)。例如，“您的法语程度是×级?”或“后来您到EMBASSY饭店工作了?”这类问题同样没有任何意义。

(四) 招聘结束 (Closing the Recruitment)

1. 结束面试

这一阶段招聘者要给候选人提问的机会，以检测他是否仍然有兴趣从事他竞聘的岗位并感谢候选人的到来。直至最后，面试仍然是双向交流过程，招聘者从候选人处获取信息以确定他们是否是此项工作的“合适者”(the right person)，而他们也同时评估此职位和公司是否有潜力，招聘者要为自己和饭店在候选人心目中留下良好印象。

若招聘者觉得候选人相当不错，则必须多花一点时间来推销这份工作(这种候选人有充足的选择权)，这一点相当重要。还需确保您明确解释了此工作的工作时间和工作条件等相关信息，公司的福利，特别是此职位的薪资待遇。

另外招聘者还要告诉候选人何时能知道最终的结果，并在面试后马上补充笔记，将面试过程及相关情况清楚地记录在“面试评估表”中，如表8-5所示：

表8-5　面试评估表/Interview Assessment Form

职位 ________________

候选人姓名 ________________　　年龄 ____________

当前职位 ________________　　薪水 ____________

外表 Physical Make Up 健康 外形 印象			1　2　3
教育与证书 Education & Qualifications 学校 大专 大学			1　2　3

经验 Experience 工作经历 团队合作		1　2　3
特殊技能与知识 Special Skills & Knowledge 培训 工作相关资格证书 求知欲		1　2　3
兴趣 Interests 社交 活动 智力		1　2　3
个性/人际交往技巧 Personality/Skills with people 关怀 服务 积极性		1　2　3
环境 Circumstances 家庭 个人 其他		1　2　3
抱负 Ambitions 计划 目标		1　2　3

1 = 不符要求

2 = 符合要求

3 = 超越要求

签名 ____________

拟采取行动

日期 ____________

2. 做出决定

面试一旦结束，招聘者必须作出决定，并采取合适行动：

（1）若对对方所说或所示的内容不确定时，则要进行核实。

（2）选择最符合您要求的候选人；若无人符合，则继续面试其他人选。

（3）作决定时必须要考虑 4 个问题：候选人所拥有的综合能力是否能为饭店带来成功？候选人是否合适该团队，并与部门的风格相和谐？候选人是否欠缺一些技能，可以经过培训弥补吗？候选人是否对饭店感兴趣？

（4）人力资源部联系候选人，若他接受，寄一封正式的录取通知；并寄信给落选人表示“遗憾”。若他拒绝，要找出理由并转而考虑第二候选人。

第二节 饭店培训管理

良好的培训是饭店成功的一个基本因素，这是大多数饭店管理者的共识。但是，很多管理者在出现问题之前很少重视培训在他们自己的业务或部门职责中所发挥的作用，这已经成为饭店业的一种普遍现象。对许多饭店来说，对员工的培训和发展进行的投资是一个滞后过程，通常只有在经营环境发生了重大变化（如新制度、新设施、新菜单等），或者是人员流动、主要部门出现问题时，才会运用培训来应付眼前的困难。

一、关于培训

酒店培训是给新员工或现有员工传授其完成本职工作所必需的正确思维认知、基本知识和技能的过程。这是一种有组织的知识传递、技能传递、标准传递、信息传递、信念传递、管理训诫行为。

把培训视为一次性给人们提供生活技能是不太恰当的，而把它看做是一个贯通整个职业生涯的持续过程更为贴切。在这种情况下，提高不仅与经理相关，而且也与饭店内所有级别的员工相关。

在不断变化的环境里，培训是饭店企业在员工身上投资的一个持续过程。从这个角度来看，培训的目的不再仅仅是为完成具体任务而获得必要的技能，而是作为对员工在本饭店工作期间的投资。此外，培训过程——也就是规划、组织和管理培训——贯彻着一个长期培训的方针，并把重点放在员工个人的需求上，它们是随饭店发展的变化而变化的。

许多著名酒店集团注重培训以加强后备人才的储备，这些培训机构包括：洲际的英才培养学院、希尔顿的在线学习平台希尔顿大学、香格里拉在康奈尔网络学院的合作等。

二、饭店培训的模型及体系

（一）饭店培训模型

有效的饭店培训模型如图 8－1 所示，这是一个综合的模型。该模型把培训视为所有部门的共同责任，而不是把培训边缘化，或由一个独立的低级的部门负责规划、协调、执行所有饭店内部的培训。在规划和执行方面，要把培训移交给一系列相关的经理和主管。

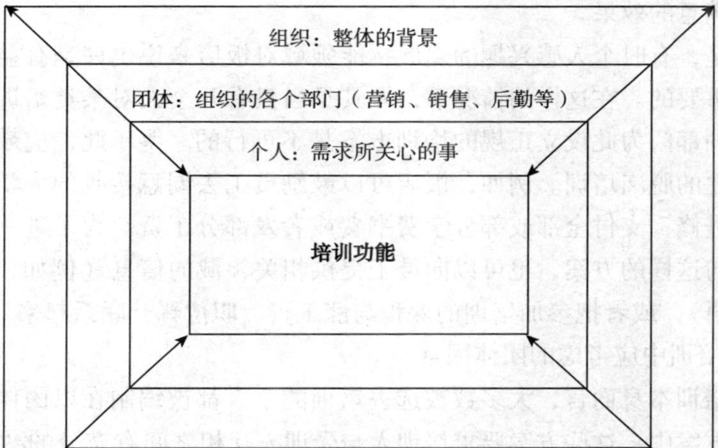

图 8－1　饭店培训模型

在模型中，培训部门在组织中占有中心地位并已扩展到所有其他部门。培训被视为具有综合的管理功能，因此培训不再与其他部门脱节。

根据这个模型，在饭店及其目标的背景下，培训部门的作用是满足个人的学习需求，为培训大批人员提供支持。这个综合培训方法要求所有的经理和主管负起培训本部门或本单位员工的主要责任。培训部门存在的主

第八章　饭店人力资源管理

要目的是支持经理和主管在培训方面做出的努力。为了做到这一点，它需获得并提供相关的信息、支持培训的规划和执行、帮助开发与培训有关的技能和知识。因此，所有主管和经理在他们自己的责任范围内应该具有规划和组织培训的能力。

1. 培训中应考虑的个人因素

员工个人的具体培训需求是通过寻找从事工作所需的技能与实际拥有的技能之间的差距而识别出来的。如果在经理或主管的常规指导课上不能察觉这些差距，那么在正规的绩效评估过程中应该认识得比较清楚。

不管培训方案的设计是为了满足员工个人的需要还是满足工作团体或部门或者整个组织的需要，在最后的分析中都是员工个人吸收了培训方案提供的知识。这意味着必须鼓励员工个人学习相关知识并且把已理解掌握的培训知识展示出来。如果培训方案不是以员工个人为基础的，则很难取得令人满意的效果。

但是，有时个人感兴趣的发展技能领域对饭店来说也许是有益的但未必是很重要的。在这样的情况下，尤其是当只有几个人对某类培训感兴趣时，培训部门为此设立正规的培训方案是不可行的。鉴于此，应鼓励员工进行独立的脱岗培训。例如，饭店可以鼓励员工去同意接收的大学、学院或技校进修，支付全部或部分学费书费或者发部分工资。为了进一步鼓励员工参与这样的方案，也可以向员工提供相关领域的信息（例如，多元文化、外语），或者把参加培训的课程与涨工资、职位晋升联系起来。

2. 培训中应考虑的团体因素

就培训本身而言，大多数被选去培训的个人都被编制在以团体为基础的培训方案中。这些方案要求培训人与受训人互相之间有充分的“同感”。培训人必须考虑到团体成员间的个人差异，而受训人也必须意识到他们之间的差别，意味着培训方式不能总是适合自己的喜好。

以团体为基础的培训根据团体的规模、成分的复杂程度以及受训人的背景可运用不同的技巧。在设计以团体为基础的培训方案时，有必要考虑下列问题：

- 团体成员在能力、文化、年龄、动机和经历方面相似吗？或者培训人是否需要考虑差异很大的团体成员的不同需求？
- 如何使培训策略和资源设备发挥最大效用，并且得到团体内部的认可？

- 方案对团体的员工来说是强制性的还是可选择的？
- 这个培训方案是一个部门、一个领域或一类人员中的一些成员所独有的还是企业的更广泛创意的一部分？如果是更广泛创意的一部分，每个团体中的受训人怎样组合才会比较适当？
- 方案是一个或一些培训人举办的一轮课程还是持续发展过程的一部分？如果是后者，团体的受训人会一同经历整个发展过程吗？
- 培训人是否经验丰富且称职呢？培训人是否具有技能和知识去有效地实施以团体为基础的培训方案？

考虑到受训者的个人差异，经验丰富的培训人会提供不同的指导材料并调整自己的培训方法和讲授风格，同时也调整评价受训者的方式。

3. 培训中应考虑的企业因素

一般来说，饭店业的人员流失率相对较高。许多地区的饭店尽力避免由此带来的影响。一般每年都有大批的新人涌入，并伴随着参差不齐的技能水平和不同的培训要求。因此，为了建立强大的员工队伍，饭店必须按新员工入职培训、新员工技能培训、老员工发展事业培训的结构提供培训。入门培训或导向培训因人员流动和员工队伍的成长而始终处于持续发展中；技能培训也是一个持续的过程，当新员工加入的时候必须重复这个过程；老员工也需要通过培训来实现个人成长目标。

（二）饭店培训体系

根据培训对象、培训目的的不同，饭店需要采用不同的培训内容和培训方法，以建立多层次的培训体系，如表 8－6 所示。

表 8-6　饭店培训体系

培训对象	培训内容	课程类型	培训对象	培训内容	课程类型
新员工	顾客服务迫切性	心态课程	厨房	点心制作流程	技能课程
	企业文化	文化课程		菜式创新	技能课程
	服务意识	文化课程		出品教练法	文化课程
	服务标准	技能课程		厨艺与厨道	心态课程
	专业销售及个人风格销售	技能课程	餐饮服务	餐厅英语会话培训	技能课程
	迎新大使带领参观实践课	技能课程		分店实践操作培训	技能课程
基层员工	星级服务之服务指引	技能课程		中式餐饮产品知识	技能课程
	星级服务之多元化推荐	技能课程		中式餐饮发展趋势	文化课程
	安全管理手册	文化课程	酒吧	果盘制作技巧	技能课程
	成功工作的法则	心态课程		调酒技术	技能课程
	人际关系处理技巧	心态课程	前厅部	前厅管理制度	文化课程
	团队协作技巧	心态课程	房务部	电话沟通技巧	技能课程
主管	星级服务之顾客投诉处理	技能课程		会议主持技巧	技能课程
	星级服务之带动	技能课程	采购部	采购谈判技巧	技能课程
	星级服务之辅导与教化	技能课程		采购管理制度	文化课程
	迎新大使培训课程	管理课程	其他	电脑基础应用培训班	技能课程
	实地培训（教练法）	技能课程		粤语会话培训班	技能课程
	绩效面谈技巧	管理课程		英语基础学习班	技能课程
部门经理	领导者思维	管理课程		摄影技术学习班	技能课程
	问题分析与解决技巧	管理课程		小菜烹饪业余班	技能课程
	目标制定	管理课程		电脑排版制作班	技能课程
	计划制订	管理课程		企业内部培训师培训	技能课程
	计划有效执行	管理课程	……	……	……
	计划总结与报告技巧	管理课程			
	促销技巧	管理课程			
	六西格玛培训	管理课程			
	人事绩效考核	管理课程			
	营业管理技巧	管理课程			

续表

培训对象	培训内容	课程类型	培训对象	培训内容	课程类型
集团高层	企业文化与个人价值观	管理课程		时间管理	管理课程
	角色认知	管理课程		有效激励技巧	管理课程
	有效沟通技巧	管理课程		会议主持技巧	管理课程
	有效授权技巧	管理课程		管理人员当导师	技能课程
	团队管理	管理课程			

阅读材料

雅高集团亚洲区的培训体系及内容示例

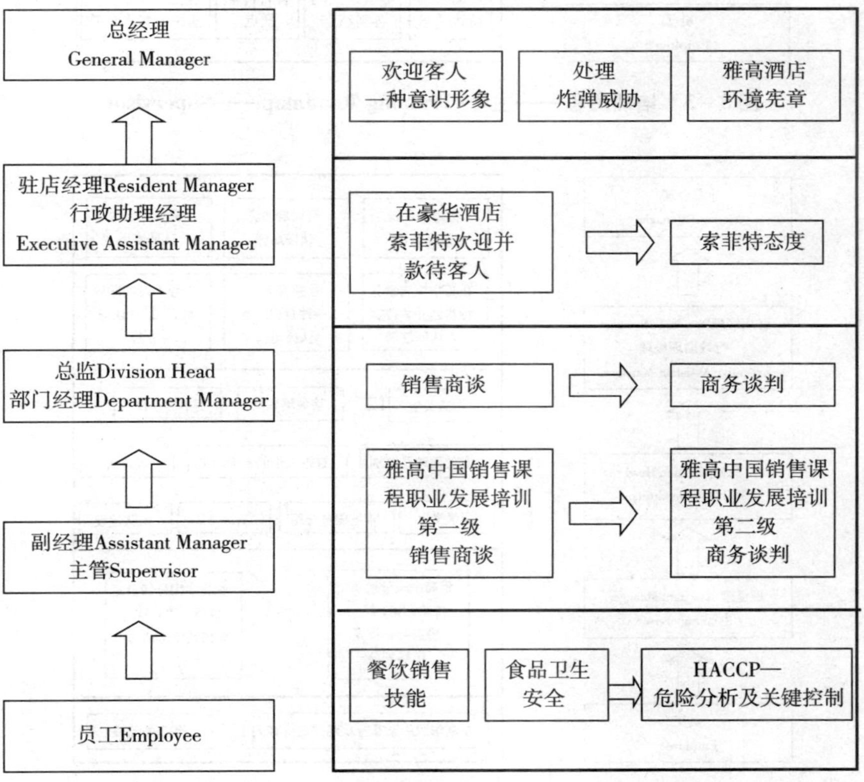

图 8－2　培训历程——员工/Training Roadmap—Employee

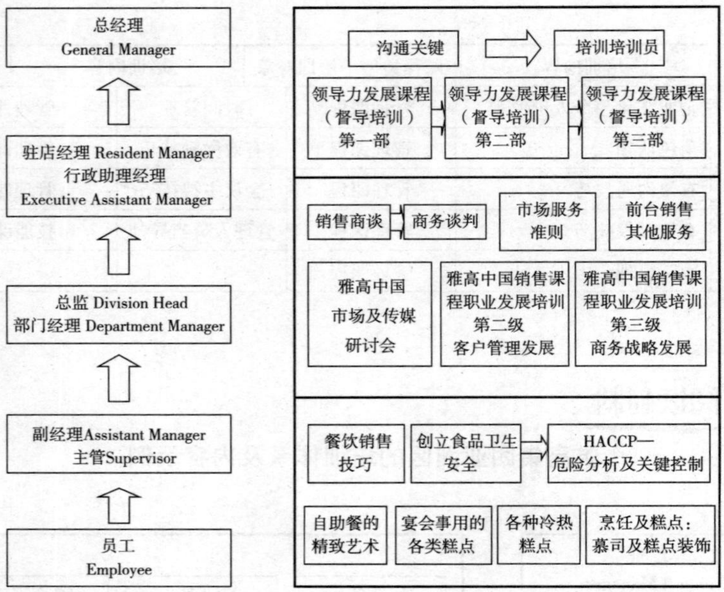

图 8－3 培训历程——主管/Training Roadmap——Supervisor

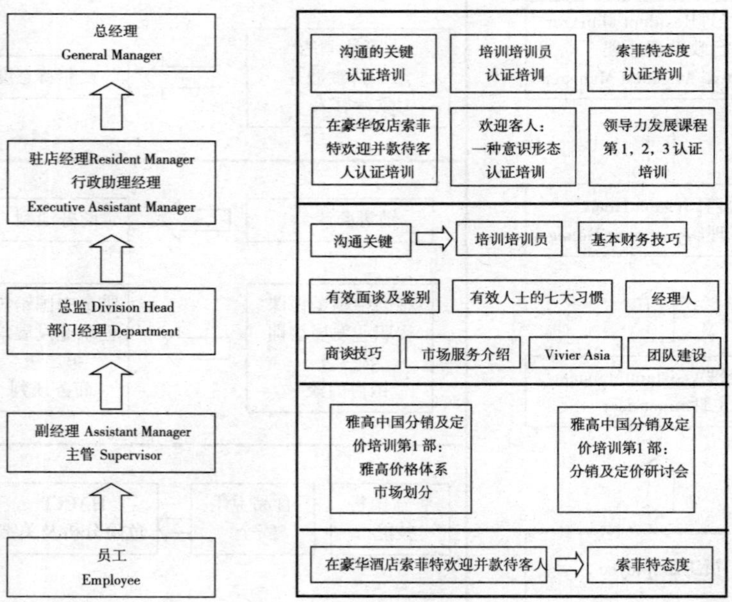

图 8－4 培训历程——部门经理/Training Roadmap—Department Head

三、饭店培训过程

培训过程有九步，如图 8－5 所示：

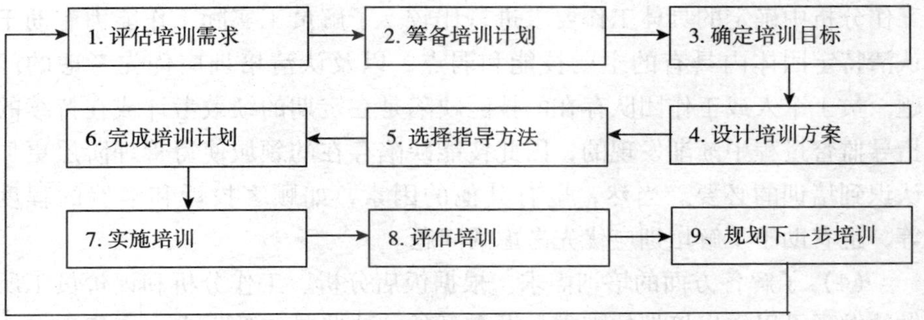

图 8－5　饭店培训过程

（一）评估培训需求

如果培训方案的目的与饭店的目标不一致，并且培训者和受训者不知道需要培训的原因，那么这个培训肯定不会成功。但是事实是很多饭店的培训方案仅仅建立在主管直觉的模糊的判断上，或者仅凭参与者的兴趣和选择而定。如果受这其中任何一个力量的驱动，培训方案都不可能反映出饭店的要求和需优先考虑的问题。结果，培训者和受训者很难理解：为什么说培训方案能够提高工作绩效？

一个有效的培训方案应该满足饭店整体的预期目标和优先考虑的问题，同时也满足员工个人的期望，这样的方案需要对实际的培训需求进行系统而详细的评估。评估培训需求由下列阶段组成：

（1）考察饭店及其整体的技能要求。评估培训需求的第一步是考察整个饭店，这应由各部门的代表和培训专家合作完成，其目的是能够认清培训和发展的广泛需求。这一分析的起点是考察公司和集团的目标，同时将可能考虑到饭店许多方面（如果不是全部的话）的技能和制度（如接待顾客、技术体系、交流通畅）。统一的培训方案会把上述内容传授给这些领域的员工并提高个人能力，使得他们能轮换到饭店的各种岗位上去。

（2）进行工作分析。工作分析不仅能明确具体的工作任务，也弄清了此职位所需的技能、知识和工作态度。尽管工作分析可能是个详细、复杂而又费时的过程，但这的确是培训工作中非常必要的，这样才能使每个员工做出、弄懂准确、独特的工作描述。全面分析工作的好处在于它为完整准确地描述工作、制订有效的培训方案和评价绩效提供了基本的信息。

（3）进行员工评价。评价员工需要把员工能够并已经做到的工作和在工作分析中确定的具体工作要求进行比较。了解员工实际工作能力有助于认清特定团体内具有的主要技能和弱点，以及认清培训应优先考虑的问题。员工个人或工作团队存在的技能缺陷是在定期的绩效考评或在持续的指导监督过程中渐渐发现的，因此技能缺陷存在的领域使得管理阶层更加认识到培训的必要。当然，也有其他的因素，如顾客投诉和浪费的程度等，也有助于了解培训应优先考虑的问题。

（4）了解各方面的培训需求。根据饭店分析、工作分析和评价员工所做的发现可以看出培训的需求是混合型的。这些具体的需求也许集中在个人、团体和部门的培训和提高上，也可能反映出饭店对培训更广泛的需求。例如，由于引进新政策、新制度或新技术对培训更加迫切的需求。

（二）筹备培训计划

详细的工作分析过程有助于把具体的培训要求看得更清楚。接下来是把这些已知的需求组织成可实施的培训计划。准备计划主要涉及把个人、团体和饭店的培训需求进行优先排序。优先排序的任务通常是由管理阶层与饭店的培训主管或其他负责培训职责的人员来协商完成的。

因为具体的培训需求清单太长，在培训计划的时间框架内不能全部涉及，或因为资源不足不能把需求中的所有部分都包括进来，因此，计划的一些部分也许不得不推迟执行。

（三）确定培训目标

培训草案为某一特定时期提供了培训“菜单”；但是，它只为提出的主题提供了草拟大纲。因此，下一步是通过对“培训目标是什么”的回答，来确定培训计划每一环节（即每一主题方面）的目标。

在实际情况中，可以通过详细说明下列内容来确定培训目标：

（1）受训人在参加完某一特定培训方案后应该学到什么。

（2）根据行业或饭店标准应该掌握到何种程度。

工作分析应该为指明具体任务的内容及相关的技能、知识和态度提供基础。反过来这项任务的内容、技能、知识及态度也应为制订所需培训方案的目标充当基础。此外，在准备培训目标时，受训者以前的学习和动机是需考虑的重要因素，因为它有助于确定培训起点，也有助于确定通过培训方案能够达到的水平。

（四）设计培训方案

设计培训方案和选择指导性的方法是培训过程中相辅相成的阶段。在这两个阶段与培训目标中，培训部门的专业知识及其支持具有不可估量的价值。进行详细的方案设计时应考虑的主要因素有：

（1）在培训允许的时间和预算下如何平衡培训方案的目标和主题内容

（2）方案的持续时间

（3）方案的设置（例如，非全日制、全日制、离职培训）

（4）指导方法

（5）可利用的资源（例如，指导者可利用的时间、预算、培训设施），选择培训材料（如教材、录像带）

（6）培训的地点或环境，有时由任务决定（尤其是实践技能）

（7）指导者及其经验

（8）培训方案的主办单位（把培训设在饭店内部或者外包给教育部门或顾问）

（9）评估参加者学习成绩的标准及方法

（10）考核方案的标准和方法

饭店不仅必须对上述概括的每一因素做出决定，而且还必须拥有执行这些决定的专业知识和资源。部门的职员可以通过培训和实践来学习这方面的专业知识；但在许多组织里，方案的设计是由人力资源培训专家或外来的培训顾问通过与部门代表进行磋商而作出的。

（五）选择指导方法

有许多可供采用的指导方法。选择哪一种取决于培训的类型和水平、可利用的设施和专业知识以及受训者的需求。培训方式根据具体的地点分成：

1. 在岗培训

在岗培训主要通过做来学，因此它也可能是应用最多的最可能被滥用的培训方式。在岗培训要求有效的计划、组织和监督以挖掘一些实际的以顾客为中心的能力。如果做得正确，是个明智的方法而且即时见效。

例如，在岗培训在华美达酒店中得到广泛的使用，他们创建了一个在岗培训辅助计划。这个辅助计划可以帮助受训者认识培训目的，以及了解培训给他们自己、公司和顾客带来的好处。同时，它也给受训者提供了正确执行任务时应遵循的一系列连续步骤，以及一系列执行任务的工具、材料和设备。最后，在把反馈提供给受训者时，培训的辅助计划为此提供了评价标准。在岗培训是技能培训、新员工的导向培训或入门培训的重要组成部分。

2. 脱岗培训

脱岗培训考虑的是发展更广泛更理性的技能。它提供了一个实践环境，并且在这个环境里犯错的代价不是很大。脱岗培训主要有三种：在饭店内的脱岗培训、在外面的脱岗培训、独立的脱岗培训。

在饭店内的脱岗培训可以采取讲座及其他形式的课堂方法、讨论、示范、案例分析、角色扮演和模拟等几种形式。例如，许多航空公司运用相当复杂的飞行模拟手段对飞行员进行培训，利用机舱模型培训空姐等。饭店内脱岗培训与其他类型的脱岗培训的区别在于：饭店内的脱岗培训不是在工作真正进行的场所实施的，但仍然在饭店的管辖范围内。

在外面进行的脱岗培训也可以采取不同的形式。最常见的一种形式是到地方大学去参加正规的有保证的培训或参加短期课程。这样的培训专门满足公司的具体需求，或者提供更广泛的培训基础；它可能重视与酒店及旅游业相关的特殊训练，也有可能注重更综合的技术或管理问题。由非教育性质的中介机构提供的特殊课程和会议对实现培训与发展的目标也是有帮助的。最后，在母公司内部的不同地点或其他组织的不同地点实施的以工作为重点的安置项目也是有益的外部培训。

独立的脱岗培训指的是由学习者控制并管理的培训方法，脱离主要的工作团体或不必受直接的培训监督。对酒店及旅游业的员工们来说还有一些培训方法变得越来越重要。这些方法有：远程/开放式学习或培训（包括通信教学、使用电视、收音机、录像会议）、电脑辅助式学习、互动式录像学习、上面各方法的组合等。

阅读材料

万豪酒店集团的培训与发展

2007 年 3 月 19 日，万豪酒店管理集团旗下七家酒店，即上海苏州地区万豪姊妹酒店：上海 JW 万豪酒店及明天广场万豪行政公寓、上海新梅万豪行政公寓、上海虹桥万豪大酒店、上海扬子江万丽大酒店、上海淳大万丽酒店、上海齐鲁万怡大酒店、苏州尼盛万丽酒店与上海师范大学旅游学院、上海旅游高等专科学校共同达成协议，即日起校企将紧密合作，本着平等互利精神，建立长期友好合作关系，以加强酒店管理人才培养的教学与实践合作、推进企业管理文化交流、增进相互了解和支持。

协议包括从2007年4月开始，学校从每年的入学新生中，选择组建以“万豪班”冠名的饭店管理、财务管理和烹饪专业本、专科教学班。学校将根据自身教学计划，提前制订万豪集团承担课程的计划和内容，并指定专人负责组织与管理。万豪集团则制定相关部门的年度实践培训安排供给学校参考，（如前厅、客房、餐饮及烹饪）。万豪集团的专业管理人员也将成为学校的客座讲师，教授专业理念及实践操作知识。为学生们开设企业文化，人才需求，企业发展规划，及具有现代酒店培训特色的实践教学课程。在实习合作方面，酒店也将定期安排专科学生见习参观和交流，为本科学生提供酒店服务和管理的体验见习。在举办大型国际活动或者宴会期间，长期为学生们提供实践的机会。对于实习成绩合格的学生，优先录用并签订就业协议。在企业文化交流方面，学校将定期宣传酒店文化和发展，管理特色和酒店新闻等；酒店也将每年为学校派选的专业教师进行特定管理岗位的短期考察。

（六）完成培训计划

在为研究方案确定了主要设计特点和指导方法之后，培训计划模型就完成了。与最初的培训计划相比，这个完成了的计划包含了培训方法、培训时间及地点的更多细节。很显然，在计划涉及的细节方面还有相当大的讨论空间。在实际操作中，计划详细到何种程度受如下因素的制约：各种条件（例如需要培训的员工人数、培训方案的设计人具有的专业知识）和资源因素（例如时间、预算）。

（七）实施培训

为确保培训的有效实施，明智的做法是让熟练的培训人员参与进来，因为他们是很好的交流者和推动者。同样，讲授人还必须对实施方案使用的技术能够运用自如。此外，在真正准备和实施培训方案时必须考虑一些其他因素：

（1）对参加者的选择是很重要的，尤其当团体对培训计划没有自选权时。如果团体太大使得培训不能一轮完成，对参加者的选择则应根据培训优点最大化的原则，并确保把部门合适的人员包括在内。

（2）团体的舒适，不管是身体上的，还是心理上的，都是很重要的，应该给他们提供间歇时间，同时培养团体内部及培训者与团体之间的和睦关系。

（3）培训人必须负责确保受训人在提供的条件里能够学会。这需考虑到一些影响因素，如环境因素（例如，教室的温度、座位的安排、空调）以及培训者为了激发并抓住参加者的兴趣而采取的措施。

（4）不管在方案实施前还是实施过程中，针对课程进行很好的交流对受训者来说是非常重要的。这样的交流应集中在培训的原因及期望的效果上。

（5）在培训过程中，培训人必须给受训人时间练习新学的技能。也应该拿出时间让受训者提出问题，并回答这些问题，因为这对有效的学习是非常必要的。

（6）反馈能反映受训者自己的学习情况并帮助其纠正错误。反馈是评价的一部分，这个过程会反映培训者和受训者双方的能力水平。

（八）评估培训

培训方案实施完并不意味着培训的结束，而还应对培训方案以系统科学的方式进行评价。在评价培训方案时，通常采取下面的一种或多种形式：

（1）不管是在培训方案实施过程中还是之后，来自受训者的反馈能够提供有关课程处理和设计方面的信息。问卷调查的使用比较普遍，同时坦率的讨论也不可或缺。

（2）培训后对受训者进行测试，根据所要求的标准评判成绩。但是，只有把培训前和培训后的测试进行比较才能衡量出培训的成果。

（3）上一级领导和他人对员工培训后工作绩效的考评是评价方案的重要方面。为了与培训后的结果进行比较而在培训前做了评价，这时，培训后评价才更显其价值。

（4）对现存需求的识别也可以显示以前的培训方案成功与否。也就是说，在“受训过的”员工里重复出现同样的问题表明以前的培训方案至少部分失败。

（九）规划进一步培训

评价阶段结束时，培训实际上完成了一个循环，饭店必须继续计划下一个阶段的培训，或者在某些情况下使用重复培训方案来培训新员工。理想的情况是，定期地规划进一步的培训方案，当然现存的培训方案仍可以使用。

进行饭店培训规划时应注意下列的原则：

（1）全局性原则。培训是饭店内所有经营领域不可或缺的组成部分，而不是一个独立的活动，培训不是培训部门本身专有的责任。

（2）系统性原则。培训必须是系统的且始终如一的。如果培训时要求的标准在正常的工作过程中不适用，那么培训的价值和作用就丧失了。

（3）长期性原则。提供长期有价值的培训规划，要求注重详细周密地组织。培训过程的九个步骤对有效的培训是至关重要的。饭店不能因为武断的而简化这个体系。另外培训对酒店青年人的职业发展是非常关键的。培训也起着重要的推动作用，是阻止人员流失的重要方式，同时也是吸引优秀人才的重要方式，因为人们越来越关心饭店的培训政策和机遇。

第三节　饭店职业生涯规划

个人发展是饭店发展和社会发展的基础，只有充分发挥人的主观能动性，建立以人为本的职业生涯开发与管理的目标体系，帮助每位员工实现自我价值，通过做好员工的职业生涯开发与管理，把饭店的人力资源最大限度的变成人力资本，饭店才能最终实现未来的愿景。

员工的职业生涯规划与管理是饭店人才战略的重要内容，把制定员工职业生涯规划作为饭店的战略管理的重要组成部分是人力资源部门的重要任务。

一、职业生涯规划

职业生涯规划，是指组织或者个人把个人发展与组织发展相结合，对决定个人职业生涯的个人因素、组织因素和社会因素等进行分析，制定有关对个人一生中在事业发展上的战略设想与计划安排。职业生涯规划首先要对个人特点进行分析，再对所在组织环境和社会环境进行分析，然后根据分析结果制定一个人的事业奋斗目标，选择实现这一事业目标的职业，编制相应的工作、教育和培训的行动计划，并对每一步骤的时间、顺序和方向作出合理的安排。

二、职业锚

职业锚的概念是由美国埃德加·施恩教授提出的，职业锚就是指当一个人不得不做出选择的时候，他无论如何都不会放弃的职业中的那种至关重要的东西或价值观，即人们选择和发展自己的职业时所围绕的中心。

要想对职业锚提前进行预测是很困难的，这是因为一个人的职业锚是在不断发生着变化的，它实际上是一个不断探索过程所产生的动态结果。施恩根据自己多年的研究，提出了以下五种职业锚：

（一）技术或功能型职业锚

具有较强的技术或功能型职业锚的人往往不愿意选择那些带有一般管理性质的职业。相反，他们总是倾向于选择那些能够保证自己在既定的技术或功能领域中不断发展的职业。

（二）管理型职业锚

有些人表现出成为管理人员的强烈动机，必须承担较高责任的管理职位是这些人的最终目标。这类人认为自己有资格获得管理职位是由于具备以下三个方面的能力：

1. 分析能力：在信息不完全以及不确定的情况下发现问题、分析问题和解决问题的能力；

2. 人际沟通能力：在各种层次上影响、监督、领导、操纵以及控制他人的能力；

3. 情感能力：在情感和人际危机面前只会受到激励而不会受其困扰和削弱的能力以及在较高的责任压力下不会变得无所作为的能力。

（三）创造型职业锚

这些人都有这样一种需要：建立或创设某种完全属于自己的东西——一件署着他们名字的产品或工艺、一家他们自己的公司或一批反映他们的成就的个人财富等。所以这类人常常成为成功的企业家。

（四）自主与独立型职业锚

这类人在选择职业时似乎被一种自己决定自己命运的需要所驱使着，他们希望摆脱那种因在大企业中工作而依赖别人的境况，因为，当一个人在某家大企业中工作的时候，他的提升、工作调动、薪金等诸多方面都难免要受别人的摆布。这类人中有许多人还有着强烈的技术或功能导向。然而，他们却不是像持有技术或功能型职业锚的人那样到某一个企业中去追求这种职业导向，而是决定成为一位咨询专家，要么是自己独立工作，要么是作为一个相对较小的企业中的合伙人来工作。

（五）安全型职业锚

这类人需要从事这样一类职业：能够提供有保障的工作、体面的收入以及可靠的未来生活。这种可靠的未来生活通常是由良好的退休计划和较高的退休金来保证的。安全意味着所依托的组织的安全性，他们可能优先选择到政府机关工作，因为政府公务员看来还是一种终身性的职业，他们更愿意让雇主来决定他们去从事何种职业。

为每位员工制定职业生涯规划时必须充分了解和确定其职业锚。

三、饭店职业生涯规划与管理的内容

一般来说，职业生涯规划可以从个人角度和饭店企业角度划分成两个方面的内容：

饭店组织中的绝大多数员工，其中包括受过良好教育的员工，都有从自己现在和未来的工作中得到成长、发展和获得满意的强烈愿望和要求。为了实现这种愿望和要求，他们不断地追求理想的职业，根据个人的特点、饭店发展的需要和社会发展的需要，制定自己的职业规划，我们把它称为个人职业生涯规划。

个人职业生涯规划是个人对自己一生职业发展道路的设想和规划，它包括选择什么职业，以及在什么地区和什么单位从事这种职业，还包括在这个职业队伍中担负什么职务等内容。一般来说，个人希望从职业生涯的经历中不断得到成长和发展。个人通过职业生涯规划，可以使自己的一生职业有个方向，从而努力地围绕这个方向，充分地发挥自己的潜能，使自己走向成功。

在广大员工希望得到不断成长、发展的强烈要求推动下，饭店人力资源管理与开发部门为了了解员工个人的特点，了解他们成长和发展的方向及兴趣，不断地增强他们的满意感，并使他们能与饭店组织的发展和需要统一协调起来，制订有关员工个人成长、发展的计划与组织需求和发展相结合的计划，称为员工职业生涯管理。

总之，职业生涯规划既要体现员工发展的需要，又要体现饭店发展的需要。

四、饭店制定员工职业生涯规划的程序

饭店制定员工职业生涯规划可以遵循图 8－6 的程序完成：

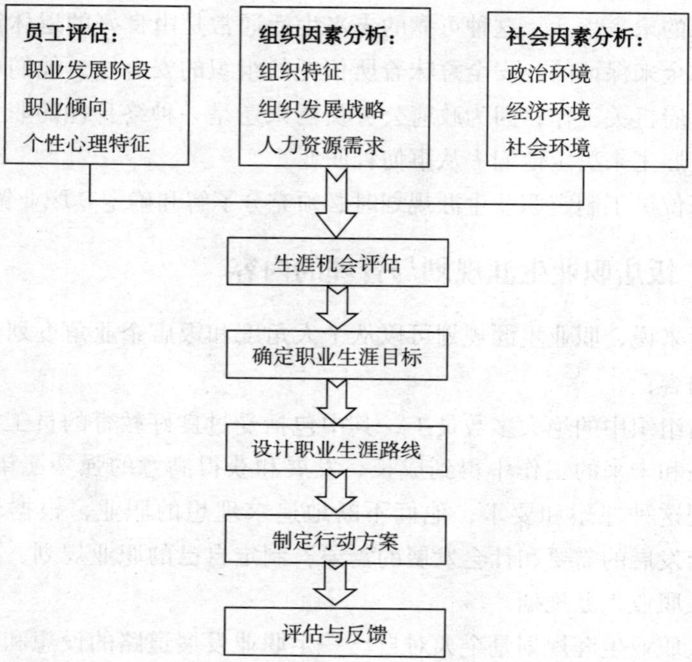

图 8－6　职业生涯规划程序

（一）员工评估

员工评估是对每一位员工做出全面的分析，主要包括对个人的需求、能力、兴趣、性格、气质等的分析，以确定什么样的职业比较适合和具备哪些能力。

（二）组织与社会环境分析

组织与社会环境分析是对员工所处的环境的分析，以确定员工是否适应组织环境或者社会环境的变化以及怎样来调整自身以适应组织和社会的需要。短期的规划比较注重组织环境的分析，长期的规划要更多地注重社会环境的分析。

（三）生涯机会的评估

生涯机会的评估包括对长期的机会和短期的机会的评估。通过对社会环境的分析，结合每一位员工的具体情况，评估有哪些长期的发展机会；通过对组织环境的分析，评估组织内有哪些短期的发展机会。通过职业生涯机会的评估可以确定职业和职业发展目标。

（四）职业生涯目标的确定

职业生涯目标的确定包括人生目标、长期目标、中期目标与短期目标的确定，它们分别与人生规划、长期规划、中期规划和短期规划相对应。一般，我们首先要根据员工的专业、性格、气质和价值观以及社会的发展趋势确定其人生目标和长期目标，然后再把人生目标和长期目标进行分化，根据个人的经历和所处的组织环境制定相应的中期目标和短期目标。

（五）制定行动方案

在确定以上各种类型的职业生涯目标后，就要制定相应的行动方案来实现它们，把目标转化成具体的方案和措施。这一过程中比较重要的行动方案有职业生涯发展路线的选择，职业的选择和相应的教育和培训计划的制定。

（六）评估与反馈

在人生的发展阶段，由于社会环境的巨大变化和一些不确定因素的存在，会使原来制定的职业生涯目标与规划有所偏差，这时需要对职业生涯目标与规划进行评估和做出适当的调整，以更好地符合员工自身发展和社会发展的需要。职业生涯规划的评估与反馈过程是对员工的不断认识过程，也是对社会的不断认识过程，是使职业生涯规划更加有效的有力手段。

阅读材料

雅高集团职业规划/Career Development

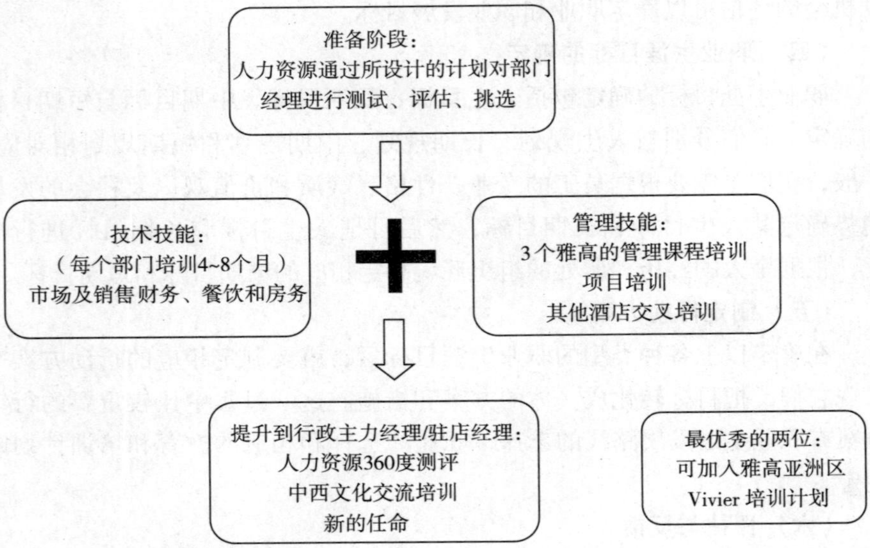

图8－7　雅高集团职业规划

五、饭店职业生涯规划应遵循的原则

（一）实事求是

对员工准确的认识和评价是制订员工职业规划的前提。

（二）切实可行

首先，个人的职业目标一定要同自身的能力，个人特质及工作适应性相符合，一个学历不高又无专业特长的职员，却一心想进入饭店管理层显然不切实际。其次，个人职业目标和职业道路确定要考虑到客观环境条件。例如，在一个论资排辈的饭店里，刚毕业的大学生就不宜把担当重要管理工作确定为自己的短期职业目标。

（三）个人职业规划目标要与企业目标协调一致

员工是借助于企业而实现自己的职业目标的，其职业计划必须要在为企业目标奋斗的过程中实现。离开企业的目标，便没有个人的职业发展，甚至难以在企业中立足。

六、饭店职业生涯开发与管理模式

饭店应该尽量为每一位员工设计其职业发展规划，尤其是对高素质人才的职业发展要有一套明确的规划方案，使其能够看到未来的发展方向和目标。外方管理公司还可以提供一定的海外培训经历，这样的职业生涯发展规划一定会受到员工的欢迎。

饭店员工职业生涯开发与管理模式如图 8－8 所示。

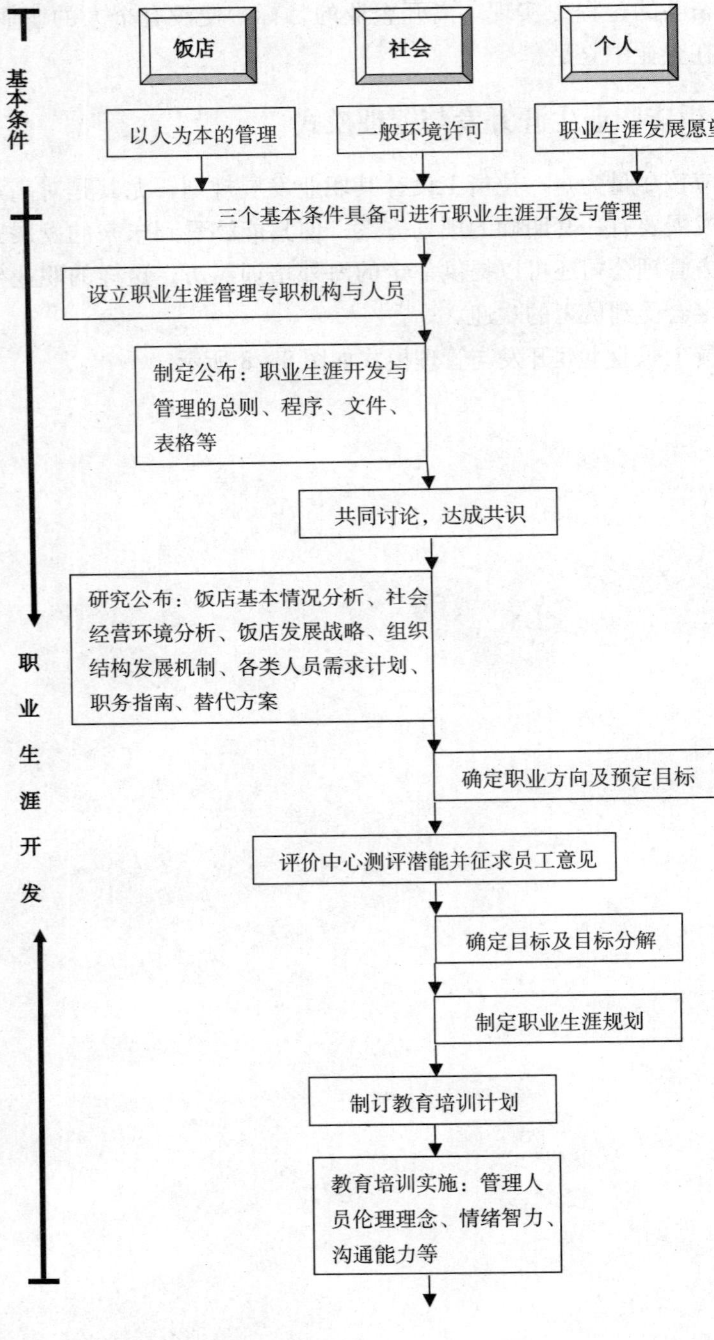
基本条件
饭店
社会
个人
以人为本的管理
一般环境许可
职业生涯发展愿望
三个基本条件具备可进行职业生涯开发与管理
设立职业生涯管理专职机构与人员
制定公布：职业生涯开发与管理的总则、程序、文件、表格等
共同讨论，达成共识
研究公布：饭店基本情况分析、社会经营环境分析、饭店发展战略、组织结构发展机制、各类人员需求计划、职务指南、替代方案
职业生涯开发
确定职业方向及预定目标
评价中心测评潜能并征求员工意见
确定目标及目标分解
制定职业生涯规划
制订教育培训计划
教育培训实施：管理人员伦理理念、情绪智力、沟通能力等

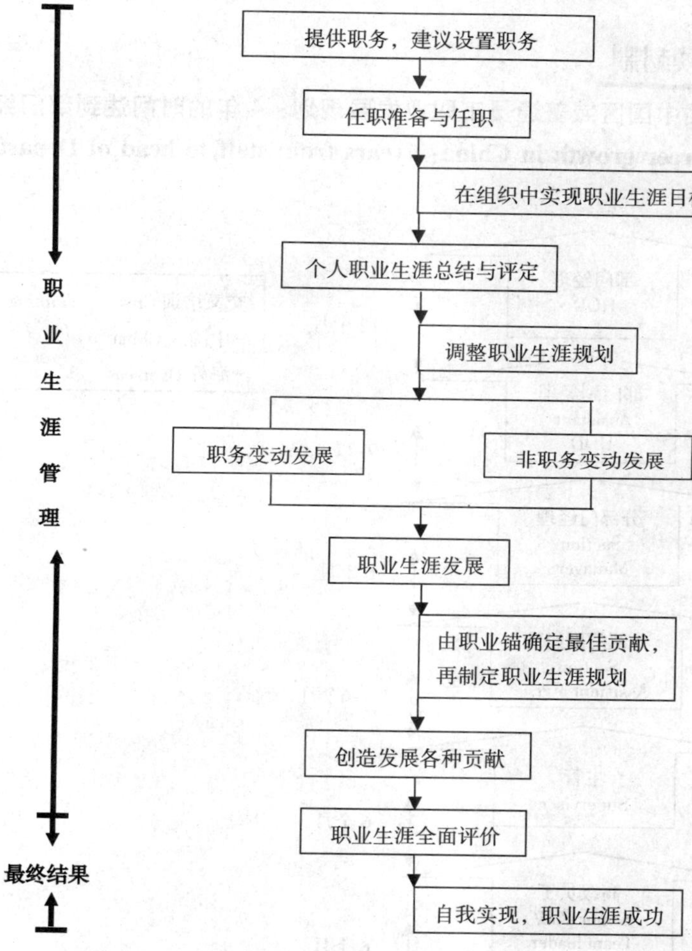

图8－8　职业生涯开发与管理模式

阅读材料

雅高集团中国区域普通员工职业发展规划：4 年的时间达到部门经理

Potential career growth in China：4years from staff to head of Department

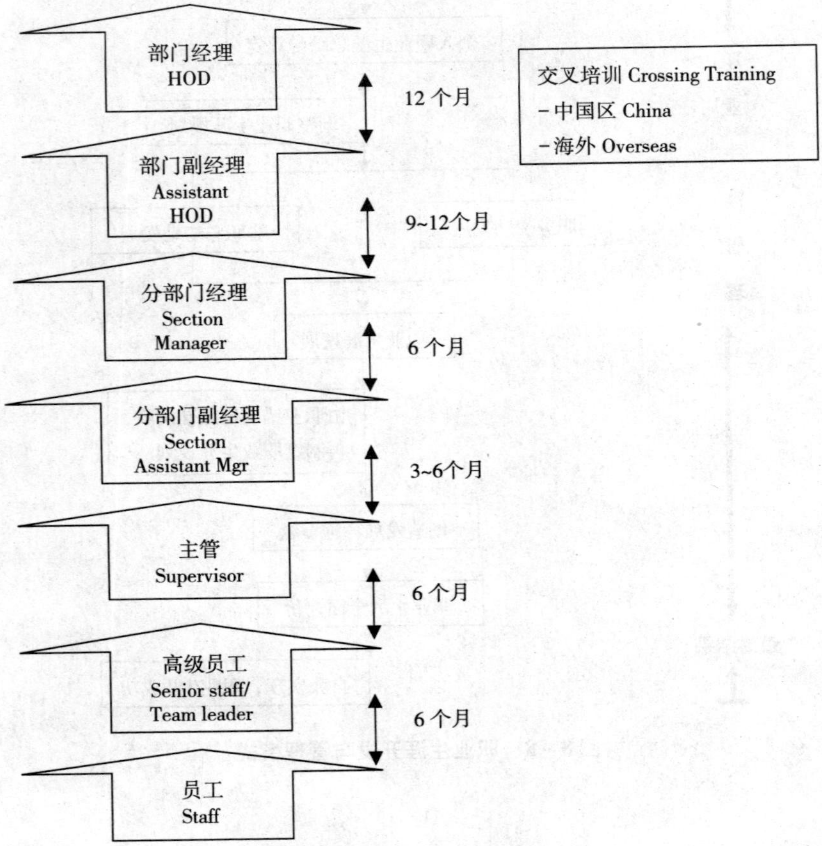

图 8-9 雅高集团中国区域普通员工职业发展规划

第四节 饭店绩效管理

饭店绩效管理的意义在于更好地把绩效管理与饭店战略和总体营运计划紧密联系起来，充分调动各方面的积极性和责任感，形成科学合理、与薪酬挂钩的绩效考核机制，通过提高员工业绩，推动饭店整体业绩的提升，从而实现饭店的总体营运计划。绩效管理是饭店人力资源部门的另一项工作重点。

一、绩效管理的内涵

绩效管理是通过对企业战略的建立、目标分解、业绩评价，将业绩成效用于企业日常管理活动中，以激励员工持续改进并最终实现组织战略以及目标的一种正式管理活动。绩效管理体系是一套有机整合的流程和系统，专注于建立、收集、处理和监控绩效数据。它既能增强饭店的决策能力，又能通过一系列综合平衡的测量指标来帮助饭店实现策略目标和经营计划。

二、饭店绩效管理的目标

饭店绩效管理的核心目标在于帮助饭店实现其运营目标。具体说来，可以细化为下列项目：

1. 把饭店的经营目标转化为详尽的、可测量的标准。
2. 把饭店宏观的营运目标细化到员工的具体工作职责。
3. 用量化的指标追踪跨部门的、跨时段的绩效变化。
4. 及时发现问题，分析实际绩效表现达不到预期目标的原因。
5. 对饭店的关键能力和不足之处提供分析依据。
6. 为饭店的经营决策和执行结果的有效性提供有效支持信息。
7. 鼓励团队合作精神。
8. 为制定和执行员工激励机制提供工具与资料。

三、饭店绩效管理流程

饭店绩效管理流程如图 8－10 所示。

（一）建立考核目标

考核期初（一般在下一考核周期的前一个月度，饭店下一年度工作目标确立之后），由考核者与被考核者进行沟通，制定双方认可的考核目标。建立考核目标需要遵循的原则是：

1. 部门总监/经理级的考核指标要尽可能突出战略规划、年度工作计划的重点，体现饭店集团共性和基础性的管理要求，而并不追求面面

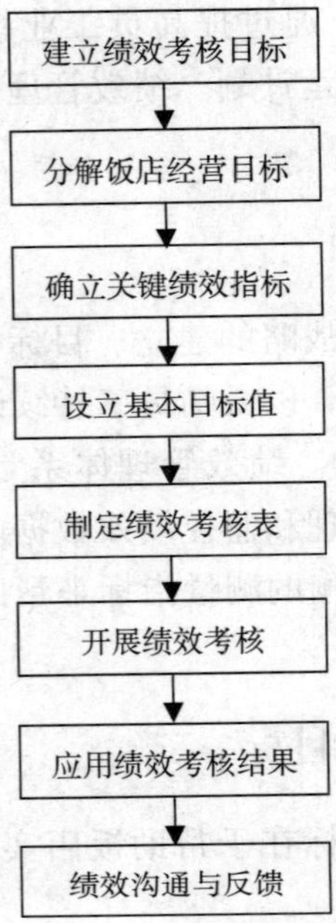

图 8－10　饭店绩效考核流程图

俱到；

2. 与总经理考核指标保持基本一致，只需要作相应的分解；

3. 考核内容范畴和权重根据各部门特性而有所不同；

4. 可以量化，有明确的衡量标准，具有相当的客观性并有时间限制。

（二）分解饭店经营目标

目标分解和饭店绩效考核表制定是绩效管理的基础工作，它是通过上下级双向沟通，并由上级领导进行确认来完成的。部门总监/经理的考核指标是通过分解饭店经营总目标而来。其具体步骤是：

1. 饭店在每年工作目标和综合计划的基础上，编制并下达饭店年度综合经营计划，作为饭店本考核期内的经营目标。

2. 决策层管理人员与其分管部门总监/经理根据饭店下达给部门的经营目标以及部门的年度工作目标和综合计划，提出并确认部门经理的工作重点，确定考核期内部门经理的关键绩效指标和基本目标值及相应权重，填写部门经理绩效考核表。

3. 所有部门的年度关键绩效指标及关键工作计划的总和应大于或等于

饭店总目标，这样才能保证饭店整体目标的实现。

（三）确立关键绩效指标（Key Performance Indicators，KPI）

关键绩效指标是用来衡量工作绩效表现的量化指标，是对工作完成效果的最直接衡量方式，是对考核目标的具体描述。对部门总监/经理的考核以关键绩效指标来体现。

1. 关键绩效指标的设立原则和依据

关键绩效指标是饭店实现战略目标的关键领域。其设立原则和依据是：

（1）关键绩效指标必须基于饭店的整体业务战略而设定。

（2）与饭店当年的经营目标相关；反映饭店所期望达到的目标。

（3）将饭店的战略目标转化为明确的行动内容。

（4）关键绩效指标应该是被考核者岗位职责直接相关的工作成果，是被考核者通过自己的努力可以对指标的结果产生影响。每一个关键绩效指标都是某一个关键成功因素的最佳指示器，同时每一个关键成功因素必须至少有一个关键绩效指标来描述。

（5）关键绩效指标将被考核者工作成果进行量化，使得对被考核者的工作成果的衡量更加客观。

（6）关键绩效指标应该体现各岗位工作的重点，不宜过多。

（7）关键绩效指标应该确保可以衡量。

2. 关键绩效指标的类别

关键绩效指标主要分为四类：财务类指标、客户类指标、营运/执行类指标、学习与成长类指标。

（1）财务类指标。是体现饭店价值创造成果的最直接的效益指标，可显示出饭店和部门的战略及其实施和执行是否正在为最终经营结果（如利润）的改善作出贡献。经营性部门与非经营性部门选择财务类指标不同。主要考核的指标包括：营业收入指标（保证饭店年度经营目标的实现）、GOP 指标（满足饭店盈利性要求）、成本率指标（加强成本控制）、人均劳动效率指标（提高生产效率和经营效率）、应收账款指标（保证合理的现金流量，防止财务危机）、存货额度指标、能耗指标等。

（2）客户类指标。客户类指标是检视满足核心客户的关键方面，饭店应以目标客户和目标市场为方向，关注于是否满足核心顾客需求。主要考核的指标包括：顾客满意度（饭店定期调查）、客户管理、目标市场占有率（相对于竞争对手）、员工满意度（饭店定期调查）、员工流失率/核心员工流失率、人才培养与输送（接班人计划执行）、客人投诉、市场信息、员工投诉、客户维系/流失、客户开拓、离职面谈/员工定期面谈等。

(3) 营运/执行类指标。是衡量为实现饭店价值增长的重要营运操作控制活动的效果，紧密结合不同岗位特色，体现其直接工作效果的指标。这类指标设置的要求是：要反映该岗位独特的工作成果；以对客户满意度和实现财务目标影响最大的业务流程为核心；既包括短期的现有业务的改善，又涉及长远的产品和服务的革新；不要选择两个相似的指标考核同一项具体工作；选择的指标应该体现出整个部门的主要年度目标，同时应该注意指标数量不应太多，一般不要超过5个；要特别考虑确定目标值的设定以及数据收集的途径，确保可实施性。主要考核的指标为：计划制订及完成、质量主题活动策划与执行、责任事故/安全生产、营销主题活动策划与执行、核心员工与一般员工流失、设施设备保养计划与执行等。

(4) 学习与成长类指标。学习与成长类指标用来评估员工管理、员工激励与职业发展等保持饭店长期稳定发展的能力。主要考核指标涉及员工的能力、信息系统的能力、激励、授权与相互配合等，例如培训计划执行、培训满意度、人均受训时间、部门协作（信息传递）、员工技能抽查合格率等。

需要注意的是，同样的指标对不同的部门总监/经理而言，其具体内容、权重设置、涉及范畴都有可能是不同的：

具体内容不同。如“成本控制”对人力资源总监/经理而言，主要是指劳动力成本；对工程部经理而言，主要是能耗成本或维修成本；对市场总监而言，则是指销售费用成本。

权重不同。如对人力资源总监/经理而言，其员工考核指标部分可以作为最核心的考核部分；而对经营性部门而言，财务绩效、营运考核两大部分指标应作为重要的部分。

范畴不同。如“员工满意度”指标，对人力资源总监/经理而言，是指饭店整体的员工满意度；对市场总监而言，是指市场部（包括销售部、公关部）的员工满意度；对销售部经理而言，是指销售部员工的满意度。

（四）设立基本目标值

基本目标值是指刚好完成饭店对岗位某项工作的期望时应达到的绩效指标完成标准，例如要求员工满意度达到80%。基本目标值的确定可根据批准的年度计划、财务预算及岗位工作计划，由相关部门提出，总经理和饭店绩效管理小组最终审核确定。基本目标值的设定应侧重考虑可达到性，若完成则意味着岗位工作达到饭店期望的水平。

1. 基本目标值的设立原则

（1）价值驱动原则。要与提升饭店价值和追求利润回报最大化的宗旨相一致，突出以价值创造为核心的企业文化。

（2）一致性原则。与饭店发展战略和年度经营计划相一致；一定要紧紧围绕饭店的发展目标，自上而下逐层进行分解、设计和选择。应结合饭店战略侧重点，服务于饭店关键经营目标的实现。

（3）突出重点原则。在选择 KPI 和确定基本目标值时，要选择那些与饭店价值、与岗位职责结合更紧密的绩效指标和基本目标值。

（4）可行性原则。考核目标一定是可以控制的；同时确定的目标要有挑战性，有一定难度，但又可以实现。

（5）共同参与原则。在考核表的设计过程中，管理者和管理层都要参与。

（6）客观公正原则。要实施坦率、公平、跨越组织等级的绩效审核和沟通，保持绩效透明性，做到系统、客观的评估绩效。

（7）综合平衡原则。通过合理分配 KPI 和基本目标值的权重，实现对岗位全部重要职责的合理衡量。

（8）岗位特色原则。考核表内容的选择、目标的设定，要充分考虑到不同业务、不同部门中类似岗位各自不同的特色和共性。可参考过去相类似指标在相同市场环境下完成的平均水平，并根据情况的变化予以调整；也可参照一些行业指标、技术指标、监管指标、国际指标等来确定合理的水平。

2. 基本目标值的权重分配

在做目标值权重分配时，应遵循的基本原则是：对公司和饭店战略重要性高的指标权重高；对考核者影响直接且显著的指标权重高；综合性强的指标权重高；权重分配在同级别、同类型岗位之间应具有一致性，又兼顾每个岗位的独特性，因此具有一定的浮动范围；目标值分配要注意典型通用指标在各部门所占权重均保持统一，以体现一致性；每一项的权重一般不要小于5%，不大于50%，以免对综合绩效的影响太弱或太烈。

分配步骤为先确定四大类关键绩效指标权重；确定各类关键绩效指标中具体指标的权重。对权重分配的建议如表8-7所示：

表 8－7　　饭店绩效考核权重分配表

部门	关键绩效指标	权重分配
经营性部门	财务类指标	40%～60%
	客户类指标	20%～30%
	营运/执行类指标	20%
	学习与成长类指标	10%
非经营性部门	财务类指标	20%～40%
	客户类指标	10%
	营运/执行类指标	30%～60%
	学习与成长类指标	10%～20%

（五）制订绩效考核表

当绩效指标和权重确定后，即可制订绩效考核表，示例见表 8－8。考核表由饭店和考核方签字后，由人力资源部绩效考核主管备案。

表 8－8　　房务总监绩效考核表

考评对象	姓名/职务		直接上司	姓名/职务	
目标	点值	绩效测评	实际完成	得分	评估
营业指标 50%	25.0	客房停业收入：______	实际完成百分比：______ 5＝105%＋ 4＝102.0－105.0% 3＝100.0－101.9% 2＝95.0－99.9% 1＝90.0－94.9%		
	25.0	部门 GOP：______			
客户 10%	5.0	顾客满意度（房务指数）：______	管理公司开展问卷调查，每年 1 次 5＝90.1 分以上 4＝85.1～90 分 3＝80.1～85 分 2＝75.1～80 分 1＝75 分以下		

续表

考评对象	姓名/职务		直接上司	姓名/职务	
目标	点值	绩效测评	实际完成	得分	评估
客户 10%	5.0	神秘客户暗访（同饭店）： ______	管理公司邀请专业人士进行暗访，一般为1年1~2次。 5=85.1分以上 4=80.1~85分 3=75.1~80分 2=70.1~75分 1=70分以下		
员工 10%	5.0	部门员工满意度： ______	员工意见调查结果，以历史与客观的水准基点结果为基础。 5=85.1分以上 4=80.1~85分 3=75.1~80分 2=70.1~75分 1=70分以下		
	5.0	关键员工流失率： ______	重要方面人员流失的控制，流失率下降： 5=0~5% 4=5.1~10% 3=10.1~15% 2=15.1~20% 1=20%以上		
营运/执行 20%	5.0	客户管理	管理公司市场总监、房务总监按客户管理基本标准检查。 5=95.1分以上 4=90.1~95分 3=85.1~90分 2=80.1~85分 1=80分以下		

续表

考评对象	姓名/职务		直接上司	姓名/职务		
目标	点值	绩效测评	实际完成		得分	评估
营运/执行 20%	15.0	消防/安全/ 卫生/最低标准 （部门）： ________	按饭店制订的最低标准进行检查。 5 =90.1 分以上 4 =85.1 ~90 分 3 =80.1 ~85 分 2 =75.1 ~80 分 1 =70.1 ~75 分 0 =69 以下			
民意测评 10%	10.0	测评成绩： ________	部门总监/经理的民意测评由饭店人力资源部组织。测评表由 HR 部门统一做出规定。 5 =95.1 分以上 4 =90.1 ~95 分 3 =85.1 ~90 分 2 =80.1 ~85 分 1 =80 分以下			

（六）开展绩效考核

开展绩效考核的具体步骤是：

1. 人力资源部将绩效考核表分发至相应部门，也可制作统一表格张贴在行政人员会议室；

2. 每月考核者根据相关资料及被考核者考核期内表现填写被考核者 KPI 的实际完成情况，由各部门绩效协调员及人力资源部绩效考核主管汇总绩效考核表，计算绩效分数；

3. 考核者确定被考核者的绩效结果，并由被考核者签字确认，统一报备人力资源部；

4. 处理争议，由绩效管理小组裁定；

5. 考核领导小组按照正态分布原则确定绩效等级的分布；

6. 资料存档。

（七）应用绩效考核结果

绩效考核的结果将作为饭店在经营管理决策中的重要参考依据。其结果将运用于：

（1）作为管理公司总经理和饭店总经理审批饭店各部门总监/经理年度奖金的参考依据。

（2）作为饭店聘任/管理公司审批饭店总监（经理）职位晋升的重要参考依据。

（3）作为评选年度优秀部门经理级管理人员的参考依据。

（4）作为对饭店总监（经理）进行提高培训的依据。

（5）作为寻找经营管理短板、实施管理改进的依据。

（6）用于工资调整和用于奖金分配。

（7）用于晋升调配和用于职位置换。

（8）用于培训教育。

（9）用于个人职业发展规划。

（八）绩效沟通与反馈

饭店应该在每次绩效考核分数得出后与被考核者进行一次绩效沟通。沟通要安排在下一周期绩效考核之前，会谈讨论被考核者在上一考核期的工作中所存在的优缺点，并针对发现的缺点设计改进方案，并规划个人下一考核期的初步发展计划，同时使被考核者对考核结果进行确认。

第五节　饭店薪酬设计

富有竞争力的薪酬制度是吸引、留住人才的基础和前提条件。目前国际品牌饭店给予的基础薪资以及福利比同星级国内饭店至少高出15%～20%，以此吸引了大量优秀员工加盟。而很多饭店由于薪酬不合理，例如员工的工作水平和福利待遇与工作时间、劳动强度不成比例等问题而导致留不住人才或人员流动率过高等情况。

一、薪酬的概念与薪酬管理的意义

所谓薪酬是指员工从事企业所需要的劳动，而得到的以货币形式和非货币形式所表现的补偿，是企业支付给员工的劳动报酬。现代企业薪酬包括：工资、奖金、津贴、提成工资、劳动分红、福利等。

薪酬管理与企业发展是相辅相成的，具有一定的周期性。其目的绝不是简单地“分蛋糕”，而是通过分蛋糕使得企业今后的蛋糕做得更大。因此，在设计薪酬体系时，必须弄清楚其根本目的，而不是局限于解决企业眼前的薪酬问题和人力资源部的专业工作。另外，如果经常变动企业的薪酬制度必然会给企业带来震荡，甚至引发一系列的问题，给企业带来灾难。从根本上思考，薪酬管理的意义主要体现在以下几个方面：

（1）促进企业的可持续发展；

（2）强化企业的核心价值观；

（3）支持企业战略的实施，这就必须考虑到薪酬管理中的外部竞争性原则和内部公平性原则；

（4）有利于培育和增强企业的核心竞争能力；

（5）有利于吸引和留住企业的核心、关键人才；

（6）有利于营造响应变革和实施变革的文化氛围等。

二、饭店薪酬设计的原则

（一）战略导向原则

战略导向原则强调饭店设计薪酬时必须从饭店战略的角度进行分析，制定的薪酬政策和制度必须体现饭店发展战略的要求。饭店的薪酬不仅仅只是一种制度，它更是一种机制，合理的薪酬制度驱动和鞭策那些有利于饭店发展战略的因素的成长和提高，同时使那些不利于饭店发展战略的因素得到有效的遏制和淘汰。因此，饭店设计薪酬时，必须从战略的角度进行分析哪些因素重要，哪些因素不重要，并通过一定的价值标准，给予这些因素一定的权重，同时确定它们的价值分配即薪酬标准。

（二）经济性原则

薪酬设计的经济性原则强调饭店设计薪酬时必须充分考虑饭店自身发展的特点和支付能力。它包括两个方面的含义，短期来看，饭店的销售收入扣除各项非人工（人力资源）费用和成本后，要能够支付起饭店所有员工的薪酬；从长期来看，饭店在支付所有员工的薪酬及补偿所用非人工费用和成本后要有盈余，这样才能支撑饭店追加和扩大投资，获得饭店的可持续发展。

（三）体现员工价值原则

饭店人力资源管理必须解决三大基本矛盾，即人力资源管理与饭店发展战略之间的矛盾，饭店发展与员工发展之间的矛盾和员工创造与员工待遇之间的矛盾。因此，饭店在设计薪酬时，必须要能充分体现员工的价值，要使员工的发展与饭店的发展充分协调起来，保持员工创造与员工待遇（价值创造与价值分配）之间短期和长期的平衡。

（四）激励作用原则

在饭店设计薪酬时，同样是10万元，不同的部门、不同的市场、不同的饭店发展阶段支付给不同的员工，一种方式是发4万元的工资和6万元的奖金，另一种方式是发6万元的工资和4万元的奖金，激励效果完全是不一样的。激励作用原则就是强调饭店在设计薪酬时必须充分考虑薪酬的激励作用，使薪酬的支付获得最大的激励效果。

（五）相对公平（内部一致性）原则

内部一致性原则是斯密公平理论在薪酬设计中的运用，它强调饭店在设计薪酬时要“一碗水端平”。内部一致性原则包含几个方面：一是横向公平，即饭店所有员工之间的薪酬标准、尺度应该是一致的；二是纵向公平，即饭店设计薪酬时必须考虑到历史的延续性，一个员工过去的投入产出比和现在乃至将来都应该基本上是一致的，而且还应该是有所增长的。这里涉及到一个工资刚性问题，即一个饭店发给员工的工资水平在正常情况下只能看涨，不能看跌，否则会引起员工很大的不满；最后就是外部公平，即饭店的薪酬设计与同行业的同类人才相比具有一致性。

（六）外部竞争性原则

外部竞争性原则强调饭店在设计薪酬时必须考虑到同行业薪酬市场的薪酬水平和竞争对手的薪酬水平，保证饭店的薪酬水平在市场上具有一定的竞争力，能充分地吸引和留住饭店发展所需的战略、关键性人才。

三、饭店薪酬设计的策略选择

饭店设计薪酬首先必须在发展战略的指导下制定饭店的薪酬策略。其制定包含水平策略和结构策略两个方面：

（一）薪酬水平策略

薪酬的水平策略主要是制定饭店相对于当地市场薪酬行情和竞争对手薪酬水平的饭店自身薪酬水平策略。供饭店选择的薪酬水平策略有：

1. 市场领先策略。采用这种薪酬策略的饭店，薪酬水平在同行业的竞争对手中是处于领先地位的。领先薪酬策略一般基于以下几点考虑：市场处于扩张期，有很多的市场机会和成长空间，对高素质人才需求迫切；饭店自身处于高速成长期，薪酬的支付能力比较强；在同行业的市场中处于领导地位等。例如世界著名的斯科（CISCO）公司的薪酬策略就是：整体薪酬水平像 CISCO 成长速度一样处于业界领导地位，为保持领导地位，CISCO 一年至少做两次薪酬调查，不断更新。CISCO 的工资水平是中上，奖金是上上，股票价值是上上上，加起来是上上。

2. 市场跟随策略。采用这种策略的饭店，一般都建立或找准了自己的标杆饭店，饭店的经营与管理模式都向自己的标杆饭店看齐，同样薪酬水平跟标杆饭店差不多就行了。

3. 成本导向策略。成本导向策略也叫落后薪酬水平策略，即饭店在制定薪酬水平策略时不考虑市场和竞争对手的薪酬水平，只考虑尽可能地节约饭店生产、经营和管理的成本，这种饭店的薪酬水平一般比较低。

4. 混合薪酬策略。混合薪酬策略就是在饭店中针对不同的部门、不同的岗位、不同的人才，采用不同的薪酬策略。比如对于饭店核心与关键性人才和岗位的策略采用市场领先薪酬策略，而对一般的人才、普通的岗位采用非领先的薪酬水平策略。

（二）薪酬结构策略

薪酬结构主要是指饭店总体薪酬所包含的固定部分薪酬（主要指基本工资）和浮动部分薪酬（主要指奖金和绩效薪酬）所占的比例。供饭店选择的薪酬结构策略有：

（1）高弹性薪酬模式。这是一种激励性很强的薪酬模型，绩效薪酬是薪酬结构的主要组成部分，基本薪酬等处于非常次要的地位，所占的比例非常低。即薪酬中固定部分比例比较低，而浮动部分比例比较高。这种薪酬模型，员工能获得多少薪酬完全依赖于工作绩效的好坏。当员工的绩效非常优秀时，薪酬则非常高，而当绩效非常差时，薪酬则非常低甚至为零。

（2）高稳定薪酬模式。这是一种稳定性很强的薪酬模型，基本薪酬是薪酬结构的主要组成部分，绩效薪酬等处于非常次要的地位，所占的比例非常低（甚至为零）。即薪酬中固定部分比例比较高，而浮动部分比较少。这种薪酬模型，员工的收入非常稳定，几乎不用努力就能获得全额的薪酬。

（3）调和型薪酬模式。这是一种既有激励性又有稳定性的薪酬模型，绩效薪酬和基本薪酬各占一定的比例。当两者比例不断调和和变化时，这种薪酬模型可以演变为以激励为主的模型，也可以演变为以稳定为主的薪酬模型。

（4）混合型薪酬结构策略。这种策略的特点是针对不同的岗位、不同人才的特点选择不同的薪酬结构策略，比如严格要求自己、积极要求上进、而且喜欢接受挑战的员工可以采用高弹性的薪酬模型，对于老老实实做事、追求工作和生活稳定的员工可以采用高稳定型的薪酬模型。

四、饭店薪酬体系设计的步骤

（一）职位分析

职位分析是确定薪酬的基础。结合饭店经营目标，饭店管理层要在业务分析和人员分析的基础上，明确部门职能和职位关系，人力资源部和各部门合作编写职位说明书。

（二）职位评价

职位评价（职位评估）重在解决薪酬的对内公平性问题。它有两个目的，一是比较饭店内部各个职位的相对重要性，得出职位等级序列；二是为进行薪酬调查建立统一的职位评估标准，消除由于职位名称不同、或即使职位名称相同但实际工作要求和工作内容不同所导致的职位难度差异，使不同职位之间具有可比性，为确保工资的公平性奠定基础。它是职位分析的自然结果，同时又以职位说明书为依据。

职位评价的方法有许多种。比较复杂和科学的，是计分比较法。它首先要确定与薪酬分配有关的评价要素，并给这些要素定义不同的权重和分数。不同的饭店对评价要素有不同的定义和相应分值。

科学的职位评价体系是通过综合评价各方面因素得出工资级别，而不是简单地与职务挂钩，这有助于解决“当官”与“当专家”的等级差异问题。要注重技术难度与创新能力和管理难度与综合能力的协调，二者各有所长。

大型饭店的职位等级有的多达 17 级以上，中小企业多采用 11～15 级。譬如世界某些大型饭店集团将其旗下的全球的饭店员工分成 23 级别，刚进店服务员最低；总经理最高，视饭店规模与档次定在 21～23 级 3 个顶端级别范围内。

（三）薪酬调查

薪酬调查重在解决薪酬的对外竞争力问题。饭店在确定工资水平时，需要参考劳动力市场的工资水平。饭店可以委托比较专业的咨询公司进行这方面的调查。例如伟世顾问（William Mercer）、翰威特（Hewitt）、德勤事务所等。

薪酬调查的对象最好是选择与自己有竞争关系的饭店或同行业的类似饭店，重点考虑员工的流失去向和招聘来源。薪酬调查的数据，要有上年度的薪资增长状况、不同薪酬结构对比、不同职位和不同级别的职位薪酬数据、奖金和福利状况、长期激励措施以及未来薪酬走势分析等。

只有采用相同的标准进行职位评估，并各自提供真实的薪酬数据，才能保证薪酬调查的准确性。即使是国家劳动部门的统计数据，也不能取代薪酬调查用作定薪的依据。

（四）薪酬定位

在分析同行业的薪酬数据后，需要做的是根据饭店状况选用不同的薪酬水平。

影响饭店薪酬水平的因素有多种。从饭店外部看，国家的宏观经济、通货膨胀、行业特点和行业竞争、人才供应状况甚至外币汇率的变化，都对薪酬定位和工资增长水平有不同程度的影响。在饭店内部，盈利能力和支付能力、人员的素质要求是决定薪酬水平的关键因素。企业发展阶段、人才稀缺度、招聘难度、饭店的市场品牌和综合实力也是重要影响因素。

在薪酬设计时有个专用术语叫 25P、50P、75P，意思是说，假如有 100 家饭店（或职位）参与薪酬调查的话，薪酬水平按照由低到高排名，它们分别代表着第 25 位排名（低位值）、第 50 位排名（中位值）、第 75 位排名（高位值）。因为薪酬是刚性的，降薪几乎不可能，一旦饭店的市场前景不妙，将会使饭店的留人措施变得困难。

（五）薪酬结构设计

报酬观反映了不同饭店的分配哲学，即依据什么原则确定员工的薪酬。不同的饭店有不同的报酬观。有的甚至制定了“人才基本法”，把报酬观列入“饭店宪法”中。国际饭店的薪酬措施往往不同于我国的国有饭店。许多跨国饭店在确定人员工资时，往往要综合考虑三个方面的因素：一是其职位等级，二是个人的技能和资历，三是个人绩效。在工资结构上与其相对应的，分别是职位工资、技能工资、绩效工资。也有的将前两者合并考虑，作为确定一个人基本工资的基础。

职位工资由职位等级决定，它是一个人工资高低的主要决定因素。职位工资是一个区间，而不是一个点。饭店可以从薪酬调查中选择一些数据作为这个区间的中点，然后根据这个中点确定每一职位等级的上限和下限。例如，在某一职位等级中，上限可以高于中点20%，下限可以低于中点20%。

相同职位上不同的任职者由于在技能、经验、资源占有、工作效率、历史贡献等方面存在差异，导致他们对饭店的贡献并不相同（由于绩效考核存在局限性，这种贡献不可能被完全量化体现出来），因此技能工资有差异。所以，同一等级内的任职者，基本工资未必相同。如上所述，在同一职位等级内，根据职位工资的中点设置一个上下的工资变化区间，就是用来体现技能工资的差异。这就增加了工资变动的灵活性，使员工在不变动职位的情况下，随着技能的提升、经验的增加而在同一职位等级内逐步提升工资等级。

绩效工资是对员工完成业务目标而进行的奖励，即薪酬必须与员工为饭店所创造的经济价值相联系。绩效工资可以是短期性的，如销售奖金、项目浮动奖金、年度奖励，也可以是长期性的，如股份期权等。这部分薪酬的确定与饭店的绩效评估制度密切相关。

综合起来说，确定职位工资，需要对职位做评估；确定技能工资，需要对人员资历做评估；确定绩效工资，需要对工作表现做评估；确定饭店的整体薪酬水平，需要对饭店盈利能力、支付能力做评估。每一种评估都需要一套程序和办法。所以说，薪酬体系设计是一个系统工程。

不论工资结构设计得怎样完美，一般总会有少数人的工资低于最低限或高于最高限。对此可以在年度薪酬调整时进行纠偏，比如对前者加大提薪比例，而对后者则少调甚至不调等。

（六）薪酬体系的实施和修正

在确定薪酬调整比例时，要对总体薪酬水平做出准确的预算。这项工作应由财务部门和人力资源部联合完成。因为按照惯例，财务部门并不清楚具体工资数据和人员变动情况。人力资源部需要建好工资台账，并设计一套比较好的测算方法。

在制定和实施薪酬体系过程中，及时的沟通、必要的宣传或培训是保证薪酬设计和管理成功的因素之一。从本质意义上讲，劳动报酬是对人力资源成本与员工需求之间进行权衡的结果。世界上不存在绝对公平的薪酬方式，只存在员工是否满意的薪酬制度。人力资源部可以利用薪酬制度问答、员工座谈会、满意度调查、内部刊物甚至BBS论坛等形式，充分介绍饭店的薪酬制定依据。另外，为保证薪酬制度的适用性，规范化的饭店都对薪酬的定期调整做了规定。

依照上述步骤和原则设计基本工资体系，虽然显得有些麻烦，但却可以收到良好的效果。员工对薪酬向来是既患寡又患不均。即使有些饭店的薪酬水平较高，但如果缺少合理的分配制度，将会适得其反。

此外，饭店还应当在员工超时、节日加班、轮休假方面制定相应措施，如在医疗、养老保障等方面加以完善。饭店只有把自己的经营目标与员工的个人利益结合起来，让员工等量的劳动成果得到等量的回报，体现出个人在饭店中的地位和作用，才能产生强大和持久的吸引力和激励作用。

本章小结：

(1) 饭店人力资源管理是现代饭店管理的核心内容和至关重要的部分，其重点集中在招聘、培训、职业生涯发展规划、绩效评估、薪酬制度等方面。

(2) 招聘问题是 HRM 战略及实施计划中最普遍、最核心的问题，饭店招聘时要充分考虑下列因素：成本因素、招聘战略因素、发展机会因素、相关政策因素、劳动力市场因素。饭店招聘程序由招聘准备、招聘接触、招聘掌握、招聘结束四个环节构成。

(3) 良好的培训是饭店成功的一个基本因素，也是对员工发展进行投资、维持充足的人才储备的关键。饭店培训模型把培训视为所有部门的共同责任。饭店培训的程序是：评估培训需求、筹备培训计划、确定培训目标、设计培训方案、选择指导方法、完成培训计划、实施培训、评估培训、规划下一步培训。

(4) 饭店职业生涯规划是人力资源管理的重要组成部分。根据员工的个性特点可以划分为五种职业锚：技术或功能型、管理型、创造型、自主与独立型、安全型。饭店员工职业生涯规划的程序是：员工评估、组织与社会环境分析、生涯机会的评估、确定职业生涯目标、制定行动方案、评估与反馈。同时还应遵循下列原则：实事求是原则、切实可行原则、个人职业计划目标要与企业目标协调一致原则。

(5) 饭店绩效管理可以调动员工的积极性和责任感，形成科学合理、与薪酬挂钩的绩效考核机制，推动饭店整体业绩的提升。饭店绩效管理流程由以下几个环节组成：建立绩效考核目标、分解饭店经营目标、确立关键绩效指标、设立基本目标值、制定绩效考核表、开展绩效考核、应用绩效考核结果、绩效沟通与反馈。

（6）富有竞争力的薪酬制度是吸引、留住人才的必备条件。饭店薪酬设计的原则是战略导向原则、经济性原则、体现员工价值原则、激励作用原则、相对公平（内部一致性）原则、外部竞争性原则。饭店设计薪酬首先必须在发展战略的指导下制定饭店的薪酬策略，包含水平策略和结构策略两个方面。饭店薪酬体系设计的步骤依次是职位分析、职位评价、薪酬调查、薪酬定位、设计薪酬结构、实施和修正薪酬体系。

思考题：

1. 饭店招聘的影响因素有哪些？招聘过程是怎样的？
2. 简述饭店培训的流程及注意事项。
3. 什么是职业生涯规划和职业锚？职业锚分为哪几种类型？
4. 饭店进行职业生涯规划需要遵循哪些原则？
5. 什么是绩效管理？饭店是如何进行绩效管理的？
6. 什么是薪酬设计？薪酬管理的意识是什么？
7. 饭店薪酬设计要遵循哪些原则？怎样进行合理的饭店薪酬设计？
8. 可供饭店选择的薪酬策略有哪些？它们之间有何差别？

讨论题：

酒店业的职业规划与发展：四季酒店（the Four Seasons）的经验

在过去的两年里，四季酒店帮助2000多名员工制定了个人职业规划。每个层次的员工，从客房部主管到秘书直至高级经理人员都经历了这个项目，而且还要继续大力推广。

公司支持员工制定职业规划是一个相对较新的理念。传统上，员工个人的发展计划是从上边传达下来的。可现在饭店需要积极地鼓励个人制定职业规划。

当然，在四季酒店我们发现员工越来越要求这样的帮助。同时，我们认识到我们从中也获得了巨大的收益。

在四季酒店，我们定期对员工的态度进行调查。这些调查一直显示他们享有很高的忠诚度，在所有的行业所有的公司中名列前茅。同时，调查也提出了一些需要关注的问题。到了1986年，一切都很清楚地显示员工在规划时需要更多的帮助，需要更多对他们将来有用的信息。

然而，我们也看到职业规划不仅仅对员工是件好事，它也给四季酒店带来了好处。通过职业规划：

➢员工可以在了解自己的职业发展机会的情况下，做出更好的职业选择。

➢员工对自己的职业前景越来越现实。

➢员工在描述自己的优点、兴趣、目标和发展需求时表达得越来越清楚有力。这为管理开发和后继的规划目标提供了有价值的信息。

一、制定更好的职业决策

四季酒店餐饮部的一位经理助理雄心勃勃，一路升到了总经理的位置。为了获得必要的广泛经验，她采取了侧面行动，进入了客房部。但她发现客房部的职能很枯燥，而且对管理员工的技能要求很高。她从前是个出类拔萃的干将，而现在却表现平平。经过反思，她认识到自己不是真正喜欢管理。她喜欢的是餐饮业。

得克萨斯州的四季酒店有一位员工申请了一个升迁职位，但得去加州的酒店。他没有仔细考虑工作调动的含义。受升迁的吸引，他没有考虑新的环境在生活方式、社会价值、生活费用和工作节奏等方面可能都会不同，他也没有考虑自己是否权衡这种升迁给自己带来的利弊。工作只调动了几个月，他就要求调回得克萨斯州。

如果员工做出糟糕的职业选择，大家都会痛苦。员工遭受个人的痛苦，有时会丢掉工作。同时，因为这个员工的低沉士气和下滑的绩效，他的同事和企业也深受其害。

在四季酒店，我们相信一个喜欢自己的人其工作也会干得很好，反之亦然。如果一个人做了错误的职业选择，那个正面强化循环就会向相反的方向进行。员工在新位置上不开心，他就表现得不好，反过来这会使他更不开心。

为使员工做深思熟虑的决定，我们打算给他们提供一个框架，使个人和公司都免受错误的决定带来的人力和财力的浪费。

二、树立比较现实的职业目标

四季酒店是一个成长中的企业，随着酒店的发展，它能为员工提供很多的发展机会。但这并不意味着我们有能力满足所有员工目前对自己职业发展的期望。

拥有雄心壮志的一群年轻雇员，当他们对自己的下一步行动变得很不耐心时问题就会出现。

我们不愿失去这些雄心勃勃的员工。在很多情况下，这些人会发现天下的草一样绿：他们的进步不比原来快；小饭店并没给他们提供广阔的空间；他们失去了我们行业的特殊氛围。实际上，其中的一些人又回来了，他们比以前更加投入地工作。但是，如果他们以前就做了职业规划，他们就会避免工作变动的失败给自己带来的创伤。

我们需要这样的职业规划，即根据公司的经营计划和人力资源的需求，帮助员工把他们的技能和优点与未来能够真正得到的机会匹配起来。

三、支持管理开发和后继规划

通过引进职业规划，鼓励员工定期地与经理讨论工作发展情况，饭店为实现管理开发和后继规划的目标获取了信息财富。我们现在比任何时候都想知道员工发展的目标以及为他们达到目标需要的发展经验。

四、实施职业规划

当四季酒店决定继续实施员工职业规划方案时，我们考察了大量的不同过程和方法。我们选择了一套围绕职业规划手册设立的方案，这是由设在多伦多的 BBM 人力资源顾问有限公司的总裁芭芭拉·穆斯博士提出的。

职业规划手册有一个公认的行程记录，是关于加拿大不同领域里的许多重要企业的。在这个手册里，最能满足我们职业规划过程需求的内容有：

发动员工。职业规划主要由员工个人负责评价自己的技能、价值和目标，负责召开与经理和 HR 人员的信息搜集会，并系统阐述验证他们的结论。手册一再强调这种职业自我管理的做法。

灵活。我们需要灵活的职业规划资料，既可以用于自学也适合在部门使用。自学的方法最能体现出这样的信息：是员工而不是公司在负责工作规划过程。给所有员工提供职业规划的帮助，在这方面它是比较经济省钱的，手册给我们提供了这种灵活性。

方便。我们需要的规划资料应该能在组织的各个层次使用，下至刚入门的员工，上到高级经理人。

经理支持。大多数经理都想帮助员工发展。但是经理们通常都很忙，他们需要回答的具体问题不是："你认为我怎么样？"或"你认为我应该干什么工作？"而是"你是不是认为我很擅长管理？"和"我想成为客房部经理需要再学哪些技能?”手册帮助员工设计有意义的问题，这使得经理们比较容易地给出有用的反馈。

考虑个人因素。手册提出关于酒店人员经历的一些主要问题。例如，在个人价值和职业/生活规划方面，员工要想在这个行业成功应该考察其中利弊；工作风格/工作偏好一栏让员工评价个人在这些主要方面的喜好，例如，喜欢当总经理还是当某专业的专家；喜欢快节奏的工作环境还是喜欢慢节奏的；加入团队的愿望是高还是低；等等。

现实测试。现实测试具有重要价值。员工高估自己的绩效和潜力的一个原因是经理们没有让他们面对现实。手册大力鼓励员工从经理和同事那里寻求反馈，看他们是怎样看待自己的优缺点的。这让经理们能够更加客观的对员工的绩效做出评价。

倒立的方法。在四季酒店展开职业规划方案时，“倒立的方法”是指先为每个酒店的中高级经理们开办职业规划和指导技能实验班，然后他们再把手册介绍给员工。一天的实验班让经理们懂得职业规划是什么、如何与员工进行职业发展的有效讨论。(经理们也得到了一本《经理指导职业发展》，这本书也是由芭芭拉·穆斯博士所写，书中介绍了支持员工职业规划的指导方针)。实验班也包含了很强的个人职业规划的成分，给经理提供个人职业规划的经验会让他们热情地支持员工的职业发展。实验班之后，经理们把方案介绍给员工，在部门会议上或单独与员工在一起的时候把手册的内容传达给员工。

五、实现个人和集体目标

我们仍在展开我们的职业规划方案。但是，我们已经看到了一些非常显著的效果：

➢对员工的态度进行调查的结果表明我们正在解决备受关注的工作事宜，员工们感到公司正以有意义的方式满足他们在职业规划方面的需求。

➢员工们做的职业决策越来越好：地区间的工作调动正在顺利成功地进行，这表明员工们正在对潜在的利弊权衡做准备工作。同样，经理们还谈到了下面的情况：手册帮助员工认识到他或她从事的职业不适合，于是员工会主动提出调离，这就缓和了潜在问题的矛盾。

➢员工越来越现实：雄心勃勃的青年员工对待机会、对待下一步提升所需等待的时间都有着比较现实的看法。

➢HR 规划过程正得到加强：我们对员工的发展要求及长期工作目标有

了更多的了解。

➢对人员和工作的更深了解正成为我们文化的一部分：四季酒店的经理员工都开始讲直接来自于职业规划手册的新“语言”。人们正在培养新的描述技能来谈论工作、兴趣和喜好。他们越来越不看重头衔，越来越能够认清可以带到未来工作岗位的主要基本技能和各种能力。文化变化正在实施中，它让我们更加努力以确保合适的人被放到了合适的工作位置。

当饭店帮助员工制定职业计划时，员工可以在信息正确全面的基础上做出更好的决定，从而避免了代价昂贵的工作错误；饭店则可以致力于培养员工，形成稳固的、职业化的高素质队伍。

同时，制定职业规划方案有助于让对未来发展的过热预期“冷却”下来，让员工现实地认清自己的位置，它还为管理发展和后续规划活动提供了至关重要的信息。

实践题：

对所在地区饭店（或某一家饭店）的人力资源管理状况进行调查，研究它们在招聘、培训、职业生涯发展规划、绩效评估、薪酬制度等方面的优点和不足，并调查饭店业员工在各个方面的满意度情况，写出调查报告。

网络链接：

1. 登 录 http：//www. ihg. com/hotels/cn/zh/global/about/opportunities 查看洲际酒店集团工作与合作机会，并学会寻找洲际酒店招聘信息。

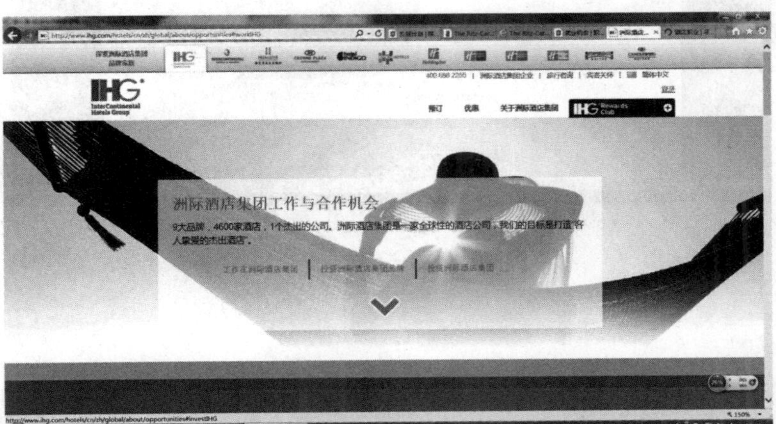

2. 登录 http：//www. marriott. com. cn/careers/hotel － jobsin. mi 查看万豪酒店在中国的工作机会相关信息。

3. 登录 http：//www. starwoodhotels. com/stregis/careers/index. html 查看喜达屋集团下瑞吉酒店的工作机会相关信息。

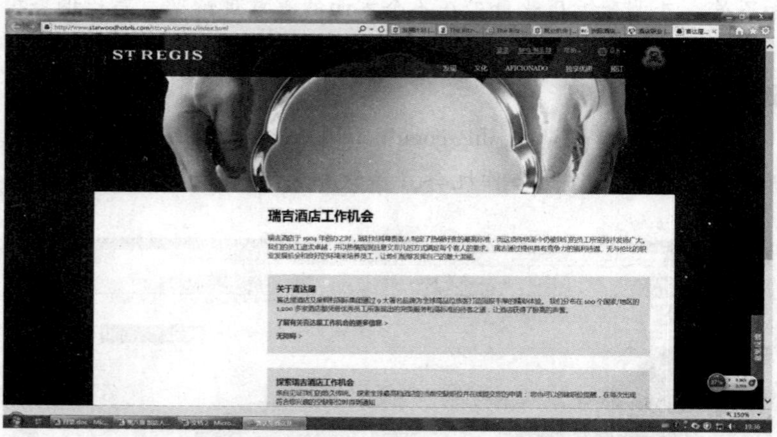

第九章　饭店品牌战略

本章学习目标

1. 掌握品牌、饭店品牌和品牌战略的概念与内涵。
2. 掌握饭店集团的品牌结构与构成。
3. 充分认识饭店品牌的特征与优势。
4. 熟悉饭店品牌的名称、标志与商标。
5. 掌握饭店品牌定位的基本原则、方法和程序。
6. 掌握饭店可以采用的品牌策略。
7. 了解如何进行饭店品牌设计。
8. 明确饭店品牌传播的基本途径。
9. 掌握如何进行饭店品牌维护。
10. 掌握饭店品牌扩张和品牌国际化的相关问题。
11. 了解怎样进行饭店品牌危机管理。

引导案例

洲际酒店集团的品牌战略

洲际酒店集团的市场细分战略是：

在高端市场上，洲际酒店集团专门为日益增多的商务客人创建的三个豪华品牌——洲际酒店及度假村（Inter-Continental）、华邑酒店及度假村（HUALUXE）和皇冠酒店及度假村（Crowne Plaza）。其中洲际酒店及度假村这个品牌是五星级的酒店，除致力于为全球商务旅客带来豪华舒适的下榻环境及贴心周到的卓越服务外，洲际品牌还为寻求梦想和奢华享受的休闲旅客提供独具当地特色的下榻选择。华邑酒店及度假村则深刻洞悉国人商务社交的需求，致力于提供成熟完善的社交空间，以全球知名的卓越管理体系为依托，热忱发扬以礼、尊、和、达为核心理念的中华待客之道，让“社交达人”们在商务活动中、亲朋好友聚会间，宾主尽兴、万事顺心通达。而皇冠酒店及度假村作为定位于国际高端市场的豪华商务酒店品牌，为客人的日常社交和商务互动提供宽敞雅致的空间，是商务人士和会展人士的理想选择。

在中档市场上，洲际酒店集团拥有世界上最知名的酒店品牌——假日酒店（Holiday Inn），作为洲际酒店集团品牌梯队的基础品牌和核心品牌，假日酒店的市场定位是根据中产阶级的经济情况和需求，保持洁净、舒适的环境，提供温暖的服务及安全的食品。

在低端市场上，洲际酒店集团拥有假日快捷酒店（Holiday Inn Express）和蜡木公寓酒店两个品牌。假日快捷酒店是针对对价格非常敏感，但又想住得舒适的的客人提供的一个品牌；蜡木公寓酒店，是为长期在外工作和生活的客人准备的，包括单人公寓房和双人公寓房。

另外，洲际酒店集团还有精品酒店品牌英迪格（Hotel INDIGO），作为洲际酒店集团旗下的时尚精品酒店品牌，英迪格酒店主要针对寻求个性与真实体验的高端客户，为他们提供融合当地历史、文化和自然元素的下榻体验。

除此之外，洲际酒店集团根据顾客的不同需求，还开发了假日花园庭院（Holiday Inn Garden Court）、假日精选酒店（Holiday Inn Select）、假日阳光度假村（Holiday Inn SunSpree Resorts）、假日尼克家庭套房（Nickelodeon Family Suites by Holiday Inn）、假日套房酒店（Staybridge Suites by Holiday Inn）等副线品牌。

资料来源：http：//cn. ihg. com/ihg

在当今，西方饭店业产品的分类维度具有多样化的特征。除了人口统计维度、价格等级维度和地点维度等变量外，西方饭店业还存在服务内容的细分维度。例如完全服务产品（Full Service），有限服务产品（Limited Service），B&B（Bed and Breakfast）等；价格细分维度比我国星级标准的五级分类要复杂的多，有豪华等（Luxury Class）、头等（First Class）、中等（Middle Class，该等级内部分为完全服务和有限服务）和经济等（Economy/Budget Class，该等级内部分为高、中、低三等）。这些都反映了宾客需求的多样化趋势。所以在经济全球化和需求多样化的影响下，伴随着饭店联号在全球范围内的扩张，国际饭店业的品牌经营已经从过去单一品牌的区域内经营转化为现在的多品牌跨国经营，使针对每一个细分市场的每一类饭店都具有自己独特的品牌，并最终形成了成熟、庞大的品牌体系。这种趋势一直延续至今。

因此，品牌已不仅仅是一家饭店的核心竞争力之一，而是成为一个国家、地区经济实力的重要标志。对于我国饭店业而言，随着经济市场开放程度和市场化进程的日益深化，竞争已成为饭店生存和发展的主体环境，竞争力已成为饭店生存和成长的基础与前提。我国饭店业虽然已出现了锦江、汉庭、山水时尚等国内品牌，但相对于国际饭店品牌而言，仍然是“小木舟”与“航空母舰”的较量，面对国际饭店竞争国内化的格局，由于缺乏品牌优势，我国饭店的整体竞争力水平较弱，品牌建设的严重滞后性也实在令人堪忧，加快我国饭店品牌的建设已是刻不容缓。所以品牌已绝非一个战役性、战术性的任务，而是一个事关饭店发展前途和命运的战略性命题。国际知名的饭店集团之所以能在全球市场到处扩张，不仅仅是因其雄厚的经济实力和人才优势作后盾，同时也因为它们手中用两件市场竞争的法宝，即连锁经营和饭店品牌，其中最重要的就是连锁经营带来的强大的饭店品牌。

第一节　品牌与饭店品牌

饭店产品属于销售经验型产品，即在购买和使用之前不能确定其质量的产品。因此，饭店企业的品牌经营尤为重要，品牌成为顾客用来区分产品和服务的名称、标志，通过品牌顾客可以获得附加利益。

一、品牌与品牌战略

菲利普·科特勒（Philip Kotler）认为：品牌是一种名称、术语、标记、符号或设计，或是它们的组合运用，其目的是借以辨别某个销售者或某群销售者的产品或服务，并使之与竞争对手的产品或服务相区别。① 一个品牌一般包含三个基本要素，即品牌名称、品牌标志和商标。

品牌战略指企业针对市场需求的基本态势，以企业理念为核心，以品牌为手段，通过品牌塑造、品牌传播、品牌管理等一系列战略实施，实现品牌扩张、品牌增值、企业利益最大化的最终目标。饭店品牌战略的框架如图 9－1 所示。

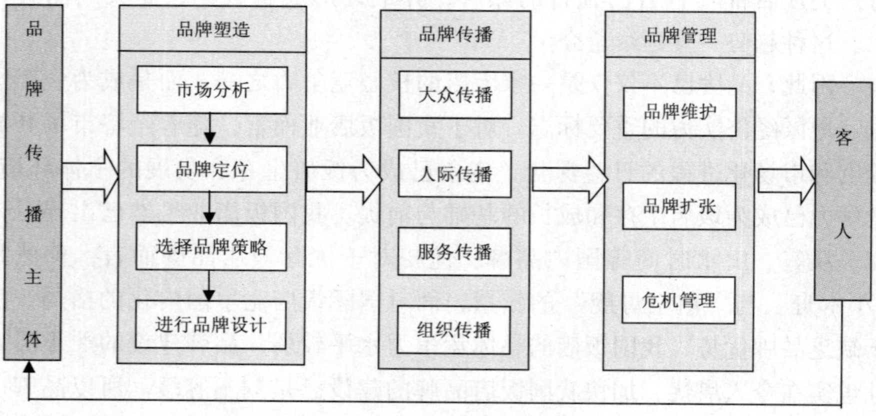

图 9－1　饭店品牌战略框架图

二、饭店品牌

一般来说，饭店品牌至少包括以下三方面的内容：第一，饭店品牌是以一定的饭店产品和服务的功能质量为基础的；第二，饭店品牌能带来额

① ［美］菲利普·科特勒著．市场营销管理（亚洲版·第 2 版）．北京：中国人民大学出版社，2001 年。

外的情感上的满足；第三，饭店品牌具有特定的名称、文字、符号、图案和语音等特征。饭店产品和服务是饭店品牌的物质载体，名称是饭店品牌的形象符号，商标是饭店品牌的法律界定。只有当一个名称与饭店品牌特定内涵即所能提供的显示产品、服务、情感体验等建立联系和品牌认同时，该名称对饭店品牌才有速记作用，才形成一个品牌。

按照菲利普·科特勒在《营销管理》中的解释，我们可以把饭店品牌所蕴涵的丰富内涵分解为品牌属性、品牌利益、品牌价值、品牌文化、品牌个性和饭店品牌的使用者六个要素。

1. 品牌属性

饭店品牌能够带给顾客的首先是某种特定的属性。例如丽思卡尔顿饭店（Ritz－Carlton）以其“最完美的服务、最奢华的设施、最精美的饮食与最高档的价格”被誉为饭店之中的梅赛德斯·奔驰（Mercedes Benz），而不仅仅是一家提供食宿的饭店。

2. 品牌利益

无法转化为产品功能和情感利益的品牌属性是毫无意义的。饭店品牌的属性只有转化为相关的利益才能够使顾客的食宿需求以及更高层次的意愿得到满足。例如“最完美的服务、最奢华的设施、最精美的饮食”，这些品牌功能属性可以转化成“我享用了一顿美味而令人难忘的晚餐”情感利益；“最高档的价格”，可以转换成“这顿晚餐表明我是成功人士”的情感利益。

3. 品牌价值

品牌作为一种重要的无形资产是具有巨大的价值的。例如 2004 年可口可乐的品牌价值是 673. 94 亿美元。“锦江”的品牌价值则为 114. 89 亿元，位居“中国 500 最具价值排行榜”第 40 位。假日集团在 1989 年将闻名世界的“假日”品牌卖给英国巴斯公司时，其品牌价值是 19. 8 亿美元。

4. 品牌文化

某些饭店品牌代表了一定的企业文化，甚至是一个地区的文化传统。例如凯宾斯基饭店（Kempinski Hotels & Resorts）的品牌创立于 100 多年前的德国，是历史最悠久的豪华饭店品牌之一，它所传达的豪华、可靠性和高效率准确地代表了德国文化。此外，还有假日的“热情”、希尔顿的“快捷”、喜来登的“关怀体贴”和香格里拉的“亚洲式”亲情服务都贴切地反映了各自的品牌文化特征。

5. 品牌个性

不同的饭店品牌具有不同的个性。硬石饭店（Hard Rock Hotel）的品牌特性反映在“到我们饭店来的不是客人，而是全世界爱好摇滚乐的听众”；而世界上唯一的七星级饭店——阿联酋迪拜的帆船酒店（Burj Al - Arab Hotel）传递的品牌个性则是极度豪华与奢侈，是“务必让客人有阿拉伯油王般的感觉”。

6. 品牌使用者

饭店品牌除了能够体现自身的某些特性外，还能反映出它的目标顾客。例如，“如家”品牌的目标顾客是对价格敏感、追求经济实惠的客人；北京国际饭店俱乐部（The St. Regis Beijing）则定位于对价格不敏感、对服务和设施设备的要求较高的商务客源市场；而北京城市青年饭店（City Central Youth Hotel）吸引的则是年轻的倡导“自助旅行 + 运动休闲 + 时尚娱乐”的“新青年”。

在上述六要素中，品牌价值、品牌文化和品牌个性是饭店品牌最本质的内涵。它们构成了饭店品牌的基础。例如在饭店业，里兹—卡尔顿代表了豪华、个性化和成功，这就是它品牌内涵的一部分。如果在任何一家里兹—卡尔顿饭店里提供廉价服务，都会冲淡该品牌多年来形成的价值观和品牌个性。并且，一个品牌最持久的含义应是它的价值、文化和个性，这三者构成了品牌的基础。

正如世界金钥匙饭店联盟的创立宣言所说：“导入一个理念，您将收获一个品牌，一个网络，一个进军世界品牌饭店的市场契机”。这恰当地阐述了品牌与饭店的关系，指出了饭店品牌化发展的重要性。当今国际饭店业的竞争也主要体现为品牌的竞争，表 9 - 1 列举了 2013 年世界饭店品牌的最新排名：

表 9－1　　2013 年世界饭店品牌前 30 强

2013 RANK	2012 RANK	COMPANY NAME	LOCATION	ROOMS 2013	HOTELS 2013	ROOMS 2012	HOTELS 2012
1	1	IHG (InterContinental Hotels Group)	Denham, England	679,050	4,653	675,982	4,602
2	3	Hilton Worldwide	McLean, Virginia	678,630	4,115	652,957	3,966
3	2	Marriott International	Bethesda, Maryland	675,623	3,916	660,394	3,800
4	4	Wyndham Hotel Group	Parsippany, New Jersey	645,423	7,485	627,437	7,342
5	5	Choice Hotels International	Rockville, Maryland	506,058	6,340	538,222	6,725
6	6	Accor	Courcouronnes, France	461,719	3,576	450,487	3,516
7	7	Starwood Hotels & Resorts Worldwide	Stamford, Connecticut	346,819	1,175	335,415	1,134
8	8	Best Western International	Phoenix, Arizona	317,838	4,097	312,467	4,050
9	10	Home Inns & Hotels Management	Shanghai, China	262,321	2,241	214,070	1,772
10	9	Shanghai Jin Jiang International Hotel Group Co.	Shanghai, China	235,461	1,566	214,796	1,401
11	12	Carlson Rezidor Hotel Group	Minnetonka, Minnesota	168,927	1,079	166,241	1,077
12	14	Plateno Hotels Group	Guangzhou, China	166,446	1,726	133,497	1,345
13	16	China Lodging Group	Shanghai, China	152,879	1,425	113,650	1,035
14	13	Hyatt Hotels Corp.	Chicago, Illinois	147,388	548	135,144	500
15	11	Magnuson Hotels	Spokane, Washington	142,500	1,865	201,692	1,886
16	18	GreenTree Inns Hotel Management Group	Shanghai, China	110,662	1,226	96,800	880
17	17	G6 Hospitality	Carrollton, Texas	109,945	1,150	107,767	1,117
18	15	Westmont Hospitality Group	Houston, Texas	98,637	722	116,334	850
19	20	Louvre Hotels Group	Nanterre, France	95,271	1,135	87,509	1,099
20	19	Meliá Hotels International	Palma de Mallorca, Spain	93,995	360	90,831	351
21	21	LQ Management	Irving, Texas	83,658	834	84,659	835
22	22	Extended Stay Hotels	Charlotte, North Carolina	76,234	684	76,234	684
23	23	Interstate Hotels & Resorts	Arlington, Virginia	72,529	375	69,850	373
24	24	Vantage Hospitality Group	Coral Springs, Florida	70,383	1,103	69,502	1,091
25	25	NH Hoteles	Madrid, Spain	60,000	396	58,864	391
26	27	Whitbread	Dunstable, England	55,000	678	52,000	650
27	32	Travelodge Hotels	Thame, England	48,170	548	38,594	529
28	28	Toyoko Inn Co.	Tokyo, Japan	47,468	243	45,694	237
29	26	MGM Resorts International	Las Vegas, Nevada	46,908	20	52,033	20
30	29	Riu Hotels & Resorts	Palma de Mallorca, Spain	44,710	103	43,036	107

资料来源：http：//www. meadin. com/ 迈点网。

三、饭店品牌的名称、标志（LOGO）与商标

由于饭店市场的不断细分和客人识别饭店的需要，国际饭店业涌现出了大量的饭店品牌。对于饭店来说，品牌体现在饭店的名称、标志、商标、建筑设计、室内装修风格和服务特色等方面。

1. 饭店品牌的名称

在饭店品牌中，饭店的品牌名称是可以用语言表达的部分，例如雅高的豪华饭店品牌索菲特（Sofitel）、高档品牌诺富特（Novotel）、经济型饭店品牌宜必思（Ibis）等。语言在人类文明传播中的重要作用也使饭店名称成为饭店品牌中“最重要的一致性特征”。饭店品牌名称体现了品牌理念和特定的服务标准和价格之间的有机结合，而且，同一饭店品牌在不同国家和地区的名称上的一致性，在某种程度上也是服务质量的保证，并直接减少了客人的搜寻成本。

2. 饭店品牌的标志

饭店品牌的标志可以被识别，但它是不能用语言表达的部分，包括饭店品牌的特定符号、图案、专用色或专用字体等。不同档次的饭店品牌，其标志也给人不同的感觉。

图 9－2　香格里拉饭店集团的两个品牌

在图 9－2 中，香格里拉饭店的标志呈“S”型，又宛如宁静的湖面上倒映出雄伟壮观的山脉，该标志秉承香格里拉优美名称的深刻含意，配以融合现代化及亚洲建筑特色的“S”标志，象征人与自然之间的和谐美，彰显豪华气度。我们可以看出香格里拉饭店品牌的专用色是黑色和黄色，黑色的字代表庄严，黄色的图案在我国古代代表权威，二者结合在一起也寓意了该品牌的高等级。

而香格里拉商贸饭店则以富有中国特色的红色印章作为标志，既突出了我国五千年商业文化的精髓，又象征着以商务旅行者为尊，并为其提供高等级的商住服务。①

阅读材料

不同档次饭店品牌的标志（LOGO）

豪华型饭店品牌的标志

丽思卡尔顿	四季	圣 o 瑞吉斯	JW 万豪

① 来源于香格里拉网站 http：//www. shangri－la. com/aboutus/company/en/index. aspx。

THE RITZ-CARLTON® HOTEL COMPANY, L.L.C.	FOUR SEASONS Hotels and Resorts	ST. REGIS Hotels & Resorts	JW MARRIOTT. HOTELS & RESORTS

高档饭店品牌的标志

凯悦	洲际	喜来登	万豪
HYATT®	INTERCONTINENTAL. HOTELS & RESORTS	Sheraton HOTELS & RESORTS	Marriott. HOTELS & RESORTS

中档饭店品牌的标志

最佳西方	假日饭店	庭院（万怡）饭店	华美达	品质客栈
Best Western	Holiday Inn	COURTYARD Marriott	RAMADA® INTERNATIONAL HOTELS & RESORTS	QUALITY INN BY CHOICE HOTELS

中国经济型饭店品牌的标志

如家酒店	速 8 酒店	华住（汉庭）酒店	7 天酒店	山水时尚酒店
如家酒店集团	SUPER 8 HOTEL		7 Days Inn 7天连锁酒店	Shanghai 山水

上述示例涉及豪华型到低廉型的各种档次的饭店品牌。其中，四种豪华型饭店品牌只用了一种颜色，并且是冷色调，图案也较复杂，显示出了品牌的优雅和高贵；高档品牌也只用了一到两种颜色，虽然出现红色、粉色等暖色调，但背景全部较淡雅；到了中档和低廉型品牌，情况就完全不

同了，最佳西方、万怡和速8等品牌都用了三种对比鲜明的颜色，给人以强烈的视觉冲击。

资料来源：http：//www.51ppt.com.cn，全球689个星级饭店标志设计。

3. 饭店品牌与商标

饭店品牌或其部分经注册核准后就成为商标，注册商标有“©”标记或“注册商标”字样。商标一经注册，注册人就享有所有权和专用权，并受法律保护，因此，商标是一个法律概念，更多地应用于法律制度、企业管理、产品整体设计等领域。

饭店品牌与商标的区别表现为：

（1）品牌与商标之间不是一一对应关系。商标的构件小于或等于品牌的构件。商标在形式上只包括文字和图案，而品牌的构件不仅包括文字、图案，还有特型设计、图案色彩等。

（2）品牌使用无国界，商标权有国界。品牌世界通用，比如洲际饭店、喜来登饭店等。而商标只有在注册国有效，超越注册国则不受保护。

（3）品牌使用企业自己决定，商标经法律程序审批才有效。

（4）品牌可以延伸，而商标变化需要重新注册。

概括而言，品牌是一个市场概念，比商标有更宽泛的外延，品牌能体现一种文化和个性风格，主要涉及市场营销、广告、消费者心理与行为；同时品牌更是资本和金融的概念，因为品牌的无形资产价值可以使饭店的业绩成百倍增长，投资人也会因为品牌的效率而偏爱它。

在饭店业，是否对品牌进行注册是业主自愿选择的，但是，从知识产权保护和无形资产投资的角度上讲，应该及时进行注册。国际饭店集团的这种意识很强，以上提到的国际饭店品牌基本上都是已经注册的。

四、饭店集团的品牌结构

为扩大市场份额，满足不同宾客的需求，饭店集团必须进入多个细分市场。而要获得特定细分市场的认知，饭店集团需要设计新产品，并确定新品牌。大型饭店集团的产品线一般都较长，拥有大量的品牌，形成了一个数量可观的品牌组合（Brand Portfolio）。例如万豪国际饭店集团（Marriott International）目前拥有18个住宿产品品牌如表9－2所示：

表 9-2　　　　万豪国际集团的品牌结构

Brand 品牌	LOGO 标志	品牌描述
The Ritz - Carlton	THE RITZ-CARLTON®	作为精美、时尚和卓越服务的永恒象征，丽思卡尔顿旗下的全球 80 多家酒店及度假酒店倾力打造无与伦比的奢华体验。由丽思卡尔顿酒店的绅士淑女们打造的美妙记忆将会长久存留心间。
BVLGARI © Hotel & Resorts	BVLGARI HOTELS & RESORTS	这是全球顶级奢华酒店系列。旗下拥有数家精选酒店，均位于国际大都市和豪华度假胜地。每家酒店均充分融汇当地文化，同时保留鲜明的当代意式豪华风情。
JW Marriott ©	JW MARRIOTT.	我们无法让时间静止不前，但我们却可以让您在有限时间内体验更多精彩。这不是虚言，而是我们独特经营理念所带来的成果。我们相信，最佳环境就是不断成就非凡特色。无论是悠然摇曳的吊床，还是沐浴在安达曼海美景中的华丽客房，我们将确保满足您的各种要求——清晰思维、创作灵感，或是健康身心均唾手可得。
EDITION ©	EDITION	由 Ian Schrager 与万豪联袂打造的独特现代豪华酒店系列，旨在呈现具有当代生活方式的宾客所追求的精美体验。伊斯坦布尔艾迪逊酒店是该品牌的首家酒店，随后则是近期隆重开业的伦敦艾迪逊酒店。此外还计划在诸多门户城市推出这一品牌，例如迈阿密海滩、纽约、阿布扎比和其他几座城市。
Autograph Collection © Hotels	AUTOGRAPH COLLECTION® HOTELS	您不只是一个人，而我们也不只是酒店。我们是科罗拉多州拥有 15 间客房的精品酒店垂钓小屋，也是拉斯维加斯大道上拥有 3000 间客房的豪华摩天大楼。我们不屑模仿，我们要独树一帜。我们共属傲途格旗下，但每家酒店又各有千秋。

续表

Brand 品牌	LOGO 标志	品牌描述
Renaissance © Hotels		旅行，就要令人欢心鼓舞，在全球各大万丽酒店中，您总能找到这种欢欣鼓舞的感觉。富有历史感的酒店，时尚的精品酒店，奢华的度假酒店，任您自由选择。在酒店内领航员的帮助下探索当地风情。此外，还可享受活力四射的大堂酒廊、酒吧和餐厅以及 RLife © LIVE 活动。
AC Hotels by Marriott		这是一个全面关注旅客需求的中高端时尚生活酒店品牌。每家酒店都拥有便利的城市位置和时尚的国际化氛围。这些酒店充分诠释都市化的含义，非常适合希望真正体验城市大千精彩的商务和休闲旅客。
Moxy Hotels ©		Moxy 酒店展现精品酒店的时尚风格，且价格更相宜。我们相信敢于探索世界的您，至少应体验一次尽善尽美的旅行。如家般温馨，更有调酒师贴心的服务。
Marriott Hotels ©		万豪酒店满怀热情，恭迎八方来客。我们将竭诚为您服务，让您在我们酒店的每一次活动和住宿均能获得轻松愉悦，精彩难忘的美妙体验。我们酒店遍布全球 500 个绝佳地点，提供下一代会议空间、采用最新科技的贴心服务和无与伦比的舒适住宿，从而方便您随时与外界保持联络并保持身心活力。
Courtyard by Marriott ©		万怡酒店提供根据您出行方式而设计的众多选项。这些选项可帮助您通过全球 900 多家酒店拥抱精彩旅程。例如，满足您需求的用餐选择，全面保持连接的环境——提供免费 Wi－Fi＊，以及通过我们的 GoBoard © 触摸屏提供的当地信息。

续表

Brand 品牌	LOGO 标志	品牌描述
Protea Hotels ©	PROTEA HOTELS	若您一直对非洲大陆魂牵梦绕，Protea 酒店定是您的理想下榻之所，汇聚都市逍遥游、湖畔度假、山地观景和游猎休闲等各项活动，为您提供非凡难忘体验。我们的酒店遍及非洲大陆南部多国，住宿体验各具特色，服务同样细致入微。
SpringHill Suites by Marriott ©	SPRINGHILL SUITES® Marriott	入住顶级全套房酒店，感受现代时尚的空间布局、灵感四溢的设计风格以及合理价格。利用免费无线高速上网以及开放明亮的清新空间保持联络、轻松办公或恣意放松。在温馨宜人的大堂内交朋会友，并通过免费健康热早餐开启美好一天。在北美各地的 300 多个地点畅享舒适。风格与空间完美融合。价格更是让人心动不已（Beautifully priced ©）。
Fairfield Inn & Suites © by Marriott	FAIRFIELD INN & SUITES® Marriott	在美国、加拿大和墨西哥拥有超过 700 家酒店，让您以合理价格享受舒适高效的住宿体验。现代化的客房和套房、宽敞的办公区、热情友好、有求必应的工作人员，全面满足您的所需。让我们祝您一臂之力（LETS GET IT DONE ©）。
Residence Inn by Marriott ©	Residence Inn® Marriott	全套房 Residence Inn 酒店提供高档的宽敞套房，内设全套厨房和餐饮区、办公区及睡眠区，轻松满足一切所需，让您在长住期间也能神采奕奕，精神焕发。入住即可享免费热早餐、无线高速上网、晚间社交活动和杂货品购物服务。
TownePlace Suites by Marriott ©	TownePlace SUITES® Marriott	这些套房专为常住旅客而精心设计，以独立的宽敞空间满足其对于放松高效住宿的全面需求。现代化的宽敞套房配备全尺寸厨房，亲切友好的员工在宾客步入酒店时即送上热情问候，加上免费无线高速上网、免费早餐等特色，让所有宾客对酒店铭记于心。

续表

Brand 品牌	LOGO 标志	品牌描述
Marriott Executive Apartments ©		面向入住数周、数月或更长时间的全球旅客。万豪行政公寓建于国际大都会市中心，即使远离家门，仍可轻松体验熟悉的舒适之感。从开放式客房到三卧室楼层均配备美食厨房、专用办公区和客厅等豪华设施，出门在外，信赖万豪。
Gaylord Hotels ©		每家度假酒店均提供“一地全包”服务，综合了宏伟的环境，奢华的房间和一流的娱乐场所，为您带来魅力无穷的逍遥游尊享。盖洛德酒店现在分布于华盛顿特区风景秀丽的波托马克河岸；热闹的音乐之城纳什维尔；得克萨斯州中心地带和家庭度假绿洲佛罗里达州基西米。
Marriott Vacation Club		万豪度假会业主将有机会体验度假酒店与顶级目的地，全家共享完美亲子假期。宽敞的度假别墅、激动人心的探险及特色旅行、全球几十个国家及地区超过3000家舒适万豪酒店以及数百家附属度假酒店，各种惊喜令人眼花缭乱。

资料来源：万豪国际集团网站 http：//www. marriott. com. cn/marriott－brand. mi。

但是品牌数量多并不一定能为饭店集团赢得优势，拥有一个和谐的品牌组合才是饭店集团有效提高知名度、参与市场竞争的基本条件。所谓和谐的品牌组合，不是指多个品牌的简单堆积，而是指它们的有机结合，不同品牌在其中扮演不同的角色，同时又相互支持，以便获得协同的效果。如何规定各品牌的作用，以及如何处理各品牌之间的关系，这是饭店集团必须考虑的重要问题，而这一问题的实质是如何建立合理的饭店集团品牌结构（Brand Structure）的问题。

（一）公司品牌和独立品牌

饭店集团在为新产品和服务设计品牌时面临着两种大方向的选择，一种是直接使用饭店集团的公司名称作为产品品牌名称，即公司品牌（Corporate Brand）。例如，万豪饭店集团的 Marriott © Hotels，Resorts and Suites

（万豪饭店，度假村和套房）品牌，以及希尔顿饭店集团的 Hilton Hotels ©（希尔顿饭店）品牌都是使用公司品牌。但是，这种品牌结构的单独运用在当今西方大型饭店集团中已经非常少见，主要原因是大型饭店集团在多个档次的细分市场中开展业务，因此对所有等级和种类的饭店产品都使用公司品牌容易造成公司品牌形象的模糊。不过这一模式对于一些采取目标集聚战略的饭店集团来说是非常合理的。例如，香格里拉饭店集团（Shangri－La Hotels & Resorts）和加拿大的四季饭店集团（Four Seasons Hotels & Resorts）的产品线较短，主要在全球豪华市场竞争，无论是产品品牌和公司品牌体现的都是豪华的形象，不存在品牌模糊问题。产品和公司使用相同的品牌，体现了产品和公司形象的高度统一。

而在另一个极端，集团饭店各产品使用完全不相关的品牌名称，构成独立（产品）品牌（Individual Brand）。在这种品牌结构中，饭店集团对不同的饭店产品使用不同的独立（产品）品牌，甚至对同一类别的产品使用两个以上的独立（产品）品牌。在饭店业之外，宝洁公司是采用这种品牌结构的一个最为典型的例子。在西方饭店集团中，也有部分公司使用这一品牌结构，例如，温德姆饭店集团（Wyndham，其前身为 Cendant Corp.）所拥有的速 8 品牌（Super 8 ©）、天天客栈品牌（Days Inn ©）、豪生品牌（Howard Johnson ©）、骑士客栈品牌（Knight Inn ©）等都与该集团的公司品牌无关联；与此类似，精品国际饭店集团（Choice Hotels International）采用的也是独立品牌结构，旗下的九个品牌彼此相互独立，且与公司品牌无任何联系。

表 9－3 中雅高饭店集团各品牌都根据其各自特色来制定宣传语。

表 9－3　　雅高（Accor）酒店集团饭店品牌的宣传语

品牌名称	宣 传 语	品 牌 描 述
索菲特酒店	法式“生活艺术”的代表	在全球，索菲特酒店以满足独特要求的特权方式再次赋予了豪华酒店食宿招待的新定义。
铂尔曼酒店	轻松入住，优越尽享	一个服务于国际及国内商务旅行者和会议的高档酒店连锁品牌。位于市中心的亲切友好的酒店。
诺富特酒店	诺富特，专为自然生活	每到一处，都会发现该品牌坚持的基本价值观为现代性，良好的设计，简单和效率。

续表

品牌名称	宣传语	品牌描述
美居酒店	为您承诺一次无与伦比的入住体验	美居是唯一紧密结合了超过700家酒店的全球网络，高品质的评估系统，多元化而具当地文化特色的酒店服务经验，积极热情的酒店经营团队的中档酒店品牌。
宜必思酒店	全新的宜必思，全新的舒适	在世界各地，宜必思为客人承诺一个合理的价格；一个现代的，连通的隔音客房，一张兼具创新与舒适的床，凌晨4点延续至中午的早餐，以及多样性的餐饮选择。

资料来源：雅高饭店集团网站 www. accorhotels. com

对于顾客来说，独立（产品）品牌是他们更关心的品牌。至于独立（产品）品牌后的企业是谁，客人则很少在意。例如，半个多世纪以来，在饭店业享有盛誉的假日饭店，其公司品牌几经更换，先是从假日集团到巴斯公司；后来巴斯公司又组建了对口饭店业的六洲集团来接手假日饭店；现在六洲集团也改了名字，成为洲际饭店集团。公司品牌的多次更替，并不影响假日饭店成为世界最大的饭店品牌之一，至今，假日饭店仍在众多饭店品牌中名列前茅。

饭店集团使用独立（产品）品牌结构有时是出于一种战略性的考虑。例如，万豪饭店集团拥有高档的 Marriott © Hotels，Resorts and Suites 品牌，但是它还不属于饭店业的顶级产品，因此万豪公司通过收购 Ritz - Carlton 品牌进入顶级的豪华市场。Ritz - Carlton 是全球豪华设施和优质服务的典范，早已拥有高度的品牌认知和众多的忠诚顾客。为了避免万豪品牌对其的影响，万豪公司索性割断了其与 Ritz - Carlton 品牌的关系，使其成为一个独立（产品）品牌。

公司品牌（单一品牌）和独立（产品）品牌（多个不相关的品牌）是所有饭店集团品牌结构中的两个极端。运用公司品牌结构虽然可以以饭店集团悠久的历史、深刻的企业文化背景为饭店产品提供足够的信誉保证，然而一个公司品牌往往难以与各种档次的饭店产品兼容。尤其是原本在高档和豪华市场竞争的饭店集团进入中低档饭店市场时，使用公司品牌很容易影响原有的良好形象，迈入品牌延伸的陷阱。因此，公司品牌结构有其不足之处，其运用范围是受到限制的。独立（产品）品牌结构在西方饭店业是大量存在的，但这主要是受到了自20世纪80年代以来的大量饭店品牌并购活动的影响。例如，精品国际饭店集团所拥有的号角品牌（Clarion Hotels©）、路边客栈品牌（Rodeway Inn©）和Econo Lodge©品牌都是通过兼并而获得的。这些并购活动的结果是饭店集团品牌数量的急剧膨胀，而有些被兼并饭店品牌已经具有较高的知名度和美誉度。因此，为了保留原有品牌的忠诚宾客，饭店集团将其独立（产品）品牌保留下来。独立结构虽然能够体现不同饭店产品等级和功能等要素的差异，但是独立品牌的背后缺乏强有力的企业组织形象的支持，而且品牌过多容易造成饭店集团营销资源的分散，难以形成旗舰品牌（Flag Brand）。

（二）亚品牌和受托品牌

基于公司品牌和产品品牌的这些不足，西方饭店业对品牌结构进行了创新，使用了亚品牌（Sub-brand Under Master Brand）和受托品牌（Endorsed Brand）。

亚品牌是与主品牌（Master Brand）相联系的，在饭店集团品牌中，能充当主品牌的有两种，一种是前述的公司品牌，另一种是族品牌（House Brand）。所谓族品牌是指在饭店集团品牌组合中，有些品牌不仅是一个单独的品牌，而是已经形成一个品牌系列，例如温德姆集团旗下的豪生品牌拥有豪生广场饭店（Howard Johnson© Plaza－Hotels）、豪生饭店（Howard Johnson© Hotels）、豪生客栈（Inns© Howard Johnson）和豪生快捷客栈（Howard Johnson© Express Inns）四个不同的产品和品牌，形成了一个相对完整的梯队（Tier）。因而豪生品牌就成为温德姆公司的一个族品牌。

亚品牌的表现形式是“主品牌＋亚品牌”。通常主品牌在前而亚品牌在后。亚品牌的作用是改变主品牌的联想，增加主品牌的个性和活力，从而使主品牌获得新的含义。例如，凯悦饭店集团的三个品牌使用的就是亚品牌的结构——凯悦饭店（Hyatt Regency Hotels）、君悦饭店（Grand Hyatt Hotels）和柏悦饭店（Park Hyatt Hotels）。在亚品牌的表现形式中，主品牌和亚品牌是同时出现在饭店产品标识（Logo）上的，如Hilton Garden Inn©（希尔顿花园客栈），因此，也有人将这种品牌结构称为联合品牌（Co-branding）。主品牌和亚品牌都对宾客选择饭店的过程产生了影响。

受托品牌（Endorsed Brand）的字面意思就是经过某方认可的品牌。认可一方为托权人（Endorser），而被认可一方则为受托人。因此，受托品牌是经过托权品牌认可的独立（产品）品牌。在西方饭店业中，托权品牌一般是公司品牌和族品牌（House Brand）。这种品牌结构的主要表现形式是在品牌名称中同时出现受托品牌和托权品牌，其形式常常为“受托品牌名称 + by + 托权品牌名称。例如，喜达屋饭店集团（Starwood Hotels & Resorts Worldwide）的喜来登福朋品牌（Four Points© by Sheraton©）即是使用受托品牌结构。受托品牌和托权品牌同时出现在饭店品牌的标识（Logo）上，受托品牌字体较大，色彩醒目，而托权品牌则在不显眼的地方出现，字体较小，不占据主导地位。

知名品牌的托权为受托品牌带来了信誉和支持，而且受托品牌在产品线延伸中的作用也是非常巨大的。例如，20 世纪 80 年代初期，美国出现了关注价格的消费群体。进入中档市场成为万豪公司的战略需要。为了规避较低档次的产品给万豪品牌的影响，万豪公司采用了受托品牌结构。如庭院品牌（Courtyard© by Marriott©）、公平客栈品牌（Fairfield Inn© by Marriott©）。在随后开发的长期住宿、公司住宿和分时度假产品中，马里奥特公司也多次采用了受托品牌的结构。这可以在一定程度上说明受托品牌结构在进入新的细分市场时的有效性。

亚品牌和受托品牌结构在表现形式上有很多相似之处，为了区分这两种品牌结构必须引入“驱动者（Driver）”的概念。所谓“驱动者”也就是促进宾客购买和加深宾客使用经验的品牌。当人们被问起“您选择什么品牌”时，问题的答案就是那个能驱动人们购买的品牌。在亚品牌结构中，公司品牌起到了主要的驱动作用，而受托品牌结构则主要是依靠受托品牌自身的力量，托权品牌只是起到了提示和保证的作用。人们购买 Courtyard© by Marriott©住宿产品主要是因为 Courtyard©这一品牌，而 Marriott©品牌的影响较小。

五、饭店品牌的特征

饭店品牌的特征主要表现在以下几个方面：

1. 专有性

饭店品牌是用以识别饭店产品及服务的。从法律意义上讲，饭店品牌表明了商标注册情况、使用权、所有权和转让权等权属情况。饭店品牌一经注册或申请专利，其他饭店或企业就不得擅自使用该品牌从事商业活动。这就是饭店品牌法律意义上的专有性或称为排他性。

然而我国有一些饭店品牌意识淡薄，导致屡屡出现重名现象，如浙江饭店、浙江大饭店等，翻译成英文都是一样的，这样就极不利于在市场上塑造全国性甚至全球性的品牌形象。还有一些饭店缺乏基本的品牌观念和相关的法律常识，以至于许多国内比较有名气的品牌，被别人在国内、国外抢先注册，例如，1993 年广州东方宾馆注册“东方宾馆”品牌时，才发现香港的文华东方已经提前注册，所以广州东方没有任何理由进行该品牌注册。几经波折，最后采取了一个变通方式，就是文华东方作为驰名品牌注册，广州东方作为老字号注册。

饭店品牌的专有性具有深刻的市场意义。良好的品牌一经顾客的认可进而形成品牌忠诚，就在无形中强化了品牌的专用性，竞争对手是难以模仿的。即便竞争对手设计出相似的品牌标志、提供相似的服务，也无法带走忠诚顾客。一个成功的饭店品牌与其市场定位、企业文化是紧密结合在一起的，代表了客人关于饭店的全部体验，这些是其他饭店所望尘莫及的。尤其是在饭店品牌具有了一定的知名度和美誉度，并形成口碑后，专有性就会体现得更加明显。现代是品牌竞争的时代，每家饭店都应该充分利用饭店品牌的专有权以谋求长远发展。

2. 增值性

由于饭店品牌拥有者可以凭借品牌的优势不断获取利益，可以利用品牌的市场开拓力、形象扩张力、资本内蓄力不断发展，因此，我们可以看到饭店品牌的价值。但是，这种价值不像物质资产那样能够用实物的形式表述，而是比较难于看见的、不易被察觉的资源，它却能使饭店无形资产迅速增大，并且可以作为产品在市场上交易。饭店品牌作为无形资产其价值可以有形量化。

3. 风险性

虽然饭店品牌具有很高的增值空间，但对品牌投资的回报具有一定的风险性，由于市场的不断变化和需求的不断提高，品牌运营的状况对品牌价值有直接的影响，饭店的品牌资本可能壮大，也可能缩小，有的品牌身价超过百万，也有的品牌一文不值，甚至某一饭店品牌会在竞争中退出市场。在经历了大浪淘沙般的市场洗礼后，一些有竞争力的品牌存活下来并且会经久不衰，例如可口可乐公司即使垮了，但是只要有品牌在，就能够东山再起。

对于品牌的风险，有时是由于服务不过关，有时是由于品牌盲目扩张，运作不佳，这些都给饭店品牌的维护带来难度，对饭店品牌效益的评估也出现不确定性。作为饭店经理人，如果不注意根据市场变化调整品牌和产品结构，就很可能使品牌贬值。

4. 扩张性

饭店品牌具有识别功能，代表一种饭店产品、一个饭店企业。饭店企业可以利用这一优点展示品牌对市场的开拓能力，还可以帮助饭店利用品牌资本进行扩张。目前，世界有许多比较著名的国际饭店集团都是利用其品牌资产进行扩张，如温德姆饭店集团（Wyndham）和精品国际（Choice Hotels International），其饭店集团成员都是通过特许经营方式加入的。

5. 情感性

据调查显示，在公司流失的顾客中，68%是因为被忽视或不受重视而离开。这说明在品牌和顾客的关系中，情感因素很重要，正是品牌的个性和态度吸引了顾客，并维持了大量的忠实顾客。例如洲际饭店集团管理着全球最大的饭店忠实客户计划——优悦会（Priority Club），它是世界上第一个并且最全球化的饭店忠实奖励计划，通过该计划，优悦会会员可在全球100个国家的3500家饭店享有会员特权。平均每个月都有超过30万新会员加入这项奖励计划，该计划在全球拥有超过2500万名会员。优悦会在由顾客自行投票选举的2004年度FREDDIE奖盛典中荣获6项冠军，8项亚军，揽得了16个奖项中的14项大奖。从中可以看出人们对洲际品牌的信任度、偏爱与忠诚度。

六、饭店品牌的优势

1. 顾客识别优势

饭店产品是借助于一定的设施向客人提供的无形服务，它不具备实物产品有形性特征，而客人对饭店产品的消费是对服务过程的一种体验，它具有多样性特征。由于饭店产品的这种特性以及市场信息不对称现象的存在造成了顾客在选择饭店产品时随意性大，这对饭店占领目标市场、扩大市场占有率是一个不利的因素。而饭店集团的品牌可以在消费者心目中树立良好的企业与产品形象，增强其对饭店无形产品的认知度，促进顾客对其优先选择购买，从而强化顾客的识别能力，形成顾客识别优势。例如，在美国覆盖率很高的希尔顿品牌其设计和服务标准基本相同，这种共性形成了一种很鲜明的企业品牌特色，从而拥有一大批忠诚顾客，这些客人到美国以外的地区住宿时的首选仍然是该品牌。

2. 差异化竞争优势

一旦顾客认可了某一饭店产品品牌，在下次选择饭店产品时顾客出于降低购买成本与风险考虑会选择同一饭店品牌，而多次的消费经历会形成习惯性消费，使其最终成为这一品牌的忠实顾客。顾客忠诚度的提高将有助于饭店集团吸引回头顾客、提高市场占有率。品牌体现着饭店服务产品的差异与特色，一个品牌所体现的服务个性价值如果被与之身份、情感、喜好相符合的顾客群体所认同，那么其对这一品牌的忠诚将不可取代。因此，个性化品牌将有助于饭店集团形成差异化的比较竞争优势，从而更有效地占领不同细分市场。

3. 价值凝聚优势

许多公司、饭店的品牌价值大大高于有形资产的价值，比如可口可乐公司2006年的品牌价值为670亿美元，位居全球品牌排行榜之首，麦当劳排名第9，品牌价值为275亿美元。1989年美国假日公司将假日品牌以19.8亿美元的价格卖给洲际公司，一个品牌价值近20亿美元，而我国拍卖的中国银行所有的奥林匹克饭店的价值才2亿多元人民币，一个假日的牌子就可以换80个奥林匹克饭店。

4. 效益提升优势

品牌能带来效益，强势品牌带来的利润有多少？这一点我们可以通过平均房价（ADR）和平均每间可供出租客房的收入（RevPAR）两个重要的饭店经营指标加以分析。

例如2013年国际酒店集团前三个季度的盈利情况如下：

洲际

前三季度均有提升，业绩明显回暖。洲际酒店大中华区一季度营业利润上涨20%。洲际酒店集团大中华区营业收入增长12%，达到2.3亿美元，管理费收入增加16%，营业利润大幅上涨20%，达到8100万美元。第二季度全球RevPAR增长4%。第三季度洲际四大市场经营业绩均有提升。

喜达屋

前三季度盈利同比均有所增长。第一季度，喜达屋盈利水平较上年同期增长11%，这主要是因为持续运营业务的每间可借出客房产生的平均实际营业收入（RevPAR）增长，特别是在北美市场。第二季度，喜达屋全球 RevPAR 增长4.4%（上升3.9%）。第三季度，喜达屋全球 RevPAR 增长4.7%（上升4.2%）。

万豪

第三季度入住率达到近75%，达到六年来最高。万豪第一季度利润增长了31%，期间 RevPAR 继续强劲增长。万豪第二季度每股收益高达0.57美元，比前一年增加了36%。RevPAR 增长4.7%；第二季度平均每日房价上涨4.3%。万豪第三季度每股收益高达0.52美元，比前一年增加了18%。RevPAR 增长4.8%，万豪全球在第三季度入住率达到近75%，在过去六年来最高。

（五）产业聚合优势

品牌经营是饭店集团加速扩张的重要有效手段之一，它可以使饭店集团摆脱地域限制，以品牌拓展发展空间、扩张市场规模、扩大市场覆盖，从而促进饭店集团走上规模经营、快速扩张的道路。其主要形式是特许经营，饭店集团通过管理模式、经营理念、商标品牌等无形资产的转让和特许使用这一方式迅速实现集团扩张。而集团规模的扩大、实力的增强将使其在市场竞争中处于优势地位，一方面可以更快地加速集团扩张，另一方面可以吸引更多的商业伙伴与之建立良好的合作关系，增强其市场抗风险能力，从而走上良性循环的发展道路。

（六）多元化经营优势

品牌经营具有品牌价值递延的优势。饭店集团可以借用成功品牌在顾客心目中的形象、声誉，将原有品牌名称用于新的产品系列或进入新的产业领域，消费者和公众出于对成功品牌的信任与偏好会将这种品牌忠诚延伸到新的产品中去，增加了新产品取得市场成功的机会，从而促进饭店集团迅速形成产品多元化或产业多元化经营格局。例如雅高集团面向豪华、中档、经济型等不同的饭店细分市场，在 Accor 品牌下延伸出 Sofitel、Novotel、Mercure、Ibis 等多个品牌，达到了明晰产品定位以有效占领不同细分市场的目的。

第二节　饭店品牌塑造

品牌定位、品牌识别和品牌形象，是饭店品牌塑造的三个关键点。20世纪60年代是品牌形象时期，强调品牌形象对消费者的影响力，品牌核心是在消费者心中建立美好的形象。到了20世纪七八十年代，品牌理论又有了新发展，特别是杰克·特劳特（Jack Trout）提出“定位”理论后，强调任何品牌必须有一个独特的定位，品牌定位成了品牌的核心。20世纪90年代后，又提出了品牌识别的理论，强调品牌不只是外显在消费者心目中的形象和独特的位置，而是内外统一的有机体。强调品牌长期的一贯性和恒定性，突出品牌的长久品性和特点。从品牌形象，品牌定位到品牌识别反映了品牌不断完善的过程，它们是塑造品牌的核心和重点。

一、饭店品牌定位

品牌定位是指在市场调研和细分的基础上，发现或创造出品牌独特的差异，并与目标消费者心智模式中的空白点进行匹配择优，从而确定出一个独特的位置，借助传播手段在消费者心中打上深深的印记，建立起强有力的联想和独特印象的策略性行为。品牌定位的前提是进行市场细分和选择目标市场，各细分市场进行分析评价后所作的饭店为哪个和哪些消费者群体提供服务的抉择，是解决了饭店对消费者选择的问题；而市场定位和品牌地位作为选择目标市场活动的延续和发展，是为如何叩开目标消费者心扉、在消费者心目中占据有利位置的努力，以此实现顾客对产品、品牌和饭店的认同与选择。可以说，从饭店选择消费者（目标市场）到消费者对品牌及饭店的认同与选择是一个“跳跃”，而能否出现或能否顺利实现这种“跳跃”，品牌定位是关键。

品牌定位的重点在于对可能成为顾客的人的想法施加影响，唤起或强化顾客原本已存在的欲望和渴求，使他倾向于饭店品牌的引导，其最根本的目的就是使品牌在顾客心目中占据一个无可替代的位置。

表9－4是精品国际饭店集团（Choice Hotels International）对旗下的8个特许经营品牌的定位。在这八个品牌中，有五个是“经济型饭店”，但它们的具体定位又各不相同，除此之外，还有两个中档品牌和一个高档品牌。通过这样的精细定位，使每个品牌在客人心目中占据了不同的位置。

表9－4　　精品国际饭店集团下属的8个品牌及定位

品　牌	品　牌　定　位
住宿客栈（Sleep Inn）	有限的服务，经济型饭店
舒适客栈（Comfort Inn） 舒适套房（Comfort Suites）	高档的经济型饭店。Comfort Inn是有限的服务设施饭店；Comfort Suites是全套房饭店
品质（Quality）	中档价格，提供全方位服务的客栈及提供有限服务设施的全套房饭店
号角（Clarion）	高档次饭店集团，全套房饭店集团，度假村和精品饭店
路边旅馆（Rodeway Inn）	有限的以及全面的服务，价格相当高的经济型饭店
经济旅馆（Econo Lodge）	有限的服务设施，中档价格，经济型饭店
MainStay Suites	中档价格，面向较长时间居住的旅行者，设施齐全

资料来源：精品国际饭店集团网站 http：//www. choicehotel. com。

品牌定位比较成功的饭店品牌还有万豪、凯悦。万豪庭院客栈以“专为商务旅行者设计”作为定位宣言，选择商务旅行者为目标市场，承诺为其提供优质、高效的服务。而凯悦客栈和四季客栈则树立了高质量、相当奢华和有声望的品牌形象。凯悦通过“感受凯悦”活动向顾客传达了这一信息；四季客栈则通过使用“没有四季客栈不能满足的要求”来强化它的高质量的品牌形象。①

（一）饭店品牌的定位原则

每一家饭店都希望通过品牌定位塑造一个良好的品牌形象，但是如果使用错误的方式表现品牌，或者表现力度不够，在顾客感受方式的影响下，市场上表现出来的品牌形象就会与预期的品牌个性大相径庭。因为不同的目标顾客，在不同的心态下和不同的环境中，看到同一品牌后所联想到的品牌个性会有所不同。因此，饭店在进行品牌定位时应使顾客相信自己的饭店品牌不仅是独一无二的，而且是出类拔萃的。

1. 要有独特的差异点，品牌形象清晰、明确

创造独特性，使自己的品牌与竞争对手的品牌有明显的区别，这无疑是任何产品或服务的品牌定位所应遵循的首要原则。它注重品牌的特点，

① 李力，章蓓蓓编著．旅游与酒店业市场营销．沈阳：辽宁科学技术出版社，2001年1月第1版。

让顾客感觉产品的与众不同或无与伦比，从而在市场中最先引起顾客的注意，在饭店业等服务行业比较常用。希尔顿饭店公司已是世界公认的饭店业中的佼佼者，希尔顿的宗旨是“为我们的顾客提供最好的住宿和服务”，并广泛宣传其坚持不懈的高质量、高水准的服务。如今，希尔顿的品牌名称已经成为“出色”的代名词了。里兹—卡尔顿提出的口号是“我们是为淑女和绅士服务的淑女和绅士”。这一口号在一片“顾客就是上帝”“顾客至上”的呼声中表现出了特立独行的品牌个性——既充分尊重了员工，又突出强调了服务的个性化和人情味，与其豪华品牌的定位相得益彰。

这种策略可以使饭店品牌保持长久的盛名，也可能让品牌的美名好景不长。如果能在早期进入市场，并有品牌个性，则可很快获得可观的市场份额。但是如果选择的品牌特色被同行和新的市场进入者模仿，就会影响已有的市场份额，甚至导致品牌的衰落。随着科技的进步，这种模仿的速度还在进一步加快。

2. 能够树立良好的饭店信誉

有的饭店凭借强大的品牌推广产品，就是用良好的品牌信誉为产品定位。例如：雅高酒店集团旗下酒店品牌：Hotel F1，Etap Hotel，Suitehotel，Ibis（宜必思），Mercure（美居），Novotel（诺富特），Sofitel（索菲特），Motel 6/Studio 6，Red Roof Inns，Accor Thalassa，Pullman（铂尔曼），All Seasons，雅高在世界范围内约有 4000 家饭店，从经济型到豪华饭店，雅高提供了全系列不同档次的饭店服务，满足了不同需求层次顾客的需要。推行这种战略的饭店，其主导品牌得到了市场广泛的认可，从而增加了潜在的市场竞争进入壁垒。

一个著名的品牌可以跨越不同的市场界限，在不同的行业范围内享有盛名，例如雅高集团旗下的雅高饭店和雅高服务两个业务的互补。但是如果饭店形象管理不当，就会产生连锁反应，使以饭店信誉和主导品牌为基础的单体饭店或品牌岌岌可危。

3. 品牌定位要有针对性，取得顾客认可

饭店在深入了解其目标消费群的需求后，才能够有效地把饭店品牌定位于不同的消费群体，有利于品牌顺利进入并维护客户市场，建立密切的客户关系。在需求广泛的中低档饭店市场，顾客的需求又存在细微的差别，这样的市场环境更需要饭店的品牌定位获得顾客的认可，以成功推出相应的经济型饭店品牌。

品牌的差别化能够向足够数量的顾客让渡更多的价值，让他们觉得物有所值。事实上，有些饭店的品牌定位就显得脱离顾客了。例如新加坡的威斯汀·斯坦莫福特客栈（Westin Stamford）对外宣称自己是世界上最高的饭店，以此为诉求点究竟有没有意义呢？如果我们作为顾客的话，会对饭店建筑的高低感兴趣吗？来自世界各地的旅行者可能都会对饭店的舒适程度、价格和可靠性表现出更多的关注。毕竟，不管饭店的类型如何多变，服务项目如何丰富，其本质仍是提供食宿，至于一家饭店是不是全球最高的，就交给世界吉尼斯去查好了。

另外，饭店因为品牌定位所带来的成本增加部分最终会反映在价格上，顾客能不能承受价格的变化也是经理人在品牌定位时应当考虑的问题。

取得顾客的认可在很大程度上依赖于精确的市场细分和市场调研，而且顾客的需求和市场范围总是在不断变化。饭店如果不了解市场结构和市场机制，又不能紧跟顾客的需求和欲望，品牌定位就很可能失效。

4. 能够为饭店带来盈利

品牌不是为了定位而定位的，有效的品牌定位应该使饭店获得更多的利益，包括饭店利润增加、市场占有率提高、忠实客户增多等。美国的Budget Motels（经济汽车旅馆）成功的定位对我们很有借鉴意义。20世纪60年代，该饭店品牌针对中低端市场的需求，取消了饭店的会议室、宴会厅和名目繁多但利用率低的娱乐休闲设施，只提供舒适、卫生且廉价的客房。这一定位对中低端顾客具有很强的吸引力，并迅速使Budget Motels品牌赢得了目标顾客的信任。20世纪末以来，国内旅游的兴起促进了我国中低端住宿市场的发育，这一市场正是四星、五星级饭店所舍弃的，而一些中小饭店却往往不屑于做中低端市场，对最适合自己经济实力的市场弃而不顾，反而通过追加投资、设备更新或增加等希望提升本品牌的档次，与高档饭店品牌竞争。用自己的弱势与别人的强势竞争，这种定位显然无法使中小饭店获得最大的利益。然而在这个市场孕育出的如家、汉庭等经济型酒店时至今日都已取得不小的成就。

（二）饭店品牌的定位方法

1. 根据饭店资源条件定位

品牌定位必须考虑饭店的资源条件，使饭店资源获得合理的运用，达到最佳收益。如Motel 6专注于低价位，希尔顿则强调自己优越的地理位置，这些品牌定位就能够显现品牌的个性与独特形象。地理位置和硬件设施是饭店最重要的资源条件。优越的地理位置，比如市中心是饭店不可多得的优势。如果饭店地处相对偏远的地段，就必须提供交通工具等来弥补位置的不足。硬件设施确定了饭店面对的高、中、低各档消费群体，也预示着利润率的高低。饭店的资源条件还包括饭店现有的管理水平、服务水平、市场开拓能力以及信用能力等。

2. 针对竞争对手定位

饭店品牌也可以定位于竞争对手所没有的属性或利益，以在品牌上体现自己的个性和风格。这是一种常见的定位方法，通过对比强烈的广告宣传更可以加深客人对本品牌的印象。

3. 根据顾客渴望定位

品牌定位作为饭店与目标顾客的互动活动，其成功取决于饭店对目标顾客心智的激活。渴望定位的方法在与生活方式有关的饭店市场中非常流行。它的两个基本要素是身份地位与威望（与财富成就相关）和自我改善（与非财富成就相关），二者都源于人们自我表现的渴望。大多数人都需要以某种方式表现自己，饭店品牌，尤其是高档饭店品牌可以帮助人们实现这种自我表现的欲望，依托饭店品牌展示顾客的经济实力和个人成就。然而，高档以上目标消费群的人口基数较少，如何在有限的市场容量中通过服务的高附加值等因素实现盈利也是应该考虑的问题。

4. 根据饭店品牌能提供的价值定位

价值定位不仅与顾客支付的价钱有关，还包括两个基本要素。首先是性价比——饭店能提供给顾客的价值与价格相符，例如我国的经济型饭店品牌“如家”就把客人对食宿的基本需求和适当的价格契合得很好。其次是情感价值——顾客和品牌之间的情感纽带。后者的重点是价值而非价格，但是如果过于重视价格就会导致产品中心论，不宜于打造知名品牌。

5. 情感定位

情感定位能单独使用，但更常用的方式是和其他策略结合使用，以增强其效果和作用。长久以来，饭店经营者都把“客人就是上帝”尊为首要的经营理念。然而一位旅行者在长途奔波后更需要的是一种家庭的温馨。如家的品牌定位“家外之家”就很好地抓住了这一点，它的口号“洁净似月，温馨如家”就具有很强的亲和力，它的设施、服务等都紧紧围绕“家”这一情感定位。

6. 个性定位

品牌个性是品牌标志的核心部分。有些饭店打造了与众不同的品牌个性，但是如果其细分市场未能感知这些个性，那么其影响就微不足道了。在某种程度上，品牌定位就是向目标顾客展示品牌的核心价值。如果顾客对该品牌反映积极，再辅以其他战略组合将会占领可观的市场份额，获得很高的忠诚度，实现巨额利润，并长期保持竞争优势。这种战略需要对目标顾客有真实的了解并投入大量资金，确保顾客在任何场合都能对品牌个性有一致的感受。

（三）饭店品牌的定位程序

饭店品牌定位的主要目的是让顾客把本品牌与其他饭店品牌，尤其是竞争性饭店品牌区分开来。为了达到这一目的，通常需实施以下一些基本步骤。

1. 深入了解细分市场

在进行品牌定位之前，需要对市场状况、竞争对手的情况做出准确而清晰的判断。

（1）市场状况

对市场状况的调查包括：我国饭店市场近年来的增长速度是多少？本地区的又是怎样？饭店市场中哪个细分市场的增长比较快？是否还存在目前空缺又有增长潜力的细分市场？本饭店是否具备在该细分市场发展的条件？

关于市场状况，我们基本上可以通过对国家或地区公开发布的一系列统计数据的搜集和整理来获得。而且有些研究机构或大专院校可能已经做过了相关的调查研究，可以使用他们公开发表的研究成果。

（2）竞争对手

对竞争对手的调查包括：对于将要建立的品牌而言，谁是主要竞争者？他们对哪些细分市场感兴趣？

对竞争对手的分析可能相对难一些。竞争性的饭店品牌往往与拟创建的新品牌具有相同或相似的地理位置、星级、客户群和价格等。在现实中，有的饭店经理人单纯以饭店星级或服务范围为根据，把具有相同星级或服务项目的饭店都列为竞争对手，这种分法显然“树敌过多”，扩大了竞争对手的范围。同是五星级饭店，一个品牌以旅游团队为主要客源，另一个则以商务散客市场为目标市场，这两个饭店品牌显然还构不成竞争关系。

判断两个饭店品牌是不是竞争对手有一个比较简单易行的办法：对自身品牌的客房、餐饮或娱乐设施进行降价促销，看对方品牌的客人有没有被吸引过来。如果有，则说明两家的品牌在相似的市场上竞争，或者说双方的细分市场有重合的区域。

仅仅知道谁是竞争对手是不够的，还需要进一步通过多种渠道了解竞争对手的品牌信息。如果是一个较为成熟的品牌，那么它的品牌特征、价格、质量等方面的信息应该已经比较公开化了。通过该品牌的广告、促销等市场行为能够大致判断出其基本情况。对于更详尽的信息，则可以通过调查顾客，或进行实地消费和观察来获得。

2. 根据本饭店的竞争优势确定目标市场

通过对市场状况和竞争对手的调查，可以找到市场机会和本饭店优势的一个契合点，它是我们进行品牌定位的主要基础。有时我们会发现本品牌具有多种竞争优势，这些优势不一定要全部用于定位，应该选择最适合本品牌的优势。因为顾客的信息获取量是有限的，传递太多的信息会使他们无所适从，反而难以对品牌产生深刻的印象，严重时还会对饭店品牌产生不信任感。

3. 监控品牌，进行再定位

品牌定位的最后一步非常重要，即使是一次卓有成效的定位也不可能是一劳永逸的，随着时间的推移，市场情况会有所改变，使原来的品牌定位变得过时；竞争对手或许会推出新的、更有优势的品牌，使自己原来具有的独特性定位变得普通，甚至庸俗不堪；有些顾客的偏好和认知发生了变化，原先的品牌定位已经不再受欢迎……作为饭店经理人，要保持敏锐的职业嗅觉，及时发现这些市场变化，并尽快调整产品、品牌的传播方式，甚至对饭店的品牌定位做出调整或进行重新定位。

监控品牌形象和定位意味着经常重复以上提到的每个步骤，否则就会存在与市场脱节的危险，更重要的是，可能难以了解到顾客对品牌的感觉和认知。塑造品牌形象是一个持续的过程，需要各个方面持续的反馈信息。此时没有自满的余地，因为很多企业都是从漠视顾客的需求走向衰亡的。品牌形象是脆弱而敏感的东西，需要呵护和关心。品牌形象仅仅是一种思维和感觉，只能短暂地占据人们的头脑。如果品牌形象不能经常得到强化和改进，就会失去其重要性，并被其他更强大的品牌形象所取代。通

过品牌定位可以塑造出强大的品牌形象，

品牌定位管理必须十分谨慎以维持品牌形象。

品牌在再定位时还应尽量避免盲目调整所带来的不可挽回的损失，需要谨慎考虑，转换品牌定位的成本有多少，再定位后能不能获得足够的收益。

二、饭店品牌策略

饭店品牌策略按照品牌与产品的关系及扩展方向，大致可以分为以下几种：

（一）统一品牌策略

统一品牌策略是饭店集团对其经营的所有饭店产品均使用同一品牌名称，其优势在于：

（1）能够集中饭店的财力、物力塑造、宣传统一的品牌，准确传达统一的企业文化与经营理念，降低成本；

（2）有助于新产品顺利进入目标市场，即利用已有的品牌声誉，消除顾客的不信任感；

（3）有利于在顾客心目中更好地树立品牌形象。其缺点在于不利于与多种档次的饭店产品兼容，从而造成产品形象模糊。国外饭店集团在运用统一品牌经营模式时主要使用公司品牌，即直接使用饭店集团的公司名称作为产品品牌名称。

这种方式主要适用于实行目标集聚型战略的饭店集团，例如加拿大的四季饭店集团（Four Seasons Hotels & Resorts）将目标市场定位为全球高档饭店消费群体，因此运用公司品牌战略清晰地体现了豪华饭店的产品定位，从而使其在全球豪华饭店市场获得了很高的市场占有率。又如香格里拉饭店集团的豪华饭店品牌——其服务品牌之一，仍是“香格里拉饭店”。

（二）多品牌策略

多品牌策略指饭店集团对其经营的每一种饭店产品都冠以各自独立的品牌，每一种品牌都针对特定细分市场的个性“量身定制”，从而达到明晰产品等级和功能的差异。多品牌策略在发展成熟的国际饭店集团中更加普遍。

多品牌策略的优点是：①通过多品牌的组合优势，可以占领更多的细分市场，从而提高市场份额。因为不同品牌可以满足不同偏好、不同档次以及不同地区的顾客需要，组合起来的顾客规模自然十分可观，市场的覆盖率自然提高。而单一品牌无论如何变化，其适应性都无法超过多品牌。②多品牌策略大大降低了饭店的经营风险。多个品牌之间既有联系，更有区别，每个品牌都是独立的，一个品牌的失败不容易波及其他的品牌，其他品牌可以继续保持竞争优势，从而不会轻易动摇品牌的组合优势，何况饭店集团往往在不同区域采用不同品牌，同一区域也采用不同档次和特点的品牌，客源市场很难把一个品牌与另一个品牌联系起来。

其缺点在于缺乏统一的企业形象，品牌过多容易造成营销资源的分散，不利于名牌形成。同时，多品牌策略对企业的综合实力和品牌管理能力要求很高，需要对品牌进行较多的投资，还必须使多个品牌发挥出组合优势。

在这方面全球饭店集团的佼佼者——温德姆就是成功的典范，其旗下的饭店品牌名称中都没有出现“Wyndham”，它针对豪华、中档、经济型等不同档次的饭店细分市场针对性地推出了“豪生”（Howard Johnson）品牌，“天天客栈”（Day Inns）品牌等独立的产品品牌，准确的产品形象定位使其在各个细分市场均保持着很高的市场占有率。雅高集团（Accor）同样采取了多品牌策略，其旗下品牌全部都是另行确立的，如索菲特（Sofitel）、诺富特（Novotel）、宜必思（ibis）、一级方程式（Formule 1）和6号汽车旅馆（Motel 6）等。表9－5列举了2012—2013年全球十大饭店集团旗下的主要饭店品牌，有两家中国酒店集团进入前十。

表9－5　2012—2013年全球10大饭店集团旗下的主要饭店品牌

排名 RANK	名　称 COMPANY	客房数 ROOMS	饭店品牌 HOTEL BRANDS
1	Inter-Continental Hotels Group	679050	洲际酒店及度假村（Inter-Continental Hotels & Resorts），假日酒店及假日度假酒店（Holiday Inn），皇冠假日酒店（Crowne Plaza Hotels），智选假日酒店（Holiday Inn Express），英迪格酒店（Indigo）等

第九章　饭店品牌战略

续表

排名 RANK	名　称 COMPANY	客房数 ROOMS	饭店品牌 HOTEL BRANDS
2	Hilton Worldwide	678630	希尔顿酒店（Hilton Hotels），华尔道夫酒店及度假村（Waldorf Astoria Hotels &Resorts），康莱德酒店（香港称港丽酒店，Conrad Hotels），Canopy by Hilton，Curio，希尔顿逸林酒店（Double Tree），希尔顿花园旅馆（Hilton Garden Inn），大使套房酒店（Embassy Suite Hotels），汉普顿酒店（Hampton），霍姆伍德套房酒店（Homewood Suite），第二家（Home 2），希尔顿度假俱乐部（Hilton Grand Vacations Club）等
3	Marriott International	675623	The Ritz－Carhon（里兹－卡尔顿），JW Marriott Hotels & Resorts（JW 万豪），Marriott Hotels & Resorts（万豪），Renaissance Hotels & Resorts（万丽），Courtyard by Marriott（万怡），Marriott Executive Apartments（万豪行政公寓），Residence Inn（居民客栈），Fairfield Inn（公平客栈），Marriott Conference Center（万豪会议中心），Townenace Suites by Marriott（万豪城镇套房），SpringHill Suites by Marriott，Marriott ExecuStay 等
4	Wyndham Hotel group	645423	温德姆酒店及度假酒店（Wyndham© Hotels and Resorts），温德姆至尊酒店精选（Wyndham Grand Hotels and Resorts），华美达酒店（Ramada©），华美达安可（Ramada Encore©），豪生酒店（Howard Johnson©），戴斯酒店（Days Inn©），速8酒店（Super 8©），迈达温德姆酒店（Microtel© Inn & Suites by Wyndham），蔚景温德姆酒店（Wingate© by Wyndham），灏沣温德姆酒店（Hawthorn© Suites by Wyndham）等
5	Choice Hotels International	506058	Clarion（号角），Quality（品质），Comfort Suites（舒适套房），Comfort Inn（舒适客栈），Sleep Inn（住宿客栈），MainStay Suites，Econo Lodge（经济旅馆）和 Rodeway（路边旅馆）

续表

排名 RANK	名　称 COMPANY	客房数 ROOMS	饭店品牌 HOTEL BRANDS
6	Accor	461719	Hotel F1，Etap Hotel，Suite hotel，Ibis（宜必思），Mercure（美居），Novotel（诺富特），Sofitel（索菲特），Motel 6/Studio 6，Red Roof Inns，Accor Thalassa，Pullman（铂尔曼），All Seasons
7	Starwood Hotels & Resorts Worldwide	346819	St. Regis Hotels & Resorts（圣·瑞吉斯），Sheraton（喜来登），Westin Hotels & Resorts（威斯汀），Four Points by Sheraton Hotels（福朋），The Luxury Co11ection（豪华精选），W Hotels（W 饭店），Le Méridien（艾美），Aloft，Element 等
8	Best Western Internatiaonal	317838	BEST WESTERN BEST WESTERN PLUS BEST WESTERN PREMIER
9	如家酒店集团	262321	干净温馨的如家快捷酒店、时尚个性的莫泰 168 酒店、涉外商务型和颐酒店三大品牌
10	上海锦江国际酒店集团	235461	锦江之星快捷酒店、金广快捷酒店、百时快捷酒店、白玉兰、锦江都城

资料来源：http：//info. meadin. com/industry/106352_ 1. shtml.

阅读材料

多品牌策略举例

洲际饭店集团（皇冠）　洲际饭店集团（假日快捷客栈）　希尔顿饭店公司（斯堪的克饭店）

（三）分类品牌策略

分类品牌组合指饭店集团对其经营的各种饭店产品按照某一标准进行

分类，对每一类别的产品冠以各自独立的品牌。这种组合方式的优点是既克服了单一品牌组合经营模式所造成的品牌定位模糊的缺点，又克服了独立品牌组合带来的营销成本过高、不易管理等缺点。例如温德姆集团的豪生品牌（Howard Johnson）就是由豪生快捷客栈（Howard Johnson Express Inns）、豪生广场饭店（Howard Johnson Plaza – Hotels）、豪生饭店（Howard Johnson Hotels）、豪生客栈（Howard Johnson Inns）四个同类型的不同品牌组成。万豪集团的 Ramada 品牌也分为四类不同的产品，提供四种不同的体验，他们分别是：Ramada Plaza、Ramada Resort、Ramada Hotel、Ramada Encore。

（四）复合品牌策略

复合品牌策略是指饭店集团对其经营的饭店产品冠以两个品牌，即"主品牌 + 副品牌"，主品牌代表集团整体形象，传递公司经营理念，为副品牌提供信誉保证；副品牌对主品牌起增加个性和活力，丰富内涵，提升价值支撑的作用。

凯悦饭店集团是使用这种品牌组合方式的典型代表，饭店主品牌"凯悦"（Hyatt）向顾客展现集团产品高质量的整体形象，副品牌如 Grand Hyatt，Park Hyatt，Hyatt Regency 则从饭店档次、服务特色等方面向顾客提供不同的个性服务与价值体验，丰富并提升了主品牌的形象。复合品牌策略的好处在于可以利用主品牌已有的声誉，节省促销费用，同时又能使子品牌彰显各自的特点和相对的独立性。

阅读材料

复合品牌策略举例

最佳西方国际公司 （日出饭店）	卡尔森国际饭店公司 （乡村客栈与套房）	喜达屋国际饭店集团 （福朋）

以上品牌策略各有不同的优势与劣势，饭店集团在具体运用时要根据

各自的公司使命、经营战略的不同适当选择符合自身实际情况的品牌策略。

三、饭店品牌设计

品牌设计是运用品牌理论，对饭店进行品牌创建的活动，是品牌成功的关键环节，是一种创造性的思维过程。我们可以从品牌定位、品牌个性、品牌联想、品牌认同几方面进行设计。顾客需求的多样性决定了饭店品牌设计的多样性，而饭店资源的有限性决定了只能就顾客需求的某一方面、某一层面予以满足，因此品牌的设计的好坏对于饭店而言至关重要。

（一）饭店品牌的设计原则

1. 容易识别

饭店品牌的设计是一项艺术性很强的工作，但是设计出来的成果不能太过晦涩，应该让普通人都看得懂，品牌名称要简单明了、易记易读，这样才会易于传播。

2. 品牌特征具有相当程度的关联

饭店品牌应该能够反映饭店品牌的档次、特色等，或者与饭店的发展背景、企业文化有关。例如，精品国际饭店集团的经济型饭店品牌“Econo Lodge”的名称源自“Economic Lodge”，中文意思是“经济、廉价的客栈”，本身就给人以低成本住宿品牌的印象。同样，我们看到 Rodeway Inn（路边旅馆）和 Thrift Lodge（节俭旅馆）等饭店品牌的命名也有异曲同工之妙。

饭店品牌的标准字和标准色也最好对应于饭店的档次和功能等。例如，豪华饭店品牌的标准字和标准色多端庄典雅，给人以稳重的感觉；而经济、低廉型饭店品牌则色彩明快，字体充满动感，让人觉得亲切。

3. 感染力强

饭店品牌的视觉形象应该醒目直观、新颖独特，具有较强的视觉冲击力，符合目标消费群体的审美观，使人过目不忘。

4. 符合法律和风俗习惯

饭店品牌不能违背所在地国家的法律法规、民族禁忌和社会习惯等，还要避免产生不好的歧义或联想。

（二）饭店品牌识别系统的设计

饭店品牌的识别系统与企业文化的识别系统相似，包括理念识别

（MI）、行为识别（BI）和视觉识别（VI）三个部分。结合饭店品牌的特色，视觉识别更具有特殊性，而理念识别和行为识别则可以参照企业文化系统，所以在这里主要讨论饭店品牌视觉识别系统的建立。

1. 饭店品牌名称的设计

名称是品牌中能用语言称呼的部分。著名营销家麦卡锡认为好的品牌应具有12大特征：简短、易拼易念、易识易记、容易发音、发音唯一、最好能在各国语言中发音相同、暗示着产品利益、适应包装标识需要、无污秽和负面联想、始终不过时、适用于各种广告媒体、能合法地使用。饭店在设计名称时，一般应参照以下标准：

（1）个性鲜明。即能反映出自己的个性特征，并能适应它所选定的消费者的心态要求。

（2）精练概括。即高度的概括力和吸引力，对消费者的视觉和心理都能带来积极的影响。为便于公众的记忆和识别，少、短、小是饭店命名的前提条件。

（3）易于辨认。即要求饭店在命名时做到：难写的字不用；难读、难认的字不用；难发音的字不用：字型不美的字不用。

（4）富于联想。即要巧设意境，激发起消费者无穷的想象。如地中海饭店，让人感觉这是蓝蓝大海边的一处宁静的度假天堂。

（5）国际通用。即重视相应外文名称的设计，不得违背国外的习惯与法律。如我国的新锦江饭店、金陵饭店、建国饭店等，译成英语就失去了原来的意思；白天鹅宾馆能给人带来美好的联想，可是一译成英文，就失去了生动性。而东方嘉柏（Jasper，含义为“碧玉”）则在设计时就把中、英文意义综合考虑在内。

饭店品牌名称的来源常常有以下几种：

第一，人名，如Marriott饭店、兆龙饭店、Hilton饭店等。

第二，花草树木动物，如花园饭店、白天鹅宾馆。

第三，引起美好联想的名称，如香格里拉饭店。

第四，象征地位的名称，如豪门大饭店、帝都饭店；

第五，以历史典故，如金银岛饭店、昆仑饭店。

此外还有以产品功能、以投资者简化名称或谐音作名称。

品牌名称最忌讳体现行业所属关系的名称。如铁建宾馆、中粮大厦、石化饭店、铁道大饭店等，难以让人们接受和喜欢。

2. 饭店标志的设计

饭店标志是饭店品牌中能被识别但不能用语言直接读出的那部分文字、图形或两者的结合，它代表饭店的形象、特征乃至饭店的信誉和文化，是消费者心目中饭店的另一个重要的识别工具。饭店标志一般可分为三种：第一种是图形标志；第二种是文字标志；第三种是组合标志，即字体与图形的组合。

品牌标识就好像人的一张脸。漂亮的脸人人都想多看几眼，因此，好的品牌标识能给人留下直观、生动、深刻的印象。所以饭店的品牌标识应尽可能体现定位、特征、个性，形式上尽可能简单、直观、美观。作为一个优秀的饭店标志，一般必须具备以下几个条件；

（1）简洁鲜明。即饭店标志必须醒目，便于消费者识别、理解和记忆。

（2）独特新颖。即饭店标志必须与众不同，个性显著，使消费者看后能产生耳目一新的感觉。

（3）寓意深远。即饭店标志必须别出心裁，能表达深远的意义，耐人寻味，让人回味无穷。

（4）准确相符。即饭店标志寓意要准确，品牌名称与标志要相符。

（5）优美精致。即饭店标志要讲究整体的均衡性、对称性和协调性，使标志有整体优美、强势的感觉。同时，标志要有较强的适应性，并确保标志在各种场合和用途中不至于发生扭曲和变形等失真情况。

3. 标准色的设计

标准色是代表饭店品牌标志的特殊颜色，即标志色。饭店的标志色设计，应本着求精求简的原则进行筛选、组合。标志色一般为1~2种，不宜超过3种，并且应区分主色与辅色。同时，色彩还应与标志、名称、经营风格等相呼应。

4. 标准字体的设计

标准字是经过特别设计的文字组合，它通过独特的间架结构、笔画浓淡，利用可读性、说明性、独特性的文字组合来表现品牌的个性。

饭店的标准字可以分为三类：第一类是名称标准字，用于表现饭店的名称。这类标准字要求醒目大方，易于辨认，且能包含饭店个性。第二类是标题标准字，主要用于饭店简介、广告文案、海报招贴、专栏报道等标题。第三类是活动标准字，主要是饭店开展各类活动时所设计的标准字。

阅读材料

雅高集团（ACCOR）的标准字与标准色

在设计标准字时，应考虑标准字与其他外显要素的配合，并能反映出饭店的精神气质，同时兼顾汉字标准与英文标准字的配合。

（三）产品的设计

饭店品牌的基础是服务产品，饭店产品的设计是饭店品牌设计的重要组成部分。

在设计和开发饭店服务产品时，必须遵循以下几个原则：

1. 独特性原则

求新是人们普遍具有的一种心理，设计人员应注意和利用这种求新心理，使服务产品因其“新奇”“独特”而对顾客形成吸引力。

2. 针对性原则

针对性原则是设计产品的原则中最重要的一条。所谓“针对性”，就是设计必须在市场调查研究的基础上，首先考虑顾客的潜在需求，其次考虑产品是否满足顾客新的利益点。产品不应该是人云亦云，闭门造车的产物。

3. 经济性原则

经济效益是设计开发产品的原动力之一，所以在向顾客提供新的服务产品之前应该根据本店的人力、物力、财力条件进行可行性分析，分析的形式视产品的大小调整，可以是口头的，也可以请专家做书面的可行性分析报告。追求经济效益，还要处理好长期利益与短期利益、整体利益与局部利益的关系。

4. 本土化原则

产品设计可以借鉴国外的成功经验，除了专为境外人士设计的产品，一定要保证适合中国人的消费心理。

（四）核心价值的设计

提炼的品牌核心价值是品牌的精髓，是品牌的生命点，必须能够形象地描述出来。这一点是饭店品牌设计中最难以程序化的原因，是最需要创造力的部分，也是饭店品牌设计中最具综合性的部分，饭店品牌构成中的其他因素，如饭店产品与服务、商标等都是为这一点服务的。如果饭店品牌核心价值设计不准确，则容易使饭店品牌构成要素之间失去重心，无法形成稳定关系，饭店品牌在人们心中就变得模糊起来，最终导致饭店品牌形象的失败。

品牌核心价值的描述必须具有鲜明、独特、相关和强效的特性，能够体现品牌在不同阶段、以不同的方式与消费者进行持续和统一的沟通。比如：希尔顿饭店的“为我们的顾客提供最好的住宿和服务”、假日饭店的“把顾客当朋友”、卡尔顿饭店的“使宾客得到真实的关怀和舒适是最高使命”、凯悦饭店的“时刻关心你”都反映了饭店的核心价值。

第三节　饭店品牌传播

品牌传播，就是指品牌所有者找到自己满足消费者的优势价值所在，用恰当的方式持续地与消费者进行交流，促进消费者的理解、认可、信任和体验，产生再次购买的愿望，不断维护对该品牌的好感的过程。品牌传播投入应从不同时间、空间和传播途径全方位进行。饭店品牌的传播体系如图9－3所示。

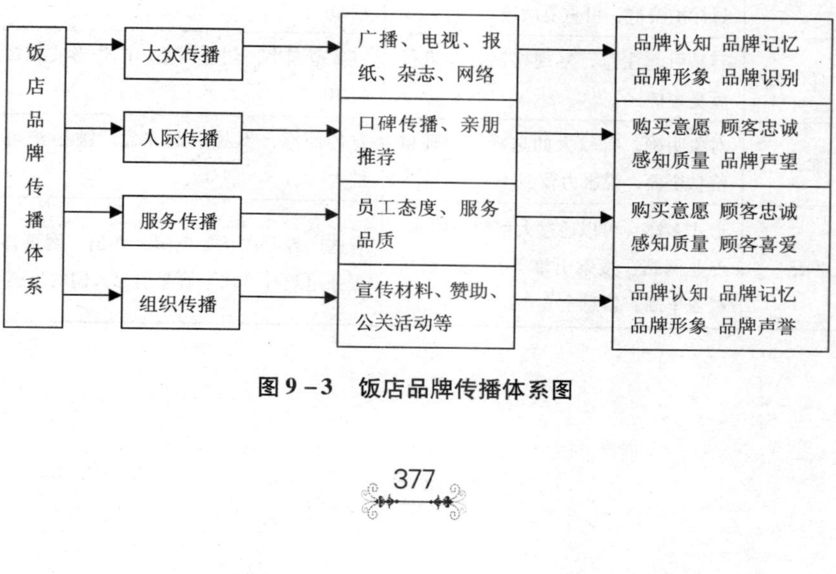

图9－3　饭店品牌传播体系图

一、大众传媒途径

大众传媒途径就是特定的社会集团通过文字（报纸、杂志、书籍）、电波（广播、电视）、电影、互联网等大众传播媒介，以图像、符号等形式，向不特定的多数人表达和传递信息的过程。其主要特征有：首先，通过文字、图像、声音等符号进行传播；其次，拥有广大的受众；最后，采用某种机器复制信息。

目前在营销传播中常用的媒体包括报纸、杂志、广播、电视、邮寄、户外广告、网络等。不同的媒体传播效果不尽一致，每种媒体都各有其优劣，营销传播的目标是要找到一种媒体组合，以使传播用最低的成本、最有效的方式把品牌特征信息传播给尽量多的目标受众。主要大众传播媒体优劣势的比较见表9－6。

表9－6　主要大众传播媒体的优劣势对比

媒体	优势	劣势
电视	能给人以直观感受，覆盖面大，接触率高，易引起注意	时间性强，费用高，电视节目容易分散对广告的注意力
广播	传播迅速及时，费用低，听众广泛，影响面广	时间短促，受众对声音传播的印象不深，注意力较低
报纸	广告成本低，覆盖面高，信息及时，简便灵活	内容繁杂，易分散对广告的注意力；广告时效短，只有当期效果
杂志	能传递更多的品牌信息，易于细分目标消费群，可重复阅读	发行周期长，传播不及时；广告受众面较窄
户外广告	容易引起注意，复现率高，能进行反复宣传	宣传范围小，创造性差，广告形式相对比较单一
邮寄	对象明确，有较大的选择性，提供信息全面，说服力较强	宣传面窄，不易引起注意，被拒绝可能性大
网络	形式多样（可以通过大型门户网站、专业网站、搜索引擎等）；受众广，覆盖率高，信息全	有些广告形式（如电邮、弹出、网页移动等强迫观看形式）容易引起人们的反感

二、人际传播途径

人际传播，是人际交往的一个组成部分，指人们传递或交换知识、意见、感情、愿望等社会行为。人际交往的其他方面如相互认知、相互作用等都必须通过人际传播来进行。

在品牌传播的研究当中，最受关注的人际传播形式就是口碑传播。口碑传播是一种以口头传播为主要形式，以传播者之间的相互信任或密切关系为基础的信息传播方式。口碑传播具有三个重要特性：一是选择性，即人们在传播信息时会以传播者认为最主要的信息作为传播内容，可能是产品质量，也可能是价格、品牌的地位等；二是主观性，即人们所传播的信息是经过自己的思维加工而成的，必将带有一定的主观色彩；三是高效性，由于传播者之间的关系，往往传播将对被传播者的购买行为和态度产生决定性影响。统计结果表明，当一个人对于产品、服务或理念有不良印象时，他会把他的感受告诉8～11人，而被告知这个信息的人，还会把信息告诉2～3人；而对于有良好印象的产品、服务或理念，他一般会告诉3～4人。运用口碑传播就是利用已对品牌认同和信赖的目标消费者进行传播，加快传播速度，提高传播质量和效率，缩短知晓期向知名期转变的过程。

（一）顾客传播

目前企业普遍采取的策略是鼓励消费者将品牌推荐给其他消费者，例如向顾客传递这样的信息："把我们饭店介绍给你的朋友，你将会收到一份礼物。"饭店还可以采取以下举措：

（1）通过免费试住，刺激口头交流。这种策略一般将意见领袖作为目标。

（2）通过建议顾客告诉他们的朋友有关产品和服务的信息来刺激口头交流，鼓励顾客去谈论产品。其中一种方法是鼓励顾客"告诉你的朋友们"，另一种方法是组织某种活动来刺激口头交流。

（3）通过在广告中显示典型消费者述说产品的好处来模仿口头交流。

（4）描绘意见领袖的看法，让意见领袖在广告中表达他们对产品的认同。

（二）名人传播

名人效应对饭店而言是一种无形的口碑传播。饭店接待的名人越多，级别越高，饭店在公众心目中的地位也就越显要。权威的选择往往对顾客的购买决策具有很大的影响。知名人士入住饭店本身就意味着对饭店档次的认可，因此这也是饭店积累品牌权益的绝佳途径之一。

（三）赞助活动

赞助活动对口碑传播具有很大的促进作用，特别是体育赞助，与传统广告相比具有投入低回报高的特点。有调查表明，体育赞助对企业的回报是常规广告的3倍。赞助对于饭店品牌的传播作用表现为：（1）调动各方面对创建品牌的积极性；（2）使消费者亲身体验体育活动，增进消费者与品牌的联系；（3）推广新产品和服务；（4）展示品牌；（5）形成品牌联想。

该传播途径首先是建立客人对饭店品牌的好感，然后通过客人的人际交往传播好感。绝大多数有实力的品牌是通过强调情感型和自我表现型利益来展现品牌个性，将自己和其他品牌区分开来。赞助除了能够表现产品的外在特征，在建立品牌内涵方面也十分有效，因为赞助强调的是使人们能够更深层次、更彻底地了解品牌，强调的是品牌的现代感以及品牌与消费者之间的联系。

（四）公关活动

开展各种公关活动，与本地区政府各部门、行政单位、行业内、新闻媒体、客户、目标消费群体建立广泛的联系、树立良好的公众形象，对于品牌形象的传播推广和饭店良好口碑的建立具有重要的作用。各大国际酒店集团每年都会通过某些公关活动来赢得公众信任，获取公众好感。

三、服务传播途径

科特勒与奥格威在品牌的定义中指出，可以把形成品牌的因素分为具体的和抽象的两个层面，各种元素都对品牌创建和形象塑造产生影响。具体层面包括产品的色彩、价格、销售通路、竞争对手、销售文件、直销、促销、广告的字体、音乐、旁白、媒体环境以及员工服饰、电话礼仪、投诉处理等，他们会让客人对这个品牌产生品牌直觉。抽象层面包括使用者如何接近品牌，他们消费时的感受、想法、态度、需求等。服务虽然不能在顾客购买之前被感觉到或触摸到，但是服务中的可见要素可以帮助客人感知和评价服务。

（一）服务环节传播

服务环节传播是指在客人与饭店进行买卖交易的一系列过程中，在特定的时间和地点，以饭店员工为载体，把握每一个机会向客人展示服务质量，以此来强化饭店的品牌形象。从电话预订到入住登记、从信息问询到店内各种消费、从礼宾服务到结账退房…… 员工服务一直贯穿了整个顾客循环周期（Guest Cycle），而每一个环节都是饭店向客人进行品牌传播的良机，每名员工都是饭店品牌的树立者和传播者。

（二）品牌服务传播

品牌服务就是与饭店经营理念相一致的，被客人理解和接受的、叫得响的、具有饭店个性和特色的服务。个性化服务是在提供规范、标准服务的基础上进行的，是与众不同，因人而异的，有针对性的新、奇、特和具有差异的服务形式和服务项目。通过使用品牌名称，可以确保客人获得统一的服务标准和经历。世界上许多服务性企业都在努力寻求并满足某特定顾客群的期望，有些企业已成功地在某个市场或某类产品和服务上刻上了自己的印记，如高档饭店中的 Ritz – Carlton，迪斯尼富有创造性的主题公园概念等。品牌服务除了是个性化和特色化服务外，还在于针对目标市场顾客的需求适时推出一些有新意的服务内容和项目。例如智利首都圣地亚哥的动物餐厅，除收款员与厨师外，服务员都是各种小动物，此种特色服务引来了众多的家庭和游客。可见，品牌化服务是饭店经营的一种至高境界，是饭店差异化的重要途径。

由于饭店产品具有无形性，顾客在购买时具有不确定性，即购买风险，因此有必要赋予品牌一系列价值，以便在顾客心目中建立积极的认知效果。然而由于服务是无形的，很难在顾客中建立普遍和持续的认知，因此，品牌服务需要有形化，以使顾客更好地理解品牌并建立正确的认知。对于饭店品牌而言，可以选择的方式是尽量多地使用与饭店品牌有关的实物作为中介，这些实物可成为饭店内部的“自控”载体，例如员工的制服、大堂的设计乃至等待电话时为顾客播放的音乐等。

四、组织传播途径

组织传播包括内部组织传播和外部组织传播。

（一）内部组织传播

组织内部的有效沟通会影响顾客的品牌选择与购买决策，同时能起到强化品牌形象的作用。内部组织传播就是在饭店内部运用可能的媒介去传播统一的品牌形象。因此，饭店还应重视开发各类“自控”载体，这些载体的使用权、所有权和支配权都属于饭店，在传播品牌信息时，可谓是最经济、最灵活的一类载体。一般来说，在饭店内部，可供开发的“自控”载体有以下几类：

1. 饭店的建筑造型和环境布置

饭店建筑不仅是工作和消费的主要场所，而且还是凝固的语言。建筑物的材料、色彩、质地以及内部的装潢格调、灯光布置，都形象地传递了品牌内涵以及所蕴含的文化特色。如麦当劳的拱形大门和色彩鲜艳的店堂布置、明快的背景音乐，无一不体现着麦当劳“以质量、服务、清洁和物有所值的理念取悦客人”的品牌内涵。

2. 各类办公用品

各类办公用品是传递品牌信息的基础单位，是对内、对外沟通的直接手段，它不仅具有公务上的实用性，而且还具有宣传上的特殊功能。利用各类办公用品来传递品牌信息，既无损于其本来的实用价值，又无须另外增加经费；既服务于饭店，又向公众传递了品牌信息。

一般而言，办公用品包括信封、信纸、各类报表、请柬、便笺、合同书、报价单、标签等。在这些用品上，饭店应按照设计手册上的规定格式，印上饭店的标准的标志、名称等基本要素，给使用者和接触者留下深刻的品牌印象。

3. 饭店运输工具

饭店的运输工具包括各类饭店内用的小推车、工作车、电梯以及各种运货车、接客车或贵宾用车等。这些工具是一种流动的信息载体，它们有的频繁地出现在住店客人面前，有的穿梭在机场、车站、码头等人流密集的地方。利用这些运输工具往往可以实现宣传品牌之目的，不仅效果持续时间长，而且宣传面大，发挥了公众中远距离的视觉感应效果。

4. 饭店员工制服系列

员工的制服不仅展现了员工的精神风貌，而且是体现饭店品牌特色的直观形式。如希尔顿饭店集团统一的黑色系列服饰，就形象地传递了其品牌特色。饭店可根据不同的等级、部门和岗位，设计出大区域相区别，小范围相统一的员工制服，体现品牌特征。

5. 各类指示性、标识性物品

饭店内部多设立了各种指示性或标识性符号，常见的是员工的铭牌、名片以及各种符号标识。这些物品也可表达品牌所蕴含的意义。在方便公众识别的同时，也鞭策员工努力进取，共同维护饭店良好的品牌形象。

6. 宾客用品系列

宾客用品系列，如邮政、行李用品、客房用品、餐厅用品等，这是最丰富的品牌信息载体。因为饭店提供给消费者的产品，大量地需要借助于一定的物质实体来完成。这些物质实体，也是难得的信息传递载体。

7、店内广告

饭店在日常经营过程中，势必要借助于店内广告作各类宣传。在这些广告作品中，饭店应一如既往地体现饭店的品牌特征，借助这些品牌特征来保障广告活动的系统性和连续性，同时，依赖广告来宣传饭店的品牌信息。

饭店在利用上述“自控”媒介进行品牌宣传时，应出奇制胜，或是用精练的语言，或是用幽默的画面，来表达既有品牌特色、又能被广大公众乐意接受的品牌信息。

（二）外部组织传播

在外部组织传播中，饭店可资利用的传播组织分为中介组织、饭店业界组织和旅游相关行业组织等。

1. 中介组织

中介组织在顾客选择饭店时的影响已经被许多消费者调查报告所验证。

由于饭店产品与其他产品的一大区别在于不能事先观察到或者试用，因此中介组织可以起到四个关键作用：充当信息中介，在饭店与客人之间传递信息；充当交易者，负责预订房间和钱款交易；在客人参加某个会议时向客人提供建议；协助饭店协调客人在旅行过程中的种种需要（如租车、机票预订），提供增值服务。

2. 饭店业界组织

加入国际或者区域性饭店组织同样对饭店的经营有着重要的帮助。饭店可以通过加入世界性或者地区性饭店组织加强与国际同行之间的沟通，了解行业内的最新进展。同时，借助这些饭店组织所提供的饭店管理咨询活动也可以加速与国际先进管理经验接轨。此外，加入一些世界性或地区性的饭店组织还是一种客户来源和质量保证的象征。

3. 旅游相关行业组织

除了旅行社和会议安排组织之外，饭店可以利用的中介组织还有航空公司、娱乐和餐饮消费场所、饭店联合组织、景区景点等。世界上许多著名饭店集团都通过单独实施或与航空公司、信用卡公司、汽车租赁公司等其他企业联合实施频访者计划，促进顾客的品牌忠诚。顾客可以根据在这些企业中的消费额获得相应的积分或里程数的累积，当达到一定数值时，顾客便可按照规定兑换成周末免费客房，或是提升客房档次，或是一张免费的机票。频访者计划除了刺激顾客的重复购买外，对饭店来说也是一次很好的传播时机，能让顾客感知到饭店对他们的重视，从而对饭店产生亲近感。

通过品牌传播，饭店可以提高自身品牌的知名度（包括认知度和回忆度）和美誉度。使顾客在购买饭店产品和服务时能够选择自己最熟悉、最喜欢的品牌，扩大饭店市场。

第四节　饭店品牌管理

一、饭店品牌维护

在激烈的国际市场竞争中，一方面大量的品牌不断涌现，又不断死亡；另一方面一些品牌又健康长寿。国外的万豪饭店、假日饭店、希尔顿饭店；我国的北京建国饭店、广州白天鹅宾馆、南京金陵饭店等品牌数十年都经久不衰。如何进行品牌维护，不断巩固和强化品牌地位，延长品牌的生命周期（PLC），是品牌管理的根本任务和课题。

品牌建立之后，随着时间的推移，由于受企业内部和外部诸多因素的影响，品牌的地位随时可能发生变化，有三种情况：一是品牌地位不变，保持在同一水平；二是品牌地位不断提升和增强；三是品牌地位削弱，品牌影响下降。针对这三种情况，应采取不同的策略，加强品牌管理。

（一）保持品牌强势的策略

要保持品牌强势的地位，应该注重以下几点：

1. 加强营销支持

品牌是一种承诺、一种契约，是一种与消费者的关系。维持这种关系要靠各种营销手段，包括：广告、价格、渠道和产品支持，因此，强势品牌要保持强势地位，必须一贯地给予营销支持。

2. 提高产品质量

不断运用新技术提升产品质量和服务，使品牌跟上时代要求、具有现代形象，让消费者屡试不爽而忠诚于品牌，从而巩固品牌地位。

3. 持续品牌识别和品牌定位

品牌识别和品牌定位不能轻易改变；忠实于品牌识别和品牌定位，就是忠实于消费者。因此，要保持一贯的忠实于品牌识别和品牌定位，牢牢地吸引顾客。如：假日饭店就是靠“把顾客当朋友”“朴实无华、诚实可靠、坚持不懈、乐观大度、加之以一种复兴者的激情的综合体”来建立品牌的忠诚度。

（二）品牌重新定位策略

品牌定位在品牌强势时不宜改变，但当品牌地位发生变化，出现以下情况时，往往要考虑品牌重新定位：（1）公司或产品出现形象不佳；（2）品牌形象模糊，不鲜明；（3）竞争对手抢占了品牌地位；（4）消费者偏好发生了变化；（5）公司转向新的战略方向；（6）公司转向新的目标顾客群。重新定位时要考虑成本费用和收益，同时要考虑成功和失败的各种因素。

（三）品牌衰退及激活策略

对于多数品牌来说，品牌衰退是必然现象。品牌维护的任务是在发现品牌衰退动向时，采取适当措施，激活品牌。

1. 品牌衰退的原因

品牌衰退的内部原因主要是：（1）产品质量下降，品牌不再是质量的可靠保证；（2）价格策略不当；（3）单一产品品牌，产品生命周期一到，品牌也就走向衰亡；（4）销售渠道出现问题；（5）广告、营销支持不力；（6）品牌识别和定位经常变化；等等。

有些品牌衰退也有外部原因，主要是：（1）生活方式发生变化，消费者偏好和价值观改变；（2）科技进步，产品更新换代；（3）政府政策变化；（4）假冒伪劣及仿冒商品带来的影响。

2. 品牌激活策略

根据品牌衰退的不同原因，要采取不同的策略激活品牌：（1）创新激活品牌。对饭店经营服务进行改变。（2）延伸激活品牌。改变形象，向高档或低档次延伸。(3) 调整部分要素激活品牌。比如：有些饭店通过装修提高硬件设施；通过计算机、通信自动化提高科技含量等方式提高品牌价值。(4) 品牌重新定位，激活品牌。

二、饭店品牌扩张

品牌扩张是一项综合性的企业战略活动，包括两个层面的扩张：单一品牌的扩张和品牌系列的扩张。单一品牌的扩张指该品牌的产品规模的扩张（如某一饭店增加本饭店的客房数量）、产品线扩展、向其他地区的扩张和品牌延伸等，即深度挖掘和利用该品牌的价值。品牌系列的扩张指企业采用多品牌、新品牌和合作品牌等品牌策略，来谋求品牌的多样化和系列化，从一个品牌发展到多个品牌，占领更多的细分市场，可以理解为品牌的横向发展。[①] 参见表9-7。

表9-7　饭店品牌扩张的内涵

品牌扩张层面	扩张形式	扩张方向	扩张本质
单一品牌的扩张	产品规模的扩张、产品线扩展、向其他地区的扩张（包括国际化扩张）和品牌延伸等	品牌向纵深发展	涉及规模扩张、地域扩展、产品多样化、市场多样化，以及品牌的转让、合同管理、特许经营和资本运作等内容
品牌系列的扩张	多品牌、新品牌和合作品牌等品牌策略	品牌向横向发展	

单一品牌的扩张和品牌系列的扩张，往往交织在一起，并没有严格的界限。不管怎样，品牌扩张都要涉及到规模扩张、地域扩张、产品多样化、市场多样化，以及品牌的转让、合同管理、特许经营和资本运作等内容，这些才是扩张的本质内容。

(一) 饭店品牌扩张的形式

1. 产品线扩展

产品线一般是指一组作用和功能相似或相近的产品项目。大部分饭店主要有住宿、餐饮和休闲娱乐等几条主要产品线。产品线的扩展，既包括

① 戴斌等著，《饭店品牌建设》. 北京：旅游教育出版社，2005年11月，第128页。

在一家饭店的某一产品线内增加新的产品项目，或增加原有项目的营业面积、接待能力，也包括增加不同种类的产品线，但都使用同一品牌，扩张的范围都局限于一家饭店的主要产品（如果超出则是品牌延伸战略）。因此，我们可以认为，这是一家饭店在原来的地点，通过装修、改建、扩建或新建等方式达到规模的扩张和产品组合的优化。表9－8提供了饭店产品线的具体内容，每个饭店都可以根据自身特点来选择和参考。

表9－8　　一家饭店的产品线种类和构成

产品线种类	产　品　项　目
住宿	设施齐全并提供全套服务的公寓或套房、独立自炊式寓所、两居室或三居室的自助式套间、家庭式客房、双人间、单人间等
餐饮	宴会厅、各种风味餐厅、咖啡厅、客房送餐服务
饮料和酒吧	客房送餐服务、客房内迷你酒吧、鸡尾酒酒吧、大堂酒吧、雅座酒吧、俱乐部酒吧、普通酒吧、餐厅酒吧
娱乐	夜总会、乐队、舞蹈、活动剧场、餐厅里的歌舞表演、电影出租、游乐厅
商务服务	会议室、会议设施、计算机、传真机、文秘服务、复印、翻译服务、无线网络服务等
各种商店	拥有各式各样的商品
个人服务	洗熨衣服、理发、指甲护理、美容、服装出租、托儿所、婴儿看护、儿童娱乐场、保姆、住店医师、药剂师、护士
休闲设施	游泳池、桑那、按摩、健身中心、健美操等
运动设施	网球、高尔夫球、壁球、滑雪、航海、马术等
消遣娱乐	租车、大型豪华轿车、面包车、船、观光旅游、剧院、运动、订票等服务
个人用品	洗漱用品、毛巾、浴衣、拖鞋、运动衫、礼物、纪念品等

资料来源：［美］尼尔·沃恩著．程尽能等译．饭店营销学．北京：中国旅游出版社，2001年第1版，第83页。

产品线扩展是一种相关性较强的扩张形式。由于面对相同的顾客群，都在同一饭店内推出，能够进一步完善饭店的产品组合，因而更容易成功。其不利之处在于，如果仅仅局限于饭店的主要业务，会限制品牌资源的扩张范围，无法实现品牌价值的最大化。这种扩张局限于一个饭店内，不能实现大规模的、迅速的品牌扩张。

2. 品牌延伸

品牌延伸，我们可以理解为饭店品牌向其他的饭店细分市场或其他产业的延伸和渗透。品牌延伸采用的是单一品牌策略，多种产品、多个企业使用同一品牌，即所有产品不论相关与否，均使用同一品牌向其他的细分市场的渗透，如凯悦饭店集团（Hyatt）的例子。品牌延伸可以局限于饭店的相关产业，形成横向扩张或纵向扩张，但都是相关多元化；也可以完全脱离饭店业及相关产业，形成非相关多元化。但一般来说，品牌延伸已经超越了某一座具体饭店的空间范围或原有的业务范围，是企业集团化的雏形。

（1）向其他的饭店细分市场渗透。向细分市场渗透可以按客源、饭店档次、饭店规模、饭店类型、地理分布等来细分市场，选择几个细分市场采用同一品牌。例如原来的商务饭店品牌，可以向度假饭店、会议饭店、公寓等延伸，但对原品牌应有适当改变。

（2）横向扩张。企业可以选择向食品加工、社会酒楼、快餐业、娱乐休闲场所、运动场所、汽车租赁、广告、景区、物业管理、装修、房地产投资等领域扩张。

（3）纵向扩张。首先，企业可以选择控制或拥有自己的供应商，如食品、饮料、肉类、蔬菜、鲜花、棉织品、办公用品、饭店家具、饭店设备等，甚至是提供饭店电脑管理软件的公司。其次，企业可以向为自己提供客源的产业扩张，如旅行社、客运公司、订房公司、饭店专业网站等。

（4）进行非相关多元化。企业进行非相关多元化考虑更多的可能是分散风险或追求其他产业更高的利润率。这时饭店可能是所属集团的一个业务板块，集团还有其他的业务板块，这一品牌可能归集团所有，品牌延伸是所属集团做出的发展策略。一些高档饭店已经把矿泉水、客用品和办公用品等印上了自己的品牌，但还远远不够。

品牌延伸策略能够最大限度地利用该品牌的资源和优势，实现品牌价值的最大化。通过在多个产业的多个产品的延伸，可以使新产品更容易被市场接受，从而进一步扩大了品牌影响力，提升了品牌价值；同时，节省了新品牌的设计、注册和推广费用，极大地降低了任何一类产品的品牌管理成本和费用。

它的不利之处在于：如果某一种类的产品出了问题，会波及其他产品，从而损害该品牌在饭店业务上的影响力。如果该品牌涉及的产品范围太广，产品之间差异性太大，也会在顾客心中造成品牌形象和定位的模糊，让顾客搞不清品牌代表的产品和特征，从而给品牌的宣传和推广带来困难。

因此，进行品牌延伸时，品牌必须具备两个条件：一是该品牌有较大的影响力，包括知名度和美誉度，具备向其他产业辐射和渗透的能力，尤其当相关产业缺乏强有力的品牌时，更容易奏效。二是该品牌延伸到的产品，应该也是所在产业中有一定影响力的，这样才能保证品牌形象不会受损。但有一点须注意，应保证品牌形象的突出和清晰。

3. 多品牌扩张

多品牌是企业在同一类产品中采用多个品牌进行竞争和扩张的战略，即该类产品中的每个产品都有自己的品牌。对于饭店业来说，多品牌意味着每个细分市场采用一个品牌，即按照客源类型、饭店档次、饭店规模、饭店类型、地理分布等的差别采用不同的品牌，每个品牌有不同的市场定位。例如，锦江集团斥巨资请国际著名的兰德公司进行集团企业的分品牌设计、商标设计和理念设计，将集团酒店分成7个品牌，包括五星、四星、三星级各一个品牌，还有经典型酒店品牌、度假村酒店品牌、酒店式公寓和锦江之星品牌。

有时多品牌的产生源于饭店企业想要进入新的细分市场，尤其是进行跨地区或跨国经营时。对于一些规模较大的市场往往推出多个品牌，达到最大程度的市场覆盖，例如，在北京、上海、广州和深圳这四个在国内拥有超级规模饭店市场的城市，万豪集团采取了全方位的品牌拓展方针。要想完成多品牌战略，通过一个一个品牌的建立是不切实际的，需要采取收购、兼并和控股等方式迅速完成，因此需要银行、保险、证券和基金等金融资本的支持，需要战略性的合作伙伴。通过多品牌扩张，可以形成业务组合和市场覆盖的优势，同时可以利用次要品牌保护集团的主要品牌，避免竞争对手的进攻。

4. 合作品牌扩张

合作品牌，也称为双重品牌，指的是两个或两个以上的品牌在同一个产品上使用，如“一汽大众”，是“一汽”和“大众”两个品牌的联合。对于饭店业来说，一般最多是两个品牌的同时使用，而且采用企业品牌的联合更合适，对两个企业都是有利的，会对品牌的影响力产生积极的促进作用。

合作品牌的原因有：（1）一个品牌需要借助另一个品牌来获得竞争优势，处于弱势的品牌往往要以一些代价获得合作机会；（2）共同开拓新市场、降低风险、实现优势互补的需要；（3）合作品牌也可能是饭店业主和管理公司合作的产物，业主可能要求饭店品牌名称和标志必须体现出业主的特色和相关内容。尽管合作品牌在国内饭店业并不多见，但有的饭店集团已经和国际饭店集团进行了相关的探讨和磋商。

以上是与饭店业密切相关的几种品牌扩张方式，品牌扩张是企业发展战略的核心之一，但扩张面临着很大的风险，从一个产业到多个产业，从一个品牌到多个品牌，经营管理的难度大大增加了。因此，扩张失败的案例也不少见，它并非适合任何企业。如果某企业是一个基于品牌经营和管理的企业，那么它的品牌扩张活动就很可能成功。

（二）饭店品牌的国际化

品牌国际化是通过品牌的区域延伸，把某一个国家的知名品牌推向另一个国家的行为。品牌的国际化常常是市场竞争驱使的结果，实施品牌国际化往往取决于是否存在对企业至关重要的战略机会。这些机会包括：新市场规模和吸引力、原产地市场的日趋饱和、可以取代的竞争对手、获得规模经济效应、保持现有的利润、赢得知名度以及推动创新等。

1. 品牌国际化的风险

目前，许多饭店都在热衷于地域性市场的扩张。但是，这种扩张往往是基于财务预测的使然，而将市场、文化、买方行为，以及品牌忠诚度和其他一些因素都置之不顾，这必然会给品牌向外部市场的扩张带来很多风险。

这些风险包括：一是，错误地假定不同市场品牌所传递的含义是一样的，造成了信息的混乱；二是，对品牌及其管理过度标准化，简单化，导致一种地方水平的消极创新；三是，运用了错误的传播渠道，造成不必要的开销和无效传播；四是，低估了在市场从认识、尝试到使用品牌所需要的投资和时间；五是，没有投资建立内部的品牌阵线，以确保本地的员工理解品牌价值和利益，使他们愿意而且能够对外进行始终如一的传播与分享这些价值和利益；六是未能根据当地市场的特点及时调整执行策略；等等。

2. 品牌国际化的原则

要规避上述风险，饭店必须确保对于品牌从区域市场向外部市场的扩张的原则有一个清醒的认识。这些原则包括：

（1）认同性。卓越的品牌会赢得顾客和舆论领袖的高度认同。想象一下宝马汽车，它已经成为了卓越技术性能和设计的象征，同时也意味着其拥有者达到个人的和专业化的水准。顾客的认同代表了理想和现实的紧密结合，使品牌能迅速在新的市场建立可信度。

（2）一致性。通过整合全球传播的努力，在全球传递一种一致的顾客体验。法国的麦当劳看起来更像咖啡馆，菜单也制作得符合当地的文化特点。浓咖啡随时能提供给顾客，椅子既不是用塑料浇铸的，也没有用螺栓与地面固定住。

（3）情感性。一个品牌只有当它传递了情感才能成为品牌，它必须能代表一种承诺，一种促使人们想要参与其中的承诺。耐克不考虑人们的体能极限，倡导一种运动的时尚文化。它定位在特定的群体，但在大众市场也表现优异。

（4）独特性。伟大的品牌传递了伟大的理念。这些品牌向所有的内部和外部的听众传达一个独特的诉求，他们有效使用传播组合中的所有要素在全球市场进行定位。

（5）适应性。全球性品牌必须尊重当地的需求、需要和口味。这些品牌担负全球使命的同时，还要适应当地的市场需求。

3. 国际饭店品牌管理

成功的国际化品牌包括以下关键点：

（1）对消费者的洞察力。出色的品牌能了解顾客的想法。对不同文化环境中的消费者的洞察力，能很好的促进品牌国际化。一旦品牌了解到顾客的想法，必须确保客户对品牌的认知在全世界范围内都是一致的。精品国际虽然 85% 的饭店都在欧美境内，然而这个品牌拥有的声望和质量却是世界性的。

（2）整合本地的智慧。品牌的指导方针是确保品牌一致性的有利工具。然而，他们也曾经阻碍过创新，降低品牌的关联度。品牌是动态的，决不是静止的，因此在国际品牌管理时应该整合创新思维。对国际化的品牌来说，想用单一信息准确地传递给所有的听众是不切实际的。一个管理很好的品牌会适当筛选与下一步重大战略密切相关的本地市场，以确保品牌与当地智慧的融合，以应对竞争对手策略的变化。

（3）全球性的管理团队。国际化的品牌需要一个全球性的管理团队。

这个兼容区域性、国际性的管理组织用以确保品牌的领导地位。拥有多品牌组合的企业往往在每个品牌下设一个经理，建立"品牌经理制"。这些经理们必须获得充分的授权和资源支持来执行那些在绩效评估的基础上做出的重大决定。这个品牌管理团队向公司的首席执行官汇报，该执行官直接参与品牌的决策。这个团队的工作程序是培育品牌、评测品牌、提高品牌声望。在这个程序中，企业的各个商业部门的代表和销售代理商们都要参与进来。

（4）持续的投资。现在，包括品牌在内的无形资产是饭店价值的主要组成部分。像其他资产一样，这些无形资产也需要资本投入，当然，每一笔投资都要有真实量化的回报。

（5）品牌评估体系。为了巩固国际品牌的长期地位，必须要有一个一致的，分布广泛的品牌资产评估体系。它不仅仅通过突出并展现最好的营销策略来帮助品牌的发展，还为品牌管理团队提供一种监测全球一致性策略执行情况的工具。这一资产评估体系必须包括消费者的"首要意念"、所有消费者的观点（喜好、满意度、忠诚度、顾客指定认购）、品牌形象特征、对产品或服务的认识以及对品牌的评估，以此来确定品牌给饭店带来了多大的利润。

不可否认的是，品牌国际化也容易导致模棱两可。品牌的延续性和一致性战略是饭店一直强调的，然而在面对不同的文化传统和语言、不同的买方行为时要考虑灵活变化也是至关重要的。有一个被称为"三七原则"的原则需要遵循，即品牌的70%应该保持完全一致，30%则要根据市场及时做出灵活的调整。如果一个品牌有多个显著的特点，那么品牌信息必须要经过裁减，再向本地市场传递。很明显，当饭店选择品牌国际化战略时，就必须遵循核心的原则和管理模式。

要真正做到"国际化思维、本地化运作"，需要给予区域经理人员充分的权力转述和表达品牌信息。需要注意的是，国际化品牌并不意味着没有国别差异，饭店品牌国际化的目标是"多种语言，一个声音"。

三、饭店品牌危机管理

品牌危机关系到品牌的生死存亡。品牌危机就是在品牌运作过程中，出现品牌信任危机时，如果不能有效的处理，进一步演变为市场危机、法律危机和社会危机，最终导致品牌有可能退出市场。

饭店品牌危机产生的原因可以归纳为：（1）安全问题引起的品牌危机，包括饮食安全、设施设备安全、饭店用品安全、装修装饰安全、人身安全、财产安全等；（2）负面媒体报道引起的品牌危机，包括对服务、管理等方面真实情况的反映等；（3）违规经营引发的品牌危机；（4）饭店财务状况引发的品牌危机；（5）管理层的离职与流动引发的品牌危机；（6）各种纠纷、投诉引发的品牌危机；等等。

品牌危机管理的内容主要包括危机预防和危机处理两个部分。

（一）危机预防

品牌危机预防应着眼于未雨绸缪、策划应变，建立危机预警系统，及时捕捉企业危机征兆，及时为各种危机提供切实有利的应对措施。

1. 组建一个具有较高专业素质和较高领导职位的人士组成的品牌危机管理小组，制定或审核危机处理方案，清理危机险情。一旦危机发生，及时遏止，减少危机对品牌乃至整个公司的危害。

2. 建立高度灵敏、准确的信息检测系统，及时收集相关信息并加以分析、研究和处理，全面清晰地预测各种危机情况，捕捉危机征兆，为处理各项潜在危机指定对策方案，尽可能确保危机不发生。

3. 建立品牌自我诊断制度，从不同层面、不同角度进行检查、剖析和评价，找出薄弱环节，及时采取必要措施予以纠正，从根本上减少乃至消除发生危机的诱因。

4. 开展员工危机管理教育和培训，增强员工危机管理的意识和技能，一旦发生危机，员工具备较强的心理承受能力。

（二）危机处理

品牌危机处理应着眼于对已发生的危机的处理，力求减少或是扭转危机对品牌的冲击和给饭店带来的危害。在处理危机时，应坚持以下原则：

1. 主动性原则

任何危机发生后，都不可回避和被动性应付，而是积极地直面危机，有效控制局势，切不可因急于追究责任而任凭事态发展。

2. 快捷性原则

饭店对危机的反应必须快捷，无论是对受害者、消费者、社会公众，还是对新闻媒介，都尽可能成为首先到位者，以便迅速、快捷地消除公众对品牌的疑虑。

3. 诚意性原则

保护顾客的利益，减少受害的损失，是品牌危机处理的第一要义，切不可只关心自身品牌形象的损失。

4. 真实性原则

危机爆发后，必须主动向公众讲明事实的全部真相，而不必遮遮掩掩，这样反会增加公众的好奇、猜测乃至反感，延长品牌危机影响的时间，增强品牌危机的伤害力，不利于控制危机局面。

5. 统一性原则

品牌危机处理必须冷静、有序、果断、指挥协调统一、宣传解释统一、行动步骤统一，而不可失控、失序、失真，否则只能造成更大的混乱，使局势恶化。

6. 全员性原则

饭店员工不应是危机处理的旁观者，而是参与者。让员工参与危机处理，不仅可以减轻饭店内部震荡，而且能够发挥其宣传作用，减轻饭店内外压力。

7. 创新性原则

饭店品牌危机处理既要充分借鉴成功的处理经验，也要根据危机的实际情况，尤其要借助新技术、新信息和新思维，进行大胆创新。

综上所述，饭店品牌危机发生时，由于性质不同、情节不同，处理危机态度不同、方式不同、策略不同，导致的结果也将完全不同，上面的内容为饭店品牌危机管理提供了借鉴，应该引起业内人士的关注。

本章小结：

1. 品牌是世界饭店业发展和国际饭店集团进行全球扩张的利器，已经成为一个国家、地区饭店业发展水平和经济实力的重要标志。饭店品牌战略包括品牌塑造（包括市场分析、品牌定位、品牌战略选择、品牌设计）、品牌传播（包括大众、人际、服务、组织传播）和品牌管理（包括品牌维护、品牌扩张、品牌危机管理）三项主要内容。

2. 饭店品牌是以一定的饭店产品和服务功能质量为基础的、能给客人带来额外情感满足的、具有特定特征的名称、文字、符号、图案和语音等。饭店品牌的内涵可以分解为品牌属性、品牌利益、品牌价值、品牌文化、品牌个性和饭店品牌的使用者六个要素。饭店品牌的名称、标志与商标是顾客识别的主要途径。饭店品牌的特征可以概括为：专有性、增值性、风险性、扩张性和情感性。实施饭店品牌战略的优势是：顾客识别优势、差异化竞争优势、价值凝聚优势、效益提升优势、产业聚合优势、多元化经营优势。

3. 饭店集团的品牌结构包括公司品牌和独立品牌、亚品牌和受托品牌两部分。公司品牌（Corporate Brand）是指直接使用饭店集团的公司名称作为产品品牌名称；独立（产品）品牌（Individual Brand）是指对不同的饭店产品使用不同的品牌，甚至对同一类别的产品使用两个以上品牌；亚品牌是从属于主品牌，增加其个性和活力的品牌，表现形式是“主品牌+亚品牌”，通常主品牌在前而亚品牌在后；受托品牌（Endorsed Brand）是经过托权品牌认可的独立品牌。

4. 品牌定位是在市场调研和细分的基础上，发现或创造出品牌独特的差异，并与目标消费者心智模式中的空白点进行匹配择优，从而确定出一个独特的位置，借助传播手段在消费者心中打上深深的印记，建立起强有力的联想和独特印象的策略性行为。饭店品牌的定位原则是：(1) 要有独特的差异点，品牌形象清晰、明确；(2) 能够树立良好的饭店信誉；(3) 品牌定位要有针对性，取得顾客认可；(4) 能够为饭店带来盈利。

5. 饭店品牌可以根据以下因素定位：(1) 根据饭店资源条件定位；(2) 针对竞争对手定位；(3) 根据顾客渴望定位；(4) 根据饭店品牌能提供的价值定位；(5) 情感定位；(6) 个性定位。饭店品牌定位的程序是：(1) 深入了解细分市场；(2) 根据本饭店的竞争优势确定目标市场；(3) 监控品牌，进行再定位。

6. 饭店品牌策略分为统一品牌策略、多品牌策略、分类品牌策略、复合品牌策略四种。饭店品牌设计包括品牌识别系统的设计、产品设计和核心价值设计三项内容。饭店品牌设计的原则是：(1) 容易识别；(2) 品牌特征具有相当程度的关联；(3) 感染力强；(4) 符合法律和风俗习惯。饭店品牌识别系统的设计包括饭店品牌名称的设计、饭店标志的设计、标准色的设计、标准字体的设计等部分。产品的设计应遵循独特性原则、针对性原则、经济性原则、本土化原则。

7. 饭店品牌传播可以通过大众传媒、人际传播（顾客传播、名人传播、赞助活动、公关活动）、服务传播（服务环节传播、品牌服务传播）和组织传播（内部组织传播、外部组织传播）等途径实现。

8. 饭店品牌管理包括品牌维护、品牌扩张和品牌危机管理。饭店品牌维护要针对不同情况采取不同的策略，包括保持品牌强势策略、品牌重新定位策略、品牌衰退及激活策略。饭店品牌扩张可以通过产品线扩展、品牌延伸、多品牌扩张、合作品牌扩张等形式。饭店品牌的国际化会面临很大的风险，因此必须坚持品牌国际化的原则并加强国际饭店品牌的管理。饭店品牌危机管理主要包括危机预防和危机处理，处理时应遵循主动性原则、快捷性原则、诚意性原则、真实性原则、统一性原则、全员性原则和创新性原则。

思考题：

1. 什么是品牌？什么是品牌战略？
2. 什么是饭店品牌？其内涵是什么？
3. 饭店品牌与商标有何区别？熟悉世界著名饭店的标志（LOGO）。
4. 饭店集团的品牌结构有哪几种？其内涵是什么？请举例说明。
5. 饭店品牌具有哪些特征？
6. 饭店品牌具有哪些优势？
7. 饭店品牌定位的基本原则有哪些？
8. 饭店品牌定位的方法和程序怎样？
9. 饭店可以采取的品牌策略有哪几种？
10. 如何进行饭店品牌设计？
11. 饭店品牌传播的基本途径有哪几种？
12. 饭店品牌管理的主要内容是什么？
13. 如何进行饭店品牌维护？
14. 饭店品牌扩张的基本形式有哪些？
15. 饭店品牌国际化存在的风险、遵循的原则和管理方式是什么？
16. 怎样进行饭店品牌危机管理？

讨论题：

讨论我国饭店品牌发展与国际集团饭店品牌的差距与借鉴。

实践题：

调查所在地市场国际饭店品牌进入的情况和该地我国自有品牌的现

状，写出详细的调查报告与给我们的反思。

网络链接：

1. 登录 http：//www. ihg. com/hotels/cn/zh/global/about/brands 洲际酒店官网，了解洲际酒店各品牌及其相应的宣传语和特征。

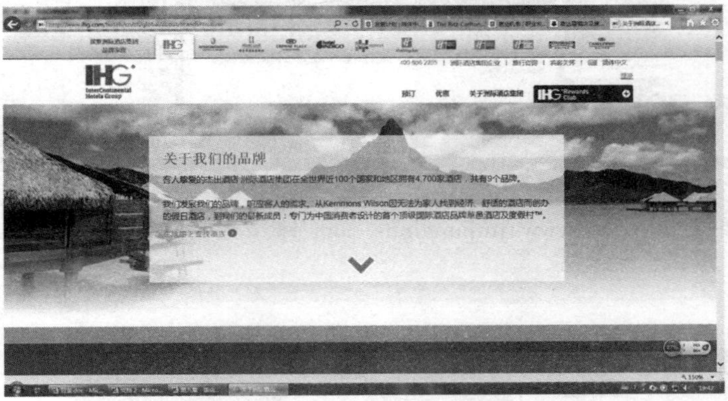

2. 登录 http：//www. hilton. com. cn 希尔顿中国官网，搜索当地该酒店集团的品牌分布状况。

3. 登录 http：//www. accor. com/en/brands. html，法国雅高集团官网，了解旗下各品牌的宣传语和特征。

4. 登录 http：//www. jinjianginns. com 锦江之星官网，对旗下品牌进行了解。

第十章　饭店业的国际竞争

本章学习目标

1. 掌握饭店业进行国际竞争的主要途径与模式；
2. 了解国际饭店业的组织形态与结构特征；
3. 熟悉国际饭店集团及其成功经验；
4. 熟悉国内成熟饭店集团及其成功经验。

引导案例

2015年1月酒店业收购事件

跨入2015年，国际酒店业的收购事件此起彼伏，各大集团加紧在全球的布局与资本重组，饭店不动产及饭店品牌易主事件时有发生，仅1月份的收购事件就包括以下几件：

1. 复星收购ClubMed

2015年1月4日，复星及其合伙人以每股24.6欧元的价格将价值9.6亿欧元的地中海俱乐部集团公司收归旗下。地中海俱乐部总裁德斯坦对此表示：复星将为我们带来的是两点：稳定的持股权，因为复星的战略是长线的；复星在中国和世界其他地区的力量也将为公司的国际化进程带来更加有力的支持。

2. 毛里求斯度假酒店被收购

2015年1月6日，专门从事企业性售后回租、定制建造建设融资和单租户净租赁物业收购的全球净租赁REIT（房地产投资信托基金）宣布，以近5900万欧元的价格，收购了毛里求斯度假酒店。

3. 锦江收购法国卢浮集团

2015年1月21日，锦江股份现金收购喜达屋资本拥有的卢浮集团100%的股权。对于锦江酒店系而言，还有一个意义——地产项目增值。同时，锦江国际将充分利用卢浮酒店集团现有的海外业务平台，发挥海外管道资源优势，推动锦江酒店的核心产业实现全球布局、跨国经营。

4. 万达收购悉尼地块建酒店综合体

2015年1月23日，公司与万达商业地产（香港）有限公司的合营公司Wanda Onee Sydney PtyLtd收购澳大利亚1Alfred地块和19－31Pitt Street地块，总代价为4.88亿澳元（相当于约31.21亿港元），计划新建酒店综合体。万达酒店表示，自从澳洲合营总协议项下合营企业平台获独立股东批准后，董事会及万达香港一直寻觅合适商机以扩大收入及扩展澳洲房地产市场业务。收购将增加集团土地储备和扩大集团收入来源并提升集团于澳洲房地产市场地位。

5. 万豪收购加拿大Delta酒店

2015年1月28日，万豪国际表示已与加拿大Delta酒店和度假村方面达成协议，将以1.35亿美元收购加拿大Delta。万豪国际美洲地区负责人

David Grissen 表示，加拿大是万豪美国酒店最大的国际源头市场，本次收购会为 Delta 以及万豪的客户带来新的旅游机遇。

6. 美诺收购 Tivoli Hotels & Resorts

2015 年 1 月 28 日，美诺斥资 1.68 亿欧元收购分别位于巴西和葡萄牙的六家酒店、以及酒店品牌 Tivoli Hotels & Resorts 在巴西的所有权。这标志着美诺进驻欧洲和南美洲两个全新的大陆市场。

7. 安邦收购美国华尔道夫酒店

2015 年 2 月 1 日，安邦保险集团宣布以 19.5 亿美元（约 120 亿人民币）收购美国纽约华尔道夫酒店大楼，至此关于收购的拉锯战终于尘埃落定。华尔道夫酒店隶属于希尔顿集团，曾被希尔顿创始人康拉德·希尔顿称为“绝佳之精品”，常年入住率超过 90%。比较一致的市场观点认为，此次收购将为安邦带来长期的投资收益和稳定的现金流回报。

8. 温德姆收购 Dolce Hotels

2015 年 2 月 3 日，温德姆酒店集团以 5700 万美元现金收购了多尔奇酒店及度假村，以扩大其团体和会议业务。多尔奇酒店拥有 24 家酒店和 5500 余间客房，这将使温德姆酒店的管理酒店数增长 40%，突出了温德姆酒店的轻资产策略。多尔奇酒店在美国的阿斯彭和纳帕以及美国之外的巴塞罗那、布鲁塞尔、慕尼黑、法兰克福、巴黎和普罗旺斯都有会议场所和度假酒店，补充了温德姆酒店在芝加哥、迈阿密、柏林、多哈、杭州和西安等地的酒店和会议场所。

2015 年，收购将进一步成为酒店业的新动向，这意味着酒店业国际市场竞争的不断加剧，酒店业市场同样“适者生存”。

第一节　饭店业国际竞争的模式与组织形态特征

全球范围内，早期的饭店业国际竞争多是通过购买不动产方式达到扩张（如希尔顿、喜来登等）；从 20 世纪 50 年代起，希尔顿饭店集团和假日饭店集团分别以委托管理和特许经营的方式扩张；到了 20 世纪 90 年代，饭店业的国际扩张越来越多是通过特许经营和管理合同模式；21 世纪则是通过兼并与收购来进行更大规模的全球竞争。另外，近年一些新兴的以强有力的技术资源支撑的饭店联盟也迅速崛起。

一、饭店业国际竞争的模式

关于饭店业国际竞争的模式，Hill 提出的建立在股份参与上的连续体理论值得借鉴。在这个连续体中有三个关键点，一端是饭店业中最常见的非股份参与式的特许经营和管理合同模式（控制权与资源投入程度低）；另一端是完全拥有的子公司以及长期租赁形式（控制权与资源投入程度较高）；中间则是股份参与的合资和战略联盟形式，Hill 的连续体理论将实践中出现的各种具体形式纳入了一种理论的分析框架，从而使我们可以整体把握饭店业参与国际竞争的主要形式。

波特认为一国参与国际竞争的过程大致分为四个递进的阶段：要素驱动（Factor—driven）、投资驱动（Investment—driven）、创新驱动（Innovation—driven）和财富驱动（Wealth—driven）。当前饭店业国际竞争中主要是投资驱动和创新驱动（如品牌、管理创新、预订系统技术等），波特指出企业同时能够影响产业结构，各大饭店集团的经营战略行为在影响竞争对手的同时，也对饭店产业结构产生了重大影响。在国际饭店业中，一些都市中的饭店行业内的竞争都是一些国际知名饭店集团之间的角逐，饭店集团参与国际竞争的主要模式有以下几种：

（一）特许经营（Franchising）

特许经营是指特许权拥有者授予特许权经营者一种获得许可的特权以从事经营的行为。这种获得许可的特权可以包括品牌、操作系统和管理服务等①。

最早在饭店业使用特许经营的是凯撒·里兹。他在 1907 年就开始向纽约、波士顿、里斯本和巴塞罗那等地的饭店发展使用他的品牌。近年来，特许经营得到了迅速发展，成为发展较快的一种规模扩张形式，目前洲际集团的假日、温德姆都是全球著名的特许经营体系。

特许经营之所以能如此的迅速发展，是因为特许经营是以特许权形式向市场辐射。对于总部而言，企业无需投入大量资金和人力，将成熟的和规范化的管理方式以及独具特色的经营技术与经营观念通过受让与转让，使已经品牌化的品牌产品占领新的市场，是一种安全而迅速的扩大知名度、拓展市场份额的经营方式。对于加盟者而言，业主无需具备一定的技

① 杜江，《旅行社经营与管理》，2001 年

术和经验，只要支付一定的加盟费就可以直接套用他人成功的经验和技术，得到总部长期的指导和服务，使自身的学习曲线大为改变，省去了探索学习时间，降低了投资风险。这一其他经营连锁形式所无法比拟的优越性使其成为国际上最为流行的连锁经营方式。

特许经营的主要特征是：（1）饭店业主支付特许经营费以换取该品牌的使用权，业主饭店享受该特许权经营者提供的一系列品牌推广服务，如市场推广，客房预订系统，饭店会员系统，采购系统等等；（2）饭店业主在签约期间得到特许权经营者在饭店服务与营运方面一系列的支持，以保证该饭店达到品牌的服务质量的标准和要求。签约饭店同时也被特许权经营者要求严格遵守相关的服务标准和流程；（3）业主饭店自主经营签约的特许经营饭店，管理公司不往饭店派驻专门的饭店管理人员；（4）饭店很难考核该饭店品牌所带来的直接经济效应。

实施特许经营需要具备的条件是：（1）拥有较高知名度的品牌；（2）形成自己的经营特色，拥有自己的特殊经营技能以吸引加盟者；（3）维持总部良好的经营业绩，是特许经营成功的根本；（4）建立一套高效率的信息物流系统，形成良好的预订、采购集团培训体系，真正实现连续的规模经营。

特许经营权转让可分为：单一特许经营权转让（Single Franchise），指受让方只经营一个企业；多单元特许经营权转让（Multi-unit Franchise），是指出让方给予受让方某一地区的发展权利和总体特许经营权转让（Master Franchise）。总体特许经营权转让是特许经营出让方与受让方公司签订一份特许经营的总合同，允许其在一定地区发展特许经营业务。这有助于特许经营理念的迅速扩展，然而可能导致管理层对质量失去控制，甚至承担特许权拥有者与受许者之间的冲突。

（二）管理合同（Management Contract）

也被称为委托管理，通过饭店业主与管理集团签署管理合同来约定双方的权利，义务和责任，以确保管理集团能以自己的管理风格，服务规范，质量标准和运营方式来向被管理的饭店输出专业技术，管理人才和管理模式，并向被管理饭店收取一定比例的基本管理费（约占营业额的2%至5%）和奖励管理费（约占毛利润的3%至6%）的管理方式。其雏形是20世纪60年代希尔顿集团同波多黎各合作Carribe Hilton时使用的利润共享租赁（Profit－sharing Lease），后来这种租赁方式逐渐演变为现在的管理合同。管理合同产生的最初原因是要将饭店的所有权与经营权分离，同时饭店管理知识的专用性也使得饭店业存在所有者与经营者分离的趋势。目前，饭店业的国际竞争中多采取管理合同这一扩张方式。

管理合同的主要特征是：①饭店管理方不参与投资，原则上拥有饭店管理营运的主动决策权；②饭店投资业主方可通过管理方的专业管理技能和品牌知名度快速成功地立足于饭店市场，投资风险相对减小，投资回报相对有所保障；③合作基础基于合同条款，管理方和业主方的最终营运目标能否达成一致在每一个具体饭店项目中的最终运行结果不能准确地预测（合作双方都很难准确地预测）；④对于饭店管理方，该模式能帮助饭店品牌的市场扩张，能主动掌控品牌质量和经营结果，没有资本投资的需要，管理费及其他收入有所保障并有可预测性。

近年来，管理合同这一扩张方式在经营实践中呈现出新的动向和趋势，主要体现为：管理费减少；合同期限缩短；管理公司股权参与；股东参与管理决策；股东的权利和义务的灵活性加大等。这样可以通过管理方资本的投入以及股东权利的扩大来限制管理方的经营行为，防止由于信息不对称所带来的侵害所有者的“败德行为”，在创造更多的价值的同时承担更多的责任。

表 10－1 整理反映了上述两种模式的差异。

表 10－1　特许经营与管理合同模式比较

比较经营模式	要求	优点	区别	代表企业
特许经营	有较强品牌实力及经营、管理、服务、运作的能力	有效的低成本扩张和品牌输出；减少直接投入和资金风险；加盟店有助于提高品牌影响率与市场占有率	没有直接经营管理权，只有监督及指导权，利润较低	万豪集团（中档定位的华美达品牌）、喜来登集团、胜腾集团、精品国际集团、全球卡尔森等
管理合同	具有较强的饭店管理经验和能力	对下属饭店进行紧密的控制与管理；减少投资风险	管理输出、直接经营管理权，利润较高	洲际集团、万豪集团、喜达屋集团

（三）战略联盟（Strategic Alliance/Affiliation）

战略联盟，也称动态联盟或网络组织，是指由两个或两个以上共同战略利益的企业（或特定事业或职业部门），为共同开发或拥有市场、共同使用资源等目的，从而实现加强竞争优势的战略目标，通过各种协议、契约而结成的优势互补或优势相长、风险共担、生产要素水平式双向或多向流动的一种合作模式。近年来已经越来越得到理论界与企业界的关注。横向的、纵向的，甚至是非关联的旅游企业之间缔结战略联盟在国际旅游市场上是一种新型的竞争形势，在一定程度上已经改变了旅游市场的竞争格局。

从本质上讲，战略联盟是一种介于市场与企业之间的特殊组织治理结构，而把其划分为股权式和契约式两种类型正是依据联盟成员之间的参与程度与结合的紧密度，即该种治理结构的严密度由高到低进行的。它往往是合作伙伴为了达到更大的竞争优势，自愿达成协议而建立的一种组织形式。

战略联盟的主要特征是：（1）强强联手实现优势互补；（2）双方达成一致的长期的战略目标，合作前仔细权衡利益及冲突关系，但如果没有财务上的利益互动关系，往往这样的战略联盟不是达不到预期的效果便是以失败告终；（3）在跨国企业之间的战略联盟往往存在一些文化差异的冲突；（4）战略联盟需要合作者之间建立衡量及相互监督标准，确保共享资源得到有效和安全的利用。

战略联盟的不断增加导致了竞争内在本质发生了变化，企业在加强竞争的同时开始实现越来越多的合作，合作能力成为国际竞争的重要内容之一，企业的个体竞争逐渐转变为联盟网络的竞争。

饭店集团战略联盟的形式多种多样，而且保持着一种较为灵活的反应机制。常见的联盟形式是：

（1）建立营销联合　共享市场营销和预订系统，以获得一定地区的市场份额，如著名的提供全球网络订房系统服务的UTELL，Vantis（原VIP International）就联合世界各地的独立饭店或中小型饭店集团加入其系统，增加这些独立饭店与国际大型饭店集团的竞争力，同时也打造出了自己的专业服务品牌；

（2）同银行联合使用信用卡进行的分销和交叉营销，如希尔顿饭店公司最先与美国捷运公司联合发行一种无费用、品牌联合的信用卡——捷运公司希尔顿信用卡，无需缴纳年费，信用卡利率低，给持卡人以最丰厚的回报，这一特点是经常旅行的人最重视的；

(3) 同国际大型航空公司之间的协议合作，共同发展其忠诚会员计划，这是当前采用最为广泛的联合形式。如香格里拉与航空公司联合推出飞行积分计划，只要以公司协议价或非折扣价格住宿香格里拉，并在登记入住时展示飞行积分会员卡，就可以免费取得更多旅程点数或公里数，每次住宿可以得到一定积分等等。除此之外，战略联盟还包括共同研发、平衡投资，少量股权参与等合作形式。

阅读材料

雅高与华住结成战略联盟

法国雅高酒店集团（Accor）于2014年12月7日宣布与中国华住酒店集团结成战略联盟。

根据联盟约定，华住将成为雅高在中国大陆、台湾和蒙古的独家总加盟商，负责雅高旗下美爵、诺富特、美居、宜必思尚品和宜必思等五个酒店品牌的经营与开发，并计划在未来五年内，为这些品牌新开设350~400家酒店。

此次协议中，雅高集团将获得华住集团10%的股份及一个董事会席位。华住集团将成为雅高集团在中国的主要经销商。协议的财务条款尚未公布。

同时，其他国际旅行/酒店集团也在中国不断发展的国内旅游市场中寻找新的机会。就在12月4日，法国旅游业领头企业，拥有Center Parcs品牌的法国Pierre & Vacances公司刚刚宣布与中国的首创置业股份有限公司合作，在上海、北京等地建造度假村。

华住是中国首家多品牌酒店集团。自2005年创立以来，在中国超过280个城市里已经拥有超过1，900家酒店，旗下品牌包括：高端的禧玥和漫心、中端和经济型的全季、星程、汉庭、怡莱、海友。2010年3月26日，“华住酒店集团”的前身“汉庭酒店集团”（NASDAQ：HTHT）在纳斯达克成功上市。

雅高酒店集团是全球规模最大的酒店集团，旗下品牌包括：奢华/高端的索菲特、铂尔曼、美憬阁、美爵，中端的诺富特、美居以及经济型品牌宜必思尚品和宜必思，目前在中国总计144家酒店。

资料来源：http：//www.ppsj.com.cn

（四）全资公司（Ownership）

也称为直接经营，是饭店通过独资设立或者收购途径，来拥有一家全资的子公司。这种模式的优势在于公司拥有全部的产权和对子公司的控制权，采取这种方式进行投资经营时，一个非常重要的考虑因素是政治经济局面的长期稳定。

这种模式的主要特征是：第一，饭店管理方不仅拥有饭店管理营运的主动决策权，而且参与全部或部分投资；第二，饭店投资各方与管理方在合作初期就容易达成营运目标及盈利目标，合作基础相对稳固，利益相连；第三，由于该模式需要有大量资金投入，对国际饭店集团来说，其发展速度会受到相对限制。

从不同角度分析，其利弊也各有不同。某些饭店管理公司会有战略性地投资在主要市场中的品牌旗舰店，这些饭店往往精致化程度比较高，通过自有经营的形式提升品牌价值，从这种意义上说，这也成为饭店集团实施其他扩张战略的基础所在，同时在管理期限和经营主动权上都较其他任何经营模式更有优势。如喜达屋集团凭借世界范围的对自己膳宿品牌的广泛认同，使其品牌在世界各大主要市场中都有着强烈的领导色彩。利用集团的这些膳宿知名品牌，喜达屋集团所实施的豪华高档品牌策略使其无论在吸引新客户或稳定老客户中都显得游刃有余，而集团从中也受益匪浅。而对于业主来说，一旦让管理方参与投资，对饭店品牌的重新选择和房地产再投资都将有一定的局限。

经营全资公司有两条途径：一是独资设立，这种方式下，品牌形成的时间较长；二是通过收购获得，通过战略性的收购行动，实现进入某些区域市场，这种方式便于在较短时间里形成一定的品牌优势和规模优势。目前国际饭店集团之间的兼并收购活动异常活跃，在兼并和收购部分详细论述。

（五）长期租赁（Leasing）

长期租赁通常被视为全资饭店的变形，并且在饭店统计中往往列为一栏统计。对饭店的经营者来说，租赁经营的模式让管理者拥有完全的自主经营权，同时阶段性地支付固定的租赁费可避免大量的初始资金的投入。对业主来说，这种方式更接近于一种财务性投资，在选择一个好的饭店品牌后，长期的现金流量得到了一定的保证，同时也能提高其无形资产价值。这种模式在海外市场十分活跃，选用这种模式的国际饭店集团往往偏向于承担更多的风险并期望从优越的经营表现中得到更多的资金回报。

这种模式的主要特征是：一是双方根据所处市场谈判具体租赁协议，租金可包括场地租金，或外加各种资产税，维护费用和保险费用等，也可由一般的固定租金到经营利润的提成；二是长期租赁公司在相当长的一段时间里要承担财务责任和对所租赁物业的控制。

雅高集团到2002年采取租赁形式的饭店总数为1520家，占集团经营饭店总数的39.7%。万豪和希尔顿的一些饭店也是长期租赁来的。采取租赁形式需要向业主做出长期租赁承诺，因此必须在综合考虑选址、盈利能力以及租赁地区稳定的前提下做出租赁决策。在中国市场，由于中国各种相关法律法规的限制，以及投资市场风险比较不稳定，目前国际饭店集团很少采用这一模式，而一些本土企业正开始尝试这种模式以达到扩大经营规模的目标，例如锦江之星。

（六）兼并和收购

兼并和收购包括横向并购和纵向并购与联合两种方式。其中横向并购是指在饭店及其替代产品之间实现跨地区、跨所有制或同地区饭店之间的并购，可以实现规模经营，增强饭店集团的市场竞争力。横向并购可以提高市场集中度、规范市场秩序、实现规模经济，并为饭店的所有者退出产业提供了一个机制，有利于资源的优化组合。此外，并购企业通过向被并购企业转移管理优势或市场优势来产生一种协同效应，创造出新价值。

纵向并购是指通过纵向并购与联合，优势企业将与自己产品或服务有直接关系的上下游企业结成联盟，形成纵向生产服务的一体化，有利于相互沟通与融合，加强各个环节的相互配合，提高工作效率与服务质量，节约各相关环节的费用，从而提高经济效益。故纵向并购与联合可以增强饭店集团的产品组合能力和综合配套服务功能，获得共享和互补效应。

随着国际饭店业竞争的加剧，以及一些地区可供建造饭店的最佳地点的缺乏，各大饭店在国际竞争中越来越采取兼并和收购的扩张策略。通过进入新的市场，开发新品牌以及延伸原有品牌，实现集团的战略意图，获得比其他方式更快速度的增长。1990年，品质国际饭店更名为精品国际饭店。精品国际通过收购经济旅馆（Econo Lodge）和友谊饭店（Friendship Inn），使公司饭店增加了710家，客房增加了5.2万间；饭店总数达到2300家，客房总数22.4万余间，分布在19个国家，这些举措使精品国际的规模扩大了45%。实现了迅速扩张的目的。

自1982年，万豪购得豪斯特国际公司（Host International，Inc.），开始了万豪的并购活动。同年，万豪购得基诺（Geno's）公司，并将其改名为罗伊罗杰斯（Roy Rogers）。1987年，万豪购得住宅客栈（ResidenceInn）公司，通过公平客栈（Fairfield Inn）进入中低档饭店业；1995年，万豪又购得丽思卡尔顿饭店公司；1997年，万豪购得复兴（Renaissance）集团并引进城镇套房、公平套房和万豪商务住宅品牌。1999年，万豪购得商务公寓住房建筑公司（ExecuStay Coporate Housing）。

各大饭店集团所采取的扩张方式，基本上是他们在本国内比较喜欢的模式，如精品国际采取特许经营协议的方式，而万豪和希尔顿则比较喜欢管理合同的方式。同时由于世界上不同地区的政治经济环境差异，使得集团公司更愿意采取非股权经营的形式。

二、国际饭店业的组织形态及结构特征

国际饭店业的组织模式较国内饭店组织复杂得多，尤其体现在规模、所有权、管理和从属关系上。饭店组织的各种模式界限模糊而且互相混合，归纳起来大致有单体饭店、品牌饭店（国外称为饭店联号）、饭店管理公司、饭店集团、饭店联盟、战略联盟等几种形态。它们的描述和特征分别见表10－2和表10－3。

表10－2　　各种饭店组织的描述

组织类别	描述	实例
单体饭店	单个饭店，由自己管理或由别人管理	
品牌饭店（饭店联号）	由多家在同一品牌下运转的单体饭店集合构成，以资产、特许经营协议或委托管理合同联结。	假日饭店、万豪饭店、万丽饭店、万怡饭店、华美达饭店、索菲特饭店

续表

组织类别	描述	实例
饭店管理公司	一类是依托于品牌饭店（联号）存在的管理公司，称为联号管理公司，它们拥有品牌，同时提供管理服务。	万豪饭店管理公司、假日饭店管理公司……
	一类是不依存任何品牌饭店而独立存在的管理公司，即独立饭店管理公司，仅提供单纯的管理服务，不能够向饭店提供品牌及与品牌相关的营销和预定服务。	美国州际饭店管理100多家饭店，通过特许协议使用万豪、希尔顿、假日品牌
饭店集团	拥有一个或多个品牌饭店（联号）的大型饭店组织。	万豪饭店集团、洲际饭店集团等
饭店联盟	第一类：成员店加入该类联盟后自身品牌不会消亡，改为自身品牌+联盟名号形式，获得联盟有限的营销服务，同时自己承担较多营销。	世界一流饭店组织、世界小型豪华饭店、超国界饭店联盟等
	第二类：提供信息技术资源支持的饭店联盟，联盟的名号对消费者不具品牌涵义，更加注重与销售有关的信息技术服务的提供。	飞马解决方案公司（将各饭店预订系统连到全球分销系统）
战略联盟	互补型饭店组织，目前都是在大型饭店组织之间形成的，通过共同投资或利用对方优势资源促进相互发展。	四季－丽晶饭店集团、卡尔逊公司、希尔顿美国——希尔顿英国

表 10－3　不同类型饭店组织特征比较

饭店组织类别	说明	发展现状	主要联结手段	规模	组织紧密程度	管理权	边界灵活性	成员店品牌
品牌饭店（饭店联号）	公司所有型	联号总部拥有所有营运业务单位。	国际饭店集团早期扩张方式。香格里拉一直采用此模式	资本、管理、品牌、营销	较小	紧密	有	不灵活
特许经营型	通过特许经营协议与联号总部联结	目前为主流模式，如圣达特的天天、豪生、速八等联号，精品国际所有联号等等	品牌、营销	大	较紧密	不定	灵活	统一
混合型联号	部分成员店由母公司所有，部分特许经营	被较多采用，如洲际的假日饭店联号等	资本、管理、品牌、营销	大	较紧密	不定	较灵活	统一
饭店管理公司	联号管理公司	依托联号存在，向拥有联号的饭店集团服务	成员饭店既与联号签订特许经营协议，也签订委托管理合同，该模式被广泛采用	管理合同	较大	较紧密	有	较灵活
独立管理公司	也叫第三方管理公司，仅单纯提供管理服务，不能提供品牌。	始于20世纪60年代，一般与联号饭店签订特许经营合同，如早期的美国州际饭店公司。	管理合同	较小	较紧密	有	较灵活	一般不统一
饭店联盟（一）有限品牌	成员店品牌＋联盟名号	只提供有限服务	历史较长，如世界一流饭店组织、超国际饭店联盟等。	有限的品牌－营销	较大	较松散	无	灵活

续表

饭店组织类别	说明	发展现状	主要联结手段	规模	组织紧密程度	管理权	边界灵活性	成员店品牌
饭店联盟（二）	无品牌涵义、提供全面电子预定转换系统。	随信息技术新兴。如飞马解决方案公司（为最大饭店联盟）	营销——销售技术服务	大	松散	无	灵活	不统一
饭店集团	拥有多个饭店联号的大型饭店集团。	目前各大国际饭店集团公司	资本、管理、品牌、营销；品牌及营销	大	紧密或较紧密	不定	较灵活	统一
饭店战略联盟	互补型组织，通过共同投资促进各自发展	出现在大饭店之间	合作协议、合资企业	不定	不一定	不定	灵活	不统一

从单体饭店角度看，可以同时与一个或多个饭店组织以不同方式形成不同的联营关系，也可以保持自己的独立性。如：同时接受一家饭店集团的联号公司提供的委托管理服务及签订特许经营协议；与一家饭店管理公司签订委托管理合同，使用另一家饭店品牌并签订特许经营协议；选择独立饭店管理公司管理，使用某一饭店品牌的特许经营；选择独立饭店管理公司管理，不用特许经营方式，加入某些饭店联盟；由业主自行管理，并加入饭店联盟获得营销与预定支持；作为单体饭店存在，不与其他饭店组织发生关系等。

第二节　国际著名饭店集团与管理模式

世界饭店业发展至今，已经成为一些超越国界的饭店集团之间的割据与竞争，它们几十年甚至上百年的发展历程以及在此过程中总结的管理经验和竞争手段被饭店管理者和业界学者津津乐道，同时也是现阶段我国饭店业学习和借鉴的榜样。

一、洲际饭店集团的管理模式

www.ichotelsgroup.com

洲际集团成立于1777年，是目前全球最大及网络分布最广的专业酒店管理集团，拥有洲际、皇冠假日、假日酒店等多个国际知名酒店品牌和超过60年国际酒店管理经验。同时洲际酒店集团也是世界上客房拥有量最大（高达650000间）、跨国经营范围最广，分布将近100个国家，并且在中国接管酒店最多的超级酒店集团。包括中国大陆25个省、区、市。表10－4反映了洲际集团几大重要品牌的全球发展规模。

表 10－4　洲际饭店集团 2012 年所属品牌全球发展规模

Brand	Hotels	Rooms	Hotels in Development Pipeline
Inter-Continental	169	57403	49
CrownPlaza	389	105503	108
Holiday Inn	1198	216796	244
Holiday Inn Express	2133	198848	455
Hotel Indigo	44	4934	53
Staybridge Suite	181	19748	88
Candlewood Suites	284	27380	90
Total	4398	630612	1087

资料来源：Inter-Continental Hotels Group 2012，截止于 2012 年 12 月 31 日。

（一）洲际集团发展概况

洲际饭店集团的前身是美国的假日饭店国际公司，后于 1990 年被英国巴斯公司收购，1999 年更名为六洲集团，2002 年又成为洲际酒店集团。洲际酒店集团在世界上主要是采取特许经营模式，饭店的主要管理人员由管理方派遣。

从 1952 年凯蒙·威尔逊（Kernmons Wilson）在孟斐斯开了第一家假日饭店到现在，假日集团从最初的单纯面向家庭旅游者的汽车旅馆连锁店发展壮大为一家包括食品、住宿、交通、旅游等多产业的综合性大公司，其拥有、经营和签有特许经营权合同的饭店遍及全世界，成为世界著名的饭店品牌。自 20 世纪 70 年代中期以来，在全世界范围内各大型饭店集团激烈的竞争中，假日集团一直遥遥领先，独占鳌头。假日集团的创始人凯蒙斯·威尔逊先生在 30 多年的时间里，把一个仅有几家路边汽车旅馆的假日公司发展成为世界上最大的饭店集团，把当时声誉低下、设备简陋的旅馆变成一个受一般大众喜爱的家外之家，他本人的名字也曾经被列入伦敦《星期日泰晤士报》列出的 20 世纪世界名人录上，与丘吉尔和罗斯福齐名。

1990 年 Six Continents PLC（即不久之后的 Bass PLC）于 1991 年夏季将假日饭店的总部从孟斐斯搬到亚特兰大。虽然孟斐斯作为集团的总部已经长达 40 年，但是亚特兰大为集团所提供的基础设施建设（包括国际范围的交通网络等）在洲际集团成功地成为国际性企业中起到了必不可少的作用。

（二）洲际集团的管理经验

洲际集团的成功管理经验可以概括为以下几个方面：

1. 特许经营战略

洲际酒店集团虽然不是最早使用特许经营的酒店集团，但却是利用特许经营最成功的酒店集团之一。因为无论过去还是现在，洲际酒店集团通过特许经营权转让都获得了巨大的成功。

最初的美国假日酒店联号（洲际酒店集团前身）由于财政拮据，将经营的重点放在特许经营权转让，仅四年的时间里，联号酒店就有 7 家，售出特许经营权 18 个。到 1968 年，假日集团在美国的酒店数已达到 1000 家，几乎每两三天就有一家新的假日酒店开张。就这样，通过出售特许经营权，实行联号经营，洲际酒店集团的前身假日酒店在 60 年代的酒店业中实现了崛起。到 20 世纪 80 年代，假日酒店就遍布世界每一个角落，成为世界最大的酒店品牌之一。

目前，特许经营权转让仍然是洲际酒店集团实现集团扩张的最主要方式，占总经营方式的 88.9%，这个比率在酒店数量和床位数量排名世界前十位的酒店集团中是最高的。正是通过特许经营权转让，才使洲际酒店集团的酒店数量和床位数量在最近几年大幅攀升，并在 2003 年超过圣达特酒店集团，连续四年居世界第一位。近几年，洲际酒店集团将亚太地区作为其新的增长点，主要的运营方式还是特许经营，仅在 2006 年一年间亚太地区就有 80 家新酒店签署协议，平均每五天就有一家，洲际酒店集团正继续通过特许经营权转让而使集团高速发展着。

2. 拥有强大的市场营销系统

洲际饭店集团制定了一个宏伟的战略目标来推动其在当地、整个地区、国家乃至全球所有品牌的发展。每一个品牌都有一支特有的市场推销队伍。他们在各种不同品牌的竞争中，重点增加对客人的关注。

另外，洲际集团的全球销售集团在世界各地拥有 85 个专业的办公场所，以便于他们和客人进行“亲密接触”，每年可以产生 16 亿美元的收入。洲际饭店集团还在不同的地区针对不同的品牌设有专门的销售中心，这就是洲际的“地方销售推销计划”。

3. 标准化管理与严格的检查控制制度

假日公司为了保持它在全球的每一家假日旅馆的服务标准的统一，为此编印了《假日饭店标准手册》（简称手册），每家饭店持有一本，每一本都有编号，严格保密。《手册》对假日旅馆的建造、室内设备和服务规程都作了详细的规定，任何规定非经总部批准不得更改。如假日饭店的客房，必须有一个写字台，一张双人床，两把安乐椅，床头上有两只100瓦的灯，要有一台电视和一本《圣经》。《手册》甚至对香皂的重量和火柴的规格都有具体的要求…… 这些标准化的规定为管理人员提供了操作性极强的理论指导，保证了集团管理质量、管理模式的稳定性和统一性。

为了保证《手册》中的各项规定确实被很好地实施，假日公司还有严格的检查控制制度。自20世纪70年代初开始，假日公司就有一支专职调查队，每年对所属各饭店进行4次抽查。抽查的项目有500多项，满分为1000分。如果检查结果不到850分者，予以警告，并限定在3个月内进行改正。第二次检查时对上次指出但仍未改正的毛病加倍罚分，同时再给一定的时间改正。如果仍不能在规定时间内达到标准，对公司所拥有的饭店就解雇经理。对特许经营的饭店，就将情况报告给公司特许经营持有者的机构，即国际假日饭店协会（International Association of Holiday Inns），由它发布收回假日饭店标志从假日饭店系统除名的决定。每年被开除或解除特许经营合同的饭店大约有30多家。

4. 通过集团价格优势严格控制成本

假日公司供应部为各饭店进行集体采购，自然要比每家饭店单独采购便宜得多。为了减少熨烫费，假日公司购买下了不起皱的床单。地毯不用昂贵的，但三四年一换，保证干净完好。它还要求服务员把小香皂收集起来磨碎，制成清洗地板的清洁济。假日公司很早就采用节能钥匙来节约能源，当取走钥匙时，除有专用线的电冰箱外，其他电源都会自动切断。这样做不仅降低了电耗，而且还延长了灯泡、灯管、电视和空调等电器的使用寿命。

5. 顾客忠诚战略

吸引顾客、留住顾客是酒店的终级目标，是酒店实现效益的根本途径。有经济学家提出20%的忠诚顾客提供80%的利润，即酒店的主要利润掌握在一部分消费者手中。如果酒店牢牢地抓住这部分忠诚顾客，就保证了大部分的效益。然而忠诚不是天生的，忠诚必须要去赢得。

每个酒店集团都致力于培养属于自己的忠诚顾客，而洲际酒店集团的特色在于将系统性、计划性的顾客忠诚做成具有战略意义的营销规划，与品牌管理相结合，并付诸于实施。培养忠诚顾客，首先要做到使顾客满意，忠诚的含义就是满意的顾客会持续产生购买行为。洲际酒店集团首先通过自己庞大的信息资料和有力的信息支持，从客人那里了解他们的真正需求，并把这些内容融入到品牌服务、产品质量、设计、构造等方面，以此来满足顾客的需求。另外，洲际酒店集团还制定统一、严格的标准来规范服务，保证服务的质量 赢得顾客满意。

除了上述的方法，洲际酒店集团在培育忠诚顾客方面最大的成就是拥有世界上历史最悠久、会员人数最多的酒店忠实奖励计划—优悦会（Priority Club）。优悦会主要是通过各种手段和方法，对酒店的忠诚顾客实施奖励，给予忠诚顾客各种优惠，同时也通过优悦会进行信息的沟通和情感的交流，以此来促销新产品、传播企业文化和吸引新顾客等。比如，顾客加入优悦会即可享受最丰富的积分兑换计划、最迅速的贵宾会员资格晋升计划、以及会员可在全球任一酒店兑换积分的便利。与其他酒店忠实客户奖励计划相比，优悦会奖励计划更便捷，会员更实惠等。同时，优悦会每年还通过各项优惠政策和措施吸引新顾客成为会员，把潜在顾客变为现实顾客。

6. 创新发展战略

洲际酒店集团将创新视为企业进步的重要手段，并通过各种方法和途径来创新自己的产品与服务，其中包括设施设备的更新和提供独特的服务来增加产品、服务的价值和保持自身的独特性。洲际酒店集团的假日套房酒店，已经很好地体现了在设施设备方面的创新尝试。因为这个品牌是专门服务于那些想住宿超过 5 天以上的客人，所以除了沙发、电视、音响、宽敞明亮的工作空间外，还另外配有全套的厨房用具、冰箱和微波炉，突出了适宜居住的特色化设计。服务创新更为重要，如皇冠假日酒店的“会议成功计划”规定每一家皇冠假日酒店都会设置一名会议总监，从而避免会议组织者与酒店多个部门打交道的麻烦。这种创新的服务模式，不仅更好地满足了商务客人更高层次的需求，同时也借此宣传了皇冠假日这个新的品牌，一举两得。除此之外，洲际酒店集团的假日酒店还将在未来的一段时间推出全新的客房设计、全新的顾客抵店体验和全新的服务承诺，目的是使假日酒店这个老品牌更具活力和新意，给予顾客全新的感受。

洲际的网站中包括很多关于饭店的情况，每个月约有 200 万人访问该网站。另外公司提供网上预订服务。这一网络专业队伍还在继续和一些深受大众喜欢的旅游景点建立联盟。虽然不是第一家拥有预订服务的企业，但是洲际坚信它的预订服务系统是全球最先进的。功能完善的 HOLIDEX 预订系统和假日饭店高效率的预订服务系统使其能够应付各种竞争和变化。近年来，洲际又不断运用新技术，为了加强网上的直销力，设立了专门为旅行社服务的网站，开发了中文网站等。

二、万豪公司的管理模式

万豪国际集团是全球首屈一指的酒店管理公司，旗下拥有 3，800 家酒店、19 个酒店品牌，以及在全球各地的 3800 家管理和特许经营酒店任职的众多员工。公司由 J. Willard 和 Alice Marriott 创办并在 80 多年来由万豪国际酒店家族领导人掌控大局，其总部位于美国马里兰州贝塞斯达，2012 财年的财报收入近 120 亿美元。万豪的名字已经与优异的服务水准、出色的经营业绩、高质量的物业标准和先进的设施与技术紧紧地联系在一起，密不可分。经过多年的不懈努力、探索、创新，万豪旗下的所属饭店不仅赢得了公众的广泛赞誉以及消费者和业主的高度信任与拥戴，而且在国际饭店行业和全行业范围内多次并不断地被世界著名商界杂志和媒体评为首选的最杰出的公司。

（一）万豪国际集团的发展历程

1927 年，万豪公司的发展起源于由已故的威拉德·马里奥特先生在美国华盛顿创办的公司初期的一个小规模的啤饭店，起名为“热卖店”，以后很快发展成为服务迅速、周到、价格公平、产品质量持之以恒的知名连锁餐厅。其成功经验的关键是自公司成立之日起，就以员工和顾客为企业的经营之重。威拉德·马里奥特先生创立的核心经营思想是：你如能使员工树立工作的自豪感，他们就会为顾客提供出色的服务。在此基础上，连锁“热卖店”的成功经营为马里奥特涉足于后来饭店业的发展提供了先天的条件。

1957 年，第一家万豪（Marriott）饭店在美国华盛顿开业，在公司的核心经营思想指导下，加之以早期成功经营的经验为基础，万豪饭店很快得以迅速成长，并取得了长足的发展。新加盟的饭店从一开始就能以其设施豪华而闻名，并以其稳定的产品质量和出色的服务在饭店业享有盛誉。

1968 年，万豪国际集团公司在美国纽约股票市场上正式发行。

1982 年，万豪旗下的饭店数超过了 100 家，成为拥有 4 万间以上高标准客房，年销售额超过 20 亿美元的大型饭店集团公司。

20 世纪 80 年代初期，在豪华的万豪饭店成功经营和迅速发展的背景下，万豪继而对中档消费者饭店市场进行了研究和探索，并认为中档饭店具有巨大发展潜力。万豪根据中价位市场的发展和特定的住店客人的需求，精心设计并创立了庭院（Courtyard，又被译为万怡）饭店。1983 年，第一家 Courtyard 在美国正式开业。由于该品牌是在广泛听取商务客人的意见，经过精心和周密策划而推出的中等价位客房并保持高水准服务的饭店，一经问世即获成功，不久便被其他同业者竞相效仿。

1984 年，以公司创办者的名字命名的 J. W. 万豪（J. W. Marriott）饭店在美国华盛顿开业。这个经过升级发展的饭店品牌是在万豪饭店的物业标准之上，向客人提供更为豪华舒适的设施和极有特色的全面周到的服务。此后，在 1987 年万豪公司又收购了“旅居”连锁饭店（Residence Inn），其特点是：饭店房间全部为豪华套房设施，主要为长住客人提供方便实用的套房及相应服务。同年，万豪又推出了经济型的 Fairfield Inn 和万豪豪华套房饭店（Marriott Suites）两个新品牌饭店。1989 年，万豪已发展到拥有各种不同品牌的 500 多家饭店和 134000 间客房的跨国饭店集团。

1993 年，万豪公司制定了新的长期发展策略，决定将物业所有权和经营权分离，从原来的万豪公司分立为：万豪国际集团公司——主营饭店管理及其他服务业；马里奥特控股公司——主营物业投资和房地产业务。

1995 年，万豪旗下的饭店突破 1000 家，成为巨型跨国饭店集团。

万豪国际集团在持续快速发展中，又将其视野指向超级国际豪华饭店，并于 1995 年收购了全球首屈一指的顶级豪华连锁饭店公司——丽思卡尔顿（Ritz - Carlton）49% 的股份，并于 1998 年将该股份增至 98%。这一举措使万豪成为全球首家拥有各类不同档次优质品牌的饭店集团。

1997 年，万豪国际集团又相继完成了对万丽连锁饭店公司（Renaissance）及其下属的新世界连锁饭店（New World），以及华美达国际连锁饭店（Ramada International）的收购。此举使万豪国际集团在全球的饭店数量实现了大幅增长，并且实现了大举进入美国以外的国际饭店市场的计划，特别在亚太地区，一跃成为数量领先的饭店集团。

2000 年，万豪集团已发展到拥有 2000 多家饭店和 16 个国际著名优质饭店品牌。

万豪国际集团于 1997 年进入中国酒店业市场，并于此后快速发展。目前，万豪国际集团旗下的丽思卡尔顿酒店、JW 万豪酒店、万豪酒店、万丽酒店、万怡酒店、万豪行政公寓等共 6 个酒店品牌在中国经营的酒店达 73 家，以及目前正在筹建中的酒店。

（二）万豪的核心价值观

一个能够经过历史长期考验而获得成功的企业，必然会在它成功业绩和数字的背后，挖掘出其独特的经营理念和企业文化。万豪国际集团在以往的经历中，由两代马里奥特家庭的杰出企业家将其塑造和发展为今天的万豪企业，一个超级规模的具有丰富经营思想及管理理念的和深厚企业文化的饭店行业的航空母舰。

1. 以人为本

“关心员工，员工才会关心客户。”多年以来，万豪国际集团在创始人 J. Willard Marriott 经营理念的指导下成为备受赞誉的理想工作场所。“以人为本”的企业文化为他们赢得了无数奖项以及全球范围的广泛认可。为员工提供发展和成功机会则是公司核心的关键组成部分。

2. 追求卓越

“我们对客户的专注体现在我们所做的每一件事上”。万豪国际酒店在卓越客户服务方面的卓著声誉可追溯至 J. Willard 为万豪业务制定的最初目标：“精致美食、卓越服务、合理价格”。在世界各地的每一个目的地，万豪每时每刻都在为这些细节而倍感自豪。

3. 勇于创新

创新一直以来都是万豪国际酒店发展历史中不可分割的一部分。而万豪国际酒店大家庭在塑造现代酒店业的过程中亦功不可没。万豪始终通过新的品牌、新的全球地点以及新的宾客体验来不断挑战现状，并准确预测变化迅速的客户需求。

4. 诚实正直

万豪始终严于自律，以一丝不苟的态度奉行最严格的道德和法律标准。还将这一原则延伸到日常业务行为、员工政策、供应链政策、环境计划和实践，以及致力于维护人权、承担社会责任的坚定承诺中。

5. 感恩回报

万豪的“服务精神”使公司变得更加强大。万豪一直致力于为所生活和办公的社区提供支持。万豪国际集团主要关注全球五大社会问题：扶贫、环境、社区劳动力培养、儿童健康以及全球多元化和包容性。

（三）万豪的品牌延伸战略

万豪国际集团目前是拥有饭店品牌最多和对饭店市场品牌覆盖面最全的饭店集团。在品牌发展过程中采取正确策略可以说是万豪国际集团能够实现其在饭店业激烈竞争中迅速成长而成为业界领导者的关键。剖析万豪品牌延伸战略成功的原因，主要源于三个方面：

1. 立足市场，不断创新

万豪在成功经营和发展国际一流的万豪饭店的基础上，不断对饭店业不同层面的市场进行广泛细致的考察调研。把不同类型的客源群众和他们的旅居需求做出细分研究。在此基础上，根据不同客源在居住、设施、时间、地点、支付能力等方面的需求特性，设计和研发出能够满足各种不同消费群体的相应的饭店产品的模型。并在开发建造这些饭店时，对客人更为细化的消费需求，做出深化研究后，针对饭店的设施和管理服务做出调整和完善。基于这一指导思想，万豪在近二十几年间相继研发了 Courtyard、Fairfield Inn、SpringHill 和 TownePlace 等不同档次的饭店品牌。这些品牌的创立为万豪后来的发展提供了得天独厚的条件，使万豪旗下的各个品牌饭店的发展有如万舟齐进，势如破竹。

2. 寻找时机，组合兼并

万豪成功发展的另一个特点是不断注视产业内业绩优良和颇具发展潜力的中小型集团公司。在时机成熟的情况下，一举完成重组和兼并。这种形式成为万豪在自身发展中获益匪浅的加速度发展策略。这样不仅使万豪的饭店总数量在短期内实现可观的增长，从另一方面，又能一夜间补充和完善万豪在某个市场层面的真空和不足。例如，万豪于90 年代对丽思卡尔顿（Ritz - Carlton）的兼并，使万豪于瞬间从零状态一跃而进入到国际超豪华饭店品牌中的领导者的地位，而后对万丽（Renaissance）的兼并又使万豪迅速而大规模地进入了国际饭店市场。

3. 坚持品牌的个性化

对于品质风格和档次相同的饭店品牌，如果一个饭店集团同时拥有两个以上这样的品牌，往往会产生品牌识别上的困难和模糊。万豪在兼并了万丽品牌之后，恰恰面临了这样的情形。在对万丽饭店的风格标准如何才能区别于万豪饭店的现有风格的问题上，万豪经努力研究，对万丽饭店的风格和客源市场做了重新定位和设计，使之成为具有现代装饰风格并含有主题文化背景的新型国际一流豪华饭店品牌，主要吸引年轻企业家和商务客源群体的豪华商务饭店。

在品牌个性化方面，万豪强调了一致性的原则。比如，万豪饭店的风格是在研究了多数客人所喜爱的风格的基础上，结合经营的要求而设计出的。为了保持万豪饭店特有的风格和尊重客人的习惯要求，万豪在饭店的设计、建筑和装饰材料方面有着严格的系统标准和规范。因此客人走进每一家万豪饭店都会发现他所熟悉的万豪品牌的风格、色彩和特征。在万豪的发展过程中，不断地受益于品牌特性化的理念，受到饭店业主和公众的广泛信任和认同。

三、喜达屋国际集团的管理模式

喜达屋集团是全球最大的饭店及娱乐休闲集团之一。1998 年，喜达屋收购了威斯汀饭店度假村国际集团（Westin Hotels & Resorts Worldwide, Inc）和它的几个分公司（包括威斯汀和威斯汀联合公司），还收购了美国国际电话电报公司（ITT），并取名为 Sheraton Holding Corporation；1999 年 10 月，收购了维斯塔那（Vistana）股份有限公司，更名为喜达屋假期所有权股份有限公司，这一切使得喜达屋集团在众多饭店及娱乐休闲集团中处于领先地位。喜达屋集团运用直接或间接由其子公司管理的方法来经营饭店和娱乐休闲业务。集团旗下的品牌包括圣·瑞吉斯（St. Regis）、至尊精选（The Luxury Collection）、威斯汀（Westin）、喜来登（Sheraton）、福朋（Four Points）以及 W 饭店（W hotels），目前经营管理着分布于 77 个国家的 700 多家饭店。集团的收入主要来源于两个方面：一是饭店经营，其中包括对集团拥有的饭店和集团管理的饭店，以及特许经营费；二是赌场经营，包括集团全部或部分拥有的以及管理的娱乐场。

（一）喜达屋集团的发展历程

1991 年巴里·斯达姆利奇开创了喜达屋资本公司（Starwood Capital）。

1993 年喜达屋资本公司购买了第一批酒店，到 1994 年，喜达屋在 30 多家酒店的 8000 间客房拥有股份。

1995 年喜达屋资本公司收购了酒店投资人信托公司，“配对股份”不动产投资信托公司。当年喜达屋股票涨幅达72.46%。

1996年喜达屋住宿公司总部从加利福尼亚州的洛杉矶搬到亚利桑那州的凤凰城。公司通过购买单体和小酒店，包括Doral Inn和现在的W纽约酒店，股票当年上涨85.30%。

1997年喜达屋在墨西哥购买了三家威斯汀里加纳度假村，喜达屋的第一批国际酒店，又从弗雷特利公司塔拉酒店购买了15家全职服务酒店。9月，喜达屋住宿公司宣布了购买威斯汀酒店协议的消息。10月，喜达屋住宿公司宣布了ITT喜来登公司协议的消息。在与希尔顿敌对的投标竞争中，喜达屋充当了白马王子。喜达屋的股票当年上涨了57.48%。

1998年1月，喜达屋住宿公司以18亿美元收购了威斯汀酒店。完成此次收购后，喜达屋住宿公司被重新命名为喜达屋酒店集团（Starwood Hotels & Resorts）。2月，喜达屋以143亿美元收购了ITT。5月，喜达屋把总部搬到了纽约的White Plains。第一家W酒店于12月在纽约开业。W品牌在保证商务客人需求——可靠和优质的设施和服务的同时，还提供个性化服务。W酒店客房的特点是随意、优雅，具有时尚的城市风格。

1999年1月，喜达屋把公司的种类从一家REIT（不动产投资信托公司）变成一家C公司（C—Corporation）。

（二）喜达屋集团价值观

1. 宗旨

喜达屋将所有人都认同的价值观称之为“承诺”。“承诺”是日常行为的指路明灯，也可使对相互间可以获得的期望达成共识。

喜达屋的价值观包括：

（1）通过采取可建立持久联系及忠诚度的措施来做得更多；

（2）通过全球合作以及企业内部跨团队的合作来展现团队精神；

（3）通过正确的判断以及对社区、员工、业主、合作伙伴和环境的重视做正确的事。

集团始终致力于将公司创建成最佳的工作地点，同时提供非凡的客户体验和巨大的投资回报，并不断迅速成长、强健发展、稳步前进。

2. 多元化与包容性

喜达屋努力寻求多元化，并竭尽所能在业务的各个方面实现多元化。因此，“多元化与包容性”是整体业务战略的关键组成部分。作为一家拥有九大卓越生活方式品牌的全球性企业，喜达屋的目标是通过充分利用多样化员工、供应商和业主的观点和视角，来为每一位客人提供真正全球化的非凡体验。喜达屋的成功正是来自于这种与众不同的多元化。无论员工的生活经历、职业道路和教育背景如何，集团对多元化的重视和运用方式是确保喜达屋始终在酒店行业占据领先地位的原因所在。

3. “全球公民”

“全球公民”为喜达屋的客人、客户、社区、业主和员工提供一种更好的体验世界的方式。实施全球公民计划时，取得了名下全球酒店网络、世界著名品牌和专业社区的鼎力支持，从而确保持之以恒的遵守环保和社会标准。我们意识到，高效的计划必须具有经济可行性、超越客人期望的伟大性并能够让员工以在喜达屋工作为荣。

在喜达屋，可持续性、有担当的行为才是好的行为——它不仅对我们的业务大有裨益，也对社会有所贡献。我们在这种信念下工作。

如今，集团致力于各种重要事业，如人权、气候变化、环境保护和社区发展。喜达屋已经在能源、水和温室气体（GHG）排放方面设定了宏伟目标并取得了巨大进展，并在新兴领域如供应链方面打下了坚实基础。在全组织范围内，提供了大量资源和支持，为实施创建一个更佳体验世界的全球公民策略而努力奋斗。

（三）集团的经营战略

1. 品牌竞争力

喜达屋在膳宿品牌已获得广泛认同的基础上，集团又实施了豪华高档品牌策略，这使其无论在吸引新客户还是稳定老客户中都显得游刃有余，并且从中受益匪浅。在 2002 年 11 月版的《国际金融》杂志中，喜达屋集团再次被评为“全球最佳跨国饭店集团”，同时，喜达屋集团四年中第三次荣获由《旅游产业新闻》举办的“2003 年度全美最佳连锁饭店调查”的最高荣誉，其中威斯汀饭店及度假村集团和 W 饭店分别在“超高档饭店评选”栏目中荣获第一、第二名，另外，由同一刊物举办的“中档饭店评选”栏目中，喜来登的富朋得到最多票数，获得第一名。

2. 常客计划

喜达屋忠实顾客评选栏目“喜达屋嘉宾”是该集团为吸引顾客而推出的重要举措，该栏目的名单上已有超过 1500 万名成员。并连续三年被授予由顾客评选出的“年度最佳饭店计划”的“弗雷迪奖”。同时，“喜达屋嘉宾”栏目被授予“最佳顾客服务”“最佳网站”“最佳精英计划”“奖励方案最佳实现”和“最佳简报”等奖项。“喜达屋嘉宾”评选栏目作为业内第一个完全公开透明的忠实顾客评选栏目，可以让顾客不受任何限制的随时随地入住。由于“喜达屋嘉宾”活动通过免费入住、涉及其他奖项或参与30家航空公司中任何一家的奖励活动，对常客和度假村产权股份的购买者给予奖励，所以争取了大批的回头客。

3. 定位于高级市场

喜达屋集团的豪华高档饭店度假村资产在世界范围内有着很好的布局。这些资产主要坐落在集团管理层认为需要豪华高档饭店和度假村的大城市和旅游胜地，这些地方适合饭店经营的地段较少且相对昂贵。当喜达屋将重心放在提供全方位服务的膳宿和度假村市场中的豪华高档部分的时候，公司的品牌为这部分市场中的各类潜在市场提供了帮助。例如，喜来登的富朋以消费者更能接受的价格大量提供各类设施和服务，同时圣·瑞吉斯酒店正致力于提供高层次度假村顾客的服务。

4. 最重要且各有特色的资产

喜达屋集团在全球拥有一批卓越的、类型各异的饭店资产。包括纽约州纽约市的圣·瑞吉斯饭店；亚利桑那州Scottsdale市的凤凰城饭店，意大利威尼斯的HotelGritti Palace，中国北京的圣·瑞吉斯饭店和西班牙马德里的威斯汀宫饭店。这些都是业内赫赫有名且在优质服务排行榜上名列前茅的饭店。喜达屋的资产被Conde Nast Traveler的读者们——一群资格最老且最具鉴别力的旅行家——坚定的认同为是精品中的精品。

5. 以规模应对竞争

作为一个战略重点在豪华“高档”提供全方位服务膳宿市场的最大的饭店及娱乐休闲公司，喜达屋有足够的规模来支持它的中心市场及其预订功能。集团相信，它的规模有助于通过追求诸如保险、能源、电子通讯、技术、员工福利、食物及饮料、家具、仪器设备和经营需求中的经济利益来降低成本。饭店产业竞争激烈，这些竞争大都基于质量、房间的一贯性、餐馆和会议厅的设施和服务、所处地段的吸引力，全球分配系统的可操作性、价格以及其他因素基础上的竞争。喜达屋在其所处的地区性市场内，同其他的饭店和度假村进行竞争。喜达屋集团作为一个饭店、度假村和假期所有权的经营者和开发者，遇到了强有力的竞争。集团的竞争者有些是私人的管理公司，而有些是国内国际较大的连锁集团。他们以不同的品牌的声誉掌握和经营自己的饭店，为第三方产权所有人代理管理饭店，这些都会同喜达屋的品牌形成直接竞争。另外，饭店管理合同虽然一般是长期合同，但是大都允许产权所有人在不能达到他的资金和经营标准的情况下更换代理公司。

6. 现金流动和资产的多样化

集团领导层认为，集团品牌、市场占有、收入来源及地理分布的多样化，为增加收入和利润、增强集团跨国品牌的竞争力提供了雄厚的基础。这种多样化能够防止集团局限于某个特定的膳宿度假村品牌或者地域中。喜达屋集团在它经营的饭店和度假村范围内通过多种渠道获得现金流动，包括集团拥有的饭店的经营和收取经营管理费及特许经营费，并且其方式会随着世界范围内不同地域经营方式的不同而呈现多样化。

四、雅高集团的管理模式

雅高酒店集团（Accor）是一家大型的法国跨国企业，在近 100 个国家中经营，雅高旗下的雅高酒店是欧洲旅馆业的霸主，在全球拥有超过 4000 家旅馆，涵盖最豪华的酒店到最经济的旅社。雅高旗下的雅高服务也在全球的企业服务业中首屈一指，以经营票券服务业著名。目前雅高酒店集团旗下酒店品牌包括：Hotel F1，Etap Hotel，Suitehotel，Ibis（宜必思），Mercure（美居），Novotel（诺富特），Sofitel（索菲特），Motel 6/Studio 6，Red Roof Inns，Accor Thalassa，Pullman（铂尔曼），All Seasons。

（一）雅高饭店集团的发展历史

保罗·杜布吕（Paul Dubrale）和杰拉德·皮尔森（Gerard Pelisson）于 1967 年在法国的一条公路边建立了他们的第一个美国式汽车旅馆 SIEH。由此全球著名的雅高饭店集团成立，总部设在巴黎，而后开始实行以品牌为基础，开展连锁经营。

1968 年，第一家诺富特饭店（Novotel）在法国北部的城市里尔建立。

1973 年，在波兰华沙建立了第一家诺富特，标志着雅高向世界其他国家和地区开展业务的第一步。随后，在英国、荷兰、西班牙、瑞士等国家建立饭店，到年底在欧洲已建成35家诺富特，创造了每天成立1家公司（饭店或餐馆）的奇迹。

1974年，引进“宜必思”（Ibis）品牌；

1975年，引进美居（Mercure）品牌，并在欧洲和非洲前法国殖民地经营，至20世纪70年代末，集团共有成员饭店210家，并开始进入餐馆业经营。

1980年，雅高集团拥有饭店280家、客房3.5万间，并通过与杰克奎斯玻勒尔国际公司（JBI）的兼并，引进索菲特（Sofitel）品牌。

1981年，在巴黎股票交易中心上市融资。

1983年，兼并JBI后，易名雅高集团。

1985年，引进方程式（Formule 1）经济品牌。

1990年，耗资23亿美元，购买美国6号汽车旅馆（Motel 6）品牌，与普尔曼公司（Pullman）的合并于1992年完成。

2001年，雅高的合并收入达到72.90亿欧元。营业额和员工数量按地理区域来划分，分别为：北美洲的营业额占总营业额的24%，员工人数占总人数的15%；欧洲的营业额占总营业额的63%，员工人数占总人数的40%；拉丁美洲的营业额占总营业额的7%，员工人数占总人数的18%；其他地区的营业额占总营业额的6%，员工人数占总人数的27%。尽管“9·11”事件对旅游业的冲击很大，雅高在2002年上半年的业绩从整体上说还是不错的。除了巴黎和英国的个别饭店由于受到经济低迷的影响出现了一些问题以外，欧洲的经济型饭店在经济危机中的成绩突出，财务状况良好，能够在相当长的一段时期内保持适度的投资规模。

2004年10月，雅高集团主席保罗-杜布吕来到成都，为雅高旗下的中国西部首家经济型饭店宜必思奠基。

2005年2月18日，索菲特万达大饭店正式挂牌成为五星级饭店，至此，成都市的五星级饭店达到了五家，成为中国西部五星级饭店最多的城市。2000年成都市的五星级酒店还只有锦江宾馆和皇冠假日酒店两家。

2006年10月，北京建国路商务核心区万达广场万达大饭店营业。投资8亿元，按照白金五星级标准建设，其最小的标准间面积不能小于36平方米，有一个面积达1400平方米的三重组合型宴会厅。

2006年，在中国的酒店第四十家营业。

2007 年底，北京的第一家索菲特酒店北京索菲特万达大酒店届时开业。

2007 年，雅高在中国的酒店为 50 家，包括 20 多家间索菲特酒店及度假酒店。在亚太地区的酒店 300 家。

2008 年，宜必思计划达到 50 家的规模。

（二）雅高集团成功发展的战略因素

分析雅高集团能够迅速发展的原因，可以从内外部两方面来考虑。从外部环境来看，第一，雅高集团的创业和发展时期正是全球旅游业兴起和繁荣的阶段，旅游休闲在欧美等发达国家已成为人们生活的主要内容；另外，随着国际贸易往来的日益频繁，跨国商务旅行活动也变得至关重要，这些都为饭店集团的发展带来了无限的商机。第二是宽松的金融环境支持，雅高集团在最初起步时，可以获得法国政府给予饭店总投资 60% 的支持。在后期的并购中，每次都能从资本市场上筹集到数以亿计的资本。从饭店自身的经营管理来讲，雅高集团的成功在于它做出了正确的战略决策。它主要体现在以下三个方面：

1. 多元化经营策略

整个集团主要以饭店业为主，与此同时在业务上分别向上下游产品延伸并与相应的企业合作，例如它与法航合作，共同开展业务；在餐饮业上也有 20% 的业务收入；并且提供旅行社以及博彩等服务。值得一提的是其自有饭店约占总数的一半，同世界大多数饭店集团相比，这一比例很高，如将租赁饭店计入所有权之内，雅高在金融上对其成员有控制权的比重已近 70%。雅高集团自有饭店、租赁饭店、管理合同饭店和特许经营饭店的比重分别为 46.5%、21.8%、15.4% 和 16.3%。

2. 本土与国际化扩张并进战略

雅高集团的本国扩张与国际扩张基本同速。雅高在大力进行国内扩张同时，不断将其经营触角伸向法国之外，品牌的国际知名度与日俱增。1994 年，雅高有 59.2% 的饭店、66.6% 的客房在法国之外，1997 年底，则分别为 58.7% 和 66.8%。由此可以看出，雅高的本国扩张与国际扩张步调基本一致。在法国国内，集团主要经营规模较小的经济品牌如 1 号方程式（Formule l）饭店，该品牌规模为 71 间客房，而在法国本土之外尤其是在美国，则经营其从美国业主手中并购的 6 号汽车旅馆（Motel 6），该品牌的饭店规模相对较大。从跨国集团国际扩张的国际化指数看（指企业跨国经营客房数与总客房数之间比例)，雅高为50.8%，说明其国际化程度较高。

3. 富有竞争性的品牌策略

品牌是维系饭店集团的重要力量，雅高饭店集团在近半个世纪的发展过程中，通过自建、收购等方式，迅速进行品牌扩张，实现了高中低档品牌产品的系列化，从而有针对性地满足旅游者的需求，形成了自己具有全球影响力的品牌。

近年来，为进一步明确市场形象，雅高集团将14个品牌削减为9个核心品牌。现行主要品牌有：索菲特（Upscale）；诺富特、美居和Suitehotel（Midscale）；宜必斯、红屋顶（Economy）、伊塔浦、6号汽车旅馆、一级方程式（Bugdet）。其他品牌地域分布面较窄，市场影响力有限。

以索菲特品牌为例，当前雅高集团在世界上160个主要的大城市里建立了该品牌的饭店网络，在不久的将来这个数字将达到一个新的水平。这个品牌得以长足发展，主要借助于卓越的质量和选址的多样性。进一步拓展集团豪华型饭店网络具有很多财务优势。通过索菲特网络的大规模建立可以实现规模经济，无论是在采购、技术还是服务中心的建立上都有明显的优势。

第三节 我国饭店集团的管理经验

国内酒店在近几年间迅猛发展，2014年锦江酒店集团和如家酒店集团进入世界饭店品牌前10强，分列第九位和第十位。

一、如家酒店集团

（一）如家集团简介

如家酒店集团创立于2002年，2006年10月在美国纳斯达克上市（股票代码：HMIN)。作为中国酒店业海外上市第一股，如家酒店集团以“成为全球酒店行业前三甲的酒店管理企业”为愿景，始终秉承“家”文化，用真挚的如家招牌式的微笑和贴心的服务使住“家”者宾至如归。

从2002年品牌成立至今，如家酒店集团始终保持着快速发展的势头。到今天其无论从市场占有率、客房规模和品牌知名度上都成为目前中国经济型酒店市场中的领导者，形成了遥遥领先于业内的最大的连锁酒店网络体系。

如家酒店集团旗下现有五个酒店品牌：和颐酒店、如家精选酒店、如家酒店、莫泰酒店和云上四季酒店。截至 2014 年 12 月，集团在中国 330 个城市共有 3000 家酒店投入运营，形成了遥遥领先业内的国内规模最大的连锁酒店网络体系。

如家酒店集团旗下中高端全感官人文商旅连锁酒店品牌——和颐酒店（Yitel）。注重设计细节，配套便捷高效的商务设施与恰到好处的热情款待。和颐酒店提供物超所值的星级酒店住宿服务体验，让消费者在领略通体舒坦的全方位感官享受后，重塑和谐、激发活力。和颐酒店的多功能的软体、木制家具和设备将中端商务居住环境推向接近高星级酒店。“物超所值”在和颐酒店有了新的标准和诠释，满足了商务和休闲旅行中对于较高的住宿与用餐需求，具备完整的商务会务设备与服务，快捷多样地订房渠道，性价比高。和颐酒店目前在全国 25 个城市拥有 67 家酒店。和颐酒店曾多次获得中国金枕头奖“中国最佳中高端商务酒店品牌”殊荣。

如家酒店集团旗下中端全感官创意商旅连锁酒店品牌——如家精选酒店（Homeinn Plus）。流行的英伦现代设计风格，典雅而不失时尚，简约且依然精致。创意性的细节处处融入酒店产品，倡导商旅途中视觉、听觉、味觉、嗅觉、触觉等“五感”全方位体验，满足高品位商旅人士的社交情感需求，为工作和生活带来无限灵感。商务洽谈空间和公共休息区域注入更为商务化、人性化和社交化的服务元素，使得商旅人士每一次在“如家精选酒店”的体验都能得到事业与生活上的创意灵感，而不仅仅是温馨如家的休憩。创新的“智能酒店方案”全面入驻，移动互联网时代的酒店顾客体验获得跨越式的升级。

如家酒店集团旗下温馨舒适的商旅型连锁酒店品牌——如家酒店（Homeinn）。通过标准化、简洁、舒适的酒店住宿服务，使大众商务以及休闲旅行宾客收获温馨、便捷的住宿体验。走进如家酒店，没有奢华、也不夸张，更多的是微笑和关心，满足了对于舒适、安全、干净和卫生的住宿与用餐的需求。具备符合潮流的商务及网络服务，快捷多样地订房渠道，价格经济。如家酒店也是国内商务酒店品牌中规模最大的品牌，目前在全国 330 个城市拥有 2500 家酒店。如家酒店多年获得中国金枕头奖“中国最佳经济型连锁酒店品牌”殊荣。2014 年，如家酒店以 4.21 亿美元的品牌价值被世界上最大的传播集团 WPP 列入中国品牌 100 强，居酒店行业之首。

如家酒店集团旗下时尚简约的商旅型连锁酒店品牌——莫泰酒店（Motel）。以设计时尚、设施完备、舒适方便，焕发新颜的莫泰酒店高度契合了当代消费者个性化的住宿需求。在贯彻时尚理念的同时，注重健康、高品质的生活方式，莫泰酒店将带来一场与众不同的全新酒店住宿体验。具备符合潮流的商务及网络服务，快捷多样的订房渠道，价格经济。莫泰酒店目前在全国100百多个城市拥有近500家酒店。莫泰酒店曾获得中国金枕头奖“中国最佳经济型连锁酒店品牌”殊荣。

如家酒店集团旗下地域风情的商务连锁酒店品牌——云上四季酒店（Fairyland）。以品质商务铸造为己任，致力打造传承经典中国元素和体现滇域文化特色的连锁型酒店。2014年5月，云上四季连锁酒店整体加入到国内最大的酒店集团——如家酒店集团大家庭中。展望未来，云上四季酒店在如家酒店集团专业的管理和运营下更好的服务于来自于五湖四海的宾客。云上四季酒店主要位于云南省，在全国10多个城市拥有31家店，约3500间客房。

如家成立至今，更以敏锐的市场洞察力、完善的人力资源体系、有力的管理执行力和强大的资金优势迅速建立起了品牌、系统、技 术、客源等多个核心竞争力。作为国内最大的综合性酒店集团，如家正用实际行动引领着中国大众住宿业市场走向成熟和完善，带领民族品牌走向世界。

（二）如家文化简介

1. 品牌灵魂

作为如家品牌文化的精髓，如家的品牌灵魂是：工作与旅途中可信任的“家”。

2. 愿景

使如家酒店集团成为全球酒店行业前三甲的酒店管理企业。

3. 使命

通过我们专业和激情的工作，引领大众旅行住宿方式，满足顾客的旅行住宿需求。

把我们“快乐的微笑，亲切的问候，热情的服务，真心的关爱”献给每一位顾客、同事和合作伙伴；为股东创造持续稳定的回报，为社会承担企业公民的责任。

4. 核心竞争力

来源于如家“家文化”的“微笑力”，能为周围的人，包括顾客、员工和合作伙伴带来爱与快乐，营造出“家”氛围。

5. 核心价值观

诚信——诚实和守信，这是我们做所有事情的前提。

尊重——对顾客始终表现出我们在乎。同时始终真实和平等地对待每位员工、合作伙伴以及他们的劳动成果。

尽责——承担起我们对工作，对周围人的责任，做到最好。

进取——我们不好高骛远，但保持持续的创新和进取心，不断超越自我。

合作——包括主动和正确地与如家人、如家的团队、如家的合作伙伴的合作，获得双赢的结果。

6. 品牌承诺

始终了解大众多元的旅行住宿需求和未来趋势，并藉此为我们的顾客提供随时随地的旅行中的“家”。

7. 口号

家由心生。

（三）如家酒店集团大事记

2002 年 6 月，携程旅行网与首都旅游集团正式成立名为“如家酒店连锁”的合资公司，“如家快捷酒店”是核心品牌。

2002 年 7 月，如家的第一家酒店——北京燕莎店在北京朝阳区新源南路 8 号开门迎客。

2002 年 12 月，如家酒店连锁全国免费预订电话 800 – 820 – 3333 正式开通。

2003 年 1 月，“如家”第一家特许经营店签约，同时也成为国内酒店品牌第一个真正意义上的特许经营案例。

2003 年 2 月，如家酒店连锁荣获 2002 年“中国饭店业集团 20 强”。

2004 年 3 月，如家酒店率先在上海成立了“如家酒店管理学院”，给全体如家人提供了一个良好的学习平台。

2005 年 1 月，如家酒店管理平台正式使用。

2005 年 7 月，开通网上预订支付系统，实现全网络数字化覆盖。

2005 年 10 月，如家酒店以 51 家店的规模，位列国内经济型酒店第一，并延续至今。

2006 年 10 月，如家成功在美国纳斯达克上市，成为中国酒店业海外上市第一股。

2007 年 4 月，如家再度获得年度“中国最佳经济型连锁酒店品牌”殊荣，同时如家也是所有经济型酒店品牌中唯一一家获得『金枕头』奖主榜单中品牌。

2007 年 10 月，如家全面收购七斗星酒店，揭开中国酒店业大规模资本并购浪潮的第一幕。收购完成后如家酒店的数量一跃超过 330 家。

2008 年 3 月，“如家”被评为中国驰名商标。

2008 年 12 月，首家和颐酒店于上海漕宝路隆重开幕，同时宣布如家酒店集团成立。

2009 年 5 月，如家酒店集团与携程正式签定 5000 万美元融资协议，进一步加快企业扩张的脚步。

2010 年 3 月，如家酒店被纳入纳斯达克中国指数股。

2010 年 12 月，如家希望学校在四川广元落成。

2011 年 5 月，如家酒店集团以 4.7 亿美元收购莫泰 168 全部股权。

2011 年 9 月，“如家快捷酒店”品牌的第 1000 家酒店开业，完成单一品牌的千店布局。收购后，其市场占有率从 17% 上升为 25%。

2011 年 11 月，如家酒店集团在北京人民大会堂举办如家十周年新闻发布会。

2012 年，如家酒店集团高管赴纽约纳斯达克塔楼，庆祝如家酒店集团成立十周年及纳斯达克上市五周年。《财富》杂志评选出的全球最具成长性公司 100 强榜单中，如家酒店集团名列第九。

2012 年 12 月，如家酒店集团以 5980 万人民币完成收购 e 家快捷酒店。

2013 年 9 月，如家酒店集团、阿里巴巴等 20 家优秀企业当选首批“中国诚信典范企业”。

2013 年 10 月，凭借遥遥领先的连锁网络、位居全球酒店十强的规模、持续创新的“家”文化，如家酒店集团成为中国自主创新经济型连锁酒店中最具影响力的品牌。如家酒店管理大学荣获 2013 年度中国最佳企业大学“TOP 20”排名第七。荣获 2013 年度中国企业大学社会责任贡献奖。

2014 年，全球最大权威传播集团 WPP 评选出 2014 年《最具价值中国品牌 100 强》，如家酒店集团旗下如家酒店以 4.21 亿美元的品牌价值，位列酒店行业之首。

（四）如家酒店的成功之道

在中外经济型酒店品牌激烈竞争的环境中，如家成为了中国经济型连锁酒店的品牌，一直是其他经济型酒店模仿、赶超的对象。那么如家究竟是凭借什么取得成功的呢？

首先，国家经济的快速发展带来了商业的繁荣、百姓收入增加和生活方式改变，使得商务旅行和个人旅游更加普遍和广泛，这就为整个市场注入了很大的需求量。改革开放以来，商业发展中的创新意识不断增强，在这样的环境下，如家对商业有着独特的敏感，并能执著地坚持下去。在如家全部500多家酒店中，有两种经营模式：一是直营，即由如家自己租赁、投资、改造，占全部酒店的70%；二是特许加盟，占30%。和一般特许加盟不同的是，如家不仅是品牌的授予，而且输出管理。这个模式是由特许业主来投资，如家更多的是授予品牌并派出酒店管理人员。

其次，如家凭借品牌、网络和会员制锁定客人。无论从酒店行业还是服务行业来说，如家都可谓是领头羊。口碑营销是如家重视的，更多的是点对点的酒店层面的直接营销。和外国经济型酒店品牌相比，如家拥有更多的客源。如家客源中商务客人占60%，而且中小商务客人是主流。如家如今有150万激活的会员，他们贡献了52%的利润。

再次，连锁企业做到一定的规模后，已不仅仅是依靠流程、网络等，而是要靠团队的文化价值观。近3万员工在100多个城市工作，这需要有良好的团队精神和执行力。如家的文化价值观是脚踏实地，以服务为荣。这种价值观正在渗入企业机体。如家要求员工经常问自己：你做到了吗？你做好了吗？你持续做好了吗？简单说，如家就是一群人把一件能做的事在一个很好的市场背景下演绎得淋漓尽致。

如家遍及全国100多个城市，布点的广泛性给消费者更多的便利性和选择性。根据地域的差别，全国如家的房间价格从159元到299元不等。2003—2005年，如家重点在一线城市北京、上海、广州、深圳和经济发达的城市广泛布点，那时这些城市结构正在改变，在市中心的国有企业陆续搬迁，使得如家在优势地段的门店可以做到价格低廉。当2007年开始，一线城市的布点成本飚升时，如家迅速转向了二线、三线城市。

如家成立至今，更以敏锐的市场洞察力、完善的人力资源体系、有力的管理执行力和强大的资金优势迅速建立起了品牌、系统、技术、客源等多个核心竞争力。如家已经战胜了国际金融危机的冲击，也将继续巩固其在中国经济型酒店行业的领导地位。

二、锦江之星酒店集团

（一）锦江之星简介

锦江之星酒店集团是锦江国际集团核心产业之一。作为中国首家经济型酒店，锦江之星自1996年创立至今，始终以市场为导向，以顾客需求为核心。凭借务实的精神、专业的水平、真诚的服务，精心雕琢着锦江之星这一品牌形象，旗下品牌已逐步成为经济型酒店行业的专业典范。

截止至2012年12月31日，锦江之星旗下的各品牌酒店总数近1000家，连锁酒店网络广泛分布于全国31个省市自治区的200多个大中型城市，客房总数近10万间，300万优质个人会员与3万知名企业客户。已成为国内有较高知名度和影响力的经济型酒店品牌。锦江之星先后通过品牌授权、品牌联盟以及特许经营等形式在菲律宾、法国和韩国进行海外市场的拓展。锦江之星正在以前所未有的风姿迈出国门，向世界展示中国经济型酒店的品牌魅力。

锦江之星旗下的各品牌包括锦江之星酒店、金广快捷酒店、白玉兰酒店、百时快捷酒店。

锦江之星是国内最具知名度和影响力的经济型连锁酒店之一。自1997年2月首家连锁酒店开业以来，酒店便以商旅人士及都市白领为主要消费客群。通过提供性价比最优的高质服务，在锦江之星享受到旅行的安全和舒适。

金广快捷连锁酒店是锦江之星家族的新成员，格外重视客人的睡眠、沐浴、早餐、上网等核心需求。

百时快捷连锁酒店作为锦江之星的又一品牌，在住宿服务方面更加注重提供快捷、个性与自由。

白玉兰连锁酒店作为新一代智能商务型连锁酒店，则定位商务人士与中青年白领，提供富有创意的酒店服务。

锦江之星、金广快捷、百时快捷和白玉兰，四大品牌，各具特色，全面发展，共同为顾客提供优质的酒店服务。

此外，锦江之星还拥有中瑞合作锦江国际理诺士酒店管理学院及上海锦江国际旅游管理学院，从事中、高级酒店管理专业人才培训。

（二）锦江之星品牌大事记

1996 年 5 月，锦江之星旅馆有限公司成立。

1997 年 2 月，锦江之星在国内首创开设第一家经济型酒店——上海锦江乐园店。同年 7 月，该店月平均出租率达 100%。

1999 年 6 月，锦江之星在沪外开设第一家连锁店——苏州乐园店。

1999 年 12 月 18 日，锦江之星第一家加盟店——上海长寿店开业。

1999 年，锦江之星第二代产品推出。

2004 年，锦江之星第三代产品推出。

2006 年 12 月 15 日，上海锦江国际酒店（集团）股份有限公司在香港 H 股上市，锦江之星作为 H 股成员之一。

2007 年 4 月，锦江之星旗舰店——新虹桥店在上海市吴中路 259 号正式营业。

2007 年 9 月，推出经济型酒店概念店——锦江之星绿色环保酒店。

2007 年，锦江之星第四代产品推出。

2008 年 3 月，锦江之星被评为“中国最佳经济型连锁酒店”荣誉称号，锦江之星临港新城店获得“中国十佳绿色环保酒店”荣誉称号。

2009 年 3 月，更简约、更时尚、更便捷的“百时快捷”品牌面世，拉开了公司多品牌发展的序幕。

2010 年 5 月，锦江集团资产重组方案正式获中国证监会批准，锦江之星从 H 股回归到锦江股份 A 股，成为国内行业第一家在 A 股上市的主营业务企业。

2010 年 9 月，公司成功收购山西金广快捷酒店，将持有其 70% 的股份，这是公司首次改变一家一家开店的做法。

2011 年 9 月，锦江之星与菲律宾上好佳集团签约，以品牌输出的方式跨出国门，通过品牌授权经营使锦江之星品牌正式落户新加坡，成为中国经济型酒店品牌正式走出海外的第一例。

2011 年 11 月，锦江之星与欧洲第二大酒店集团、全球酒店业排名第八的法国卢浮酒店集团举行品牌联盟签约仪式，采取品牌联盟的方式落户法国。国内经济型酒店品牌进入欧洲，翻开了中国经济型酒店行业发展的新篇章。

2011 年 12 月，公司签署了对金广快捷酒店剩余 30% 股权的收购框架协议。

2012 年 6 月，韩国首尔特许经营项目签约。

2015 年 1 月，上海锦江国际酒店（集团）股份有限公司宣布锦江酒店及旗下上海锦江国际酒店发展股份有限公司将通过在境外设立全资子公司作为收购主体，拟现金收购喜达屋资本拥有的卢浮集团 100% 的股权。

（三）锦江之星成功经验

“锦江之星”在近 20 年的发展过程中，作为低成本高效率的经济型酒店的旗帜已经闯入了一片浩瀚的蓝海，遍地开花，扩展速度之快令行业瞩目。其成功经验可以概括为如下几个方面：

1. 精准的市场定位

“锦江之星”的市场定位是大众消费者和普通商务客人，也就是对价格敏感的消费者，所以它的价格一般应在一百元左右，具体价格还因各地区经济水平而有所不同。其目标市场主要是普通商旅人士、工薪阶层、大众旅行者和学生群体，而高星级酒店往往以高端商务人士、高收入阶层和公费游客为主要目标市场。

2. 严格的成本控制

为了使连锁经营的企业能高效有序地运转，先后制订了企业计划管理标准、统计管理标准、物资管理标准、劳动工资管理标准等。在用工上按精简高效的原则设置部门和配备人员，实行一岗多职、一人多能，降低了成本，提高了效益。

（1）硬件成本控制

为了降低成本，锦江之星提供的肥皂由 40 克减少为 25 克；梳子缩短减少两分钱；用最简单的板式床，免去音乐、灯控面板、浴缸；投资者以家具、精致、简洁为目标，不用豪华材料，不造奢侈场所，不搞宴会、会议、娱乐设施，尽力避免在闹市区征地，而利用旧厂房、旧仓库、旧校舍进行改建。由于投资成本低，从而使经营成本也大大降低。例如租来的倒闭工厂（如北京织布三厂仓库、北京针织二厂的厂房），租借 20 年，租金比北京市平均租金一半还低。这样做一方面降低成本，另一方面为游客提供了独特的体验。另外锦江之星还通过集团统一采购，这样可以降低 20% 的成本。

（2）人力成本控制

经济型连锁旅馆的人力成本比同等旅馆低 2/3。例如一般三星饭店 1. 5 人/间，锦江之星为 0. 67 人/间。定位于出差者和旅游者的锦江之星，摒弃普通的许多设施，仅保留餐厅，这样就大大降低了成本。

3. 良好的区位选择

现代酒店鼻祖斯塔特勒就一再强调，酒店经营成功的关键三要素是：区位、区位还是区位。好区位有利于酒店非主营业务社会化配套，同时方便了顾客。美国的低成本高效率的连锁旅馆要求在15分钟的车程范围内，有餐馆、购物中心、加油站或社区等。

锦江国际集团在京沪两大城市的"锦江之星"的区位一般选择闹市区、商业区、改造发展区或景观优势区，北京的几家均在二、三环之内，上海的第一家位于浦东中心地区。对于低成本高效率的连锁旅馆来说，商业区、交通枢纽、高速公路边是好的区位。

4. 配套辅助业务外包

（1）锦江之星突出专业化与社会化

锦江之星以客房为中心，餐饮、商务属于配套。一般除客房（部分含餐饮）外，其他业务采取外包。为了提高配套能力，采用战略联盟的方式经营。在美国，酒店的电力、热力专业维修均由社会来配套，无需有庞大的工程维修部，另外酒店硬件设施、设备在投资时一次性到位，质量有保证，且自动化程度高。

（2）客房整理、洗衣等业务都外包。餐饮一般只提供早餐，并由供应商直接提供，无需设置餐饮部。为了降低成本，与开发商与餐饮、洗衣等服务企业结成战略联盟，共同发展低成本高效率的连锁旅馆。

5. 注重产品与服务特色

为了使顾客第二天能有更充分的精力投入工作，锦江之星专门采用淋浴方式，水压大、清洁卫生、淋浴时舒适，足够解除一天的工作疲劳；还特意为顾客挑选了舒适的床垫，配备了贴身保温的安睡宝被子及保护颈部的安睡宝枕头，使住客可以一觉睡到天亮；客房有一大一小两张床，特别适合带小孩的家庭；整个房间人性化和专业化的设计使顾客置身于家的清新高雅之中。

在安全方面，也为顾客考虑得十分周到。酒店的每一部分建筑都经过严格强度测试；并建立了强大的红外线防盗系统和全方位的控制系统，使顾客入住更为放心；同时酒店全部的装饰和家具都经过严格的环保检测，为顾客的健康住宿提供了可靠保证。

6. 适用的营销策略

在营销方面，上海锦江旅游投资管理有限公司推出锦江之星会员卡，持卡者在锦江之星各连锁店房费享受门市价九折、餐饮消费享受八八折优惠。在淡季，酒店提供贵族式的管家服务，在服务理念上追求“快、专、细、暖”。“快”就是服务及时到位，全天24小时无间断、一对一的贴身服务，从时间上、质量上保证服务的快速性；“专”是指服务的专一性和专业性，一对一的专一性服务，更好地满足了顾客的各种需求；“细”是指精致和细微的服务，采用“管家式”的服务方式，并用“管家”取代传统酒店的大堂副理，提供更精致、细微的服务；“暖”是顾客在享受“管家式服务”的温馨与舒适中能体验到一种家外之家的感觉。

7. 大力推广品牌与注重网络建设

连锁规模经营是锦江之星作为经济型连锁酒店的另一大特点。低成本高效率的连锁旅馆价格低，所以要以规模取胜，最大幅度地降低成本；要以品牌取胜，最大程度地提高入住率。荣获中国饭店业唯一的“驰名商标”的锦江集团与全球性酒店集团法国雅高集团达成协议，建立针对中国酒店市场的销售及分销合资公司。3家位于上海、广州和北京的销售及分销售中心将负责53间锦江国际管理公司管理的酒店和15间雅高在中国管理的酒店。销售及分销合资公司将针对全国和省级规模公司客户。雅高全球预订系统（ARS）是该合作的技术基础，同时也将建立以中文为主的互联网站，为客户提供客房预订等全面服务。

本章小结：

本章主要论述了饭店业参与国际竞争的多种方式，例如全资购买、委托管理、特许经营、租赁、兼并与收购、饭店联盟等，并介绍了国际与国内著名饭店集团的扩张历程和成长经验与模式。

思考题：

1. 饭店业进行国际竞争的主要途径与模式有哪些？
2. 简述饭店特许经营的主要特征。
3. 饭店实现特许经营的条件有哪些？
4. 饭店委托管理的主要特特征是什么？
5. 饭店战略联盟的主要特征是什么？

6. 饭店集团战略联盟的常见形式有哪些？

7. 简述全资公司的主要特征。

8. 国际饭店业的组织形态有哪些差异？

讨论题：

1. 讨论洲际饭店集团（IHG）的主要管理经验及对中国饭店管理者的启示与借鉴。

2. 讨论述万豪国际集团（Marriott）的经营理念和企业文化对我国饭店管理者的启示。

3. 讨论喜达屋集团（Sheraton）的经营战略带给我们哪些借鉴。

4. 讨论雅高集团（Accor）成功发展的战略因素对中国饭店企业的借鉴。

5. 任选一中国经济连锁酒店，分析其发展战略和成功之道。

实践题：

调查本地区饭店市场的竞争格局，了解有哪些国际饭店及品牌已经或即将进入本地饭店业市场，撰写详细的调查报告。

网络链接：

1. 登录 http：//www.accor.com/en.html 雅高酒店集团官网，查询企业相关历史和介绍。

2. 登录 http：//www. marriott. com. cn/marriott/about - Marriott - hotels. mi 了解万豪国际集团。

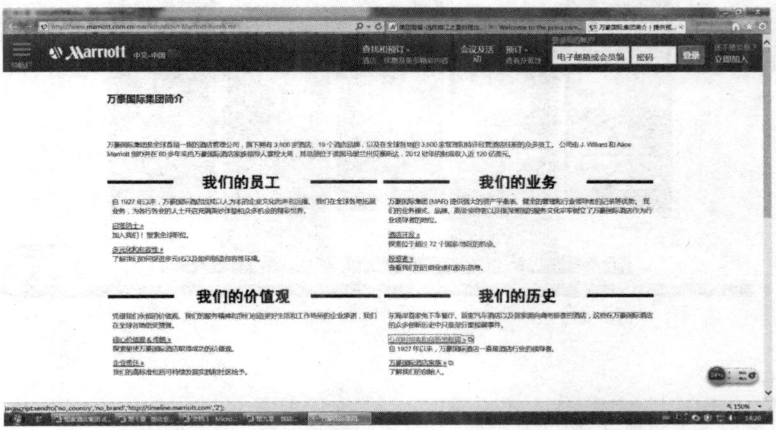

3. 登录 http：//www. homeinns. com/about，阅读了解如家酒店集团的历史发展及相关内容。

4. 登录 http：//www. jinjianginns. com/ProDevCooP/default. html 锦江之星加盟首页，了解酒店加盟的条件和流程

选择锦江之星的理由
加盟业务介绍
加盟业务支持
加盟申请
联系我们
选择
锦江之星的
理由
2015上海锦江都城酒店管理有限公司推荐会